韩庆祥作品系列

Marx's Anthropological Theory

马克思的人学理论

韩庆祥　著

北京师范大学出版集团
BEIJING NORMAL UNIVERSITY PUBLISHING GROUP
北京师范大学出版社

总　序

需要有一次机会，对我的学术生涯、研究历程、演进逻辑、思想领悟进行清理与总结。这次机会，就是我这四部具有代表性的学术著作的出版。

一　学术研究历程及其演进逻辑

1983 年，我从郑州大学毕业后考入吉林大学攻读硕士学位，专业是马克思主义哲学。在吉林大学，我系统地阅读了马克思主义经典著作，孕育了用"两只眼睛"看世界的哲学思维：既成与生成、感性与理性、抽象与具象、规范与实证、真理与价值、宏观与微观、部分与整体、道与术，等等。从吉林大学毕业后，我考入北京大学攻读博士学位，师从黄枬森教授。黄枬森教授的"经典阅读""文本解读"与"严谨治学""人格魅力"对我影响很大。在北京大学三年，我"两耳不闻窗外事，一心只读圣贤书"，不仅研究马克思主义哲学发展史，而且阅读西方哲学经典。北京大学滋养了我学术上的独立思考意识和学术探索精神。

从北京大学毕业后，我到中央党校工作。在中央党校，我的学术研究具有三个特点：待在书房，静心研读马克思主义经典著作，坚定马克思主义信仰；走出书房，深入实际，理解和把握当代中国发展的现实逻辑；学习党的创新理论，理解和把握治国理政实践的运作机理。

依据历史和逻辑相统一的原则，我的学术研究历程及其演进逻辑大致分为八个具有内在联系的历史时段。

一是厚积理论基石：马克思开辟的哲学道路是实践生成论。

1983年到1996年，是我的学术研究奠基期。这一时期，我持之以恒地研读经典文本，秉持"用哲学思考问题，用学术支撑思想"的学术研究风格与治学理念。在吉林大学攻读硕士学位和在北京大学攻读博士学位期间，我的研究重点是马克思、恩格斯哲学。搞学问，精读研读马克思主义经典文本是必由之路，也是学者的看家本领。所以，当时我反复研读马克思、恩格斯的经典文本。当时我最关心的学术问题之一，就是马克思开辟的哲学道路与马克思主义哲学的本质特征、基本价值、历史形态。通过研究，我得出的结论是：马克思哲学在本质上是"实践生成论"，马克思开辟的是实践生成论的哲学道路。

马克思哲学所实现的革命性变革，主要体现在把哲学由"天国"拉到"人间"，直面现实人的生活世界，关注现实人的生存境遇与发展命运，并且以哲学的方式批判旧世界，以实践生成过程的方式改变旧世界和建立新世界，实现人类解放、无产阶级解放和每个人自由而全面的发展。显然，马克思强调的是这样一种观点：人是在其实践活动、历史活动、超越活动和自我创造过程中，确证其本质而且解放自己和实现自己的。这在本质上强调的是人的活动是一种超越、建构与生成活动。在马克思那里，"生成"主要有以下四种方式：一是实践生成，强调人通过实践活动——人的对象化和人化自然确立自己、发展自己和完善自己，他所主张的实践唯物主义，强调的就是实践生成；二是历史生成，强调人是在创造自己的社会物质生活条件的历史过程中实现自己、成为自己的，他所创立的历史唯物主义，强调的就是历史生成；三是矛盾—超越生成，强调事物（包括人）都是在不断超越自身的内在矛盾的过程中生成自己的，马克思的辩证法注重的就是矛盾—超越的生成；四是人的自我创造的生成，强调人是靠自身的创造能力来成就自己、成为自己和确立自己的。马克思的人学理论，注重的就是人的自我创造能力的生成。在马克思看来，人的自我产生是一个过程，一部人类社会发展史就是个人本质力量的发展史，人在这一历史过程中成为自己，也通过自己能力的发挥来确立其地位。

基于实践生成论，我致力于形成自己的学术分析框架与解释逻辑。这方面的学术研究成果，就是两部学术著作《论马克思开辟的哲学道路》和《作为分析框架的哲学》。

二是夯实学术根基：人学研究。

我把马克思的哲学解读为实践生成论，就自然而然地关心人的问题。马克思哲学在本质上是一种实践生成论哲学，其主体是人，目的也是人，人是在实践中生成并实现自己的。这从根本上涉及对人的理解，也自然而然地把人的问题突出出来，这是我走向人学研究的理论逻辑；时代发展与中国实践发展，是促使我走向人学研究的现实逻辑。此外，促使我走向人学研究的还有一个重要因素，就是我国哲学界的老前辈把我引上了人学研究之路。我在吉林大学攻读硕士学位期间，高清海教授和邹化政教授就开始讲人学了，邹化政教授所讲的"《资本论》中的人学"，对我后来的人学研究有很大启发。在这期间，我研读了许多马克思主义经典作家关于人的问题的论述，也深读了西方学者关于人的问题的著作，对人学有了初步认识。在北京大学师从黄枏森教授期间，我进一步坚定了从事人学研究的决心，也开始系统研究人学，开始自觉运用马克思主义的立场、观点和方法研究人学。正是在这些因素影响下，我通过自己的学习与研究，对哲学、人学与生活世界产生了新的理解。1989 年在莫斯科国立大学进修期间，我又搜集并阅读了大量苏联学者研究人的问题的著作。

从 1986 年到 1996 年，我用 10 年时间在学术上进行"人学理论"建构，包括研究哲学与人学的关系、人学的对象、人学的定位、人学的性质、人学的基本范畴、人学研究方法论、人学基本理论、人学的使命，等等。我的人学研究取得了一些成果。黄枬森教授与我合写的学术论文《关于建构人学的几点设想》，发表于《社会科学战线》1989年第3期，这是哲学界较早系统研究人学理论建构的学术文章之一；1991年我的博士论文《马克思主义人学思想发微》由中国社会科学出版社出版，这是较早系统研究马克思主义人学的学术著作之一；1996年我又出版了《马克思的人学理论》，这是我国哲学界较早从人学角度研究马克思思想包括马克思哲学思想的学术专著之一。

我的人学研究的基本观点可概括为"哲学形态论""人学理论建构论""人的存在论""人的全面发展论"和"人格转型论"，主要代表作就是《马克思的人学理论》。

三是产生学术影响：能力本位论。

1992年到2009年，我秉持"用思想传递时代，用理念引导发展"的学术研究风格与治学理念，并基于马克思主义哲学的本性，从学术上积极探寻当代中国马克思主义哲学发展之路，并以哲学方式关注现实、面向"中国问题"，在坚持"道德做人"的前提下，从哲学上提出了"能力本位论"，在学术界与社会上产生了较大影响，代表作是《能力本位》。

我的研究方向从人学走向从哲学上研究"能力本位与当代中国发展"，主要是基于这样两个逻辑。一是我把自己的人学研究定位于关于人怎样成为"人"的学问。使人成为人需要许多基础和条件，我认为主要有两个基本条件，也就是人的两大基本素质——道德和能力。道德是做人，能力是做事。关于道德的文章，应当说中国的思想家和专家学者研究得比较全面深入，中国传统文化对世界的最大贡献也在这里。然而，关于能力的文章，我们做得并不多，也不系统。二是使中国真正成为强国。中国能否成为真正的强国，应该说还有许多工作要做。要使中国成为真正的强国，首先要秉持"和"的理念，即和平发展与合作共赢，建设和平中国、和合中国。这个问题，中国人民大学张立文教授研究得比较深入。除了"和"的理念外，还有一个理念，那就是要注重实力和能力，尤其是自主创新能力，即构建能力中国、实力中国。我对能力问题的哲学研究，基本上是围绕使人成为人和使中国真正成为强国这两大核心论题展开的。

在《北京大学学报（哲学社会科学版）》1996 年第 5 期，我用 18000 字的篇幅，对能力本位论进行系统深入的阐发，题目是《能力本位论与 21 世纪中国的发展》。1992 年以来，我着重从哲学角度，对能力问题的时代意义、能力概念、能力原则、能力理念、能力主义思维方式、能力建设、能本管理、能力社会和能力发展的一般规律、能力建设与当代中国发展等，进行了系统研究，先后在《中国社会科学》《天津社会科学》《教学与研究》等刊物上发表 30 多篇关于能力和能力建设问题的专题学术论文，出版多部关于能力和能力建设问题的学术专著。

需要说明的是，我所讲的"能力本位"，是以政治过硬、注重道德为前提的。

四是哲学关切现实：社会层级结构理论。

2006 年以来，我又从能力问题研究走向当代中国政治哲学研究。这里存在着学术研究的逻辑必然性：在人学研究中，我发现中国传统社会的某些行为往往使一些人不能成为人，丧失人性中许多美好的东西；在能力问题的学术研究中，我发现我国传统社会在一定程度上存在的权力至上的官僚主义现象，使一些党员干部丧失先进性和纯洁性，使人的能力得不到充分发挥；在对当代"中国问题"的哲学分析中，我又发现在中国传统社会及现代社会，许多理论和实践问题大都与政治因素、政治力量有关，政府权力对人们生活的渗透程度较强，它是一种决定人的生存方式甚至人的命运的力量。这样，我便走向对当代中国政治哲学的学术研究，用人学理论、能力理论来建构当代中国政治哲学，代表作是《社会层级结构理论》。其中，我坚守的政治立场是马克思主义，注重用马克思主义的立场、观点和方法研究政治哲学。

我在《社会层级结构理论》中，具体阐释了"社会层级结构"，提出了

"公正为基三维制衡的能力主义"理论。这一理论可以成为分析当代中国问题包括政治问题的一种框架。

五是回归本质属性：马克思主义整体性研究。

透过上述学术研究历程及其研究成果可以看出，在我的学术研究中，哲学、人学、能力问题和政治哲学这四个主题，是依次递进而又相互缠绕、彼此相关、内在循环的，也是彼此理解的，它们构成我的一段学术研究历程的完整逻辑和图景。用一句话来概括我的学术逻辑：回归马克思主义的本质及其属性。所以，2009 年以来，我的学术研究就以马克思主义整体性为新的起点，重新对马克思开辟的哲学道路与马克思主义的内在结构、理论形态进行反思和理解。这体现了我"回归原典，返本开新，把哲学命运和中国命运连在一起"的治学理念。

马克思主义哲学的发展必须基于马克思哲学的本性，马克思主义哲学的创新不能偏离马克思开辟的哲学道路。我国理论界对马克思哲学进行了全面而深入的研究，取得了一些重要学术成果。同时，对马克思哲学的内容和本质问题的理解仍存争议。比如，同样解读马克思实现哲学革命的实质，学术界就存在着辩证唯物主义和历史唯物主义相统一的科学世界观、广义的历史唯物主义、实践哲学、生存论等不同观点。我曾从实践生成论的路径解读马克思哲学，主张"回到马克思哲学本性的基地上探寻哲学发展之路"，主张从"形态分析""结构分析"角度解读马克思哲学与马克思主义，认为马克思哲学与马克思主义理论体系主要呈现为三种形态，即大众形态、学理形态和政治形态。在我看来，今天，无论从哪个角度看，都应当对马克思主义哲学的发展进行清理与总结。这种清理与总结，首先需要从弄清马克思哲学的真实的完整结构开始。因为作为马克思主义哲学的主要创始人，马克思的哲学以一定方式影响整个马克思主义哲学的发展进程。马克思哲学分析和解决的"总问题"，是资本占有劳动并控制社会的逻辑，或者说是超越资本占有劳动的逻辑并实现人类解放、无产阶级解放、每个人的自由而全面发展。马克思哲学围绕这一"总问题"进行探索，形成了政治形态、学理形态和大众形态三者有机统一的整体图景。然而，马克思以后的马克思主义哲学发展历程却呈现出不同的演变和命运。马克思哲学与马克思主义理论体系的三种形态在当代中国的命运可概括为：大众形态得以倡导，但还没有真正实现；学理形态强劲，却一定意义上疏离政治和大众；政治形态突出，但需要进一步获得学理支持和大众认同。当代中国马克思主义哲学研究要健康发展，不仅要廓清马克思哲学的完整图像，而且要营造马克思主义哲学研究的可持续发展的"生态环境"，从而推动大众形态、政治形态和学理形态的良性互动、良性循环。

弄清以上三种形态之后，我进一步从对马克思主义的"形态分析"，经"结构分析"，最后走向"整体分析"，即研究马克思主义的整体性。在不同人的心目中，会有对马克思主义的不同理解。有经济决定论的马克思主义，有人道主义的马克思主义；有讲阶级斗争的马克思主义，有讲人的自由全面发展的马克思主义；有讲历史规律的马克思主义，有讲人的主体性的马克思主义；等等。在马克思主义发展历程中，马克思主义被有些人肢解了。这种肢解损害了马克思主义的形象，一些人动摇了对马克思主义的信仰。原本是站在大众立场、维护大众利益、为大众立言、为大众提供现实智慧的马克思主义，怎么反而被一些民众远离，没有入心入脑？马克思主义究竟是什么样的？我认为，马克思主义本来是一个整体，因而需要运用"系统整体"思维来看待马克思主义。整体性是马克思主义的一个本质属性，包括"形成"的整体性、"主题"的整体性、"理论"的整体性、"发展"的整体性和"叙述"的整体性等。这几种整体性构成一个严密的逻辑结构。第一，"形成"的整体性。德国古典哲学、英国古典政治经济学和法国空想社会主义是马克思主义的三个基本来源。然而，德国古典哲学多注重"天上"的"形上"思辨，对"地下"的人间现实生活缺乏具体经济学分析；英国古典政治经济学虽注重对"地下"的现实生活作经济学的实证分析，但缺乏哲学超验上的"形上"思考；法国空想社会主义既对社会现实缺乏具体的经济学分析，也缺乏科学的世界观和方法论支撑。马克思主义既继承德国古典哲学、英国古典政治经济学和法国空想社会主义中的合理成分，又以一种整体视野超越它们的局限；马克思、恩格斯将唯物主义历史观、政治经济学和科学社会主义整合在一起，才创立了马克思主义，其中的科学社会主义就是建立在唯物主义历史观和剩余价值学说基础之上的。马克思主义"形成"的整体性在《德法年鉴》中刊载的马克思的文章和《1844 年经济学哲学手稿》中体现出来。第二，"主题"的整体性。马克思主义形成的起点、确立的基点和实践的落脚点，始终是人类解放、无产阶级解放和人的自由全面发展，这些都是具有整体性的主题。这样的整体性在《1844 年经济学哲学手稿》《共产党宣言》等著述中体现出来。在《莱茵报》工作期间，马克思极力维护穷苦人民的利益；在《德法年鉴》时期，马克思把哲学看作无产阶级解放的精神武器和"头脑"；在《1844 年经济学哲学手稿》中，马克思十分关注工人阶级的生存处境与发展命运；《共产党宣言》实质上就是追求人类解放、无产阶级解放和每个人自由全面发展的宣言书；马克思把《资本论》看作工人阶级的"圣经"。第三，"理论"的整体性。马克思主义整个理论都是围绕人类解放、无产阶级解放和人的自由全面发展展开的，其理论的整体性主要体现为"科学与价值的统一""历史发展规律与人的主体性的统一""生产力决定论与历史合力论的统一""经济社会发展与人的发展的统一""理想与现实的统一"等。这样的整体性在《共产党宣言》《〈政治经济学批判〉序言》和《资本论》中得以彰显。第四，"发展"的整体性。马克思主义有一个发展过程，虽然在不同时期有不同侧重，但一定要把其理论发展过程统一起来作完整理解，即马克思主义是在发展过程中走向并呈现出整体性的。理解这样的整体性，应把早期马克思的思想和晚年马克思的思想统一起来、把马克思的思想和恩格斯的思想统一起来、把马克思、恩格斯思想与马克思、恩格斯以后所有马克思主义经典作家的思想统一起来。马克思、恩格斯晚年所从事的研究工作，一定意义上就是为了实现他们理论学说的完整性。这样的整体性在恩格斯晚年历史唯物主义书信、《反杜林论》以及马克思、恩格斯晚年的许多著作中得以集中呈现。第五，"叙述"的整体性。马克思、恩格斯在阐发和叙述他们的理论学说时，是在唯物主义历史观、政治经济学和科学社会主义组成的有机整体上进行的。唯物主义历史观是科学的世界观和方法论，政治经济学是对现实生活世界之总问题所进行的具体实证分析，科学社会主义是得出的重要结论。在马克思、恩格斯理论学说的叙述中，虽然这三者担负着不同功能，但实际上三者构成一个整体，是同一整体的三个层面。这样的整体性，在恩格斯的《反杜林论》等论著中体现出来。

基于上述观点，我认为，今天谈论马克思主义的整体性之主要目的，一是澄清马克思主义发展历程中出现的种种对马克思主义的误解和肢解，这些误解和肢解都是把马克思主义整体性中的某一元素独立出来加以放大的结果；二是强调我们坚持的马克思主义是作为整体的马克思主义，而不是被肢解的马克思主义；三是要具有明确的自觉意识，即要通过完整地研究"中国总问题""完整的现实"（或联系发展着的现实）来发展马克思主义，开辟马克思主义研究的新道路。

这方面研究的代表作，是我作为第一作者在《哲学研究》2012年第8期、第9期连续发表的《论马克思主义的整体性》以及学术专著《论马克思开辟的哲学道路》。

六是用学术讲政治：习近平新时代中国特色社会主义思想研究。

传统的社会层级结构之积极作用，是有利于举国力解难题、办大事、加速度；但也易产生腐败现象。如何既保留其解难题、办大事、加速度的积极作用，同时又克服其易产生腐败的历史局限？党的十八大以来，以习近平同志为核心的党中央从全面从严治党入手，积极主动出击重拳反腐败，反对"四风"。从学理上看，这实际上是力求克服传统社会层级结构的历史局限，同时又对"举国力解难题、办大事、加速度"实行创造性转化和创新性发展，进而强调"党政军民学、东西南北中，党是领导一切的"。不仅如此，马克思主义中国化时代化的所有理论创新成果都具有整体性，尤其是习近平新时代中国特色社会主义思想更具有整体性，它是马克思列宁主义、毛泽东思想、邓小平理论、"三个代表"重要思想、科学发展观的集大成者。于是，自2012年以来，我便从学术视角研究习近平治国理政思想。党的十九大之后，我又从学理角度研究习近平新时代中国特色社会主义思想。

七是追溯原点本源：致力于中国道路及其本源意义的学理研究。

通过研究习近平新时代中国特色社会主义思想，我发现，习近平同志最为关注的是中国特色社会主义道路问题。他强调，"道路问题是关系党的事业兴衰成败第一位的问题，道路就是党的生命"①道路决定命运，"无论搞革命、搞建设、搞改革，道路问题都是最根本的问题"。②

人们谈论道路问题，大多停留在政治层面，还没有真正深入到学术学理层面，致使对中国道路问题的谈论，大多是熟知并非真知，知其然而不知其所以然。这就限制了对中国道路的深入理解和把握。从2015年起，我便注重从学术学理层面深入研究中国道路问题。从学术学理层面研究中国道路，具有十分广阔的学术空间，而且也会看到中国道路具有本源意义。马克思主义发展史，归根结底是对道路探寻的历史；近代以降，中国的根本问题，是针对"中国向何处去"而选择一条正确道路的问题；马克思主义中国化时代化的演进逻辑，核心是围绕中国道路这一主线展开的；中国共产党历史发展的逻辑、新中国历史发展的逻辑，其本质是追寻正确的中国道路；改革开放以来我国历史发展、现实发展的逻辑，从根本上就是探究如何以中国特色社会主义道路实现社会主义现代化；中国道路具有世界历史意义，具有历史性贡献、引导性贡献、发展性贡献、文明性贡献和理论性贡献等。2019年年初，中央党校成立"中央党校专家工作室"，聘我为中央党校专家工作室领衔专家。我们的研究团队，就是致力于从学术学理上聚焦研究"中国道路及其本源意义"，研究"中国奇迹—中国道路—中国理论—中国话语"，力求用中国道路解释中国奇迹，用中国理论阐释中国道路，用中国话语表达中国理论。基于这些认识和理解，我先后出版了《中国道路及其本源意义》《中国特色社会主义的发展逻辑》两部学术著作。

---

① 习近平：《习近平谈治国理政》第一卷，21页，北京，外文出版社，2018。
② 习近平：《论中国共产党历史》，116页，北京，中央文献出版社，2021。

从哲学到人学，经人的能力问题的哲学研究，再到当代中国政治哲学研究，进而到马克思主义整体性研究，到今天注重研究习近平新时代中国特色社会主义思想与中国道路问题，是各种逻辑发展的结果。这些研究构成一个具有内在逻辑的有机整体，呈现出一种内在循环。

八是世界眼光：基于中国式现代化、人类文明新形态和构建人类命运共同体创新发展 21 世纪马克思主义。

21 世纪的世界处在新的动荡变革期，是一个以"变革与重构"为时代特征的"不确定"的世界，是会出现系统性风险的世界，因而迫切需要理论解释。面对百年变局中的"世界动荡""变革重构""不确定"的整个世界，自由主义出现了话语解释困境；正在实现强起来的中国也需要中国理论强起来，能为解决 21 世纪的世界问题贡献中国理论，并掌握解释21 世纪世界的理论话语权。发展 21 世纪马克思主义，就是为了解释和引领 21 世纪世界相关的命题，21 世纪马克思主义是为观察时代、把握时代、引领时代，解释 21 世纪世界并掌握话语权而发展起来的科学理论体系。因此，发展 21 世纪马克思主义是历史、时代和世界发展的迫切需要，也是世界马克思主义研究中最具前沿性、最具前瞻性、最具潜力的理论建构性的重大课题。我们应基于中国式现代化、人类文明新形态和构建人类命运共同体三大基石，构建和发展 21 世纪马克思主义。

从中国式现代化经人类文明新形态到构建人类命运共同体，是一个环环递进、层层提升、逻辑严密的有机整体。从中国式现代化到人类文明新形态，是范式、内容、空间的提升，它把"中国式"提升为"人类范式"，把"现代化"发展提升为对整个人类、社会与国家、民族进步的不懈追求及积累起来的积极"文明"成果，这是哲学思维的上升。就此而言，西方式现代化表面上似乎具有人类普遍性，实质上体现的是西方特殊性，中国式现代化表面看来只具有中国特色，深入且从实质看，却具有世界意义。从创造人类文明新形态到构建人类命运共同体，是从人类文明形态到人类共同体之实践形态的一种转化，构建人类命运共同体实质上是人类文明新形态的一种人类实践形式。由此看，中国式现代化、人类文明新形态和构建人类命运共同体是本质相关、逻辑上升的关系，是彼此理解的关系。

中国式现代化是发展 21 世纪马克思主义的立足点。其一，发展 21 世纪马克思主义，本质上就是与现代化直接相关的命题，它是在"深刻反思"西方式现代化与拓展中国式现代化基础上发展起来的。21 世纪马克思主义既要超越以资本至上为主导逻辑的各种现代性的西方资本主义话语，又要书写坚持人民至上的中国式现代化新版本。习近平同志指出："走自己的路，是党的全部理论和实践立足点。"①这是一个全称判断，具有广泛涵盖性，是习近平同志总结党百年奋斗重大成就和历史经验而得出的具有重大理论价值和实践意义的结论，表明中国道路对党的理论和实践具有本源意义，是建立在"走自己的路"基石之上的。在新时代，"走自己的路"就具体体现为"中国式现代化"，这意味着新时代党的理论也是建立在中国式现代化基石上的，当然，发展 21 世纪马克思主义也是建立在中国式现代化基石上的。21 世纪马克思主义以中国式现代化为立足点，把中国式现代化看作 21 世纪马克思主义发展中的根本问题，认为中国式现代化是实现中华民族伟大复兴的正确道路，是立足中国、放眼世界，使 21 世纪马克思主义放射出真理光芒的道路。其二，中国式现代化的不断发展，使中国特色社会主义伟大事业取得巨大成就，也使中国特色社会主义进入新时代，进而使 21 世纪世界社会主义运动的中心和发展 21 世纪马克思主义的中心转移到中国。21 世纪马克思主义，可理解为世界社会主义运动中心历史性地转移到新时代的中国所发展起来的马克思主义，它是与中国特色社会主义进入新时代，习近平新时代中国特色社会主义思想呈现出时代意义、世界意义和未来向度相关的概念。世界社会主义运动中心历史性地转移到新时代的中国，"两个大局"交织互动，创造中国式现代化、创造人类文明新形态和构建人类命运共同体，是发展 21 世纪马克思主义的三大标志性历史事件。

---

① 习近平：《习近平谈治国理政》第四卷，10 页，北京，外文出版社，2022。

党的十九大报告所讲的"三个意味着"，是世界社会主义运动中心转移到新时代中国的根本标志，是确定"21世纪"这一时代形态的根本标识，是21世纪马克思主义立足中国、走向世界的根本依据。第一个"意味着"的主题是实现中华民族伟大复兴，实质上是实现强起来的"叙事"，是第二个、第三个"意味着"的基础，第二个、第三个"意味着"是从第一个"意味着"延展出来的，讲的是"第一个意味着"的世界意义；第二个"意味着"的主题是世界社会主义，实质上是世界社会主义运动中心转移到21世纪中国的"叙事"；第三个"意味着"的主题是中国特色社会主义，实质上是中国特色社会主义具有世界意义的"叙事"，正是第二个、第三个"意味着"，才使新时代中国特色社会主义具有世界意义。显然，三个"意味着"的实质，主要是世界社会主义运动中心转移到21世纪中国的"叙事"。世界社会主义和马克思主义历史发展进程中蕴含一条规律，即世界社会主义运动的中心转移到哪里，发展马克思主义的中心就转移到哪里。21世纪，世界社会主义运动的中心已经历史性地转移到新时代的中国，中国特色社会主义在引领21世纪世界社会主义的运动和发展，因此，发展21世纪马克思主义的生长点、发展源与中心重镇也随之转移到新时代的中国，新时代的中国已成为发展21世纪马克思主义的主要实践创新地和理论策源地，它要引领21世纪马克思主义的发展。在这个意义上，习近平同志强调："发展二十一世纪马克思主义、当代中国马克思主义，是当代中国共产党人责无旁贷的历史责任。"①不能否认其他国家一些马克思主义者对发展21世纪马克思主义的重要贡献，他们对资本主义制度性缺陷和结构性矛盾的揭露，对新自由主义与金融资本主义的批判以及对数字资本主义与替代性选择、新帝国主义与国际新秩序、新社会主义与新共产主义研究等方面的成果，值得关注。皮凯蒂的《21世纪资本论》(*Capital in the Twenty－First Century*)，已成为2008年国际金融危机之后西方马克思主义的"最新表达"。然而，中国共

---

① 习近平：《论中国共产党历史》，227页，北京，中央文献出版社，2021。

产党领导中国人民所创造的中国式现代化为人类实现现代化提供了新的选择，也改变着世界现代化进程；中国共产党百年奋斗，使马克思主义的科学性和真理性在中国得到充分检验，马克思主义的人民性和实践性在中国得到充分贯彻，马克思主义的开放性和时代性在中国得到充分彰显，马克思主义中国化时代化的成功，使马克思主义以崭新形象展现在世界上。

中国式现代化开出的人类文明新形态，是发展 21 世纪马克思主义的根本支点。马克思主义本质上是与人类文明直接相关的范畴，它从来没有脱离人类文明发展大道，是在汲取人类文明一切优秀成果的基础上发展起来的。发展 21 世纪马克思主义，就要汲取一切人类优秀文明成果，要超越西方近代以来"主统治客"的文明范式，走向"主主平等"的文明范式；超越"资本文明"范式，走向"人本文明"范式；超越"地域文明"范式，走向"人类文明"范式；超越"单向度文明"范式，走向"全要素文明"范式；超越"单数文明"范式，走向"复数文明"范式；超越"掠夺—单赢文明"范式，走向"和合—共赢文明"范式；超越"西方中心论文明"范式，走向"多元文明互鉴"范式，为人类文明发展指明方向。因而，人类文明新形态蕴含发展 21 世纪马克思主义的要素，离开人类文明新形态，就无法真正理解 21 世纪马克思主义。

构建人类命运共同体是发展 21 世纪马克思主义的根本支柱。21 世纪世界处于"两个大局"交织互动的新的动荡变革期。这意味着中国深度融入并影响世界，世界深刻融入并影响中国，中国的发展离不开世界，世界的繁荣也需要中国，这便使中国问题成为世界问题，使世界问题成为中国问题，也必然使实现中华民族伟大复兴超出中国界限进而影响世界历史进程。在"两个大局"交织互动背景下，中国如何站在历史正确的一边，站在推动人类发展进步的一边，以胸怀天下眼光把握人类命运与资本主义、社会主义的命运？如何以中国式现代化、人类文明新形态、构建人类命运共同体超越资本主义历史局限，充分展示社会主义制度优越性，实现中华民族伟大复兴？如何从人类发展大潮流、世界变化大格局、中国发展大历史正确认识和处理中国与外部世界的关系、社会主义与资本主义的关系，进而有效应对大变局中出现的世界性难题，为解答"世界向何处去"贡献中国智慧、中国方案？这迫切需要具有世界意义的理论来指引，21世纪是迫切需要理论而且一定能够产生理论的世纪。

《中共中央关于党的百年奋斗重大成就和历史经验的决议》指出："党推动构建人类命运共同体，为解决人类重大问题……贡献了中国智慧、中国方案、中国力量，成为推动人类发展进步的重要力量。"①中国特色社会主义开创之初，着重解决国内解放和发展社会生产力从而使中国人民富起来的问题。随着新时代中国特色社会主义道路、理论、制度、文化的不断发展，它对解决"世界向何处去"的"人类命运"问题日益显示其重要意义。习近平同志顺应世界大势和时代潮流，继承马克思主义关切人类解放的传统，提出构建人类命运共同体这种具有世界意义的理念，为解决中国和世界的关系、社会主义和资本主义的关系、当今世界和未来世界的关系贡献了中国智慧、中国方案、中国理念，为发展21世纪马克思主义奠定了基石。第一，构建人类命运共同体有助于正确处理中国和世界的关系。它表明中国在与世界的关系上所采取的立场和取向：坚持"世界既具有统一性又具有多样性"的世界观，超越了西方"一元主导"的世界观；坚持立足"人类社会"构建人类共建共享共治共同体的世界大同观，超越了西方基于"市民社会"的那种以邻为壑的个人利益观；坚持任何国家在主权、规则、机会上应当平等的国家观，体现"主主平等"的哲学思维，超越了西方以"主统治客"为哲学基础的"国强必霸"的国家观；坚持和平发展、合作共赢的"互利普惠"的义利观，超越了西方那种"你输我赢"的义利观。显然，构建人类命运共同体以多样统一、世界大同、国家平等、合作共赢的理念、智慧，为正确处理中国和世界的关系指明了正确方向。第二，构建人类命运共同体有助于正确处理社会主义和资本主义的关系。中国坚持"人民至上"的发展观，超越了

---

① 《中共中央关于党的百年奋斗重大成就和历史经验的决议》，64页，北京，人民出版社，2021。

"资本至上"的发展观；坚持尊重其他国家根据本国国情自主选择其发展道路的"包容发展"的道路观，超越了"西方中心论"的道路观；坚持"五大文明协调发展""文明互学互鉴"的文明观，超越了"文明冲突论"的文明观。显然，构建人类命运共同体以人民至上、包容发展、协调发展、互学互鉴的理念和智慧，正确处理了社会主义和资本主义的关系，充分彰显了社会主义制度的优越性，超越了资本主义的历史局限，为掌握社会主义发展命运指明了正确方向。第三，构建人类命运共同体为解决未来"世界向何处去"的问题开辟了正确道路。构建人类命运共同体所蕴含的世界观、大同观、国家观、义利观、发展观、道路观、文明观，是构建人类命运共同体的哲学观，它是以多样性、人民性、平等性、包容性、普惠性为本质特征的中国理念和智慧，是"两制并存"的 21 世纪，中国共产党人构建人类命运共同体，为参与全球治理体系改革和建设、推动国际秩序"由变到治"、解答"世界向何处去"所贡献的中国智慧和中国方案，为世界社会主义运动指明了正确方向。概言之，构建人类命运共同体关乎世界社会主义、马克思主义的发展，也在重构世界格局，影响世界历史进程，成为发展 21 世纪马克思主义的根本支柱。

从总体上讲，中国式现代化、人类文明新形态和构建人类命运共同体作为一个有机整体，对发展 21 世纪马克思主义具有奠基意义。中国式现代化、人类文明新形态和构建人类命运共同体不仅彰显了 21 世纪马克思主义的时代特征，也呈现了 21 世纪马克思主义的时代主题，又凸显了 21 世纪马克思主义所解决的根本问题，还表明新时代中国具有发展 21 世纪马克思主义的能力。

这方面学术研究的代表性成果，就是《21 世纪马克思主义研究》这部专著。

二 深入领悟世界历史发展和马克思主义发展之道

基于上述研究，我从我的著作中选取了四部具有代表性的学术著作，即《论马克思开辟的哲学道路》《马克思的人学理论》《中国特色社会主义的发展逻辑》《作为分析框架的哲学》。前两部著作聚焦马克思的哲学思想和马克思的人学理论，属于文本研究和基础理论研究，注重文本逻辑和理论逻辑；第三部著作提炼了中国特色社会主义发展的根本经验，揭示了中国特色社会主义道路的本源意义，为创立和发展21世纪马克思主义提供了历史基础；第四部著作是我的学术研究中形成的自己分析问题的学术分析框架与解释逻辑，注重哲学逻辑。

需要强调的是，在这四部代表性学术著作中，我逐渐领悟出世界历史发展之道，领悟出基于世界文明转移的马克思主义历史发展之道。

古代，世界文明的中心在中国。近代，世界文明的中心转移到欧洲。由此，兴起了"欧洲中心主义"，之后又拓展为西方中心论。作为一种思想体系，西方中心论对整个世界产生了深远影响。

马克思的伟大之处在于他不断清算以前的哲学信仰，进行自我批判、自我超越、自我完善。晚年马克思超越其青年时期关于历史发展道路的思想认识，开始关注历史发展道路的多样性，尤其是东方社会发展道路的多样性问题。这当然也与俄国民粹派讨论俄国农村公社能否跨越资本主义"卡夫丁峡谷"问题有关。马克思给予的谨慎回答是，俄国农村公社若能吸收资本主义发展的"积极成果"，又能避免资本主义发展的"灾难性后果"，就可以跨越资本主义"卡夫丁峡谷"而向社会主义过渡。显然，这种过渡是有条件的。这表明马克思开启了对历史发展道路多样性、生成性的思考。

马克思、恩格斯把社会主义由空想变为科学，列宁则把科学社会主义由理论变成现实，列宁领导了十月革命，在世界上建立了第一个社会主义国家。需要关注的是，俄国是在小农经济占优势的经济文化落后国家建设社会主义的范例。所以，列宁晚期集中思考的问题是：经济文化落后的俄国向社会主义过渡的道路问题。思考的重大成果，一是列宁对社会主义的整个看法根本上改变了；二是列宁认为各个民族都将走向社会主义，但走法却不完全一样。显然，是列宁开启了对历史发展道路多样性的实践，开始走出"使农村从属于城市……使未开化和半开化的国家从属于文明的国家，使农民的民族从属于资产阶级的民族"①的框架。历史发展道路多样性之实践真正发端于列宁，他在理论上为中国"走自己的路"提供了"俄国样本"。

现代化运动是西方开启的，它把整个世界卷入其中，也对中国产生强烈冲击。1840 年后，中国开启一波波被动防御性的回应，如洋务运动、戊戌变法、辛亥革命、五四运动。这些回应没有真正走出"自己的路"。十月革命一声炮响，给中国送来了马克思列宁主义。马克思列宁主义同中国工人运动相结合产生了中国共产党。中国共产党一改过去被动防御性的回应为积极主动的应对，从选择马克思列宁主义作为指导思想、选择中国共产党作为领导力量、选择中国道路作为解决中国问题的必由之路这三个方面，开始掌握在中国建设现代化的历史主动。之后，我们党确定了"走自己的路"，推进现代化道路上的"自主性成长"（或实践生成）；改革开放后，我们党赋予"走自己的路"以时代内涵，从"走自己的路"中开出"中国特色社会主义道路"，推进现代化道路上的"内涵式成长"；中国特色社会主义进入新时代，我们党进一步把中国特色社会主义道路置于世界历史这种大历史观、大历史场景中思考，在与西方现代化的比较和竞跑中，又走出"中国式现代化"新道路，彰显"中国特色社会主义道路"的世界历史意义，推进了现代化道路上的"世界性成长"；之后，我们党又进一步从"中国式现代化新道路"中成功拓展出"中国式现代化"，赋予"中国式现代化"新道路以更宽广而深远的意义，推进了

---

① 《马克思恩格斯选集》第一卷，405 页，北京，人民出版社，2012。

现代化道路上的"理论性成长"。

中国式现代化及其创造的人类文明新形态具有重大的世界历史意义，它打破"自古华山只有一条路"的那种对西方式现代化、西方中心论的迷思，开创出"条条大路通罗马"的新的现代化景观，改变了世界现代化的版图，为人类实现现代化提供新的选择，使科学社会主义理论和实践由西方走向东方的中国，在 21 世纪中国焕发强大生机活力，也使中国特色社会主义走向世界，具有世界意义。基于中国式现代化的实践生成及其所创造的人类文明新形态，我们走出了一条由"世界失我"到"世界有我"再走向"世界向我"的历史演进逻辑，走出了"东方从属于西方"的框架，开启了创新发展 21 世纪马克思主义之路，破解了"古今中西之争"，巩固了中国式现代化的主体性。

三　余言

我已 66 岁。岁月显老，学术年轻。60 岁到 75 岁是我的学术"黄金期"，因为一有学术积累，二有学术时间，三有学术使命。在这一段时间，我可以静下心来，心无旁骛地从事纯粹的学术研究，也可以清除一些功利主义因素的影响。我把学术研究职业当作事业，把学术生命当作使命，因而会充分利用这样的学术"黄金期"，全力以赴致力于"中国式现代化、人类文明新形态、构建人类命运共同体与创新发展 21 世纪马克思主义"的学术研究，致力于"文化和文明关系"的学术研究，力求实现学术上的创新和突破。

这是我的执念，也是我的学术追求！

自序　发展中的当代中国人学思潮

当代中国马克思主义哲学研究领域的一大景观，就是人学研究的兴起，并且已经形成一种具有深远影响的人学思潮。改革开放以来，我国人学研究的一个基本特点，就是其研究进程始终紧随我国社会主义现代化建设实践的发展，并反作用于社会实践。因此，我们应从社会主义现代化建设的社会实践出发，来考察和反思我国人学研究得以泛起的历史背景及其演变的内在逻辑，从中进一步弄清人学与社会主义现代化建设的内在联系，同时对我国人学研究加以整理和总结。

一　背景——任务——实质

人学之所以在中国兴起，有其深刻的背景，人学研究的任务和实质就蕴含在这一背景之中。

首先，人学兴起具有特定的哲学史根据。在哲学发展的早期阶段，"人"面临两种命运：一是人被淹没在自然、社会及宗教中，显得不独立；二是人被各种不同的哲学流派肢解，变成支离破碎的人。近代以来，情况发生了变化：一方面，先是由于文艺复兴时期"人"的发现，再到现代西方哲学回归人的生活世界，使人从对自然、社会等客体的从属属性中相对独立出来并被提升为主体，进而把人学推到哲学的前台；另一方面，先是由马克思提出追求完整的人，到现代哲学人类学试图建立完整的人的概念，把被哲学肢解的人整合成完整的人，人作为整体的人被哲学加以强调。这种变化蕴含这样的道理：人在世界中具有相对独立的地位和本质，而且是使外部世界化为人的世界的主体，因而，哲学不仅要从外部世界理解人，还要从人自身的内在固有方面去认识人，这种认识是在为一切存在提供最终根据。由是，人学便是哲学的本质学，这种本质只是在当代才真正显示出来。实际上，历史越往后发展，人在历史中的主体地位和作用就越突出。既然如此，当代哲学就应该把作为主体的完整的人作为自己专门或主要的研究对象，确立一种新的哲学观和哲学史观，推动哲学的发展。

其次，人学的产生有其科学史根据。近代以来，关于人的各种科学独立发展起来，积累了关于人的丰富的实证知识。但是，它们在开始时并不一定确定其内在联系，反而使人这一对象变得支离破碎。这不仅没有使我们接近对人的认识，反而使我们远离这一目标。对人的不同侧面加以认识而形成的一系列人的科学，是由近代对事物进行分门别类研究这一科学发展的必然趋势决定的。科学发展到现代，呈现出新的趋势：一是整个科学及分支科学之间发生的新的相互联系恰恰在人的身上；二是研究人的各门科学及其不同角度趋于结合，趋于综合的人的科学提供的关于人的不同侧面的实证知识，把人作为统一的整体来把握。对这种趋势的反映和反思，必须有一种关于人的统一的基础学说，来把关于人的各种科学之间的联系建立起来，既克服对人的片面研究的局限，又为一切有关人的科学的发展提供新的理论基础和方向。根据这一要求把已经积累起来的有关人的认识成果统一起来，那就必须回答这样一种本质性的问题：在这些成果的根基上，人究竟是什么。这就必须建立一门新的人学。

再次，人学的泛起有其文化学根据。以个人主义为核心的文化把人主要理解为具有独立价值的个人，以整体主义为核心的文化把人主要理解为只有在整体的关系中才能存在的人。这两种文化模式在一定历史时期，都由于自身的局限而带来许多社会问题，甚至造成某种社会危机，其危机实质上就是文化危机和人性危机。这就提出了以文化综合创新来克服以往文化之历史局限的任务。完成这一任务之最有效的方法，就是寻求和重建一种新的完整的人性，并通过这种重建来实现文化的综合创新。

最后，人学兴起有其时代或实践根据。真正的人学是时代的产物。西方资本主义社会进入 20 世纪，有四个基本事实支配着社会意识形态的发展：一是现代西方科技和工业的发展给人带来的积极或消极的影响，二是两次世界大战的爆发和法西斯主义的出现，三是 20 世纪欧洲工人运动面临挫折并陷入低潮，四是西方共同精神的瓦解。在当代中国，有三个基本事实支配着社会意识形态的发展：一是改革及社会主义市场经济体制的建立。社会主义市场经济是靠充分利用和规范人性来运作的，市场经济的表层是"物"的问题，深层却是"人"的问题。二是文化建设。文化建设的实质是提高国民素质，它是以人为本并解决人的问题的。三是当代中国的发展。我们所追求的发展是可持续发展。从哲学高度和深层来看，可持续发展的中心问题就是人的问题，发展的元价值在于追求人的发展。虽然中西方所提出的问题在层次上不同，但把这些问题提升到人的社会意识中来，核心都是人的本质、存在和历史发展问题，或者必须建立一种专门研究人的本质、存在和历史发展规律的理论，来为分析和解决当代人类实践发展提出的与人有关的重大现实问题，提供一种理论工具和方法论，这就是人学。我们今天生活在人的本质、存在和发展问题格外突出和尖锐的时代，也面临着各种抉择，在这种情况下，人的自我觉醒、自我反思和自我理解显得尤为迫切。人是一切活动和关系的主体，人创造他的历史和存在。人造成怎样的存在取决于他如何做和做什么，人的未来也取决于自己的选择、决定和行动。而人如何做和做什么，如何选择和决定，又取决于人对自我的认识和理解。在对人是什么、人应是什么和人如何做这些问题的反思、追问及回应中，蕴含着人学产生的必然性。

由此在一定意义上可以说，如果不理解和关注人学，就不能深刻理解和关注这个时代。当代中国人学研究的任务和实质就是：作为哲学形态走入哲学研究前沿，作为学术思潮关怀人的生存发展，作为新兴学说建构完整的人的图景，作为新哲学观考察视角发生转换。

二 进程——主题——观点

当代中国人学研究的发展进程大致可划分为萌发、生长和结果三个阶段。

首先，萌发阶段。"伤痕文学"的崛起及其对"文化大革命"的反思、真理标准的讨论、改革开放、全党工作重心的转移和西方人道主义思潮的影响，共同促发了1979年后以人性、异化和人道主义为主题的全国性大讨论。讨论主要集中在"人性、阶级性和共同人性""社会主义和异化""马克思主义和人道主义的关系"三大问题上。其思路主要是从价值观、伦理学角度对我国"文化大革命"十年中的非人性现象做人道主义的评判，其实质，是从哲学人性论上反思我国社会主义建设的历史，总结历史经验教训，以确立人在社会主义建设和马克思主义体系中的地位。这场讨论的最大成果是认识到要把人当人看，应对"人"及人性这一曾被人们忽视的问题加以研究；社会主义建设应尊重人的价值，关心人的命运。

其次，生长阶段。"把人当人看"，意味着要进一步揭示作为主体的人的价值，从理论上说清人的主体性。1984年，我国改革从农村转向城市，社会主义现代化建设全面铺开，它要求人们进一步思考人的现代化问题。第一是1985年开始讨论人的现代化问题。人的现代化，在当时首要就是人格从传统向现代的转型。对人的现代化问题的思考，必然与传统文化变革联系起来。围绕"文化变革与人的现代化"这一主题，当时许多学者集中讨论六大问题：价值观念变革；商品经济与道德建设；科学技术现代化与人的素质现代化的关系，以及人的全面发展；人的积极性、主动性和创造性；健康人格；人的思维方式变革。这种研究的根本特征，就是人们多从文化的角度反思现实及人被失落的文化原因，注重文化对人格的塑造，其实质，是从现代化建设的高度反思文化与人格，从"文化与人"的关系总结我国社会主义建设的经验教训，以确立"新人"在社会主义现代化建设中的主体地位。这种研究的最大成果，是意识到必须把人当主体看，社会主义现代化关键在人的现代化，马克思主义哲学应把"人"相对独立出来，对人本身进行专门深入的理论思考；应在社会主义现代化发展战略中，包含对人的素质、人格、人才和新人的设计。第二是 1987 年左右开始讨论人的主体性问题。当时哲学界集中讨论了四方面的问题：一是从哲学上说清人的主体性与主体性原则；二是人的自觉活动和社会历史规律的关系；三是选择论和决定论的关系；四是个人及其个性。人的主体性问题讨论之重要特征，就是人们多从历史观进而从本体论再从哲学体系的本质特征角度提出人及其主体性问题，将人的问题引到了哲学本体论和哲学体系之中。其实质，是从哲学原则上反思人的主体实践活动的原则和方式，并从人的主体性发挥状况方面总结我国社会主义现代化建设的历史经验教训，以启示人们正确理解和发挥其主体性。其最大成果，就是人们充分认识到，人的主体性是最根本的人性，是人的问题的实质和核心，因而人的主体性问题本质上是"人"的问题，要从理论上说清人，就不能不抓住人的问题的实质和核心。这里，由对人的主体性问题的思考进而使人们走向对人本身的关注，对主体性问题的深入讨论，引发某些学者率先思考人学的问题。于是，在 1988 年，国内少数学者率先提出"人学"的问题。

最后，结果阶段。对人学真正展开全面深入研究，始于 1990 年。那时，许多对人的问题有深入研究的专家学者感到有必要把"人"作为一种相对独立的对象来研究，以建立一门新的人学。这一阶段，讨论的焦点集中在以下三个根本问题上。

第一，哲学和人学的关系。在这一点上学界有三种代表性观点。第一种观点认为哲学包括人学，但不等于人学，人学只是哲学的一个分支，二者是整体和部分的关系。第二种观点认为哲学就是人学，哲学发展的方向是"类哲学"。第三种观点认为哲学在一开始就并不是人学，人学也不是哲学的一个分支，哲学的当代形态主要是人学。

第二，人学的对象。人学研究完整的人，这一点学界已经达成共识，但在如何理解完整的人上出现了分野。第一种观点认为，人学研究的是人的完整图景及其本质和发展规律；第二种观点认为，人学是研究完整的个人及其本质、存在和历史发展规律；第三种观点认为，人学是研究个人、群体、人类三者关系的历史发展规律的科学。

第三，人学概念及其性质。有的学者指出，人学有广义和狭义之分，广义的人学指研究人的一切科学，狭义的人学指研究人的本质、存在和发展规律的学说，它具有哲学的性质。有的学者认为，人学是一种新世界观和哲学观，"人学"概念的提出代表一种新的哲学观念，一种体察世界的新视角。多数学者认为，人学不同于人的科学，后者是研究人的某一侧面而形成的一个学科群，人学则是在综合各门有关人的科学提供的关于人的知识的基础上，对完整的人进行综合研究，并提升出关于完整的人的本质、存在和发展规律的一般理论。"形成完整的人"是综合人学，具有综合科学的性质，提升出关于"完整的人的本质、存在和发展规律一般理论"是哲学人学，它是人学最高、最根本的层次，具有哲学的性质。有的学者认为，我们对人的认识只能是历史性的认识，只有历史性地看待人的存在和人的自我认识，才能为科学的人学奠定基础，在这种意义上，人学实质上是一门历史科学。

这一阶段，逐步形成了一些有一定影响的人学研究组织、团体和学术中心，基本上形成了一支老中青相结合的人学研究队伍；有些地方积极编写人学教材，开设人学课程，招收人学研究方向的研究生，承担国家及地方人学研究课题。

三　总结——特征——走势

中国的人学研究在 1997 年、2001 年、2006 年呈现高潮。综而观之，30 年来的中国人学研究呈现出以下的整体图景。

第一，在研究的界域方面，人学不是把一切与人有关的问题都纳入进来，也不能被唯物史观所取代，更不等于倡导抽象人道主义，而是在综合和提升各门人的科学的基础上，建立一门以完整的人及其本质、存在和历史发展规律为研究对象的新的科学，这门科学应克服抽象人道主义的局限，达到对人的完整的科学理解。

在人学与人的科学的关系上，当代中国的人学研究一开始就比较自觉地界定了自己的研究对象，避免把人学泛化。近年召开的许多人学研讨会和发表的诸多人学论著，大都首先注意确定人学研究的对象和范围。有些对人学研究比较陌生的同志认为，人学就是研究与人有关的学问的总称，这是一种模糊认识。澄清这一模糊认识的关键，是要把人学同人的科学区别开来。人的科学指的是研究人的某一方面的各门具体科学及由此组成的学科群，"凡是研究与人有关的学问"实际上属于"人的科学"的范畴，不属于人学范畴。人学，正如日本学者细谷贞雄强调的，它所包含的意思与人的科学有别。人学之被倡导，其理论上的动机无非是把已经积累起来的、与人有关的知识由某一统一的原理重新加以组织，从而把人作为一个统一的整体来把握。近年我国兴起的人学，其深刻的学术动机之一，就是综合和提升各门人的科学所提供的关于人的不同侧面的知识，以达到对完整的人的理解，形成一门新的科学。这里，人学研究实际包含两个层次的基本内容：一是综合人学，以达到对"完整人"的研究；二是哲学人学，从完整的人中提升出关于人的本质、存在和历史发展规律的一般哲学理论，它主要研究人的本质、人的存在和人的历史发展规律范围内的问题。遗憾的是，大多数学者对各门人的科学了解不多，对如何综合各门人的科学的知识和方法知之甚少，对综合人学的研究稍显底气不足，缺乏人学的"学科"意识。

在人学与历史唯物主义的关系上，有一种观点认为，人是社会的人，是历史发展的结果，而且，既有的历史唯物主义理论体系就已经是关于人的十分完备的学说了，没有必要建立一门相对独立的人学。苏联的格列柯夫和 H. A. 斯捷潘年也持这种看法。有的学者虽承认人学的相对独立存在，但认为它只是历史唯物主义的一个分支。上述两种观点都否认人学从唯物主义历史观中相对独立出来的可能性。我认为，相对独立于历史唯物主义的人学，作为一门学科是可能的。这可以从三层意义上来论证：首先，如前所说，人学有其明确而独立的研究对象。其次，人学对历史唯物主义具有相对独立性，能同后者区别开来。人不等于人类社会，人也不能完全被社会历史所溶解和淹没，人对人类社会和社会历史具有相对独立性，因而人是不能完全被社会历史所说明的。历史唯物主义以整个人类社会历史发展规律为对象，它侧重研究社会的人和历史的人，是人的现实，它为达到具体而由人走向现实，它并不研究完整的人，人学则专门以完整的人及其本质、存在和发展规律为对象，二者不能互相取代。最后，人学是历史唯物主义的一个理论前提。马克思批判唯心史观和创立唯物史观，是从对人的重新科学理解开始的，在《德意志意识形态》中，马克思正是在把人的本质看作一切社会关系总和之后，在对有生命的个人及其社会历史发展过程做进一步分析的基础上，才发现和创立历史唯物主义的。恩格斯在《费尔巴哈论》中，也从"现实的人及其历史发展"出发看待历史唯物主义，指出只有在人的劳动中才能找到社会历史发展的锁钥，故而历史唯物主义是关于现实的人及其历史发展的科学。显然，只有在对人及其本质加以科学理解之后，才有可能创立历史唯物主义。唯心史观首先是在其理论前提——对人的理解上失足的。既然如此，人的问题就不能完全归结为社会历史问题，以对人和科学理解为首要任务的人学就是历史唯物主义的一个理论前提。近年我国人学研究之所以取得一定进展，其中一个重要原因，就是得益于把人学看作相对独立于历史唯物主义的一门科学，而有的同志之所以看不到人学研究的深刻意义，就是因为忽视了人学对历史唯物主义具有相对独立的地位和特殊作用。当然，人学虽然相对独立于历史唯物主义，但它必须以后者为指导。

在人学与人道主义关系问题上，一种观点认为，研究人学就是研究和宣扬人道主义。按照这种认识，人学研究就很难进行下去了。这种模糊认识很大程度上是受20世纪80年代我国人道主义讨论影响而形成的。在这场讨论中，一些人把马克思主义归结为人道主义，并且企图用人道主义和异化理论去否定社会主义公有制，认为社会主义公有制是人性的异化，因而是违背人道主义的。这种观点当时被称为精神污染。这一定论至今仍影响一部分人，以致认为我国20世纪90年代的人学研究是在倡导人道主义。这是对人学研究的一种严重误解。其实，人学研究虽包括人道主义研究，并在价值观意义上对人道主义加以某种肯定，但二者毕竟不同：人学研究完整的人及其本质、存在和历史发展规律，是一门科学，而人道主义是对人的本质和人的存在的关系的一种评价，是一种价值观；人学包括人道主义，但不能归结为人道主义。实际上，我们所要建立的人学，恰恰是为了通过对人的完整科学理解以克服抽象人道主义对人加以片面错误理解的局限。

第二，在研究的内容上，在理论层面上主要研究了人学的前提性问题，在现实层面上主要研究了我国现代化建设实践提出的重大而迫切的问题。研究的内容大都是理论和实践中的前沿问题，既具有面上的广泛性，又具有点上的高度和深度；不足在于对一些"前提性问题"还未达成应有的共识，对"人的科学"的综合研究还未给予应有的重视，对"完整的人"的概念还未提供确切的理解，从人学角度重新理解本体论、认识论、辩证法、实践观和唯物史观，做得还不够。

实际上，在对既有成果的关系及学科建设上，人学不是抛弃而是要从人学角度重新审视和理解以往有关的哲学成果，并在人学观念框架内加以重新定位。无论说哲学就是人学，还是说人学是哲学的一个分支，或是说哲学的当代主题形态主要是人学，都涉及人学同本体论、认识论、辩证法、实践观、唯物史观的关系。在人学中，本体论、认识论、辩证法、实践观和唯物史观依然存在，并具有相对独立性，但那不过是与人和人学相关，受人学统摄的存在。本体论是以人为本体的本体论，而人这一本体具有科学因素和价值因素两个基本内容，这样的本体论之人学意蕴在于：它是一种信仰，以满足人对完满性的信仰和追求；它是一种终极关怀，使人不断实现对现象、现实之局限性的超越，追求终极和永恒的价值，不被世俗功利和当下一时所困扰，不被现象、现实的局限所遮蔽；它是一种客观精神，要求人避免主观臆断，追求客观实在；它是人的一种自我超越和发展的根本、基础，为人提供一种精神、理念、价值、信仰和追求，以克服自我之局限。认识论是以人为目的、以解决作为主体的人的主观性（或主体性）和客观性矛盾为基本内容、以人论为根据的能动的认识论，认识论的深层之最根本的基础和根据是人论，对认识能力、认识限度、认识范围、认识目的、认识过程和认识方式的解答，最终都取决于对人的哲学理解。辩证法本质上是批判的、革命的，这无非是表达人的批判、超越、发展的主体本性，辩证法的基本规律和范畴无非是人认识客体的思维方法和工具。实践观中的实践无非是人的实践，是人的存在方式，实践过程无非是人的内在本质力量的发挥过程，因而实践观无非是关于把外部世界改变成属人世界的观点。唯物史观无非是关于现实的人及其历史发展的科学，它所研究的内容无非是从人的能动的社会生活过程中揭示和抽象出来的。实际上，哲学研究的既往成果是人学建立和发展的思想史基础和思想资料，这些成果既服从于人学的主题，又作为部分因素和思想资料存在于人学之中。人学把新对象、新主题、新问题和新内容作为中心来思考，而这正体现出人学的创新。马克思哲学有自己的对象、主题、问题和内容，所以才称其为马克思哲学，而以往哲学的合理因素在马克思哲学中是受"马克思哲学"支配的。

第三，在研究的方法上，大致可概括为"我思"有余"集思"不足，"哲思"有余"科思"不足，"离思"有余"合思"不足。国内的人学研究大多以学者个人独立思考的方式来进行，并未真正采取集体合作和综合研究的方式；大多运用哲学研究的方式，未做详尽的实证研究；对人的问题的基础理论研究和现实研究往往是分离的。人学既不应限于对人的科学作综合研究，也不应囿于演绎式的纯学理研究，而要主张以对人的现实问题的研究带动对人的基本理论的研究。这就要求我们深入人的活生生的世界去捕捉时代的课题，既注重从外观即人的对象化的世界方面科学研究人，又注重从内在即对人的内在结构的反思方面研究人。

第四，就研究的主体而言，有些学者往往用意识形态的眼光对待人学研究，从科学方面和"形而上"方面研究"人"相对不够，既"上"不去，又"下"不来；一些学者们能坚持"百花齐放，百家争鸣"的方针，但有些学者由于对人学研究的背景、实质和意义了解不够，因而对人学作为一门科学不理解，低估人学探索的积极意义；一些学者认识到"人的科学"研究对人学研究的必要性，但对"人的科学"方面的知识准备不足；有些学者立足于当代中国的视野来研究人学，但缺乏应有的开放意识、世界眼光、战略思维和综合能力；有些学者多去争论抽象的人学概念，不大追问人学研究的精神实质、思想内涵和现实意义；一些学者也在研究人学，但对人学的基础理论缺乏真正系统而深入的探索。在对素质的要求上，人学研究者不能完全被利益、情感、经验、感觉、意志和表象所遮蔽，必须切实掌握以高级理性为支撑的唯物辩证法。人是多种矛盾的统一体，是世界上最难理解和把握的对象，要准确把握和理解人，就必须运用唯物辩证法，而要真正掌握和运用唯物辩证法，就必须具有高度自觉的理性意识。仅凭自己的利益、情感、经验、感觉、感性、意志和表象来从事活动的人，在实际工作中容易做出违背唯物辩证法的事，而这样的人不可能真正理解"人"及人学理论。

第五，就研究的立足点而言，中国的人学研究始终是在改革开放和解放思想的大环境支撑下步步深入的，这一环境对学者们思想上的解放作用是巨大的，它使人们由过去"谈人色变"到现在强调"以人为本"，由过去把人性论和人道主义看成资产阶级的专利到现在对此加以科学的研究，由过去排斥人的研究到现在兴起"人学热"，由 20 世纪 80 年代初开始对人道主义进行研究，到 20 世纪 90 年代纵深向人学理论建构方向发展，由 20 世纪 80 年代初主要是从价值观上强调尊重人到 20 世纪 90 年代深入向从学理上说清人、从实践上塑造人方向发展。中国的人学研究还反映了世界思想文化向关注人的生活世界和生存状态转向的大趋势，适合时代发展的潮流。当然，当代中国人学既不是完全重走近现代西方人学发展之路，也不是顺着中国传统文化之路"接着说"，而是立足于当代人类发展和当代中国社会发展的历史方位，以及对现实中国人的科学理解，来吸纳中西人学思想精华，因而它是以当代中国现实为根基、在同世界人学和中国传统人学对话的基础上发展起来的。在中国从农业社会向工业社会、由自然经济向市场经济转型的过程中，中国学者也必将重演近代西方人学的某种历史剧。然而，中国毕竟面临着当代全球性问题，也具有自己特有的历史方位、特殊国情及"中国问题"。在这种背景下，当代中国人学的内容和形式就不能重复西方人学的过去了，其人学历史剧必定具有自己的时代特色与风格。不仅如此，由于历史发展时序的差距和中国历史发展阶段的特殊定位，当代中国的人学研究难以进入以后现代主义思潮为语境的相同话语系统。中国传统文化中的人学思想是建立在小农经济基础上的，虽有许多合理因素，但从根本上并不完全适合社会主义市场经济体制的本质要求，因而不能作为当代中国人学研究的文化基础。我们只能立足于当代中国社会实践发展的时代要求，来建构当代中国的人学。

第六，在研究的倾向方面，中国人学研究一开始就是力求通过对完整的人的综合思考，旨在寻求哲学、科学、文化和人文精神之本，重建符合时代精神的新哲学观、科学观和文化观，为当代哲学发展提供方向；中国人学研究就是力图走向人的现实生活世界，洞察人的生存体验，关心中国人的生存和发展状态、人类发展的命运；中国人学研究就是既要从价值观上重视人，又要在学理上完整论说人，还要在实践上全面塑造人。过去，我国社会主义建设出现许多问题的一个原因，就是不了解"人"所造成的轻视人和不能正确对待人。改革开放以来，人们逐步认识到应在价值观上把人当人和主体看，正确发挥主体的作用。近年我国人学研究的意图之一，就是唤醒对"人"的自觉尊重，充分正确发挥人的作用，但它必须通过对"人"的科学理解来为尊重人和充分正确发挥人的作用提供理论基础。人学研究的这种意图不可低估。改革开放以来之所以能取得很大成就，决策层之所以把"以人为本"作为科学发展观的核心，其原因之一，正是我国人学研究积极倡导要理解人、重视人和充分正确发挥人的作用。要真正尊重人和正确发挥人的作用，还要在实践上全面塑造人，即在人的内心深处进行人格上的真正彻底的塑造。改革开放以前，中国未曾经历过"文艺复兴"式的、旨在全面彻底塑造新型人格的人的革命，在人的内心深处实行全面彻底的人格塑造的任务至今尚未完成。在我国进入全面改革和社会主义现代建设时期，人的素质与现代化建设要求不相适应的矛盾充分暴露，因此，全面彻底实行人格塑造就成为当务之急。

第七，就研究的成果及其作用和影响而言，据中央党校哲学部资料室不完全统计，自1985年至2001年，我国发表的相关人学文章有2900多篇，相关专著130多部。2001年以后，论著不断增多。这些论著在决策、实践和学术三方面产生广泛影响。一是为人学学科建设奠定了基础。它提出的一些创新性观点，建立起了哲学与人的本质联系；提出了"人学"的一系列范畴，努力把马克思主义人学作为新兴学科来建设，确立了人学在马克思主义哲学中的合法地位；总结了以往人的问题研究的经验教训，认识到对人性的理解与对社会历史、对科学、对文化、对哲学理解的内在联系，从而强调当代哲学要对完整的人进行综合研究。二是在理论建设上有助于深化对实践唯物主义、认识论、唯物辩证法、唯物史观、发展理论、文化问题和价值问题的研究。三是在现实上反映了世界潮流和我国改革开放的时代精神，形成了一种关注人、尊重人和塑造人的人学思潮，确立了"以人为本"的观念，促进了人的解放、人的发展和人的塑造，推进和加强了当前我国市场经济体制建设、文化建设、素质教育、管理、干部人事制度改革、思想政治工作和人的现代化进程等。

第八，就研究的特征及其不足而言，中国的人学研究着重从哲学学理层次上把握"完整的人"，而在为时代和中国实践发展提供人学理念方面做得不够，在同其他学科交流合作方面也显得不够；着重从学术理论上探讨人的问题，而在使人学走出书斋，"下"到同平民大众的生活世界相结合从而被他们所掌握，"上"到同决策部门相结合从而为决策提供根据，做得还不够，致使哲学学术圈外的人士不知"人学"所云；多在学科边界、人学对象、人学观念比较模糊的情境下进行，这利于学者们打破"框框"束缚，大胆探求问题，但也使一些学者把远不是人学的问题当作人学问题来"经营"；多以科学理性的方式和自觉的态度进行研究，但研究中的主观评判色彩、盲目自发的模仿倾向不同程度上依然存在。

第九，就研究的趋势而言，如果把发展中的中国人学思潮放在知识经济时代来考察，必将发现，21 世纪新的社会实践又进一步使哲学走向人，也使人进入哲学视野的中心。由此，人学就必须由 20 世纪末的"热身型"研究阶段转向"攻坚型"研究阶段，人学研究必须承载四大历史使命：一是清理与总结工作。即对相关的研究成果、理论前沿、前提性问题、学术动态进行系统深入的清理与分析。二是倡导与推动工作。即学界和社会要进一步积极推动和倡导人学研究；要在对时代精神的把握中，在对"中西马"文化精华的吸取中，在对人的科学的综合研究中，在对人的哲学理解中，提升并确定当代中国人学的核心理念。三是转型工作。就是实现人学研究范式的转变：由清理与总结以往的思想资源和经验教训，转向为建构人学大厦奠定根基；由推动与倡导工作，转向提升人学的核心理念，力图为 21 世纪中国发展提供价值支撑，并进行社会体系创新；由对"完整的人"的追求，转向建构"完整的人"的形象和塑造完整的人的人格，力求使人学作为一门研究完整的人的科学真正建立起来；由"我思""哲思"和"离思"，转向我思和集思、哲思和科思、离思和合思相结合；由模糊走向精确，真正厘清人学的学科边界、人学的对象、人学的性质；由不知走向知，加强对各门人的科学及对人的科学加以综合的方法的理解和把握，提高人的综合创新能力；由过于对人学的学理、学科的关注，转向人学的学理与思想并重，人学的基础理论与现实意义并重，尊重人、说清人、塑造人并重；由注重国内哲学学术领域的人学研究走向开放，既具有世界眼光和战略思维，能同世界对话，又同其他相关学科结成联盟，还要使"人学"进入平民大众的日常生活世界、实际部门和决策领域，进入讲坛和教坛。四是与时俱进地追踪时代，进一步对时代提出的人的问题，以及所要求的人性革命和生存方式革命加以准确的分析、把握和提升，从中寻求人学研究的生长点，开辟当代中国人学研究的新道路。这就要进一步关注以下问题。

第一，人的双重本性及其生成性本质。我们较为关注人的多种本质，但忽视人的本质根本在于其矛盾的双重本性及其生成性；我们较为关注人的未确定性，却没有把人的矛盾的双重本性理解为在历史运动过程中的不断生成；人是在其双重本性的实践、历史、矛盾的发展过程中生成自己、确立自己和实现自己的，其中包括实践生成、历史生成、矛盾生成和自我生成。

第二，哲学、人学、现实生活世界之间的关系。哲学是通过对人的理解而理解社会历史、人的生活世界和社会科学的，对这种重要的内在本质联系我们却研究不够。

第三，人学在马克思哲学思想体系中的地位与作用。马克思哲学的本性是面向人的生活世界，马克思是通过对人的研究而建立起自己的哲学思想体系的，他把现实的人看作自己哲学的出发点，把人的解放看作自己哲学的主题，把每个人自由而全面发展看作自己哲学的最高价值原则，但学界对这一问题没有引起足够的重视。

第四，当代中国人发展的历史形态和生存方式。以往的人学研究或者关注形而上的抽象问题，或者关注意识形态层面的人的问题（以人为本等），而对当代中国人的具体现实问题关注与研究不够，人学是哲学通往现实之路，人学应研究当代中国人发展的历史形态和生存方式。

第五，人的精神世界。

第六，以人为本的政治内涵与学术内涵。当前人们多关注以人为本的政治解读而忽视其学术解读。要深化以人为本的研究，必须注重对以人为本的学术解读，全面揭示以人为本所蕴含的哲学意义。

第七，人的能力及其在经济、政治、社会和文化发展中的作用。我国对人的道德给予充分研究，但对人的能力研究却相当薄弱。这正是当代中国人学研究的一个生长点。

第八，社会层级结构与人。这是一个根本性问题，对人的问题具有广泛的解释力，但学界对这一问题的研究是一个空白。加强这方面的研究，对人学发展具有广阔的空间。

第九，人格塑造。"文化大革命"十年对人的伤害促使人们在20世纪80年代初的人性、异化和人道主义讨论中去尊重人、关心人。自然，对"文化大革命"非人性现实的最初反叛是从价值观上重视人。从价值观上重视人，表现在应把人当人看，应尊重和关心人，应重视和有效发挥人的作用。过去，我国社会主义建设出现许多问题，其中一个重要原因，就是不了解人所造成的轻视人和不能正确对待人。如"大跃进"时期片面夸大人的能动作用，"文化大革命"时期轻视人、伤害人、践踏人性，把人性等同于阶级性等。改革开放以来，在对人的问题研究过程中，人们逐步认识到人在社会主义建设和马克思主义体系中的地位，进而把人当人看，把人当主体看，正确发挥主体的作用。要真正尊重人和正确发挥人的作用，除了在理论上要科学完整地理解人以外，还要在实践上全面塑造人。在中国历史上，这两大任务都未彻底完成。在中国思想史上，以往关于人的学说大都侧重研究人的某一本质方面。中国几千年封建社会造成了中国人的依附性和保守性人格。高扬"科学、民主"旗帜的五四新文化运动，主题就是"立人"，即塑造新型人格，然而，由于中国封建社会历史的包袱过于沉重，人的惰性太大，新文化运动进行的时间又短，更主要的是中国缺乏"立人"的经济基础和政治基础，所以，新文化运动对人格的塑造是不彻底的，人格并没有发生根本转变。从中国共产党诞生到中华人民共和国成立这28年，解决的主要问题是中国政治制度的变革，主要任务是武装革命。中华人民共和国成立后一段时期，党把主要精力放在抓党内政治斗争上，虽然相应地也进行一些诸如扫盲、发展教育事业等提高人的素质方面的工作，但由于受"左"的思想影响，始终把知识分子当作消极对象而从世界观上加以"教育改造"（爱其知识，但更恨其世界观），因而也谈不上有目的、有计划、有组织和有步骤地进行真正彻底的旨在塑造新型人格的"革命"。党的十一届三中全会以后，中国进入全面改革和社会主义现代化建设时期，但在社会实践发展过程中，国民素质适应不了现代化建设需要这一问题日益突出。起初，改革主要是通过政策方针的调整及适度放权让利来调动人的积极性，即使人的素质低，也会收到极大效果，所以，人的素质与现代化建设的不适应不大明显。然而，随着改革的深入，人的素质与现代化建设要求不相适应的矛盾就充分暴露了：农村改革过程中，发展现代化农业的问题提了出来，它要求农民懂得现代农业科学知识，懂得现代农业经济管理，然而我国农村人口却有相当一部分是文盲、半文盲，从根本上难以适应发展农业现代化的要求，从而阻碍着农村进一步改革的步伐；个体、私营经济同样如此，起初一些个体、私营企业可以利用政策搞得比较出色，但随着商品经济的逐步建立及市场竞争的展开，不少企业纷纷倒闭。其中一个重要原因，就是从事经济活动的个体和私营业主对商品经济和市场竞争不通晓也不适应，不注意提高人的素质；国有企业改革之所以困难重重，没有较大突破，原因之一是企业人的素质适应不了建立现代企业制度的需要。上述情况表明，全面彻底实行人格塑造应成为改革及社会主义现代化建设的迫切要求。这就向当代中国的人学研究提出两大任务：从学理上全面而科学地论说完整的人；在实践层面上研究塑造新型人格的目标和方法。近年我国相关领域学者已意识到人学研究所面临的任务，并自觉进行三种转变：由过去片面理解人向现在全面理解人转变；由 20 世纪 80 年代初从价值观上重视人到 90 年代从实践上塑造人转变；从过去忽视或片面夸大人的作用向重视并充分正确发挥人的作用转变。

目　录

导　言　一个有待持续深入研究的重要课题

　　人的问题，是当今国内外哲学研究的一个前沿课题。可以说，当代学者对人的问题的关注，远远超过对其他问题的关注。

　　人的问题在理论探讨和意识形态争论中的比重不断增长，引起了人们对马克思人学思想的极大兴趣。从西方"马克思学""西方马克思主义"思潮，到马克思主义阵营，有关人的问题的诸多争论，都是同马克思的人学思想联系在一起的。也可以说，马克思的人学思想，已成为当今国内外学术界理论探讨和意识形态争论的一个焦点。

·　马克思人学理论在其整个理论体系中的独立性和重要性

　　无论人们以何种态度对待马克思，但有一点是无可否认的，即他的思想博大精深，且自成一体。人们一般认为，马克思的思想体系包括唯物主义历史观、政治经济学和科学社会主义三个基本组成部分，不包括人学。这种理解有其历史原因和主观原因。

当今国内外有一种颇具代表性的观点认为：马克思拒斥人的学说，马克思的整个思想体系不包括人学思想这一组成部分，他的唯物主义历史观已包含着对人的科学研究和理解，没有必要从唯物主义历史观中划分出相对独立的人学思想体系，因为人的问题是人道主义和人本主义关注的中心，马克思在其著述中反复批判过旧哲学的人道主义和人本主义，并运用历史唯物主义方法研究人，如果承认马克思人学思想的存在，就容易把马克思的思想与旧的人道主义和人本主义等同起来。

这就给我们提出一些非常尖锐的问题：马克思的人学思想能否作为其整个思想体系中的一个相对独立的组成部分？或者能否作为一种相对独立的理论体系来加以研究？如果能，应怎样界定？它的研究对象是什么？它与唯物史观、人道主义、人本主义是什么关系？这些问题，是我们在系统挖掘和整理马克思的人学思想之前，首先必须弄清的前提性问题。

我认为，马克思虽没有明确提出要建立一种相对独立的完整的人学理论体系，但从他的全部著述及其深层结构中，可以揭示出其人学思想的基本框架和结构，人学是马克思整个思想体系中的一个不可被取代的相对独立的组成部分，在其中具有前提、中心和总体的地位。在马克思那里，所谓人学，指的是专门研究人的科学，是着眼于研究作为主体的人及其本质、存在和历史发展规律的科学。用马克思的话来说，是研究在实践基础上人的本质及其自我实现的历史的科学。[①] 这里的"自我实现"，指的是人能动地表现和实现其本质力量、个性和自由等。

首先，马克思把"人"看作一切活动和一切关系的承担者及基础，看作社会历史的前提及创造主体。这里就内在地包含着把人作为一种相对独立的研究对象的根据。在马克思的著述中，对人的认识始终是他对社会历史研究的前提及创造主体。这里就内在地包含着把人作为一种相对

---

① 参见《马克思恩格斯全集》第 42 卷，150 页，北京，人民出版社，1979。

独立的研究对象的根据。在马克思的著述中，对人的认识始终是他对社会历史现象认识的前提，因为在他看来，社会历史不过是人的活动的创造而已，① 这样，作为创造社会历史的活动的承担者——人及其本质、存在和历史发展规律，就可以成为一种独立的研究对象。实际上，在马克思那里，对人的本质的科学认识，是对与人有关的其他问题认识的方法论前提，而对人的认识始终贯穿于他的前后著述中。从早期著述关于人是一切活动和一切关系的本质和基础，到后期著述关于人是经济活动和经济关系的承担者；从早期关于人的类本质是自由自觉的活动，到新世界观创立时期关于人的现实本质是一切社会关系的总和；从早期著述中关于"人创造环境和环境创造人"，到后期著述中关于"人既是社会历史的前提又是社会历史的结果"等，可以看出，人的本质、存在和历史发展始终是他关注的一个主题。在马克思的整个思想体系中，有专门研究自然界的自然观，有专门研究社会的社会学，有专门研究历史的历史观，有专门研究经济关系的经济学，有专门研究人类解放之实现条件的科学社会主义，同样，也有专门研究人本身的本质、存在和历史发展规律的人学。

其次，从马克思关于人的种种观点中，可以揭示出其人学的基本内容及内在逻辑联系，这就是人和自然的关系、人和劳动的关系、人和社会的关系、人和历史的关系、人和人的关系、个人和自身的关系。马克思终始是在"关系"中研究人的，而且这种研究自成一体。从逻辑上，马克思对人的本质和存在的思考，首先是从人和自然的关系入手的。在人和自然的关系中，他认为关于自然的"自然科学"和关于人的"人的科学"将是一门科学（不容否认，马克思试图建立一门关于人的"人的科学"），因为人属于自然界，而自然界又属于人，所以，马克思在研究自然时，也就在一定意义上研究人，而在怎样理解人时，也就在怎样理解自然。② 由于人是通过劳动同自然界发生关系的，所以，马克思接着从逻

---

① 参见《马克思恩格斯选集》第 1 卷，67 页，北京，人民出版社，1995。
② 参见马克思：《1844 年经济学哲学手稿》，82 页，北京，人民出版社，1979。

辑上论述了人和劳动的关系。他指出，自由自觉的劳动是人的类特性，而劳动表现实现和确证着人的内在本质力量，并使人的内在本质力量外化，使自然人化。这方面的内容，构成马克思人学的本体论。由于人的劳动是在社会关系中进行的，因而马克思又进一步分析了人和社会的关系，认为人的本质就其现实性是一切社会关系的总和，社会本身即处于社会关系中的人本身，人是社会关系的承担者。① 这方面的内容，构成马克思人学的社会观。马克思又从人和社会的关系中揭示出人和历史的关系（纵向）、人和人的关系（横向）。在人和历史的关系中，马克思指出，人既是历史的前提，又是历史的结果，既是剧作者，又是剧中人，历史是人的真正的自然史，是自然界生成为人这一过程的一个现实部分，是人的活动创造的产物，因而社会历史规律也即人的活动的规律。② 在人和人的关系中，马克思着重分析了个人和人类、个人和群众、个人和阶级、个人和个人的关系，指出：在一定社会历史的发展阶段，人类发展以牺牲个人发展为代价，但人类发展最终只有落脚到个人发展上，才能彻底实现；历史是群众的事业；人的个性受具体的阶级关系制约，但最终将会实现由"偶然的个人"向"有个性的个人"转变；个人发展是他人发展的条件，同时又受他人发展制约。③ 这方面的内容，构成马克思人学的历史观。马克思还从社会历史发展对人的发展的意义上，论述了人的个性、人的权利、人的异化、人的解放和人的自由。这方面的内容，构成马克思人学的价值观。显然，这些内容有其内在的逻辑联系。

再次，马克思始终注意并强调用"人的观点"和方法，来考察、分析和理解与人有关的问题。马克思对于"人"有自成体系的看法。正因为如此，他在思考和研究与人有关的问题时，总是注意从人的角度入手。例

---

① 参见《马克思恩格斯选集》第 1 卷，60 页，北京，人民出版社，1995。
② 参见马克思：《1844 年经济学哲学手稿》，82、84、122 页，北京，人民出版社，1979。
③ 参见《马克思恩格斯选集》第 1 卷，119—120 页，北京，人民出版社，1995。《马克思恩格斯全集》第 3 卷，33、34、87 页，北京，人民出版社，1960。

如，他认为自然界是人表现其内在本质力量所需要的对象；劳动是人的内在本质力量的自我确证；社会历史无非是人的本性的不断改变而已；自然科学通过工业实践进入人的生活，为人的解放做准备；共产主义是人的解放的社会形式，其基本原则是每个人自由而全面的发展；生产力和生产关系无非是人的发展的两个不同方面；个人能力充分发展是最大的社会财富和社会生产力，等等。更为重要的是，马克思总是从"物"的东西的深层和背后，力图揭示出"人"的东西及人的本质。比如，他力图从物的经济关系(劳动和资本)中揭示出人和人(工人和资本家)的关系，从财富的"物"的形式中揭示出"人"的形式，等等。这些表明，马克思的人学在其思想体系中是有一席之地的。

最后，马克思的人学理论既与他的科学社会主义、唯物史观、科学的人道主义、伦理学和人类学相关联，同时又有明显区别。

(一)人学与唯物史观

在马克思那里，人学和唯物史观的关系，是通过人和社会历史的关系体现出来的。在马克思看来，人和社会历史的关系有两方面的基本内容：人是社会历史发展的产物和结果，人又是社会历史的前提。

马克思的唯物史观以人类社会历史发展的一般规律为研究对象。马克思指出："对现实的描述会使独立的哲学失去生存环境，能够取而代之的充其量不过是从对人类历史发展的观察中抽象出来的最一般的结果的概括。"①恩格斯在论述他和马克思所创立的唯物史观时指出，历史观的任务，"归根到底，就是要发现那些作为支配规律在人类社会的历史上起作用的一般运动规律"②。既然人是社会历史发展的结果和产物，那么，他的以人为对象的人学理论必然把唯物史观作为自己的理论基础。关于这一点，马克思做出阐明，"每个个人和每一代所遇到的现成的东西：生产力、资金和社会交往形式的总和，是哲学家们想象为……

---

① 《马克思恩格斯选集》第 1 卷，73—74 页，北京，人民出版社，1995。
② 《马克思恩格斯选集》第 4 卷，247 页，北京，人民出版社，1995。

'人的本质'的东西的现实基础"①。既然人的本质以生产力、资金和社会交往形式的总和为现实基础，那么，人学就必然以唯物史观为理论基础。实际上，无论是人的本质、人的作用和人的发展，还是人的本质的实现，都必须从社会历史的发展中得到说明。历史上，有什么样的历史观，必然有什么样的人学理论。凡属唯心史观，大都注重人的理性本质和精神实质；资产阶级的历史观，大都推崇个人主义的人学观念；而唯物史观，则强调人的本质的现实性和社会性。

人学以唯物史观为基础，并不否认人学在马克思那里的相对独立性及人学对唯物史观的意义。马克思的人学以作为完整的人及其本质、存在和发展的一般规律为研究对象。在马克思看来，人又是社会历史发展的前提。他指出："全部人类历史的第一个前提无疑是有生命的个人的存在……任何历史记载都应当从这些自然基础以及它们在历史进程中由于人们的活动而发生的变更出发。"②又说："我们首先应当确定一切人类生存的第一个前提，也就是一切历史的第一个前提，这个前提是：人们为了能够'创造历史'，必须能够生活。"③既然人是人类社会历史的前提，那么，马克思的人学不仅对他的历史观具有相对独立性，而且是他创立唯物史观的一个理论前提。实际上，马克思正是从对人的本质不断取得科学认识的过程中，在发现了人的现实本质是一切社会关系的总和之后，才开始创立唯物史观的。马克思指出，他所创立的历史观，不是从人们所说的、所想象的、所设想的东西出发，也不是从只存在于口头上所说的、思考出来的、想象出来的、设想出来的人出发，而是从现实的人出发，即从从事活动的、进行物质生产的，因而是在一定的物质的、不受他人任意支配的界限、前提和条件下能动地表现自己的人出发，质言之，是从人的物质生产和物质生活条件出发。马克思正是通过对人的社会实际活动的能动发展过程的研究，才发现人类社会历史发展

---

① 《马克思恩格斯选集》第 1 卷，92—93 页，北京，人民出版社，1995。
② 同上书，67 页。
③ 同上书，78—79 页。

的一般规律，① 从而创立唯物史观的。

由此看来，马克思的人学是不能完全被他的唯物史观所取代的，相反，它对唯物史观具有相对独立性。就人学研究完整的人——人的实践劳动的完整性——而言，唯物史观不过是从人学分化出来的一个相对独立的分支，是对人学的一种发展，因为唯物史观不过是对人的劳动的社会历史性和社会关系进行研究的结果。恩格斯指出，在劳动发展史中找到了理解全部社会史的锁钥。② 马克思也指出，只要描绘出人的实际活动的能动发展过程，"历史就不再像那些本身还是抽象的经验论者所认为的那样，是一些僵死的事实的汇集，也不再像唯心主义者所认为的那样，是想象的主体的想象活动"③，而是一个有规律的发展过程。

进一步具体来说，马克思的人学理论与唯物史观存在以下几方面的区别。

其一，人学和唯物史观都以人的物质实践活动为前提、出发点和基础，但人学着重研究作为实践主体的人的本质及其表现和实现的历史，而唯物史观则着重研究实践基础上的社会生活过程的历史及社会结构。马克思指出，唯物主义历史观的本质在于，它从直接生活的物质生产出发来考察现实的生产过程，并把与该生产方式相联系的、它的产生的交往形式，理解为整个历史的基础。④ 与唯物史观不同，马克思认为，人的科学是人在实践基础上的自我实现的产物。⑤

其二，人学和唯物史观都研究有生命的个人、实践活动和社会物质生活条件，但人学从作为主体的人的角度来考察它们的属人意义或人的性质，指的是为人而存在的意义或性质，而唯物史观则从社会的

---

① 参见《马克思恩格斯选集》第 1 卷，122—124 页，北京，人民出版社，1995。
② 参见《马克思恩格斯选集》第 4 卷，258 页，北京，人民出版社，1995。
③ 《马克思恩格斯选集》第 1 卷，73 页，北京，人民出版社，1995。
④ 参见《马克思恩格斯选集》第 2 卷，32 页，北京，人民出版社，1995。
⑤ 参见马克思：《1844 年经济学哲学手稿》，103 页，北京，人民出版社，1979。

角度考察它们的社会性质。比如，对实践活动的考察，马克思的人学着重考察它的合目的性和属人性，而唯物史观着重考察它的合社会历史规律性。

其三，人学和唯物史观都从人的物质实践活动出发，但人学从人的物质实践活动中着重揭示出人的主体性，而唯物史观着重于从人的物质实践活动中揭示制约和规定人的实践活动的客观社会性，揭示人的实践活动的社会物质条件。在《1844年经济学哲学手稿》中，马克思谈到了人的自由自觉的活动、异化劳动，以及对人的本质力量发挥的意义，这里着眼的是人学。而在给安年柯夫的信中，他多次谈到人的实践活动的社会制约性，这里着眼的是唯物史观。

其四，人学和唯物史观都研究现实的人，但人学侧重现实的人，唯物史观侧重于人的现实；人学侧重于研究人的发展规律，而唯物史观侧重于研究社会发展的规律。一般来说，人的本质、人的个性、人的主体性、人的价值、人的能力的发展、人的自由和人的自我实现，多属于马克思人学研究的主要内容，而社会结构、社会发展过程、社会历史发展的根源和动力、社会历史发展的规律等，多属于马克思唯物史观的主要内容。

其五，人学和唯物史观都考察"自然界生成为人"的历史，但人学着重考察这一历史的属人意义，即着重把历史看作个人本质力量的发展史和人的本性不断发展的历史，而唯物史观则着重考察这一历史的"自然"性质，即把历史看作生产力和生产关系矛盾运动的历史，是一种自然历史过程。

其六，人学和唯物史观都研究人，但人学更多考察作为个人的人，而唯物史观更多考察社会化了的人类。

由此可以看出，马克思的人学和唯物史观是有区别的，马克思的人学完全可以作为一门相对独立的组成部分而存在。

当然，在马克思那里，人学和唯物史观也是有内在联系的，这种联系，不仅表现在它们都以人的物质实践活动为前提、出发点和基础，而且都以不同的方式把对方的研究对象作为自己思考的对象，因而在一定意义上具有互相包含的性质：人可以成为唯物史观思考的对象，社会可以成为人学思考的对象。这种联系使我们在后面阐述马克思的人学理论时，有时很难绝对严格地确定所阐述的内容的性质。

(二)人学与科学社会主义

在马克思那里，人学注重研究完整的人的发展的一般规律，而科学社会主义则是研究人的解放和自由而全面发展及其实现条件的学说。前者是一般性的学说，后者是一种特殊学说，前者研究人的完整性，后者只研究人的一个侧面——人从被奴役的制度下解放出来，进而实现人的自由而全面发展的问题。从这个意义上，马克思的科学社会主义学说有别于他的人学。

具体来说，一方面，马克思的人学研究的是人的实践劳动的完整性，研究人的实践劳动的完整结构和系统，而科学社会主义则着眼于研究实践劳动的社会性，即研究人与人之间的对抗关系及消除这种关系的方式和条件。因此，马克思的科学社会主义是从他的人学分化出来并具有相对独立性的一种学说，而人学是他的科学社会主义的一个前提。

另一方面，马克思的人学和科学社会主义也有着内在的联系。虽然科学社会主义对人学具有相对独立性，但科学社会主义中有关人的问题及其一些内容，在经过概念、角度和方法转换之后，也可以作为马克思人学理论的内容，马克思人学理论的某些内容也叫做类似的转换。另外，马克思人学理论的最终目的，是服务于人的解放和自由而全面的发展，在这个意义上可以说，科学社会主义不仅是马克思人学理论的一种必然结论和逻辑归宿，也是马克思人学理论的一种实践形态和运动形态。我们这样理解，丝毫没有降低科学社会主义的地位，而是强调有一种既区别又联系于科学社会主义的人学。

(三)人学与科学的人道主义

马克思的人学理论不能归结为科学的人道主义，而是包含着科学的人道主义，或者说，科学的人道主义是马克思人学理论的一个层次或一项基本内容。在马克思那里，科学的人道主义着重探讨人和外部世界之间的非人性关系及其消除这一关系的人性要求，它着力解决的，是人的现实存在和人的本质实现的矛盾。马克思的人学研究的则是完整的人及其本质、存在和发展的一般规律，因此，它当然要研究人在其发展过程中和外部世界之间的人性关系，以及人的存在和人的本质的关系。但马克思的人学理论不限于此，它还具有其他一些为科学的人道主义所不包含的内容。

这里顺便谈一谈马克思的科学社会主义和科学人道主义的关系。一般来说，马克思的科学人道主义是他科学社会主义的前提和目的，科学社会主义是他的人道主义的理论手段。为了实现人道主义的理想目标，必须进行社会主义革命。它们都研究人和人之间的对抗关系（非人性关系）及消除这一关系的方式，但科学社会主义着眼于经济分析和革命行动，而人道主义更着眼于人性分析和人性追求。马克思指出："共产主义和所有过去的运动不同的地方在于：它推翻一切旧的生产关系和交往关系的基础，并且第一次自觉地把一切自发形成的前提看作是前人的创造，消除这些前提的自发性，使它们受联合起来的个人的支配。因此，建立共产主义实质上具有经济的性质，这就是为这种联合创造各种物质条件。"[①]马克思的人道主义则从人的理想本质和其现实存在的矛盾上，来思考人和人、人和外部世界之间的非人性关系，以及消除这种关系的必要性。

（四）人学与伦理学

马克思的学说包含伦理学的内容，这就是他对人和人之间的道德关系的探讨。其中包括研究个人与个人、个人与集体、个人与社会之间的道德关系等。

马克思的伦理学与其人学既有联系又有区别。二者的区别在于：伦理学着眼的是人和人、人和集体、人和社会之间的道德关系，而人学则

---

① 《马克思恩格斯选集》第 1 卷，122 页，北京，人民出版社，1995。

对人作完整的思考。然而，既然马克思的人学要研究完整的人，它就不能不对人和人之间的道德关系加以人学思考。在这个意义上可以说，马克思的伦理学是其人学理论的一个层次或一项基本内容。

(五)人学与人类学

人类学是 anthropology 的译名，这个词来自希腊文，按其原意，应译为"人学"，"anthropos"即人，这个"人"是类概念，这个词译为"人类学"当然也可以。但在马克思那里，"人"和"人类"是有明显区别的，人既可指人类，也可指人群和个人，而人类则指地球上的一切人构成的类人群。自 19 世纪以来，anthropology 已经成为一种以人类为研究对象的学科，有了比较明确的含义，译为"人类学"还是较为确切的。人类学有许多分支学科，它分为两大类：一是自然人类学，二是文化人类学。在马克思早期和晚年的著述中，有对人类的思考，因而也存在着人类学。但这种人类学与其人学是有区别的。马克思的人类学往往多从人和动物相区别的意义上来谈这个种类(或族类、人类)的特征，而把个人只看作这个类的元素或分子，因而它注重研究人这个类的种属方面，如人类的特征、人类的地位、人类的起源、人类的发展、人类的未来、人类的系统、人类的地理分布、人类的文化、人类的生活等，而对个人、群体的论述显得薄弱。马克思的人学所研究的人固然包括作为类的人，但他把人这个类只看作对所有现实个人的抽象，是人的存在的一种基本形态。不仅如此，他也研究个人和群体，研究个人、群体和人类的完整统一，还研究人类的社会性、实践性，并在人的实践活动和社会关系的总和的基础上研究"完整的人"。

当然，就人学也研究人类来说，人类学也是马克思人学的一个层次或一项基本内容。

这样，马克思的人学在其整个思想体系中，是一种具有相对独立性、完整性的，并具有前提、中心和总体地位的思想体系。

二　必须重视挖掘和系统研究马克思的人学理论

马克思非常重视对人的问题的研究，马克思的整个思想体系中包含着人学思想，这是客观存在的事实。因此，必须注意挖掘、整理和系统研究马克思的人学思想。

为了挖掘和整理马克思的宝贵遗产，建立马克思主义人学，必须重视研究马克思的人学理论。马克思虽然对人的问题做了较多研究，并使人的学说成为真正的科学，但并没有为我们提供一个相对完整的人学理论体系。如前所述，他的大量深刻而重要的人学观点，要么散见于他前后时期的著述中，要么包含在他的唯物主义历史观、政治经济学、科学社会主义中，要么潜含在他的整个思想体系的内在逻辑中。马克思在人学史上的贡献，不在于他是否提供一个完整的人学理论体系，而在于他使人成为一种科学，并提供一系列对当时对现在、对理论对现实都具有重要意义的基本思想和方法。这些思想和方法是值得人们去挖掘和整理的宝贵遗产。要研究当今时代所面临的种种关于人的问题，要建立马克思主义的人学，要坚持、丰富和发展马克思主义，就必须注重挖掘、系统整理、深入研究马克思的人学思想。有的学者也许不赞成建立相对独立的马克思主义人学，认为历史唯物主义把人放在社会关系中研究，已内在包含着对人的问题的科学解决。而我认为，有必要建立一门相对独立的马克思主义人学。理由是：离开社会关系来研究人是一种抽象，而离开人来研究社会关系也是一种抽象；人离不开社会和社会关系而存在，社会和社会关系也离不开人而存在，而且人本身也是一个组织系统，有其相对独立的人格结构和存在方式；人是一切社会活动的主体，外部社会不过是人的社会存在形式，对外部社会的认识不过是对人的认识；马克思曾把对人的认识看作对社会历史认识的前提；历史唯物主义也不能代替人学。

为了澄清并克服当代西方某些学者在马克思人学理论问题上造成的一定混乱，把握当代西方学者研究的走向，准确了解马克思人学理论的精神实质，必须深入系统地研究马克思的人学理论。马克思人学思想在理论和实践上的重要性，引起了当代西方学者的极大关注，出现了研究马克思人学理论的热潮。不可否认，他们在对马克思人学理论的研究过程中，提出一些对我们有重要借鉴和启发意义的方法和观点。这对我们重新理解马克思的思想，重视对马克思人学理论的研究，是有重要的积极作用的。否认这一点，就不是一个辩证唯物主义者。但也无可否认，某些西方学者在研究马克思人学理论过程中，在人的问题上，也制造了种种错误的观点。

　　主要表现之一：利用"人"来混淆马克思人学与资产阶级抽象人道主义的界限。齐·朗兹胡特和 J. P. 迈耶尔，是将马克思学说做人道主义解释的最早的两个人。他们认为，马克思的思想集中于提出历史现实的诸矛盾环节，而其借以理解现实矛盾的总标题，就是"人的自我异化"；在马克思那里，一切历史都是人的自我异化的历史，是人性异化和人性复归的历史。这显然是把马克思的整个思想体系的核心归结为人的自我异化学说，又把马克思关于人的自我异化学说同资产阶级人道主义的历史观混淆起来。西方"马克思学"专注于解释马克思的学说，它提出的一个基本观点是：马克思整个思想体系的核心，是激进的人道主义，这种人道主义包含着"乌托邦"幻想或对伦理的、人道的社会主义渴望，它根植于对人性的深刻见解之中；"由于马克思提出恢复具有充分人性的人的见解，因此，他就站到了最伟大的社会乌托邦主义者的行列"①。这实际上是把马克思关于人性实现学说同抽象的人道主义混淆起来。E. 弗洛姆是法兰克福学派的主要代表人物，他专注于对马克思人学思想的研究，在其代表作《马克思论人》一书中，他更为明确地把马克思人学混同于资产阶级人道主义。他说，"马克思的哲学……来源于西方人

――――――――――
　　① ［法］马克西米里安·吕贝尔：《吕贝尔论卡尔·马克思：五篇论文》，26 页，剑桥，剑桥大学出版社，1981。

道主义的哲学传统……这个传统的本质就是对人的关怀","而马克思关于人的思想就是这个传统的产物"。又说:"马克思的目标是使人在精神上得到解放,使人摆脱经济决定论的枷锁,使人的完整的人性得到恢复,使人与其伙伴们以及与自然界处于统一而且和谐的关系之中……它的目标是使个人主义得到充分体现,正是这个目标指引着西方的思想,从文艺复兴、宗教改革运动一直到19世纪。"①实际上,马克思的思想体系包含对人道主义的关注,但同时又注重对社会历史发展规律的分析。

主要表现之二:以"人"为焦点,把马克思人学人道主义化和实证主义化。1932年,马克思《1844年经济学哲学手稿》公开问世后,许多西方"马克思学"者及"西方马克思主义"者通过对《1844年经济学哲学手稿》的解释,将马克思的人学思想人道主义化。西方"马克思学"认为,马克思关于人的学说的核心就是人道主义。20世纪三四十年代,"西方马克思主义"的一些代表人物用抬高青年马克思、贬低老年马克思的做法,来说明马克思的整个学说是人道主义,说明青年人道主义的马克思是真正的马克思。20世纪50年代以后,绝大多数西方学者改变这种做法,而是通过抹杀《1844年经济学哲学手稿》同马克思后期著作区别的办法,来强调"青年马克思"和"成熟马克思"的统一,并认为统一于人道主义。如马尔库塞认为,人和人道主义是贯穿马克思所有著作中的一根主线。弗洛姆认为,马克思后期著作所运用的概念是青年马克思关于人的本质和人道主义概念的继续。20世纪60年代以后,当把马克思关于人的学说人道主义化的思潮发展到全盛阶段时,西方又出现了与之相对立的另一种把马克思人学实证主义化的思潮,其中最著名的代表人物是阿尔都塞。他认为,马克思的后期著作是"理论上的反人道主义",因为马克思指出,决定和识别社会形态的因素归根结底不是虚无缥缈的人的本质或本性,不是抽象的人,甚至也不是具体的人,而是与经济基础合成一个整体的生产关系……他总是指出这些关系(生产关系——笔者注)规定着

---

① [美]弗洛姆:《马克思论人》,见沈恒炎、燕宏远主编:《国外学者论人和人道主义》(第1辑),202—203页,北京,社会科学文献出版社,1991。

人的本质和标志着人的特性，指出这些关系怎样在人的具体生活中打上烙印，具体的人怎样在一系列的阶级斗争中被这一系列的关系所规定……马克思所以不从人的概念出发……这是为了认识决定具体的人的生活和具体斗争的规律。① 这段论述，充分表明在理论上对马克思学说中的"人"做了实证主义解释。

主要表现之三：用"人"来制造青年马克思和老年马克思的对立。比利时学者埃森·伊格那托夫1980年在美国杂志《苏联思想研究》上发表的《人道主义的自我解体》一文，是以"人"来制造"两个马克思"的典型作品。他这样说，在青年马克思那里，人是中心，人是最高的价值，不管从哪个角度看，早期马克思的人学思想居主导地位。而在成熟马克思的著述中，人被废黜了，人的问题在马克思著述中消失了，人几乎没什么地位。而新托马斯主义者鲍亨斯基认为，马克思的学说"具有动摇于强调人的作用和重视宇宙而贬低人的作用之间'这种'思想的本质的对立性"②。

主要表现之四：以"人"为界标制造马克思人学同恩格斯学说的对立。作为"西方马克思主义"的奠基人之一，卢卡奇在其《历史和阶级意识》中，沿袭了波兰学者布尔楚维斯基的做法，用"人本学"和"实证主义"把马克思和恩格斯从根本上对立起来。在他看来，恩格斯的《自然辩证法》因其实证主义倾向，而不同于马克思始终如一的人道主义，因而两者是对立的。科尔施宣称，要通过清除实证主义倾向来恢复马克思的人性意识。以"人"为界标来制造马克思和恩格斯的对立，在1932年《1844年经济学哲学手稿》发表以后达到了高潮。许多西方学者把青年马克思和老年恩格斯相比较，认为青年马克思重视人，而老年恩格斯则关注物。弗洛姆明确地把"人"看作马克思理论的核心，认为，关注并研究物对人的异化，才是马克思学说的真正目的和直接任务，而恩格斯则

---

① 参见［法］阿尔都塞：《马克思和理论人道主义》，见沈恒炎、燕宏远主编：《国外学者论人和人道论文》（第1辑），565—568页，北京，社会科学文献出版社，1991。

② ［瑞士］I. M. 鲍亨斯基：《苏俄辩证唯物主义》，19页，北京，商务印书馆，1965。

是"非人的""机械的""经济决定论"者。

主要表现之五：以"人"为理由，制造马克思人学和马克思主义的对立。这在西方"马克思学"那里得到充分的表现。西方"马克思学"为法国著名学者马克西米里安·吕贝尔所首创，其主旨之一在于把马克思和马克思主义区别开来。他指出，人们惯于把马克思和恩格斯当作马克思主义的创始人，其实不然，马克思本人曾明确表示他不是一个马克思主义者，只是由于恩格斯在晚年的默许，马克思主义才流行起来。马克思主义同马克思本人的学说只有微弱的联系，马克思主义的流行，严重影响了马克思学说的传播和发展。因此，必须正本清源，还马克思学说以本来面目。这正是"马克思学"的伟大使命。他认为，马克思本人学说的核心，是对人的关注，人道主义是马克思学说的实质，因此只有人道主义的马克思才是真正的马克思。但在马克思以后的马克思主义的发展过程中，人被忽视了，马克思学说中真正重要的东西被抛弃了，马克思主义成了直接同某些政治精英和知识分子精英的现实利益结合在一起的意识形态。

主要表现之六：围绕"人"来肢解马克思人学。用不同的方式"解释""补充"和"发展"马克思人学。这是"西方马克思主义"开创以来的理论活动的基本特征。关于这一点，我们将在后面的有关章节加以阐述。

当代西方学者在解释和分析马克思人学思想的过程中，提出了许多重大理论问题，如马克思人学和人道主义、人本主义的关系，马克思人学和马克思主义的关系、青年马克思和晚年马克思的关系、马克思人学和恩格斯学说的关系等。要了解西方学者在这些理论问题上的得失，并真正理解和解决这些问题，真正了解马克思人学思想的本来面目，从而回答西方学者提出的挑战，克服西方学者在对马克思人学问题研究上的局限，就必须深入系统地研究马克思的人学思想。

要填补我国在马克思人学问题研究上的空白，必须加强对马克思人学思想的研究。当代西方某些学者认为，马克思主义在其发展过程中，忽视了马克思关于人的学说。这在一定意义上，确实是符合史实的。

如果从历史发展的角度来看，马克思是从人的问题开始自己的理论研究的。青年马克思十分关注人的自由、人的异化、人的解放和人的全面发展问题，也关注人的主体性和人的价值问题，更关注人和人的关系问题。这里，青年马克思更多是关注人的主体方面或价值方面。到1845年，当他认识到人在现实本质上是一切社会关系的总和之后，当他需要科学揭示资本主义社会发展的规律时，他便把自己理论探讨的重心转移到人和人的经济关系、社会关系、人的社会性及社会历史问题方面来，转移到社会规律、阶级斗争、国家和革命问题上来，而对人尤其是个人的主体性及价值方面的研究则放到次要地位，而且主要把人看作社会关系的承担者和化身，看作受社会关系规定的存在物。这是一种客观的历史事实。马克思在谈到《资本论》中所涉及的"人"时，特别做了这样一个说明："这里涉及到的人，只是经济范畴的人格化，是一定的阶级关系和利益的承担者。我的观点是：社会经济形态的发展是一种自然历史过程。不管个人在主观上怎样超脱各种关系，他在社会意义上总是这些关系的产物。"[①]需要指出的是，马克思在后期虽着重研究社会历史问题，但从《资本论》前后的经济学手稿来看，他并没有完全放弃对个人的主体性方面和价值方面的探讨。实际上，当他描述资本主义社会中人的状况和展望未来共产主义社会中人的前景时，必然涉及这方面的问题。

西方学者指责恩格斯完全忽视人，这是不对的，但恩格斯着重于经济分析和实证分析，却是一种客观存在的历史事实。恩格斯不像马克思那样注重唯物史观的人的前提、人的内容和人的结论，而是侧重唯物史观的实证性，认为唯物史观是研究社会历史发展过程及其一般运动规律的科学；对于自然观，他不像青年马克思那样关注"人化自然"，而注重研究自然界本身（即自在意义上的自然界）的问题；马克思比较注重主客体关系，恩格斯则比较注重思维和存在的关系；在实践观上，他不像马克思那样，把实践看作人发挥其内在本质力量来改造客体的过程，而把

---

① 《马克思恩格斯全集》第23卷，12页，北京，人民出版社，1972。

实践主要看作工业实践，并把工业实践看作驳斥不可知论的武器和证明真理的标准，等等。

在第二国际期间，以及在列宁和斯大林时期，出于种种主客观原因及历史原因（我们在后面有关章节，将专门分析这些原因），马克思整个思想体系中的人学思想，在马克思主义的历史发展过程中，确实被忽视了。由于受苏联意识形态影响，由于当时我国一些进步思想家对马克思学说缺乏全面系统的了解，也由于当时中国革命斗争的需要，在马克思主义中国化的过程中，马克思的人学理论也被忽视了，以至于对马克思的人学理论研究，在我国成为一片空白。近年来，我国理论界虽意识到这方面的问题，也展开了对马克思人学理论的研究，但还是远远不够的，而且在研究中，许多问题还尚未澄清。所以，加强对马克思人学理论的研究，以填补我国在这一问题研究上的空白，是当今我国哲学界的一个重要任务。

为了反映时代精神，把握现实发展的脉搏，推动社会主义现代化建设，进而坚持、丰富和发展马克思主义，必须从对马克思人学理论的研究中，寻找理论指导、精神营养和思想支持。这是最根本的。

理论研究必须面向我国现实生活。马克思的人学理论对当今我国现实具有重要的借鉴意义。

当前我国社会主义建设的中心任务，是发展社会生产力，而发展社会生产力的重要途径和方式之一，是充分发展人的能力。在马克思那里，发展社会生产力主要有两个基本方式：一是以社会的方式发展生产力，其途径和方式主要有，调整和变革生产关系，发展科学技术，加强管理，完善劳动方式，建立生产力要素之间的最佳结构，开展协作，合理分工等；二是以个人的方式发展社会生产力，即把重心放在个人本身全面而又充分的发展上。以社会的方式发展生产力固然重要，但这种方式归根结底是由人来实现的，人的能力如何，这种方式对发展生产力的作用也就如何。这就是说，人或个人能力的充分发展，对生产力的发展有着不可忽视的独特作用。简要说，其具体作用在于：人的能力状况影响人们的物质生产；个人能力状况通过一定的社会结合方式影响社会生产力状况；人的能力状况制约着人对科学技术的理解、掌握和运用的状况；个人能力的充分发展，可使劳动对象和劳动资料现实地对生产力的发展发挥有效的作用；个人能力的充分发展对生产力的发展有着不可被科学技术所代替的特殊作用。马克思指出，"个人的充分发展又作为最大的生产力反作用于劳动生产力"，它是生产力发展的基础或基石。因此，根据马克思的思想，要大力发展社会生产力，就必须重视每个人能力的充分发挥。

全面深化改革是我们目前全部工作的一个基本点。全面深化改革，是一个多方位的综合过程，它不仅仅在于要打破经济、社会、政治、文化和人的发展障碍机制，建立加速经济发展、实现社会进步的相应机制，改革的最终目的，是发展和完善中国特色社会主义制度，推进国家治理体系和治理能力现代化，是要深刻革新社会生活的各个方面，其中包括人的思想观念，使我国生产力发展和社会主义制度优越性的发挥，使人的积极性和创造能力的充分发挥，具有现代化的社会体制和社会组织形式，离开日益增长的人的因素的作用，是不可能实现改革目标的。归根结底，人的整体素质的提高和能力的充分发展，是实行改革的主要条件、基础、手段和目的。马克思指出，人是他一切活动和一切关系的本质和基础。根据这一思想，要进行改革，就必须充分发挥人的因素的作用，充分发挥每个人的能力。

科学技术对推动生产力的发展和社会进步起着巨大作用。无论是对科学技术的掌握和理解，还是对它的推广、运用和普及，都必须通过人的活动及其能力来实现，否则，强调科学技术的作用就会成为一句空话。马克思在谈到科学技术对推动生产力发展和社会进步的作用时，看到了人在其中的中介作用，认为人的能力是影响科学技术发挥作用的重要因素。这一思想对我们有着重要的启示意义。

建立社会主义市场经济体制的实质，在经济运行方面，是把一定的企业推向市场，使企业参与生产、流通、交换等方面的竞争，而在精神文化上，则是把从事经济活动的劳动者个人推向市场，使其成为经济运行和社会运行的主体，确立人的主体地位。在这里，人的独立性、自主性、主动性、个性、能力、利益和选择等，既是社会主义市场经济体制得以顺利运行的主体条件，又是它不断发展的产物。换言之，与社会主义市场经济体制相适应的文化观念和价值观念，必然是对人的独立性、自主性、主动性、个性、能力、正当利益和选择的确立和肯定。在这方面，马克思给我们揭示了一个发展商品经济的道理——发展商品经济，人的独立是文化前提；向人们指出了实现人的理想目标的根本方式——个人自由而全面、和谐发展是社会的目的，而经济条件是关键；向人们揭示了商品经济发展的一个规律——一定历史时期的商品经济的发展，必然要以牺牲个人的某些方面的发展为代价，并产生物的依赖关系和商品拜物教，因此，要学会以人的能力的全面发展来驾驭物质财富的生产，发挥和实现人的独创个性、人的价值和独立自主性，正确处理人和人的关系。无疑，深刻领会马克思的这些人学思想，对建立社会主义市场经济体制新秩序，是具有指导意义的。

社会主义和平建设时期，也必然把人的问题，尤其是个人问题提到议事日程。与资本主义社会相比，人更应成为社会主义关心的对象。社会主义制度优越于资本主义制度的地方，除了前者应具有发达的社会生产力外，还在于个人在社会中，应处于主人翁的地位。然而，我们的社会生产力水平却落后于发达资本主义国家，人们的积极性并不高，我们的社会主义建设还存在一定问题，还与它应当达到的历史目标相距甚远。要解决这些问题，实现历史的宏伟目标，仅仅通过经济手段是不行的。历史和实践证明，问题越大，历史目标越宏伟，人民群众和个人以主人翁的态度负责地和积极地参与这些问题的解决和这些目标的实现就越重要。马克思指出，历史活动是人民群众的事业，社会历史是个人本质力量的发展史。又指出，随着社会历史的发展，人和个人在社会中的地位和作用将会日益提高，到共产主义社会，个人自由而全面的发展，将是社会的基本原则。这些精湛的人学思想，无疑有益于社会主义现代化建设。

此外，马克思关于商品是天生的平等派，以及平等和自由在以交换价值为基础的交换中受到尊重的思想，对我们的市场经济体制建设，也具有一定的借鉴意义。

由此可以说，当今我们的时代和实践需要马克思的人学理论。我们对社会主义现代化建设思考得越深入，越感到马克思的人学理论对我国社会主义建设的极其重要性。因此，系统挖掘、整理及理解马克思的人学思想，仍是我们当今时代的一个理论主题。

三 研究马克思人学理论的态度和方式

要真正科学把握马克思的人学理论，就必须具有科学的研究态度和研究方法。

马克思的人学理论，在他那里并不集中、明确和系统，因而在当代西方某些学者那里遭到了歪曲，在某些马克思主义者那里受到了忽视。因此，在研究马克思的人学理论时，在态度上既要实事求是，又要解放思想。

实事求是，要求我们在研究马克思的人学理论时，尽力避免主观臆断或"六经注我"，而应以马克思的著述为"义本"，力图反映和忠实马克思人学思想的本来面目。要做到这一点，就必须力图使"解读者"站在马克思的立场上，把握马克思当年所处的历史背景、时代精神及所面临的问题，了解马克思本人的知识结构、思维特点和研究方式，以及当时所受到的哲学影响。这是一项非常艰苦而又细致的工作。当然，对马克思人学思想的理解、解释和揭示，本身就是一项带有主观色彩的工作，每个人对此都可能会做出不同的解释。一个解读者总是戴着自己的"眼镜"去领悟他人的著述的。这种"局限性"是任何人都避免不了的。正像美国经济学家保罗·A. 萨缪尔森所指出的："我们如何领悟观察到的事实也取决于我们所戴的理论眼镜。"①因而，我们只能对自己的主观性事先有所警惕并力图使这种主观尽量符合马克思人学思想的原意。所以在这里也只能为读者提供我自己的理解。

解放思想，要求我们在研究马克思的人学理论时，不要拘泥于一些具体文字和概念，而要力图揭示其内在精神实质；不要被一些现象所迷惑，而要力图揭示各种人学观点的本质及其内在联系；不要就事论事，而要力图揭示其人学思想的当代意义；不要受当今人们对马克思人学思想解读的影响，而要从马克思的"文本"出发；不要把马克思的人学理论理想化、教条化，而要客观地分析其得失；不要戴"有色眼镜"看待当代西方某些学者对马克思人学理论的解释，而要对此进行实事求是的分析。因此，解放思想也是极为重要的。

在研究马克思人学理论的方法及写作方式上，我们力图在坚持以马克思主义为指导的前提下，遵循如下一些主要原则。

一是历史考察和逻辑分析相结合。本书第一章、第二章，分别对马克思人学理论的来源和形成、发展过程做历史考察，以再现马克思人学理论形成和发展的历史轨迹，以"史"为主；第三章至第七章，着重于对马克思人学理论进行逻辑分析，以揭示马克思人学理论的内在联系，以"论"为主。这样做，弄不好可能会前后重复。凡遇到这种情况，一般采用"详略得当"的方法来处理。

二是整体(综合)把握和结构分析相结合，或宏观分析和微观分析相结合。本书第三章，着重从宏观或整体上，综合把握马克思的人学理论，给人以整体感；第四章至第七章，着重从内容结构上把握马克思人学理论的各个层次，给人以逻辑感。

三是客观描述和主观评价相结合。本书第二章至第七章，力图对马克思的人学理论做客观描述，以使人们准确把握马克思的真实思想，以"述"为主，兼顾"评"。第八章结合后人对马克思人学理论的研究及态

---

① [美]保罗·A. 萨缪尔森、威廉·D. 诺德豪斯：《经济学》(上)，14—15 页，北京，中国发展出版社，1992。

度，力图贯彻作者对马克思人学理论的评价——带有"主观"色彩，这是以"评"为主，兼顾"述"。

四是理论分析和实践考察相结合。既讲马克思人学的思想、观点、理论和方法等(第三章至第七章)，又把马克思的人学理论同当代中国实践结合起来(第九章)。

五是突出中心线索和分析各个层面相结合。全书一以贯之的中心线索，是集中分析和研究马克思的人学理论，尤其是关于人的本质、存在和历史发展这一核心思想。全书各章基本上是围绕这一核心线索，从不同层面展开的。"导言"部分的基本意图是，通过对马克思的人学理论在马克思整个思想体系中的地位这一问题的分析，指出研究马克思人学理论的必要性及研究方法。所以，"导言"所回答和解决的问题是，为什么必须研究和怎样研究马克思的人学理论。第一章的基本意图和分析的问题是，要深入研究"马克思的人学理论"这一问题，首先应追溯马克思人学理论的文化史源头；力图在这种追溯中寻找这一问题的历史根据，抓住问题的重点、焦点、难点，以及症结和实质所在。第二章的基本意图是，试图通过对马克思人学理论的形成和发展过程的分析，说明马克思研究人的问题的时代背景、原因、来龙去脉、演变过程，为把握马克思人学理论的研究主题、思想主线、研究方法、理论框架和精神实质奠定基础，所以这一章所分析和解决的问题是，马克思的人学理论是如何形成和发展的。本章起着承上启下的作用。第三章的基本意图是，力图从总体或客观上，把握马克思人学理论中最一般的东西，给人以整体感。所以本章所分析和回答的主要问题是，马克思人学理论的主题、思想主线、研究方法、性质和理论框架是什么。本章在第二章和第四章之间，起承前启后的作用。第四章至第七章的基本意图是，分别从不同层面(本体论、社会观、历史观和价值观)上分析马克思人学理论的基本内容。第八章的基本意图和分析的问题是，既然马克思的整个思想体系中具有丰富的人学思想，且在马克思整个思想体系占有重要地位，那么，在马克思以后的马克思主义发展过程中，它的历史命运如何？后人是如何对待马克思的人学理论的？我们应持什么态度？本章力图通过对这些问题的分析，以回答当代西方学者提出的挑战，澄清在马克思人学理论这一问题上造成的混乱，还马克思人学理论以本来面目。第九章的基本意图和分析的问题是，马克思的人学理论具有重要的现实意义，对当代我国社会主义市场经济体制建设，有重要的借鉴和启示作用。整个来看，除"导言"和最后一章外，全书的内容结构共分三大板块：第一章和第二章属于"历史考察"，以"史"为主；第三章至第七章属于"理论研究"，以"论"为主；第八章属于"思想评价"，以"评"为主。

六是重点分析和一般叙述相结合。根据马克思人学理论的精神实质，也根据国内外学者对马克思人学理论研究的状况，作者有理由认为的重点部分，便详加分析；有理由认为的非重点部分，考虑到全书的逻辑性、连贯性、整体性及读者的需求（完整把握马克思的人学理论），则采取适度原则，简要加以叙述；有理由认为具有多重含义的重要思想，则会在本书的不同地方出现，以强调指出这一思想的不同含义。这样做会有某种"重复感"，但若认真观察，便会发现这不是同一思想的重复，而是必要的再次引证。

七是观点和材料相结合。为了深入浅出，使观点统率材料，我们在阐述马克思的人学理论时，往往根据马克思的思想，先概括出他的人学观点，然后用马克思的言论（材料）来说明、论证他的观点。所以在叙述时，在许多地方是首先给出马克思的人学观点，而后用马克思的文本来说明。这样做，似乎会给读者以"六经注我"的感觉，但实质是给读者提供方便。

八是叙述和议论相结合。在叙述马克思人学理论的过程中，为了挖掘其中的价值，或进一步理解他的思想，我们有时会适当插进一些作者的议论，有时会对马克思的思想做些说明和发挥。这样做，可能有时难以把作者的思想同马克思的思想区别开来，因此在行文中，作者力图通过语言的技巧，来解决这方面的问题。

第一章　作为马克思人学
理论来源的人道主义

　　任何一种学说都有其理论来源，马克思的人学理论也不例外。一种学说与其理论来源的关系是一种扬弃关系。这种关系表明，一种学说的理论来源在这一学说中，总是以某种方式存在着，并对这一学说产生一定的影响。

　　马克思的人学理论是在批判继承前人关于人的理论的前提下形成和发展起来的。马克思以前关于人的理论的主要形态，是人道主义，人道主义是马克思人学理论的来源之一。马克思恩格斯在《神圣家族》中指出，唯物主义应该研究人的问题，而 18 世纪法国唯物主义正是由于研究了人的问题，才成为 19 世纪法国空想社会主义的哲学基础。这就是说，18 世纪法国唯物主义和 19 世纪空想社会主义，都是人道主义的一种形式。① 对这种人道主义，马克思批判性地加以发展。恩格斯在《社会主义从空想到科学的发展》中指出，他和马克思的共产主义学说（基本原则是每个人自由而全面的发展——作者注），表现为 19 世纪空想社会主义和"18 世纪法国伟大的启蒙

---

① 参见《马克思恩格斯全集》第 2 卷，166—168 页，北京，人民出版社，1957。

学者们所提出的各种原则的进一步的、似乎更彻底的发展"①。这里的"各种原则"，包括人道主义的一般原则。费尔巴哈的人本学唯物主义也是马克思人学理论的一个来源，而这种唯物主义"在理论方面体现了和人道主义相吻合"②的性质。实际上，马克思早期的哲学探索，正是从对人道主义的批判继承开始的。日本学者城塚登指出："法国的启蒙思想，具体地说，人本主义、自由主义、感性的现实主义和实证主义，就是规定马克思哲学出发点的第三个要素。"③

既然如此，要深入理解和把握马克思的人学理论，就必须对他以前的西方人道主义做一番认真细致的考察。

一　西方人道主义的历史演变

首先需要进行历史考察(追本溯源)，以弄清人道主义的历史发展脉络和实际状况。

具有一定理论形态的人道主义，是从文艺复兴时期开始的。自文艺复兴以来，人道主义在其历史发展过程中，经历了不同的历史阶段，呈现为各种不同形态。概括地说，马克思以前的人道主义经历了三个历史阶段，表现为四种基本形态：文艺复兴时期自然主义的人道主义，18世纪法国启蒙运动时期理性主义的人道主义，19世纪法国空想社会主义的人道主义，19世纪德国人本主义的人道主义。

(一)文艺复兴时期自然主义的人道主义

文艺复兴时期的人道主义，主要是在反对中世纪的唯一的意识形态——宗教神学的斗争中发展起来的。当时，新兴资产阶级反对神学的

---

① 《马克思恩格斯选集》第 3 卷，355 页，北京，人民出版社，1995。
② 《马克思恩格斯全集》第 2 卷，160 页，北京，人民出版社，1957。
③ ［日］城塚登：《青年马克思的思想——社会主义思想的创立》，35 页，北京，求实出版社，1988。

斗争主要采取两种方式：一是宗教改革运动，在教会内部进行改革，以削弱教会统治；二是文艺复兴运动，主张以世俗中人的权威代替神的权威，其实质，是把人从天上降到地上，用地上实在的人反对天上虚幻的上帝，确立人在世俗中的主体地位。

文艺复兴时期的人道主义用以反对宗教神学的理论武器，主要是自然主义。这种自然主义把人主要理解为"自然人"。它从自然人出发，一方面注重人的自然性，反对神性，用"自然性"同"神性"对抗，用"人道"同"神道"对抗；另一方面强调人的自然欲望的满足和世俗的幸福。这种以自然主义来反对宗教神学和弘扬人的世俗意义的努力，始终是文艺复兴时期人道主义的一个主题，因而，就其本质来讲，可将这种人道主义称为"自然主义的人道主义"。虽然这一时期的某些人文主义者也强调理性，以理性反对对上帝的信仰和盲从，但他们大多把理性看作人的自然性的一个内容，并且本质上同人的自然性是一致的。17世纪英国、18世纪法国在哲学上崇尚感觉、经验、感性的唯物主义思想家，由于把人的本质理解为人的自然本性，主张人应按自然生活，追求物质利益和肉体快乐，所以，他们的人道主义在本质上亦可归属于"自然主义的人道主义"范畴。

文艺复兴时期，自然主义人道主义的主要代表人物，是但丁、彼特拉克、莎士比亚和皮科等。虽然不同的代表人物对人道主义的阐释有所不同，但在他们的著述中，其主要内容基本是相同的，就是都强调人的物质欲求的合理性和人对世俗生活的享受。这一时期的文学作品充满了男欢女爱、大胆追求爱情的情节和场面。艺术家和思想家都把关注的重点由天国的神转到人间的世俗生活，如拉斐尔的圣母像，完全表现的是世俗的幸福。这时人们最欢迎的诗篇是："青春多美！——但消失得多快。——要行乐，趁今朝，明日的事，难分晓。"这里，感官享受成为世人追求的目标。人们最喜欢的格言是："我是凡人，我只要求凡人的幸福。"

围绕强调人在世俗生活中的意义这一内容，这一时期的人道主义者提出了许多重要观点。其中主要有：人最重要的是他的自然欲望和肉体享受，因而人应大胆地满足自己的需要和世俗享受的欲望；人在现实生活中，应当有自己的意志和个性发展的自由；应培养多才多艺的人；人要按照自然本性来生活，顺应自然，改造自然；人性是至高至善的；人是自己的主宰，是宇宙万物的中心。① 这些观点的实质在于：它以满足人的自然欲望的名义反对禁欲主义，以意志自由的名义反对教会独断，以个性自由的名义反对封建奴役，以多才多艺的人反对循规蹈矩的人，以人要成为自然界的主人的名义反对超自然势力。②

文艺复兴时期自然主义的人道主义具有以下基本特征。其一，立足点是人性至善至上。这一时期人道主义的主要历史任务，是以人性（自然性）否定神性，确立人性的地位，使跪在上帝面前的人站立起来，所以，它对人性加以高度赞扬，把人性至善至上作为它得以立足的根本原则。莎士比亚的话集中反映了这一点："人是多么了不起的一件作品！理想是多么高贵！力量是多么无穷！仪表和举止是多么端正，多么出色！论行动，多么像天使！论了解，多么像天神！宇宙的精华！万物的灵长！"其二，人道主义原则具有鲜明的阶级指向性。新兴资产阶级为了维护本阶级的世俗利益，便把人道主义作为文化思想武器。它首先以人道主义原则来反对神学原则。这时的人文主义者适应资产阶级反宗教神学的需要，提出了许多人道主义的一般原则，如"我是人，凡是人所具有的，我也应该具有"，"人是人世间最有价值的"，等等。这里，人道主义是作为一种原则出现的，它具有一般和普遍的价值，不具有具体的指向性、实用性和阶级性。然而，资产阶级最终是运用人道主义原则来为本阶级的世俗利益服务的。这一倾向反映在资产阶级人道主义中，就是名义上打着解放全人类的人道主义旗帜，实质上是为了解放资产阶级。因此，这一时期的人道主义，就举起的旗帜和出发点来讲，主张的

---

① 参见韩庆祥、宫敬才：《计划人与市场人》，110—114 页，北京，当代中国出版社，1995。

② 参见［法］加罗蒂：《人的远景》，第 3 编第 3 章，北京，生活·读书·新知三联书店，1965。

是人类的解放，但就其指向性、实用目的和实质来讲，则是一种维护资产阶级世俗利益的阶级人道主义。其三，具有意识形态色彩。文艺复兴是一种文化运动，主要在意识形态领域进行。无论是以人道否定神道，还是以复兴古代文化来确立世俗文化，文艺复兴对"人"的发现，始终是从文化领域和意识形态领域入手的，文艺复兴时期的人道主义也不例外。从这一时期的人道主义所表现出的言论看，显然具有意识形态色彩：一方面，它试图在意识形态领域削弱教会和宗教神学的统治，另一方面，它力图从意识形态领域确立人的权威、世俗的权威和资产阶级的权威。其四，范围狭隘。这一时期的人道主义思想主要限于少数人文主义者范围内，并没有成为平民大众精神的组成部分。其五，具有两个互相结合的倾向。我们说文艺复兴时期的人道主义是"自然主义的人道主义"，是就其根本特征而言的。全面来看，这一时期的人道主义在强调人的自然性的同时，也表现出两个互相结合的倾向：一是具有唯物主义倾向的人道主义。它是在唯物主义学说的轨道上形成的。特点是，使人道主义思想摆脱宗教形式，具有世俗的内容，越来越广泛地利用自然科学方法来说明人的本质和人性；宣扬具有个人愿望和要求的单个人。二是具有空想共产主义倾向的人道主义。这一倾向反映在康帕内拉、拉伯雷和莫尔的著述中，是在对理想人性的渴望和追求的心态下形成的。特点是，使人道主义着重于描绘未来理想社会的美好方案——公社的生活方式，主张知识、荣誉和享受为人家所共有，人人公平。① 这两种倾向并不是截然分离的，而是在共同强调"人的自然性"这一点上结合在一起的。比如，具有空想共产主义倾向的人道主义者，几乎都注重人对世俗生活的享有，这一点同具有唯物主义倾向的人道主义是一致的。所不同的是，前者是对后者的一种升华。文艺复兴时期人道主义的这两种倾向，包含逐步分化的因素，也对以后不同形式的人道主义产生了一定影响。

---

① 参见沈恒炎、燕宏远主编：《国外学者论人和人道主义》（第 2 辑），286—287 页，北京，社会科学文献出版社，1991。

文艺复兴时期自然主义的人道主义在西方人道主义发展史中占有重要的地位，具有积极作用。首先，它发现了"人"，开辟了人道主义的先河，它提出的一些原则，包含着以后各种不同形式的人道主义形成和发展的源泉。其次，它第一次从文化上集中关注人的问题，从而深深影响到从当时到现代的整个西方人类思想文化史和政治经济史，正因为此，在其之后，人的问题便一直成为西方文化研究的一个主题。① 再次，它在实践上，对推动资本主义商品经济的发展，对确立资产阶级的统治，起到一定的积极作用。文艺复兴时期之所以发现了"人"，主要是新兴的资本主义商品经济的内在本质要求，是资产阶级利益的内在要求。要确立和发展资本主义商品经济，要在世俗社会生活中推翻神的统治，确立资产阶级的统治，人及人格的独立是前提和基础。这一时期的资产阶级人文主义反映了这一要求，竭力弘扬"人"的意义，以此来推动资本主义商品经济的发展。历史证明，文艺复兴时期的人道主义为后来的资产阶级的辉煌进军，准备了充分有效的精神文化武器，为资产阶级的诞生，起了铸造灵魂和催生的作用。最后，它培养了人的主体意识，表现出对人和现实生活的人文关怀。文艺复兴时期的人道主义产生于社会动荡之中，它的现实针对性，是表达人对现实生活中的苦难的抗议，是对封建主义的支柱即宗教神学的批判，其实质目的，是确立人在现实生活中的主体地位。由此，它关切的是世俗生活中人的状况，是人作为主体的价值，这使它在当时造就了许多一流的思想家和艺术家，也昭示着以后人道主义发展的现实指向性和人的指向性。

不可否认，文艺复兴时期的人道主义也具有一定的历史局限。其中主要有以下三点。一是对现实生活中的人的关切，过于注重价值和情感方面的考虑，缺乏实实在在的论证和理性分析，缺乏从社会关系方面理解人，因而，抽象议论多于具体分析，价值评判多于理性分析，人道主义被错用于对人的社会历史和人的现实生活的分析。二是对人的尊重和

---

① 参见张椿年：《从信仰到理性——意大利人文主义研究》，158—159 页，杭州，浙江人民出版社，1993。

弘扬过于从意识形态和世俗生活方面考虑，缺乏对人的政治分析、经济分析和哲学分析，缺乏对人的自然性和世俗生活的升华，以片面议论代替对人的全面思考。三是对人的理解过于朦胧模糊。面对封建专制的压榨和摧残，人道主义者敢于挺起胸膛说我是人，我是自由的。但这一点的具体体现和确证是什么？他们只能通过逻辑演绎加想象说，我的意志是自由的，在文化艺术的天地里，我可以尽情地表现。可面对现实的社会生活，面对未来，作为具有自由意志的人又该当如何，文艺复兴时期的人道主义者并没有交代清楚。从文艺复兴时期的文学艺术作品和流行言论可以看出，这三种局限是十分明显的。一定意义上可以说，这些局限是难免的。从客观方面看，当时所面临的任务，是从意识形态领域消除封建主义的宗教神学基础，确立资产阶级的人道主义基础。这一时代任务首先要求人们明确"破"什么，"立"什么，要求从价值观上否定破的方面，肯定立的方面，至于对破的方面和立的方面进行具体分析和全面思考，并不十分突出。从主观上讲，人们对时代精神和现实生活的最初反应，首先是情感上的，甚至往往以情感评价代替理性思考。这是主体对客体关系中的一种必然现象。

（二）18 世纪法国启蒙运动时期理性主义的人道主义

这一时期理性主义的人道主义，是在批判继承文艺复兴时期自然主义的人道主义的基础上，在反对封建势力、蒙昧主义的斗争中发展起来的。这是从对人性的重新理解开始的。18 世纪法国启蒙运动时期的一些思想家如培尔、卢梭、伏尔泰等，继承了文艺复兴时期的人道主义者的方法，也从人和动物相区别的意义上理解人，再从所理解的人出发谈论人道主义。然而，他们反对把人性理解为自然性，认为只有理性才是人和动物的根本区别，才是人的根本特性。不仅如此，他们把理性独立出来，把理性看作衡量和主宰宇宙万物的尺度。他们用理性反对封建专制，认为封建主义压抑人的理性；他们用理性反对宗教蒙昧主义，指出宗教神学不去开发人的理智，反而倡导人的愚昧；他们用理性论证人的自由、平等（正义）和博爱，认为人的理性就是自由、平等、正义和爱；

他们还用理性为资产阶级利益和现实辩护，强调资产阶级的行为是合乎理性的。质言之，用理性裁判一切，是这一时期人道主义的主题。由此，就其本质来说，可将这种人道主义称为"理性主义的人道主义"。这种理性主义的人道主义，显然是对自然主义的人道主义的继承和发展。

理性主义的人道主义之主要内容，是强调人的理性的至高无上性。正如恩格斯所说，在18世纪，这个世界是用"头"立地的，理性成了衡量一切的尺度，一切都被押上理性的审判台，接受理性的裁决，没有什么不能被怀疑，没有什么不能被批判，人们只是相信理性，相信自己的独立判断能力。围绕对人的理性的至高无上性这一主题，这一时期的人道主义思想家提出了以下观点，概括起来主要有：理性是最根本的人性，是人和动物的根本区别；人应当通过发挥其理性的力量，来认识世界，来发明科学技术，发现真理，以树立起人对自然的自信；理性的力量是巨大的，它是确立人在宇宙万物中的主体地位的基础；应以理性的尺度去审判一切；理性，也就是自然法，它教导全人类自觉遵从理性，使人人受理性之光照耀；为实现人类的自由、平等、正义和爱，必须建立一个永恒的理性国家和理性社会。

18世纪法国启蒙运动时期的理性主义人道主义具有两个明显特征。一是具有鲜明的政治色彩。这一时期，资产阶级的政治利益问题十分突出，由此，人道主义思想家把矛头直接指向封建的政治统治，试图为资产阶级的政治利益辩护。这一时期的人道主义思想家所提出的"天赋人权""自然法"和"自由、平等、博爱"等，都是直接指向封建制度的政治统治的。① 二是人道主义精神被发扬光大。这一时期，人道主义思想已从少数思想家的书斋中走出来，成为整个时代占支配地位的思想，成为许多平民大众和个人的一种精神。

理性主义人道主义的本质内容和特征，使它在人道主义发展史上占有重要地位，起着重要的积极作用。从理论上，它关注理性，开辟了一

---

① 参见朱德生、李真主编：《简明欧洲哲学史》，175—176页，北京，人民出版社，1979。

个新的精神领域，是对自然主义人道主义所关注的世俗生活的一种升华，因而也影响后来的思想家进一步去关注人的理性。从实践上，它既有助于开发个人的理性认识能力去深入认识客观外部世界，发明科学技术，推动科学技术的发展，从而增强人对外部世界的改造能力，树立人的主体地位，也利于个人充分发挥其主动性和创造性，从而推动资本主义社会生产力的发展，还为确立资产阶级的政治统治立下了功劳。英国革命，尤其是美国革命和法国革命，就直接是以启蒙思想为旗帜的，从而从根本上改变了世界历史，如《独立宣言》《人权宣言》，就是这一时期人道主义思想的结晶。这里，它的实践意义大于它的理论意义。

理性主义人道主义也不可避免地具有历史的局限：当它把人视为世界万物的主宰时，却忽视了外部世界和物质条件及其对人的规定和制约；当它使人把注意力集中指向对外部世界的认识时，却忽视了对个人内在世界的认识；当它高扬理性的旗帜时，却忽视对这种理性加以充分的科学说明和论证，没有看到理性的限度；当它从理性出发去批判社会现实时，却进一步用人道主义来解释、说明和分析社会现实，忽视社会现实自身的特殊性及内在规定性；当它注重人道主义的道德劝善性质时，却未自觉注重它的革命性质和实践意义；当它关心资产阶级的政治利益时，却把劳苦大众的利益置之度外。造成这些局限的原因是多方面的，其中，对人和人道主义缺乏科学理解是主观原因，资产阶级只专注自身政治利益（阶级局限）是客观原因。

（三）19 世纪法国空想社会主义的人道主义

19 世纪法国空想社会主义的人道主义，继承了理性主义的人道主义对人和人性的理解，也把人的理性看作人的根本特性，从理性出发理解人，把人看作"理性人"。不仅如此，它还从理性出发衡量社会，设计未来社会的理想方案。在这个意义上，它同理性主义的人道主义有一定的脉络联系，它是从后者进一步发展而来的。

从发展眼光看，空想社会主义的人道主义比理性主义的人道主义有所发展。这从以下四方面表现出来：（1）理性主义的人道主义关心的是资产阶级的利益，空想社会主义的人道主义则站在无产阶级立场上，批判资本主义社会的私有制和剥削现象，关心的是无产阶级利益和人类的利益。(2)理性主义的人道主义弘扬个人的价值和意义，空想社会主义的人道主义则注重互助、合作、联合、集体的意义。空想社会主义在设计未来理想社会的方案时，一个最基本的特征，就是突出联合、合作和集体的作用。(3)理性主义的人道主义多注重社会现实，对社会现实中的种种问题予以较多思考，空想社会主义的人道主义则注重社会的未来，对未来社会的方案予以设计、描绘和展望。(4)理性主义的人道主义"努力寻找使人自由地表现自己和以更丰富的形式实现自身的有利社会条件"和途径，强调对现存社会的改造，以便"使每个人在肉体、精神上都能得到全面发展"①。这些推进，集中表现在对"社会主义"的认识和强调上，表现在对"理性"的不同理解上。理性主义的人道主义多把理性指向资产阶级利益、资本主义现实的论证上，其理性是个人理性；空想社会主义的人道主义则把理性指向对无产阶级利益、人类利益、未来社会主义的论证上，其理性是集体理性。这样的人道主义之所以称为"空想社会主义的人道主义"，理由就在于此。

空想社会主义的人道主义的主要代表人物，是圣西门、欧文和傅立叶。他们各自的见解有所不同，但在主要观点上则是一致的。在他们各自的著述中，都共同表述这样一个主要观点：人应努力追求自由、平等和全面的发展，为此，就必须消灭资本主义私有制，批判和改造资本主义社会，使人的生活条件人道化，进而建立一个以每个人的全面发展为原则的理想社会，其中，教育、道德教化、立法和实验示范是很重要的。这些观点集中论述了这样三个问题：一是批判资本主义私有制给社会带来的罪恶；二是设计和描绘未来社会主义的理想方案；三是寻找实施这一理想方案的途径和手段。

空想社会主义的人道主义有其独有的特征。首先，它的人道主义是

---

① [波兰]T. M. 亚罗舍夫斯基：《马克思主义人论》，12 页，沈阳，辽宁教育出版社，1988。

人类性人道主义，它强调的不是某一个阶级的解放，而是整个人类或每个人的解放。其次，它的人道主义是集体性的人道主义，它强调人与人之间的平等互助和集体合作，反对孤立的、利己的个人。最后，它的人道主义是空想性的人道主义，具有空想色彩。

空想社会主义的人道主义的独有特征，使它在人道主义发展史上占有一席之地，对人道主义和社会主义的发展，也具有一定的积极推动作用。在人道主义发展史上，空想社会主义的人道主义转向对人类或每个人的全面发展、对集体的深切关注，它既展开了对资本主义及其私有制的强烈批判，也设计和描绘了未来社会的社会主义理想蓝图，还努力探寻实现这一蓝图的社会条件、途径和手段。这既促进了人道主义原则向社会主义的贯彻，使人道主义向社会主义方向发展，使后人注意人道主义和社会主义的内在联系，又促使后人对资本主义展开批判，并深切关注实现人道主义理想的社会条件、途径、方式和手段。历史证明，空想社会主义的人道主义对马克思的科学人道主义有着直接的影响。

当然，空想社会主义的人道主义也有其历史局限。其中最根本的，是它往往从抽象的人性（理性）出发批判资本主义社会，描绘未来社会，通过理性的力量（教育、道德教化和立法等）实现这个社会，而没有把人道主义建立在对现实进行科学分析的基础之上，也没有找到实现理想社会主义的有效途径、手段和方式。

（四）19世纪德国人本主义的人道主义

这一时期，德国人本主义的人道主义的主要代表人物是费尔巴哈。

费尔巴哈人本主义的人道主义，是在对理性主义的人道主义的批判继承中形成和发展起来的。这种发展脉络关系是，费尔巴哈人本主义的人道主义继承了理性主义的人道主义考察人的问题的方法论，即从人和动物相区别的意义上理解人，并从所理解的人出发，考察社会现实及其中的人的状况，提出人的理想。然而，费尔巴哈不同意理性主义的人道主义对人的片面理解——理性主义的人道主义把人当中的某一属性（理性)夸大和放大，当作人的全部属性，进而当作人来理解（理性人＝人），或把人只理解为人的某一属性，主张从完整性上理解人，从完整的"人本身"理解人，把人看作一个整体，认为人就是整个"人本身"。在他看来，只有"人本身"才能置于上帝原来所处的中心地位，他还反对理性主义的人道主义对人的抽象化理解，主张从抽象的理性回到实实在在的人，从理想的天国回到现实人间。这种被费尔巴哈发展了的人道主义，就其本质特征上讲，是"人本主义的人道主义"。

费尔巴哈人本主义的人道主义之主题，是从哲学上论证"人是人的最高本质"或"人的本质在人本身"，用以自然为基础的现实的人，代替理性主义的人道主义及黑格尔哲学的抽象的人。他在《基督教的本质》《未来哲学原理》等著作中，对这一主题进行了充分阐述。他指出他的哲学主题，一是自然，二是人。围绕上述主题，费尔巴哈提出并阐发了一些基本观点，归结起来有以下三方面的主要内容：一是人的本质论，认为宗教的本质在于人的本质，人的本质在于人本身，而"人本身"是自然联系起来的类的共同性，是单个人所固有的类的普遍属性；二是人的存在异化论，指出宗教的异化无非就是人的异化，是人的自我感觉的丧失；三是人的复归论，强调要通过建立"爱的宗教"，来重新建立人和人之间的关系，来确立人在世界中的主体地位。从这里可以看出，费尔巴哈人本主义的人道主义之实质目的，是把人看作人的最高本质，是用人的"爱的宗教"代替"神的宗教"。

费尔巴哈人本主义的人道主义之基本特征在于他的人道主义的人本主义哲学基础，在于对人的"人本"理解。在他看来，哲学研究的主题、中心是人，人在本质上就是一个完整的自然实体，是具有自然联系的普遍共同性的生命体，人的社会性存在无非是人的自然存在的外在表现，人的自然联系起来的普遍共同性，是人的最根本的东西，因此，哲学应把这种共同性看作自己的本体，并从此出发来理解人的一切问题。基于这种理解，他的人道主义具有以下特点。一是具有哲学色彩，人道主义从哲学上得到了论证。这集中体现在他从哲学上揭示了人道主义的思维方式。这一点使他的人道主义区别于以前的人道主义，因为后者并没有从哲学上得到论证，多是些文化、价值、情感方面的抽象议论。二是立足于"人本身"，把"人本身"看得至高无上，用"人本身"立地。费尔巴哈把人从外部世界中独立出来，把"人本身"当作一个独立自存的实体加以研究，认为人本身是不能被溶解在其他方面来理解的。我们尽管对他的"人本身"有所费解，但在人道主义发展史上，还是有其特点的。三是返回对人的内在世界的探讨，研究了人的需要、欲求、情感、感觉、意志和理智等，这在人道主义发展史上，也颇具特色。

这些特点，决定着费尔巴哈人本主义的人道主义在人道主义发展史上，具有特殊的历史地位和重要的历史影响。在理论上，他第一次对人道主义的本质、思维方式、内容结构做了哲学论证，使人道主义具有了完备的理论形态。综观费尔巴哈的整个著述可以看到，他把人道主义在本质上看作研究由现存世界的非人性状况向符合人性状况的发展过程的一种理论体系，其思维方式是，人追求完美的人性——人性在现实存在中有所丧失——扬弃人性的异化。由此，其内容结构也由三个层次组成。一是人的本质论。费尔巴哈主张对人进行完整理解，力求达到完整性，这种完整性就是完整的人本身，是由自然联系起来的共同性。二是人的存在论。费尔巴哈从哲学上论证了人在宇宙中的地位、作用和价值。三是人的复归论。费尔巴哈提出建立"爱的宗教"。在实践上，费尔巴哈用"爱的宗教"批判"神的宗教"，对在现实实践中确立人的地位，削弱上帝的地位，起到了重要作用。

费尔巴哈人本主义的人道主义具有重大的历史局限性，这集中表现在他的"人本主义观"上。首先是对人的理解的非社会性。他只把人的本质解释成生物学上的类，解释成把许多个人纯粹自然地联系起来的"一种内在的、无声的共同性"，看不到人与人之间的社会差别。其次是对人的理解的非历史性。他认为人是由单个人所固有的一些脱离历史过程的"属性""不变本性"等构成的，于是，他撇开历史的进程，看不到社会历史条件对人的制约，以及人的历史变化，只是"停留在理论的领域"，

"停留于抽象的'人'"①。最后是对人的理解的非实践性。他"没有看到现实存在着的、活动的人，而是停留于抽象的'人'，并且仅仅限于在感情范围内承认'现实的、单个的、肉体的人'，也就是说，除了爱与友情，而且是观念化了的爱与友情以外，他不知道'人与人之间'还有什么其他的'人的关系'"②。

二　马克思对人道主义的继承和发展

西方具有深厚的人道主义传统，也具有值得挖掘和传承的丰富的宝贵遗产。马克思的人学理论是在批判继承以前人道主义传统的基础上形成和发展起来的，这种批判、继承和发展，从思考方式上，主要是从对人的重新理解开始的。

(一)马克思对人道主义的批判继承

马克思思想活动的最初起点，是对人的理解。当时，他受西方人道主义传统的影响，也从人和动物相区别的意义上理解人。在这种理解中，他较为注重从价值层面上继承人道主义的基本原则、一般本质、思维方式、价值功能。在马克思那里，从人和动物区别的意义上理解人有两方面的意义：一是从事实方面揭示出人和动物的区别，有哪些本质特征(在这方面，不同的人道主义者会有不同的看法)；二是从价值方面表明，人按其必然性来说，必须实现这种人优越于动物的类本质，凡是有利于这种实现的，都是应当肯定的，反之，都是应当否定的。这是对人的价值的肯定和对非人性现实的评判。其中就内在地包含着人道主义的基本原则、一般本质、思维方式、价值功能(在这方面，不同形式的人道主义只要作为人道主义，便具有相同的原则、本质、思维方式、功

---

① 《马克思恩格斯选集》第 1 卷，78 页，北京，人民出版社，1995。
② 同上。

能）。马克思正是在这方面，对其以前人道主义加以继承的。

马克思批判地继承了以前人道主义的基本原则。

人道主义提出的基本原则，往往基于人和动物、人与非人的区别，因而具有一般的、普遍的和永恒的感召价值，不具有具体的指向性、实用性和阶级性，对这些原则，是可以继承的。一般来说，各种不同形式的人道主义都会提出一些人道主义的基本原则，而马克思也常常把这些原则作为可以继承的东西接受下来。如文艺复兴时期的"我是人，凡是人所具有的，我也应该具有"，18世纪法国启蒙时期的"自由是人的类精神"①，19世纪空想社会主义的"每个人的全面而自由的发展"，费尔巴哈的"应把人当人看"，等等。

马克思批判继承了人道主义的一般本质。

关于人道主义的一般本质，国内外学术界始终存在着歧解。就国内而言，焦点主要集中在以下三个问题上：人道主义研究的对象究竟是什么，人道主义与关于人的思想观点有何关系，人道主义有没有广义和狭义之分。要阐明马克思对人道主义的一般本质的继承问题，就必须首先弄清人道主义的本质，必须既从理论逻辑上，又从人道主义发展史上，就以上三个问题加以分析。

首先，看看人道主义研究的对象。

一般来说，人道主义首先是一个反映人和外部世界关系的关系范畴。因为人道主义谈论人道不人道，是就人在外部世界中的存在和发展状况而言的。但不能笼统地说，人和外部世界的关系就是人道主义的研究对象。不言而喻，唯物论、认识论和历史唯物主义等，也研究人和外部世界的关系。

实际上，人道主义在本质上研究的是人与外部世界的一种特殊关系，即外部世界对人的意义关系（价值关系、属人关系），以及人对外部世界的评判关系（评价关系、批判关系）。它主要解决人化世界如何达到

---

① ［日］城塚登：《青年马克思的思想——社会主义思想的创立》，19—26页，北京，求实出版社，1988。

人道世界的问题，或者说主要解决人的现有世界如何达到人的应有世界的问题，因而它是当人们讨论要不要争取完美的人性时提出的一个概念。这里的"人道世界"，指把人作为最高价值和真正符合完美人性的世界。

从逻辑上讲，人和外部世界一般有四种基本关系：认识关系，价值关系，审美关系，实践关系。人道主义不侧重研究人和外部世界的认识关系和审美关系，而着重关注人和外部世界的价值关系和实践关系。人道主义在研究人和外部世界的价值关系时，注意力集中在从人的应然性出发来评判人在现实世界中的实然状况，即揭示外部现实世界对人性发展的肯定或否定关系，然后根据人的应然要求来对人所处的现实世界进行革命的、批判的改造，使其向符合人性的世界发展。因此，人道主义总是在外部现实对人性发展的肯定或否定这种价值关系中产生的。

从理论上说，自从"人"产生之后，人总是从自己的应有理想出发，来衡量他在外部世界中的现有地位、作用及生活的意义。这是人追求理想（应有）和超越现实（现有）的固有本性。这种本性总使他看到其现实存在状况的不足（如遭到异化），总是对他在现实世界中的地位、作用和意义及人性发展状况提出疑问，这便出现了人道主义。换言之，人道主义总是在由人的现存世界向人的应有的人道世界的不断努力中，在对人在现实世界中的地位和人性发展状况的不断提出疑问中，在针对人性在现实世界遭到压抑从而强烈追求完美人性实现的情况下，才开始产生的。

从思想史来看，历史上所有形式的人道主义，几乎都关注人和外部世界的价值关系和评判关系，关注人性发展，关注世界的人道化问题。文艺复兴时期的人道主义注重的是人性在世俗世界的自由而全面的发展问题，这是其肯定的一面；同时还具有对宗教教义、封建独裁对人性发展的否定的批判性，这是其否定的一面。18 世纪法国启蒙时期的人道主义指出，人在自然状态中是自由平等的，是和谐相处的，但在现实社会中，人类失去了自由和平等，最后，人类历史将进入自由平等阶段。其精神实质也是谈论世界和人道化，是对现实社会中人性状况的价值评判。费尔巴哈的人道主义认为，理性是人性，但在现实中，理性的迷误使人性产生异化并产生了宗教，这是违背人的理性要求的，因此，必须重新恢复人的理性，建立爱的宗教。显然，费尔巴哈人道主义思想的实质，仍是关注人性由异化向复归的发展。

由以上简要分析可以得出一个结论：就其一般本质来讲，人道主义研究的是人和外部世界关系中的一种特殊的价值关系和评判关系，因而是研究由现实世界中的非人性状况向符合人性状况的发展过程，也是人性由现实状态向理想状态行进的一种努力。这一研究对象及其本质，包含两方面的基本内容：从否定方面讲，它批判现实世界对人性发展的异化，反对非人性的现实；从肯定方面讲，它努力追求人性解放，扬弃异化，并在自己的人性中发现和确立自己的尊严。虽然法国结构主义哲学家阿尔都塞在人道主义问题的表述上有偏颇之处，但对人道主义的下述断言却一语中的。他说：理想的人性与现实世界的非人性的矛盾，是一切人道主义的隐蔽的本源；人性的光明面是非人性的黑暗面的外表，而人性的黑暗面必然遭到人们的反抗，人性的光明面必然成为人们努力追求的目标，人道主义的真谛和秘密，也就在这里。[①]

其次，看看人道主义与关于人的思想观点的关系。

人道主义有其特定的界定，有其独特的研究对象，因而不能把一切关于人的思想观点都纳入人道主义的范畴。

然而，在对人道主义的讨论中，一些学者把关于人的思想观点都纳入人道主义的范畴。有一种观点认为，人道主义是由自然人及其超越性构成的思想体系，它研究人的潜能的发挥及发挥的环境。还有一种观点认为，人道主义泛指一切以人、人的价值、人的尊严、人的利益或幸

---

① 参见［法］阿尔都塞：《马克思主义和人道主义》，见沈恒炎、燕宏远主编：《国外学者论人和人道主义》(第 1 辑)，550 页，北京，社会科学文献出版社，1991。

福、人的发展或自由为主旨的观念或哲学思想。①

实际上，人道主义与关于人的思想观点既有联系又相区别。二者的联系在于，关于人的思想、观点包括人道主义，前者外延比后者宽泛，并且对人的看法不同，对人道主义的看法也不同。因此，关于人的思想、观点是不能全部纳入人道主义的范畴；从二者的区别来看，更是如此。这种区别具体表现在以下几点。

第一，人与人道的区别。把一切关于人的思想、观点都看作人道主义的人，是把"人"和"人道"混淆起来了。其实二者是有区别的。关于人的思想、观点与人有关，即凡是与人有关的思想观点都是关于人的思想观点，其中包括对人的科学认识的思想；而人道主义只与人的特定方面——人性的发展和实现状况有关，它只在人性的发展状况中寻求人的尊严，因而它多涉及对人的价值评价。

第二，人的本性、人的本质、人的属性与人性的区别。人的本质相对于本质的表现而言，是人之所以为人，并区别于其他动物的根据或最根本的属性；人的本性，主要是指受人的肉体组织制约的、人与生俱来的和人本身不可或缺的规定性，是自然而然地制约人的一切行为的原初类特性；人的属性，是指人在与他人、他物发生关系时表现出来的人的全部属性；而人性，则是指由人的本质在现实社会中表现出来的、人区别于动物的全部特性，它有理想和现实之分。一般来说，凡是关于人的学说都可以把人的本质、人的本性、人性和人的属性作为自己思考的对象，但作为人道主义，则主要着眼于对理想人性和现实人性的矛盾的研究，因为这一矛盾是人的本性、人的本质在现实世界的具体表现过程中产生的。在人性发展状况中，必须既看到人对自身尊严、价值的渴望，又看到人对自身在现实世界中的状况的不满与批判，而这，正是人道主义所关心的。人道主义在解决问题时，虽涉及对人的本质、人的本性、

---

① 参见王若水：《为人道主义辩护》，219 页，北京，生活·读书·新知三联书店，1986。

人的属性的理解，但它们并不直接构成人道主义的研究对象。对人的本质、人的本性、人的属性与人性不加区分，必然会把一切关于人的思想观点都纳入人道主义范围之内。

第三，人本主义、人文主义与人道主义的区别。把一切关于人的思想观点都纳入人道主义范畴的另一个原因，是对人本主义、人文主义和人道主义三个概念的内涵未加区分。在多种外文中，人本主义、人文主义和人道主义，都可用同一个单词来表达：英文是 humanism，德文是 humanismus，法文是 humanisme。这种现象的存在，一方面是由于人道主义和人本主义作为一种完整的理论形态，都是继人文主义之后发展起来的，并同人文主义存在着渊源关系；另一方面是因为，人文主义、人道主义和人本主义三者共同具有的一个特征，是都与"人"直接相关，都以"人"为自己存在的前提、根据、基础和目的。这就使得一些学者往往将它们混淆起来使用。实际上，这三个概念虽然有其内在联系，但在内涵上是有一定区别的。人文主义是通过复兴古代文化和宗教改革的形式，来确立人的精神和批判神学精神的一场思想文化革新运动，其形式是在意识形态和思想文化领域批判宗教神学，复兴古典人文精神，其内容实质是确立人类的地位、价值和尊严，消除神学对世间的统治，因而它实际上就是人道主义。人文主义的内容实质虽是人道主义，但它更注重对古典文化的复兴、教育、宣传和研究，注重意识形态或思想文化领域里的变革，注重塑造一种近代资本主义精神。也就是说，它更注重自身的形式和手段方面，注重"人"在文化形象和意识形态领域中的复兴。与人文主义不同，人道主义是对人文主义的内容、实质和成果方面的延伸和发挥，它不限于人文主义对人在感性形象和意识形态领域中的复兴，而进一步要求"人"在现实社会中幸福地生存；不限于人文主义在思想文化领域的反宗教，而进一步要求在现实社会中反对封建统治和其他现实奴役；不限于人文主义那种抽象一般的人的原则和人的要求，而提出人在政治和现实社会中实现人的自由、平等和博爱等现实具体的要求。人本主义不同于人文主义和人道主义的地方，主要在于以下几点。

首先，它从哲学的理论形态上系统论证和阐发了人文主义、人道主义深层的核心内容和思维框架。具体来说，它不仅从哲学本体论的形式上主张以人为本，反对一切超越现实的个人的本位存在，而且从哲学思维方式上揭示了人道主义的思维框架，即人的类本质与个人现实存在的矛盾。因此，如果说人文主义注重文化和思想意识形态领域中人的精神，人道主义注重世俗领域的人性发展，那么，人本主义则是从哲学上对人文主义、人道主义加以概括、总结和论证。其次，人文主义主要是一种思想文化运动，人道主义主要是一种世俗思潮，而人本主义则主要是一种哲学上的逻辑确证。最后，在人的历史发展问题上，人文主义的成果是人的精神的复兴和"人"的发现，人道主义的成果是人的精神的发展和为人性发展而进行的种种努力，而人本主义的成果，则是真正确立人在外部世界中的主体地位。由上可以看出，人道主义与人文主义、人本主义是有区别的，因此，与人文主义、人本主义有关的一切关于人的思想观点，是不能完全纳入人道主义体系之中的。

最后，看看人道主义的一般规定和特殊规定。

在理解人道主义的含义问题上，分歧较大的，是人道主义有没有广义和狭义之分。一种传统观点认为，根本不存在什么广义的人道主义，因为人道主义有其特定的历史内涵和明确的阶级属性，所谓人道主义，就是指欧洲文艺复兴时期形成的一种资产阶级意识形态，它是资产阶级的专利，只有在资本主义等价交换的关系形成之后才会产生，如果认为有广义人道主义的存在，那就实际上是承认人道主义具有超乎一切时代、一切阶级的全人类性和永恒性。另一种观点则认为，对人道主义，历来有广义和狭义两种理解。广义的人道主义，就是泛指一般主张维护人的尊严、权利和自由，重视人的价值，要求人能得到全面而自由的发展的思想和观点。广义的人道主义不是主观想象出来的，而是客观存在的，这一思潮的广义性，是由整个阶级社会中存在着压抑人类自主和自由本性这一客观事实的广泛性决定的，因而它贯穿于整个阶级社会的始终，是世代相继的一种进步社会思潮，是人类共有的精神财产。狭义的人道主义，则指的是欧洲文艺复兴时期新兴资产阶级反封建、反宗教神学的一种思想文化运动。这两种观点分歧的实质在于：人道主义是否仅为资产阶级的意识形态，只为资产阶级利益服务？

解决分歧的关键，在于弄清人道主义产生的根据和本源，尤其是资产阶级人道主义产生的根据和本源。

资产阶级人道主义之所以产生，主要是因为人对自己在现实社会中受压抑、受奴役的地位和状况的自我反思，以及对美好人性追求的结果。具体来说，人具有追求完美人性的本性，这种追求在文艺复兴时期显得更为强烈，但在中世纪社会，人身受宗教神学、封建专制的压抑和奴役，人性发展受到严重阻碍。新兴资产阶级为了发展自己，首先必须获得人性解放，这一切都只有砸碎束缚"人"的锁链才有可能实现。这种矛盾和愿望反映到当时一些进步思想家的头脑中，就孕育了一场以塑造"人的精神"为中心的大规模的人道主义思想文化运动。它的兴起，就是为了解决人性在社会发展中所出现的问题。

由资产阶级人道主义产生的根据和本源可以看出，人道主义的产生，植根于人对美好人性的追求和人性在现实世界中的存在状况的矛盾之中，在这一矛盾中，既包含着人道主义的一般规定，又包含着人道主义的特殊规定。人道主义就其一般意义讲，是关于人对美好人性的追求和人性的现实状况的矛盾的一种反映。也就是说，任何形式的人道主义，在其一般意义上，反映的都是人对完美人性的追求和人性在现实世界中的存在状况的矛盾。质言之，只要存在人对完美人性的追求和人性在现实世界中的存在状况的矛盾，就必然会有人道主义的出现。这里就包含有广义人道主义的存在，其内涵，是指使人走出现实世界的"困境"，而不断追求合乎人性的生存方式和发展方式的一种努力，它既批判现实世界中的非人性状况，又积极努力追求完美人性的实现。这实际上就是人道主义的一般规定。

把人道主义这种"一般规定"放在一定关系中加以具体化，便成为人道主义的"关系规定"，或者便是各种不同形式的人道主义的特殊规定。

具体来说，在不同的社会历史条件下，不同的社会阶级、阶层和集团对自己人性发展的追求，同一定的社会生活条件相矛盾，便会形成该阶级的人道主义。如资产阶级对本阶级的人性发展的追求同封建社会对人性发展压抑的矛盾，便形成资产阶级的人道主义，而无产阶级对本阶级的人性发展的追求同资本主义商品社会对工人的人性发展的压抑的矛盾，便形成无产阶级的人道主义。这里面就包含着人道主义的关系规定，即它是人摆脱束缚人性发展的社会条件，并追求合乎人性的生存方式和发展方式的一种特殊努力，它既批判现实世界中的非人性状况，又积极努力追求一定人性的实现。人道主义的这种关系规定，具体体现在各种不同形式的人道主义中。这种规定把人性具体化，又把现实世界及其对人性发展的压抑具体化，还把对人性实现的追求具体化。而在这些具体化中，便可以抽象出人道主义的一般规定。

因此可以说，只要存在人对完美人性的追求和人性在现实世界中的存在状况的客观矛盾，就必然会有人道主义的存在，因而也必然会有广义人道主义的存在；人道主义不只是资产阶级的意识形态，不只是为资产阶级服务的，无产阶级完全可以对此加以批判、继承和发展，用它来为自己服务。

从对人道主义的研究对象、人道主义与人的思想观点的关系、广义人道主义与狭义人道主义的关系的上述分析考察中，可以看出，就其一般本质来讲，人道主义是对人的类本质和理想人性的一种追求和努力，是对现实世界的非人性状况的批判和抗议，是对美好人性的追求与人性的现实状况之矛盾的一种反映。对人道主义的这种一般本质，马克思从价值层面予以积极的继承和关注。马克思在其著述中，非常推崇普罗米修斯、莎士比亚、埃斯库罗斯和歌德，赞美斯巴达克斯和开普勒，推崇19世纪空想社会主义者圣西门等，认为他们是人道主义的化身。受他们的影响，马克思对美好的人性及其实现的社会经济条件予以强烈的关注。不仅如此，具有浪漫主义传统的人道主义思想家，如卢梭等，对马克思也产生着深刻影响。如果说普罗米修斯式的人道主义着重从正面对人性加以肯定，那么，浪漫主义的人道主义则着重从反面对工业社会中的非人性现象加以否定。马克思在对资本主义社会的批判中，继承了这一传统，接受了浪漫主义者关于当代社会中"自我毁灭"的那一部分观点，研究了人的异化、人的解放等问题。这两方面的内容，我们在后面对马克思关于人的社会观、关于人的历史观和关于人的价值观的分析考察中，就可以看出来。

马克思批判继承了人道主义的思维方式及其评判职能。

从对人道主义历史发展的考察中，从人道主义的研究对象、本质规定和产生的根据的分析中，可以看出，人道主义不是一种难以把握的杂乱无章的学说，恰恰相反，而是一种有其内在的逻辑思维方式的因而便于人们把握的思想体系。这种严密的逻辑思维方式就是：人追求着完美的人性——人性在现实社会中的丧失——扬弃人性的"异化"。历史上的各种人道主义者虽对人性的具体内容看法各异，但如果不拘泥于术语，而主要考虑其深层的思想实质和内在逻辑，可以说，几乎所有的人道主义者都是按如此的思维方式来议论的。

文艺复兴时期的人道主义便有理想人性、人性丧失和人性复归的思想。文艺复兴之所以称为"复兴"，就在于它是复兴古代拥有而在中世纪却丧失了的一种精神，是复兴古人拥有并运用而在中世纪已丧失了的能力和力量。在文艺复兴时期的人道主义者看来，从古代到近代的历史，是人的精神的丧失和复兴的历史。

18世纪法国启蒙时期的人道主义的思维模式是：人在自然状态下是自由、平等和互爱的，但在现实社会状态中，人却戴着锁链，失去自由、平等和互爱，人与人之间的关系像"狼"，所以，必须依靠教育和立法等手段以恢复人的自由、平等和互爱的人性。其思想实质，也是人性的异化及其扬弃。这一点在卢梭那里表现得颇为明显。卢梭认为，自由、平等、博爱是完美的人性，后来在社会状态中丧失了，最后，人类历史要进入自由、平等、博爱阶段，这就是人性的恢复。在18世纪的人道主义者看来，人性是至善的，理性是万能的，但它在现实社会中却走向了自己的反面，所以必然遭到人的反抗，即自由、至善和理性的人揭露资本主义社会中自私自利和四分五裂的人。

费尔巴哈的人道主义，从哲学本体论上更明确地揭示了人道主义的内在逻辑构架，即人的理想类本质与人的个体现实存在的矛盾，并明确用人性的异化及其扬弃，来解释宗教的产生和演变，把人类社会的历史归结为宗教史。他认为，理性是人性，理性的迷误产生了宗教，而人的理性的复归（他明确使用了"复归"一词），则是建立爱的宗教。其中的思维模式，同 18 世纪的人道主义是一致的：人性是美好的，后来发生了异化，所以要复归。

青年马克思十分重视人道主义的这种思维方式，因为它包含着对美好人性的向往和对非人性现实的批判。但晚年马克思严格将其限定在价值观范围之内，避免以前人道主义的错误，即将这一思维方式随意运用于价值领域之外。在马克思的早期著作中，他把自由自觉的活动看作一种理想化的完美的劳动，认为在资本主义私有制条件下，作为人的本质的这种劳动异化了，变成了异化劳动，人的本质丧失了，而到共产主义社会，必将扬弃这种异化劳动，实现真正的人道主义。因此，共产主义是异化劳动的积极扬弃，是人性的全面占有和复归，因此是彻底的人道主义。① 这时，马克思曾用"自由自觉的活动——异化劳动——人性复归"这种人道主义思维方式来评判和说明社会历史。评判是对的，因为人道主义从人的理想人性出发来看待人的现实，发现其中的不足，而这种不足是对人的理想要求及由此产生的价值评判而言的，因而它本质上是一种价值观，具有价值评判功能。但"说明"则是错误的，因为人道主义不能用来说明社会历史。所以，后来马克思把作为价值观的人道主义思维方式仍然继承下来了，而把作为说明社会历史的人道主义思维方式抛弃了，即用历史唯物主义取而代之。

马克思还批判地继承了人道主义的内容结构。

---

① 参见北京大学哲学系编：《人道主义和异化问题研究》，23 页，北京，北京大学出版社，1985。

前面我在考察人道主义的发展历史时已经指出，费尔巴哈从哲学上揭示了以往人道主义的内容结构，这就是：人的本质论（如存在着某种理想化的人性等）；人的存在论（如理想人性在现实存在中丧失等）；人的复归论（如人性的复归等）。从马克思的整个著述中，同样可以发现这一内容结构以不同形式存在着。换言之，在马克思的著述中，可以发现以下内容结构。首先，关于人应当是怎样的论述，如人的类特性是自由自觉的活动等；其次，关于人实际上是怎样的论述，如对人的"过去"和"现在"的客观分析等；最后，关于人如何扬弃"实存"以达到"应该"的展望，如对通过无产阶级革命和社会主义改造以恢复人性的论述等。[1]

马克思对以前人道主义的批判继承，表明人道主义是马克思思想（包括人学思想）之源，表明人道主义的价值观曾对马克思人学思想以强烈的影响。

(二)马克思对人道主义的批判发展

马克思在继承人道主义合理因素的同时，也看到了它的历史局限，所以，他不只是简单继承这一传统，而是力图以全新的内容批判、克服和超越这一传统的局限，以实现人道主义发展史上的变革。这首先是从对人的全新理解开始的。

马克思批判了以前人道主义的非社会论。

一部近代西方人道主义的历史，首先是对人的本性、人性和人的本质认识的历史，对它们的认识不同，对人的其他方面的理解也就不同。因此，人是什么，一直是近代人道主义发展史上的一个永恒主题，而认识你自己，一直是人道主义思想家的执着追求。

文艺复兴时的人道主义者多把人理解为"自然人"，人是自然存在物。这首先是从把人放在与神相对立的意义上来理解的，同时也反映出人道主义者把思考的对象指向人和自然的关系，以及复兴古代对人的自

---

[1] 参见沈恒炎、燕宏远主编：《国外学者论人和人道主义》(第 2 辑)，65—135 页，北京，社会科学文献出版社，1991。

然性的认识之倾向。

18世纪法国启蒙运动时期的人道主义者多把人理解为"理性人"，人是理性存在物。他们把理性独立出来，并把理性看作万物的尺度。

费尔巴哈认为这样强调理性过于抽象化和理想化了，它忽视人的实存的自由和幸福，因此，他极力主张从抽象的理性回到实在的自然，从幻想的理性王国回到实在的感性人间。在他看来，这种回归是把抽象的人变成现实的人，把人的自然性还给人本身，即把人看作一个由肉体、血液、人格、性格、情感、欲望和意志构成的不可分割的整体，或看作一个活生生的自然实体。

马克思不完全同意以前的人道主义思想家对人的上述理解，认为他们的局限在于只从人和动物区别的意义上理解人的抽象的类本质，而没有从人和人区别的意义上来理解人的现实的、社会的本质。为克服这一局限，马克思从社会关系角度理解人，把人理解为"社会人"，理解为社会存在物，理解为具有社会差别性的存在物。正如他所指出的："人的本质不是单个人所固有的抽象物，在其现实性上，它是一切社会关系的总和。"①对人的这种理解，具有根本的方法论意义，它是马克思在人学和人道主义问题上实现根本变革之所在，是马克思超越以往人道主义局限之所在，是马克思对人道主义的发展之所在。

马克思批判了以前人道主义的非历史性。

离开人的社会性理解人，必然看不到人的历史性，即人的历史变化了的具体本质，而只能把人看作由单个人所固有的一些脱离历史过程的"属性""不变本性"构成的。马克思以前的人道主义大都撇开历史的进程考察人，因而都无法理解人的本质的历史表现会受社会历史条件的制约，并对产生人的一定存在方式、形式的历史状况持一种非科学的态度。针对这一局限，马克思指出，在考察那些历史地形成的、使人的存在以各种形式表现出来的社会形式时，必须批判地说明人的存在的各种

---

① 《马克思恩格斯选集》第1卷，60页，北京，人民出版社，1995。

历史表现，必须考察人的本质实现的历史形式和历史特征。① 根据这一方法论，马克思便把人放在社会历史发展过程中，考察了人的发展的"过去""现在"和"未来"及其各自的历史特征，从而对人的认识达到了具体化，把对人的认识向前推进了一步。

马克思批判了以前人道主义的非实践性。

马克思以前的各种人道主义在考察人的问题时，多把重心放在对什么是人性、什么是人的不变本性和什么是完美的人性这种一般问题的抽象议论上，并且以抽象人性为出发点，以人的类本质为理论基础，来谈论人的问题。它在谈论人性在现实社会中的发展状况时，在谈论人性复归时，往往求诸教育、道德劝善、立法和实验，而不是诉诸革命实践。马克思也谈论人性和人道主义问题，但在他看来，人是从事实践活动的人，因而，人道主义并不单纯是一些政治道德口号，不是像抽象的博爱那样的虔诚愿望的总和，也不是仅仅停留在对非人性存在状况的道德抗议上，而首先是通过解放无产阶级的革命实践使现存世界革命化，改变世界的现状。② 因此，他的人学及人道主义把重心从对什么是人、什么是人的不变本性的抽象议论，转到寻找劳动者解放的途径、为建立社会主义和共产主义而奋斗的实践斗争上来，从而使其人学及人道主义具有实践唯物主义的特征，同时也超越了以前人道主义的局限，使人道主义得到了发展。

马克思还批判了以前人道主义的非科学性。

从理论上讲，人道主义在对人的认识上，多注重人和动物、人和神、人和非人、人和物的区别，不注重人和人的区别（虽然它必须考察这种区别），即它在本性上着眼的是人的类本质。这表明，人按其必然性来说，他必须实现其之所以成其为人而优越于动物的类本质。这一必然性使得人道主义具有两方面的意义。一方面，它在一定意义上能为一

---

① 参见《马克思恩格斯全集》第 23 卷，669 页，北京，人民出版社，1972。
② 参见《马克思恩格斯选集》第 1 卷，75 页，北京，人民出版社，1995。

种理论及现实的人提供价值目标。任何一种理论，都是以人为最终价值目标的。人道主义把人作为一种价值对象来考察，着眼的是人的未来前景和理想，因而它可以在某些方面或某种程度上为一种理论提供价值目标，从而激励人们的追求。至于这种目标是否正确，如何实现，则是另一个问题。另一方面，人道主义对人的认识，必然着重于考察外部现实世界对人性（人的本质）实现的状况（水平、性质），并根据这种状况对外部现实世界做出价值评判，从而使人们看到现实的不足。这两种意义表明，人道主义有它存在的历史必然性和合理性，也有它发展的现实必然性和必要性。不论任何时候，人们都需要对自己所处的世界进行价值评判，需要看到现实的不足，也需要有一个明确的努力目标，这实质上就是人道主义的职能：价值评判。

但是，人道主义只具有价值评判的职能，不具有科学认识、客观分析和如"是"解释的职能，即它不能用来分析说明社会历史发展，不能用来揭示社会（客观事物）的本质和客观规律。"职能误用"或"领域错用"，必然暴露出人道主义的局限。质言之，如果把人道主义作为一种历史观来说明社会历史，必然走向历史唯心主义。马克思主义以前的人道主义就是如此。文艺复兴时期的人道主义者和启蒙时期的人道主义者认为，历史是人性异化和复归的历史，历史发展和社会进步的动力在于人类的善良天性或者人类的理性。启蒙思想家主张以理性作为审判台，一切都拿到理性面前接受审判，认为只要诉诸理性或通过教育，人类的一切"迷误"都能克服。实际上，这些人道主义者提出的一些原则和口号并不能科学地说明历史，那些属于价值和道德范畴的字眼对历史本身的问题什么也说明不了。19世纪的空想社会主义者和资产阶级的人道主义者一样，用抽象的人性、人的本身来解释历史，来设计他们的改革方案，来构想他们的合理社会。空想社会主义者认为，资本主义的黑暗和罪恶不过是人性或者说人类理性的迷误；消除这些黑暗和罪恶是思维着的理性的任务；社会主义正是理性、真理和正义的表现，只要把它们发现出来，它就能用自身的力量创出新的世界。由于离开具体的历史条件，离开特定的社会关系谈论人性、人的本质，并把它们当作人类社会历史发展的决定力量，所以在历史观上必然陷入唯心主义。但是，我们不能因为人道主义作为历史观必然陷入历史唯心主义，就否定它存在的价值和意义。人道主义作为历史观，是应加以摒弃的，但作为一种价值观，则是可以继承和发展的。

马克思正是如此。在成熟时期的著述中，马克思创立了历史唯物主义，并以此来说明社会历史，以克服以前人道主义者用人道主义说明社会历史的局限，同时把人道主义建立在历史唯物主义基础之上，只用人道主义来对非人性的现实做价值评判。这是马克思对人道主义的又一种发展。

马克思对以前人道主义的批判，表明人道主义对马克思思想（包括人学思想）之形成和发展的重要性，表明马克思人学思想不同于以往人道主义传统的特殊性，那种看不到马克思人学思想在人道主义思想发展中实现的根本变革的倾向，是必须加以反对的。①

通过以上分析考察可以得出一个结论：人道主义是马克思的思想、马克思的人学思想之源，马克思的思想、马克思的人学思想，既源于以前的人道主义，又超越并发展了这种人道主义。这一个结论可在马克思人学思想理论的形成和发展过程中，进一步得到证明。

---

① 参见［日］城塚登：《青年马克思的思想——社会主义思想的创立》，112—114 页，北京，求实出版社，1988。

第二章 马克思人学理论的形成和发展

马克思是在批判地继承人道主义传统的基础上，开始自己人学思想的发展历程的。当然，最主要的是他在进行不断探索和创造的革命实践的过程中形成和发展的，而且是他在许多方面吸收了同时代思想家的合理成果，同恩格斯一起完成的。

马克思的人学理论有一个从不成熟到成熟、从不完善到完善的形成、发展的过程。这一过程是沿着"从抽象上升到具体"的思维路线进行的。这一过程大致经历了五个历史阶段。

一 《博士论文》至《莱茵报》时期：基于人的类本质的人学一般原则

这里的"人学"，指马克思的人学理论。

人的问题，是马克思探索的起点。从马克思思想发展史来看，他正是从这个问题开始其思想的发展道路的。考察马克思早期对人的问题的研究，应着眼以下三点：一是形成马克思人学理论的时代背景，二是构成他最初思想要素的线索，三是他始初探讨人的问题的角度和方式。

(一)形成马克思人学理论的时代背景

马克思的人学理论不是凭空产生的，它除了批判继承人道主义传统之外，还植根于他当时所处的时代背景之中。正是这一时代背景，使得马克思把人的问题作为自己理论探索的起点。

首先，青年黑格尔派关注的核心问题，是对现存世界的批判。这是马克思所面临的意识形态背景。

马克思的人学理论，不仅是在批判继承前人一些优秀成果的基础上形成和发展起来的，而且是在批判继承同时代人即青年黑格尔派的基础上形成和发展起来的。前者是纵向上的批判继承，后者是横向上的批判继承。

在青年马克思思想的形成时期，德国兴起了青年黑格尔派运动。而青年马克思思想的形成同青年黑格尔派运动的发展，是密切相关的。可以说，青年黑格尔派运动是马克思人学理论生长的现实土壤。

青年黑格尔派是从黑格尔哲学解体以后出现的一种思想流派，它主要承袭了黑格尔哲学体系中的"自我意识"和"凡是合乎理性的都是现实的"思想。马克思在柏林大学学习期间，积极参加青年黑格尔派运动，并成为青年黑格尔派的一名重要成员。

青年黑格尔派的成员有着共同的课题和态度。黑格尔努力把基督教和哲学、国家和哲学，也就是把现实和哲学引向一条完全和解的道路。恩格斯指出："不论哪一个哲学命题都没有像黑格尔的一个著名命题那样引起近视的政府的感激和同样近视的自由派的愤怒，这个命题就是：'凡是现实的都是合乎理性的，凡是合乎理性的都是现实的。'"①然而，黑格尔所主张的现实同哲学的和解，完全是一种消极的立场。假如唯有现实的东西才是合理的，那么，它将立刻导致对现实的无条件的肯定，导致哲学同基督教、国家和现实的和解。如果只有理性的东西才应该是

---

① 《马克思恩格斯选集》第 4 卷，215 页，北京，人民出版社，1995。

现实的，那么，非理性的现实就应该受到批判，就必须否定和变革现实。青年黑格尔派从黑格尔那里承继了后一种态度，并依靠这种态度克服了黑格尔提倡的现实和哲学的和解，决心依靠理性批判现实。这里的理性也就是青年黑格尔派从黑格尔那里继承下来的自我意识。可以说，自我意识是青年黑格尔派的根本出发点和立脚点。① 在青年黑格尔派那里，自我意识最根本的功能是批判，是通过理论批判、否定、变革现实。这正如马克思和恩格斯所指出的："德国的破坏性的批判，在以费尔巴哈为代表对现实的人进行考察以前，力图用自我意识的原则来铲除一切确定的和现存的东西。"②这是青年黑格尔派最核心的东西。作为青年黑格尔派成员的马克思，无疑抓住这一核心的东西，对此进行了批判继承。在他看来，对现存世界进行否定、批判和变革是最重要的，但是，"这些哲学家没有一个想到要提出关于德国哲学和德国现实之间的联系问题，关于他们所作的批判和他们自身的物质环境之间的联系问题"③。所以，"青年黑格尔派玄想家们尽管满口讲的都是所谓'震撼世界的'词句，却是最大的保守派"④。这样，青年黑格尔派提出的核心问题，在马克思那里就变成这样一个问题：如何来批判、否定和变革现存世界。这实质上是一个扬弃不合理的现存世界的问题。马克思人学理论的形成和发展，与对这一问题的认识和解决，是直接相关的。可以这样说，从《博士论文》到《德意志意识形态》，其中的人学理论大都是围绕这个问题展开的，而这些人学理论的发展过程及实质目的，在于把自我意识的批判转变成实践的批判。

这种转变最终是在《关于费尔巴哈的提纲》中完成的。在《博士论文》中，马克思也强调自我意识，并把他的哲学称为自我意识哲学。但一开始，他就与其他青年黑格尔派成员不同，而是着重强调自我意识与外界

---

① 参见[日]城塚登：《青年马克思的思想——社会主义思想的创立》，20 页，北京，求实出版社，1988。
② 《马克思恩格斯全集》第 2 卷，48 页，北京，人民出版社，1957。
③ 《马克思恩格斯选集》第 1 卷，66 页，北京，人民出版社，1995。
④ 同上书，66 页。

的统一。自我意识作为一种精神力量，它必然表现为意志转向世界。正如他指出的："一个本身自由的理论精神变成实践的力量，并且作为一种意志走出阿门塞斯的阴影王国，转而面向那存在于理论精神之外的世俗的现实，——这是一条心理学的规律。"①马克思这时对实践的理解，仍然是客观唯心主义的，即把实践看成是理论的，是以观念为根据批判地衡量个别存在和特殊现实。但这时马克思已提出了主体能动性的思想。在《德法年鉴》时期，马克思开始实现第二个转变，即给自我意识的能动性提供物质基础，提出了物质实践和物质批判的思想。这一转变在《关于费尔巴哈的提纲》中得以完成。在这一代表马克思新世界观萌芽的提纲中，其全部思想都是围绕实践及实践对世界的改变而展开的。其中，还提出自己新世界观的根本特征："哲学家们只是用不同的方式解释世界，而问题在于改变世界。"②

其次，社会时代提出的问题，是人的异化和人的解放。这是马克思所面临的社会时代背景。

时代提出问题，理论做出答复，这是任何理论产生和发展的一个规律。马克思的人学理论亦是如此。

马克思所处的社会时代，提出如下两个尖锐的问题：第一，工人阶级在现实社会中的异化及其后果究竟是怎样产生的？第二，工人阶级解放的根据、目标和条件是什么？③

这两个问题实质上涉及对人的现实存在状况及人和人的关系的分析和考察，这种分析和考察，便成为马克思人学理论形成和发展的两个活的源泉。

马克思创立的人学，是与资本主义自由竞争阶段的社会特点——工人运动的兴起相适应的。资本主义的自由竞争使社会生产力获得了巨大发展，但这一社会制度的根本缺陷已逐渐暴露。这就是：这种制度根本

---

① 《马克思恩格斯全集》第40卷，258页，北京，人民出版社，1982。
② 《马克思恩格斯选集》第1卷，61页，北京，人民出版社，1995。
③ 参见《马克思恩格斯全集》第42卷，56页，北京，人民出版社，1979。

不关心人、不尊重人，不把人当人看，使工人阶级的存在和劳动产生异化。[1] 在当时，社会时代向人们提出了两个方面的问题：一是人从何处来？这是由资本主义的社会关系给人的存在和劳动造成的异化这一事实所提出的问题；二是人向何处去？这是由人从现实社会的异化中解放出来朝什么方向发展所提出的问题。在当时工人运动不断壮大并且需要理论指导的情况下，马克思力图创立一种新理论，来分析和解决这两个由当时社会生活提出的而以往旧理论又未能加以解决的问题，这种理论就是异化理论。

在《1844年经济学哲学手稿》中，马克思把自己的中心任务确定为说明资本主义社会的一个最基本的"异化"事实——工人劳动创造出来的东西反过来奴役工人。这一事实向马克思提出两个基本问题：一是工人阶级的异化及其后果究竟是如何产生的？二是异化劳动同人的解放进程有什么关系？或者说，人从异化劳动中解放出来的根据、方向和条件是什么？[2] 对这两个问题的解答，在马克思看来，又必然是同下面两个问题联系在一起的：资本主义社会在人类历史中的地位和趋向如何？工人阶级、人类和个人在资本主义社会中的地位和未来前景怎样？马克思认为，对这两个问题的解答，其首要前提是对资本主义社会的现实存在状况、人与人的社会关系和本质特征加以分析。可以说，《1844年经济学哲学手稿》以后的马克思的人学理论，大都致力于对如上两个基本问题的分析和解答，不过有的是从哲学角度，有的是从政治经济学角度，有的是从社会学角度，有的是从人道主义角度。

最后，从个人生活环境中悟出的问题，是如何把人道主义贯彻到人的生活中，这是马克思所面临的个人生活背景。

一个人的理论的形成，通常受到他直接接触的人们——亲人、老师的影响，也受他所面临的社会文化环境和社会地位的影响。马克思的人

---

[1] 参见《马克思恩格斯全集》第1卷，408—412页，北京，人民出版社，1956。
[2] 参见《马克思恩格斯全集》第42卷，102页，北京，人民出版社，1979。

学理论也不例外。在这里，从马克思的全部生涯来看，值得一提的，是他的故乡、家庭、学生时代和社会地位对其人学理论形成的影响。

周围环境即故乡对马克思人学理论的影响。马克思的少年时代和青年时代的最初几年，是在德国政治生活相对平静的时期度过的，这种生活在他的故乡特里尔也有所反映。马克思的故乡离法国很近，又由于它曾受过法国统辖，所以受着法国革命的强烈影响，尤其是受到"自由、平等、博爱"的人道主义思想的影响，这种影响对马克思人学理论的方向的确定，起了促进作用。

家庭和社会地位对马克思人学理论的影响。法国革命最早也最为强烈地影响了当时的莱茵地区。当时，领导德国进步自由主义运动的是知识阶层，尤其是律师、作家等。马克思的父亲也是一位律师，虽然他没有参加运动，但毫无疑问，他一定受到这种思想和政治气氛的感染，尤其是他广泛地阅读了 18 世纪法国启蒙主义者伏尔泰、狄德罗和达兰贝尔等人的著作，无限敬仰启蒙思想。① 父亲对启蒙思想的崇拜和进步的自由主义思想，都深深地感染着马克思。这一点在马克思的中学毕业论文《青年在选择职业时的考虑》中就可以看出来。在这篇论文中，他在字里行间洋溢着对人和理性的崇拜，并提出人类的幸福和个人自我完善的一致的人道主义理想目标。如果我们认真深入地阅读这篇论文，不难看出，马克思人学理论的起点，明显受法国启蒙思想或人道主义的影响。②

从马克思的个人生活和活动初期的生涯来讲，他起初的人学思想的出发点，就是法国的启蒙思想。这一思想的精神实质，是基于为人的理性和自由的理想信念所支撑的对现存社会的批判精神，否定限制人的思想和行动自由的专制主义权威，通过对现存世界的改造来实现人的自

---

① 参见［德］梅林：《马克思生涯史》第 1 卷，13 页，东京，大月书店，1953。
② 参见《马克思恩格斯全集》第 40 卷，7 页，北京，人民出版社，1982。

由。① 显然，这一精神实质就是人道主义，因为在这一精神实质中，蕴含着人道主义关于人的理想本质、人的现实存在和对这一存在的扬弃这一理论框架。实际上，无论是马克思对他先前人学理论的批判继承，还是对他当时的人的现实社会存在的分析，以及对青年黑格尔派的扬弃，无不受他的人道主义出发点的影响。

总之，马克思当时所处的社会时代提出的关于人的异化存在的问题，青年黑格尔派关注的对人的现实社会存在的批判和扬弃问题，法国启蒙时期的人道主义思想对他个人生活的影响，这三个方面构成马克思人学理论形成的三大背景。

(二)构成马克思最初思想要素的线索

马克思最早开始自己的人学探索，集中体现在他的《博士论文》至《莱茵报》时期的文章和活动中。

通过对《博士论文》至《莱茵报》时期的文章和活动的考察可以看出，马克思开始人学理论探索的内容中有三个基本要素或三个出发点：个人自由；哲学(理性或自我意识)对现实的批判；人同周围世界的关系。他对其他关于人的问题的探讨，正是围绕这三个基本要素展开的。

首先，看看个人自由这一要素。

促使马克思去研究德谟克利特和伊壁鸠鲁的自然哲学之差别，并以此为题来写作博士论文的，主要是在这种差别中体现出来的对个人自由原则的自然基础的论证。马克思在《博士论文》的末尾总结他的研究时指出，"在伊壁鸠鲁那里，原子论及其所有诸矛盾，作为自我意识的自然科学是已经实现和完成了，——而这自我意识在抽象的个别性的形式下是绝对原则，而推到最后的结论，它是抽象个别性的消融，并且是和普遍性有意识地对立的。反之，对于德谟克里特，原子只是一般经

---

① 参见[日]城塚登：《青年马克思的思想——社会主义思想的创立》，34 页，北京，求实出版社，1988。

验的自然的研究的普遍客观的表现。因此在他那里原子仍然是……一种假设"①。

在这里，马克思运用黑格尔式的语言论述并赞同伊壁鸠鲁唯物主义的原子论，是因为伊壁鸠鲁的原子论对个人自由做了论证，很明显，如果能够证明原子的本性偏斜就是自由，那么一切（包括个人）都是由原子构成的，因此，"人的本性也是自由"这个结论，就从自然基础上得到了深刻的证明。这正是马克思感兴趣的地方。所以，他批评德谟克利特把原子只看作自然的存在是"一种假设"。正是通过比较，表现出马克思沿着伊壁鸠鲁哲学唯物主义方向前进——主张人的主体性和自由。马克思在对个人自由这一要素的阐述中，实质上提出了这样一个原则："个人在本质上应当是自由的。"

《莱茵报》时期，马克思直接谈论的，是出版自由和劳动人民在现实社会中的自由或平等问题。但他的出发点和着眼点，是人的全部精神存在的类本质。其内容要点是：着眼于人的本性上的自由，认为"自由是全部精神存在的类本质"，任何个人不管其差别如何，天性上都是追求自由的，在这一点上没有任何区别。②

现实中有些人享有特权即特殊的自由，有些人即劳动人民不自由，这既违背人性，又是不平等的，因此应诉诸平等的公民自由权利，以反对一切封建特权、普鲁士专制和宗教神学。显然，这里马克思对自由的论述，主要是从自由原则（人的自由本性或类本质）出发的，虽然他初步看到物质利益对个人自由的影响。

其次，看看哲学（理性或自我意识）对现实的批判这一要素。

个人在本性上是自由的，然而，普鲁士专制、封建国家和宗教神学的存在却否定了一部分人的个人自由，因而应该受到理性的批判。在马克思看来，哲学的承担者即理性或自我意识所崇尚的对现实采取的纯粹否定与批判的态度，固然在这种意识中能够引起一种抽象的精神自由的

---

① 马克思：《博士论文》，48 页，北京，人民出版社，1961。
② 参见《马克思恩格斯全集》第 1 卷，67 页，北京，人民出版社，1956。

观念与幻想，但另一方面，它却不能对现实产生变革性的影响。马克思认为，哲学（理性或自我意识）的最高任务却在于此。因此，他在《博士论文》中阐明了这样的思想：哲学必须积极地作用于现实，这就是对现实的批判和改造。哲学的批判和改造基本上属于理论性的："哲学上的实践本身就是理论的。实践是一种批判，它在本质上来衡量个别存在，从理念上来衡量特殊的现实。"①

马克思的这一思想在《莱茵报》时期的论文中，则以更彻底的方式清楚地显示了批判、改造现实的风姿：他断然站在"凡是合乎理性的都是现实的"这一理性批判的立场上，无情地批判普鲁士现实封建制度，让观念在现实中实现自身。实际上，当时德国的现实是，封建的残渣余孽到处横行，根本没什么理性可言。越是认真地接触现实，马克思就越要背离黑格尔的立场，最终不得不倾向于批判的实践态度。一旦采取这种批判的态度，便使他进一步加深了对哲学本身的理解："哲学不仅从内部即就其内容来说，而且从外部即就其表现来说，都要和自己时代的现实世界接触并相互作用。那时，哲学对于其他的一定体系来说，不再是一定的体系，而正在变成世界的一般哲学，即变成当代世界的哲学。"②由此可以看出，马克思力图把哲学同现实世界直接联系起来，注重哲学的批判和实践功能。虽然这时他还没有把抽象的思维活动理解为感性的物质实践活动，但他所主张的哲学上的理性批判所包含的能动批判和改造世界的思想，已是《关于费尔巴哈的提纲》中提出的且在他整个思想体系中具有重要地位的实践思想的萌芽。正是在这个意义上可以说，这一时期提出的关于哲学（理性）批判现实的思想，是马克思整个思想体系中的一个基本要素的起点或出发点。

最后，看看人同周围世界的关系这一要素。

个人在本性上应当是自由的，这是伊壁鸠鲁、黑格尔、青年黑格尔派和马克思所坚持的共同信念。但在如何实现自由这一根本问题上，

---

① 马克思：《博士论文》，64 页，北京，人民出版社，1961。
② 《马克思恩格斯全集》第 1 卷，121 页，北京，人民出版社，1956。

马克思开始同他们分道扬镳了。在伊壁鸠鲁那里，个人意识面对周围世界无能为力，只有在逃避世界和社会现实并同时立足于自身，才能在自身中寻求内在的、绝对的精神自由。在黑格尔那里，个人自由是在精神达到了自身统一并与周围世界的和谐中实现的。青年黑格尔派用精神脱离具体现实并夸大精神批判能力的办法，来谈论个人自由，把世界历史的发展归结为自我意识批判的结果。马克思在《博士论文》中，把人同周围世界的关系问题作为要加以解决的核心问题之一，并以此来同他人划清界限。他坚决否定那种幻想不依赖任何"外部必然性"、只是消极地或否定地对待周围世界的形而上学自由观，指出，这是只知道"脱离定在的自由，不是即在定在中的自由"，并且这种自由是无内容和无价值的，① 在马克思看来，这是首要问题。这预示出马克思试图从人对周围现实的认识和改造中获得自由这一思想。当然，这一思想在《博士论文》中，还只是通过对伊壁鸠鲁等人的批评所表现出来的思想萌芽，但这一萌芽将成为马克思整个人学理论的一个基本要素或出发点。

(三)马克思始初探讨人的问题的角度和方式

在《博士论文》至《莱茵报》时期，马克思对人的问题的探讨，基本上是围绕以上三个基本因素展开的，并且，马克思对人的问题的探讨方式还停留在一般原则上，即只提出一些具有一般性、抽象性和普遍性的人学理论原则。这是马克思人学理论在这一时期的主要特征。

"个人在本性上应当是自由的"，是这一时期马克思提出的一个基本原则。这一原则显然具有抽象性、一般性和普遍性。说它抽象，是说这里的"自由"无任何具体内容，仅仅是一种原则，说它一般和普遍，是说这里的"人"并没有所指，不是现实的人，这里的个人自由不具有现实性和阶级性，对任何人都普遍适用。

"人对现实世界的革命批判和改造"，是马克思提出的第二个基本原

---

① 参见《马克思恩格斯全集》第 42 卷，228 页，北京，人民出版社，1979。

则。但由于这里的"人"没有具体指称，这里的"现实世界"没有具体内容，这里"批判"和"改造"的力量、手段、途径还没有找到，所以，这一原则也只是停留在抽象性、一般性和普遍性的水平上。

"人应该在同周围现实的关系中获得自由"，是这一时期马克思人学理论的第三个基本原则。这一原则包含着个人和社会条件(社会关系)的思想，但这时他还不知道这种"关系"是什么，不知道社会关系怎样同个人发生关系，不知道其"中介"如何，"周围现实"究竟有些什么内容。所以，这一原则也只是停留在一般和抽象性上。

二 《德法年鉴》至《1844年经济学哲学手稿》时期：基于人的类本质与个人感性存在对立的人学理想方案

(一)马克思人学理论的主要特征

在前一时期，马克思主要基于人的类本质来思考人的问题，但在《莱茵报》工作期间的现实活动，使他感觉到人的现实存在与他基于人的类本质得出的一般原则是矛盾的，这就促使他去研究人的类本质和个人的现实存在的关系问题。恰在这时，费尔巴哈《基督教的本质》和其他著作中的人本主义思想对他产生了深刻影响。①

费尔巴哈人本主义的思维方式，是人的类本质与个人感性(现实)存在的分离和对立，他把现实中的宗教或上帝归结到人的类本质意义上来理解，这其中就包含着这样一个思想：应从人的类本质出发来衡量、说明现实。费尔巴哈所提供的这些思想恰是马克思当时需要弄清的，所以，他很快就站在了费尔巴哈人本主义的唯物主义立场上，把现实中的一切都归结到人的本质的意义上来理解，从人或人的本质出发来衡量、

_____

① 参见《马克思恩格斯全集》第1卷，466页，北京，人民出版社，1956。

理解和说明现实(包括人的感性存在)。这就是《德法年鉴》至《1844年经济学哲学手稿》时期的主要理论特征。

(二)马克思人学理论的三个基本因素

基于上述特征,这一时期马克思的所有著述,主要集中在对如下三个基本问题的探讨上:一是沿着人的自由这一方向和线索,主张人的解放和全面发展;二是沿着理性批判现实这一方向和线索,分析人的自我异化;三是沿着人和周围现实的关系这一方向和线索,阐述人和人的关系、人的社会性,以及个人和社会的客观关系。

首先,马克思从人的类本质和个人感性存在的分离出发,说明人的解放和全面发展。

在马克思看来,人的解放和全面发展是人的自由的前提。他指出,在现实中,人的感性存在和类本质是分离和对立的,人承受着屈辱和奴役,因此,"任何一种解放都是把人的世界和人的关系还给人自己。……只有当现实的个人同时也是抽象的公民,并且作为个人,在自己的经验生活、自己的个人劳动、自己的个人关系中间,成为类存在物的时候,只有当人认识到自己的'原有力量'并把这种力量组织成为社会力量因而不再把社会力量当做政治力量跟自己分开的时候,只有到了那个时候,人类解放才能完成"[①]。

这就是说,只有当消灭人的自我(类本质)的异化,把人的世界、人的关系和人的力量还给人自己,实现个人感性存在和类本质统一的时候,人类或个人解放才能完成。马克思对人的全面发展的阐述,亦是从人的类本质和个人感性存在的分离出发的。他在《1844年经济学哲学手稿》中,把人的全面发展理解为:人对自己在现实社会中失去的一切东西(包括人的本质)的全面占有和复归。[②] 占有和复归,是在人的类本质和个人感性存在的分离或对立的情形下,在理论上所使用的两个人本学

---

① 《马克思恩格斯全集》第1卷,443页,北京,人民出版社,1956。
② 参见《马克思恩格斯全集》第42卷,120—124页,北京,人民出版社,1979。

概念，这也是马克思早期人学理论中的两个重要概念。

其次，马克思从人的类本质和个人感性存在的对立出发，说明人的自我异化。

在《博士论文》和《莱茵报》时期，马克思依靠理性批判现实。到了《德法年鉴》和《1844年经济学哲学手稿》时期，他已初步认识到应该靠革命实践批判和改造现实。在《德法年鉴》的文章中，马克思把现实中的一切看作人的本质异化，把现实的特征归结为蔑视人，奴役人，使人不成其为人。所以他得出这样一个对他整个人学理论来说都很重要的结论，"必须推翻那些使人成为受屈辱、被奴役、被遗弃和被蔑视的东西的一切关系"，而这必须诉诸物质力量——无产阶级革命。①

在马克思看来，进行无产阶级革命，就是把人的异化了的本质重新还给人自己，实现对人的本质的占有，即解决个人感性存在同人的类本质的矛盾。在《1844年经济学哲学手稿》中，马克思提出了具有核心地位的对象化生产劳动和异化劳动理论。他指出，从人的类本质来看，人的活动是一种对象化的生产劳动，它具有自由自觉的性质。但从现实存在看，人的劳动则成为一种异化劳动，它具有异于人的性质，使人在劳动中丧失了自己的本质。因此，人必须在劳动中重新占有自己的本质，消灭异化劳动，恢复劳动的原有性质——自由自觉性，使劳动成为对象化的生产劳动。在马克思那里，劳动的自由自觉性或对象化性，内在地包含着人的本质力量的创造性质，即对现实社会的革命批判和实践改造。马克思指出："整个所谓世界历史不外是人通过人的劳动而诞生的过程，是自然界对人说来的生成过程。"②显然，这里对人的自我异化及物质实践活动的分析，是着眼于人的类本质和个人感性存在的分离。

最后，马克思从人的类本质和个人感性存在的对立出发，说明人和人的关系、个人的社会性，说明人的社会本质及人和社会的客观

---

① 参见《马克思恩格斯全集》第1卷，460—461页，北京，人民出版社，1956。
② 《马克思恩格斯全集》第42卷，131页，北京，人民出版社，1979。

关系。

在这一时期，马克思认为，人的社会性在本质上指的是人与人之间的联合性和合作性，指人与人之间的平等友爱关系。但在现实社会中，人丧失了自己的社会性，人与人之间的关系是孤立的、自私的、不平等的和受屈辱的。之所以如此，与个人受现实社会关系的制约有关。因此，必须进行无产阶级革命，消灭私有制和私有财产关系，恢复人在原本意义上的社会性，使人向社会的人复归，把人的社会性重新还给人。① 这一思想，实际上是前一时期人和周围现实的关系的思想的进一步发展，在《德法年鉴》和《1844 年经济学哲学手稿》时期，马克思逐步看到现实社会中的个人及其受制约性，已把"周围现实"主要看作社会，已初步看到个人同社会的客观联系。但在总体上，他还是在人本主义范围内来思考这些问题。

(三)马克思探讨人的问题的角度和方式

通过对人的自我异化、人的解放和全面发展，以及人的社会性问题的探索，马克思提出了关于人的解放和全面发展的可能性的理想方案。其要点是：首先，人的解放的目标，是个人感性存在和类本质的和谐统一，是人的自由而全面的发展；其次，人的解放的物质力量是无产阶级革命，精神力量是无产阶级掌握人的哲学；再次，人的解放的途径，是人从生产劳动和社会关系中获得解放；最后，人的解放的方式，是通过革命实践消灭私有制和异化劳动，把革命理论同无产阶级革命运动结合起来。②

这种理想方案只是一种理想的可能性，它的确证和实现，必须有一个客观的现实基础，这是马克思下一步理论探索的主要任务。

---

① 参见《马克思恩格斯全集》第 42 卷，120—122 页，北京，人民出版社，1979。
② 参见《马克思恩格斯全集》第 1 卷，443、460—461 页，北京，人民出版社，1956；《马克思恩格斯全集》第 42 卷，101 页，北京，人民出版社，1979。

三 《神圣家族》至《共产党宣言》时期：基于社会关系的人学理论纲领

（一）人学理论特征

在《1844年经济学哲学手稿》中，马克思已感觉到这样一个理论功能上的矛盾：价值评判和科学说明、人道主义分析和经济分析、实在和意义的矛盾。从人的类本质出发评判社会现实的非人道现象，有其理论根据，但由此出发来说明社会现实则显得苍白无力。正是这一矛盾的存在，所以马克思一方面诉诸哲学上的人道主义评判，另一方面又试图从经济学上寻求一条说明现实社会的道路。这就是《1844年经济学哲学手稿》中的两条线，也是《1844年经济学哲学手稿》（以下或简称《手稿》）的书名之由来。

为解决这一矛盾，马克思在《手稿》的末尾给自己提出这样一个任务（可以说，在文章及末尾预示下一步的任务，是他研究的一个方法）："人怎么使他的劳动外化、异化？这种异化又怎么以人类发展的本质为根据？"[1]《手稿》中的探索已初步提出解决这一问题的思路，这就是到现实社会历史发展的根源和本质中去寻找。这正是《神圣家庭》所主要解决的问题。质言之，站在人类发展的本质的高度，试图把现实中的一切（包括人的类本质）都归结到现实社会历史发展的本质的实在性上来理解，从人类社会历史发展的本质出发来科学地说明个人。这是《神圣家族》及以后时期人学理论的主要特征，也是马克思实现下述一系列转换的根据和标志。

（二）框架性转换

第一是思维方式的转换。

---

[1] 《马克思恩格斯全集》第42卷，102页，北京，人民出版社，1979。

《德法年鉴》至《手稿》时期，马克思的思维方式，主要是从人的类本质出发理解和说明人的现实存在。《神圣家族》至《共产党宣言》时期，他的思维方式发生了一个根本转换，即主要从人的现实存在出发，或从现实的人出发来理解和说明现实及现实中的人，其中包括理解和说明人的类本质。其主要标志是在《神圣家族》中，马克思超越和发展了费尔巴哈的抽象的人的观点，由抽象的人转向现实的人，并开始研究人的物质生产方式和社会关系。恩格斯明确指出，超越和发展费尔巴哈抽象人的观点的工作，是从《神圣家族》开始的。在《关于费尔巴哈的提纲》中，是把人的现实本质归结为一切社会关系的总和；在《德意志意识形态》中，是从现实的个人出发。人的本质在其现实性上是一切社会关系的总和，这对马克思来说，是一个信号和路标，它指示马克思有一项伟大的转移行动要完成，这就是：要真实客观地研究现实的人的实际状况，就必须去研究他所处的社会关系的总和，只有这样，才能避免抽象地研究人，从而真实地、现实地研究人。这一转移的否定功能在于，抽象地即从人的类本质出发去说明个人的现实存在，只能使这种研究悬在空中；其肯定功能在于，从社会关系出发去理解和说明人的本质和个人的存在，才能使对人的问题的研究走向科学。因此，从《神圣家族》开始，马克思就试图超越费尔巴哈抽象地研究人的思维方式。在《关于费尔巴哈的提纲》中，马克思又明确地确立了自己现实地研究人的思维方式，在《德意志意识形态》中，已开始正式运用这种思维方式来研究人的问题。

第二是理论基础的转换。

在《德法年鉴》至《手稿》时期，马克思的人学理论的基础主要是费尔巴哈的人本主义，尽管某些地方已超出费尔巴哈。但从《神圣家族》起，马克思从理论基础等方面已真正开始脱离费尔巴哈的人本主义。在《关于费尔巴哈的提纲》和《德意志意识形态》第一章中，马克思对自己曾信仰的费尔巴哈的人本主义立场进行了辩证的批判，同时把对社会关系和物质生产方式的科学分析作为自己人学理论的科学基础。他指出，人是什么样的，与他面临的社会生活条件是一致的。又指出，新唯物主义的立脚点是人类社会。①

第三是理论功能的转换。

在《德法年鉴》至《手稿》时期，马克思不仅把人的类本质作为评判现实社会中人的存在和发展状况的根据，而且作为理解和说明现实社会一切现象（包括人）的根据和出发点。这是理论职能的错用。因为人的类本质本身不仅需要别的因素来说明，而且人的类本质的理论功能只在于对现实社会中人的存在和发展状况做出价值评价，而不在于科学说明和分析。因为人的类本质是一种理想，只表明人和动物不同而应具有什么类特征，它同人的需要和内在必然性相关，用它无法客观地说明现实社会中人的实际存在和发展状况。从《神圣家族》开始，马克思便把人的类本质放在人和人的社会关系中来说明，把社会关系和物质生产方式作为科学说明和分析个人在现实社会中的实际存在和发展状况的根据和出发点，而把基于社会关系或历史变化了的类本质，只作为评判现实社会中人的存在和发展状况的价值根据和尺度。②

我们知道，马克思曾把自由自觉的生产劳动作为人的类本质，在《神圣家族》和《德意志意识形态》中，他又从人的生产劳动在现实社会中的状况出发来评判资本主义社会，指出这一社会是不符合人性的。这一思想在《资本论》中得到了更明确的发展。有人说，马克思后来抛弃了人的类本质的思想，这是对人的类本质的理论功能的误解。马克思后期抛弃的只是用人的类本质说明社会现象的职能错用这一方法，从整个论述看，他还保留着人的类本质的价值评判功能。

第四是基本概念的转换。

在《德法年鉴》至《手稿》时期，由于马克思是站在人本主义立场上探讨人的问题，所以，他所使用的主要是人本学范畴。如人的本质、异化和复归，人的本质力量的丧失和占有，人性、人的本性和人本身，等

---

① 参见《马克思恩格斯选集》第 1 卷，61 页，北京，人民出版社，1995。
② 参见《马克思恩格斯全集》第 2 卷，118—119、191、152、52 页，北京，人民出版社，1957。

等。在《神圣家族》及其以后的著作中，马克思已开始从社会关系出发来思考问题。这种转换表明，用原先使用的一系列人本学范畴来说明社会现象和社会历史已显得苍白无力，而要着重分析和说明人和人的社会关系及人和社会，就必须更换基本概念，使用一些科学的范畴。于是，在《神圣家族》及其以后的著作中，人的本质、异化和复归，人的本质力量的丧失和占有，人性、人的本性和人本身等概念的使用率减少了，代之而起的，是更多使用生产力、生产关系(社会关系)、物质生产方式、社会生活条件、生存条件和阶级等新概念。这并不是说人的类本质等概念在后期马克思那里是无用的，而是说它们是价值论上的术语，不能用来科学地说明和分析社会的现实和社会关系总和的现实。①

第五是探讨人的问题的方式的转换。

从《神圣家族》到《共产党宣言》时期，马克思的理论经历了由开始创立到最终问世的过程。在这四年中，马克思探讨的问题很多，但从根本、主导和核心内容上讲，集中探讨了三个基本问题：一是归属于一定阶级的个人自由而全面发展方面的问题；二是归属于人的实践活动方面的问题；三是归属于人的社会物质生活条件(生产方式和社会关系)方面的问题。这三方面的基本内容，既是他前一时期思想体系中的三个基本因素在形式上的继续，又是这一时期思想体系的三条基本线索，同时还是前一时期思想的转换或发展。

这三方面的内容贯穿在这一时期马克思的所有著述中。马克思在《神圣家族》中，通过对黑格尔哲学体系的三个基本要素及德国哲学的演变的考察，实际上已预示了他自己新哲学(包括人学)发展的三个基本方向和内容，一是以"人的社会生活条件"取代费尔巴哈"以自然为基础的现实的人"，研究费尔巴哈所没有研究过的社会和人行动着的世界，从抽象的人转向现实的人，这便超出了黑格尔和发展了费尔巴哈；二是以"人民群众的物质实践活动"代替黑格尔的"精神"和鲍威尔的"自我意

---

① 参见沈真编：《马克思恩格斯早期哲学思想研究》，386—399 页，北京，中国社会科学出版社，1982。

识"，发展了黑格尔和鲍威尔，超出了费尔巴哈；三是以"现实的人"代替费尔巴哈的"自然"和黑格尔（或施特劳斯）的"实体"、绝对精神，发展了黑格尔和费尔巴哈。①

对人的社会生活条件、实践活动和有生命的人的探讨，既是《神圣家族》的基本内容，又表明马克思对黑格尔和费尔巴哈的超越和发展，以及创立自己新世界观的开端。所以，恩格斯在谈到马克思思想的发展时指出："对抽象的人的崇拜……必定会由关于现实的人及其历史发展的科学来代替。这个超出费尔巴哈而进一步发展费尔巴哈观点的工作，是由马克思于 1845 年在《神圣家族》中开始的。"②

《关于费尔巴哈的提纲》"是马克思天才世界观萌芽的第一个纲领性文件"。《关于费尔巴哈的提纲》有十一条，但贯穿十一条之中的，始终是这样三个观点：人、人的实践和人的社会关系。《德意志意识形态》是马克思历史观形成的标志。在这部著作中，他开门见山地指出，他的历史观的出发点，是有生命的个人、人的物质生产活动（实践活动）和人的社会生活条件。③

自始至终，马克思都是围绕这三个基本因素来阐述他的历史观的。《哲学的贫困》及"给安年柯夫的信"，其中心内容不外如下三个基本方面：一定阶级的个人的自由而全面的发展，或个人力量和本性的发展；人的实践活动；人的社会生活条件（生产方式、社会关系）。只要读过《共产党宣言》的人便可知道，唯物史观是这本书的核心，而《共产党宣言》中所提出的唯物史观有两个基本点：一是物质生产，二是物质生产方式。《共产党宣言》以唯物史观为理论基础，阐述了科学共产主义的学说，而最能代表马克思的共产主义学说思想的，是"每个人的自由发展是一切人的自由发展的条件"④。这样，个人自由而全面的发展、物质

①　参见《马克思恩格斯全集》第 2 卷，176—177 页，北京，人民出版社，1957。
②　《马克思恩格斯选集》第 4 卷，241 页，北京，人民出版社，1995。
③　参见《马克思恩格斯选集》第 1 卷，67 页，北京，人民出版社，1995。
④　同上书，294 页。

生产和生产方式则是《共产党宣言》中的三条基本线索。

（三）马克思人学理论的变化和发展

对如上三方面的基本内容的探索反映出马克思人学理论的变化和发展。第一，探讨人的问题的出发点和重心，主要在人的社会生活条件上（包括生产方式和社会关系）。第二，在建构人学理论的同时，批判其他思想家的人学理论（如鲍威尔、施蒂纳和费尔巴哈等），清算自己以前在人的问题上的哲学信仰。第三，着重从社会方面探讨个人问题。前一时期，马克思着重从类本质方面探讨人的自由而全面的发展，并着重探讨了实践活动和社会关系的属人方面即为人而存在的方面。

而在这一时期，马克思着重从社会分工方面探讨了个人自由而全面的发展，并着重探讨了人的实践活动和社会关系的属社会方面即它们的客观实在性方面。

在客观规律性方面，对社会的本质、基础和根源做了深刻的揭示。这方面的探讨必然导致唯物史观的产生。在探讨方式上，着重确立了人学理想方案的现实基础、理论基础和实现人学理想方案的人学理论纲领。人学理想方案确定之后，需要有现实基础和理论基础做支撑，或者需要理论论证，这就是马克思从社会关系和生产方式出发对人类社会的科学研究。正是在这种研究中，马克思确立了实现人学理想方案的理论纲领，即实现人学理想方案的行动方案。其内容包含要点：第一，个人自由而全面发展和人类社会发展的和谐一致，是未来社会发展的理想目标、基本原则和模式及本质特征。这是人学理论纲领的目标。第二，改造世界是人学理论纲领的根本任务和手段。第三，实践唯物主义是人学理论纲领的本质特征。第四，人类社会或社会化了的人类是人学理论纲领的立脚点。第五，生产方式和社会关系是人学理论纲领的现实基础。第六，唯物史观是人学理论纲领的理论基础。第七，从主客统一出发去理解现实社会，是人学理论纲领得以确立的基本前提和出发点。第八，创造和推动社会历史的主体，是生活资料和生产资料的生产的承担者——人民群众，他们是人学理论纲领的实现者。关于这些，可以从前面的分析中看出来。

在马克思那里，人学理论纲领的着眼点和重点，是对生产方式、社会关系、人类社会和人民群众的革命实践活动的阐述，其目标是达到每个人自由而全面的发展。

四 《共产党宣言》以后至《资本论》以前时期：基于理论和工人革命实践相结合的人学实践

马克思确立的人学理论纲领，是实现人学理想方案的行动方案。行动方案确定之后，要转化为行动，并和实践相结合。于是对马克思来说，随之而来的任务主要有两个：一是运用人学理论纲领，指导当时正在掀起的工人阶级的革命政治斗争和分析当时发生的政治事件，并从中验证和发展他的人学理论纲领。需要注意的是，唯物史观是人学理论纲领的理论基础。二是批判当时工人运动过程中暴露出来的种种错误思想，把人学理论纲领宣传、普及和贯彻到工人革命运动中去，为工人阶级所掌握，同工人革命运动实践相结合。解决第一个任务取得的直接成果，是建立工人阶级的政党和团体组织，总结革命经验教训，制定一些政治战略和策略方针，提出一些政治理论，如阶级斗争理论、无产阶级专政理论、革命理论、国家理论等。解决第二个任务所取得的成果，是清除一些错误思想对工人运动的消极影响，使马克思的人学理论纲领深入人心，为工人阶级进行革命斗争提供理论和思想准备。[①]

这两大任务在本质特征上，是理论和实践相结合。马克思运用人学理论纲领来指导工人阶级的革命政治斗争，这是人学理论纲领同工人运动实践相结合，是一般理论和特殊实践相结合，这实质上是人学理论纲

[①] 参见《马克思恩格斯全集》第 8 卷，121、128 页，北京，人民出版社，1961；《马克思恩格斯全集》第 7 卷，308、71 页，北京，人民出版社，1959。

领的实践化问题。马克思使人学理论纲领为工人阶级所掌握，这实际上说的是理论一旦为群众所掌握就会转化为物质实践力量的问题。因此，马克思在这一时期解决他所面临的两大任务的过程中，充分表现出其人学的实践特征。

五　《资本论》时期：基于个人和社会关系统一的科学人学

（一）使人学成为一种科学形态

在马克思看来，任何一种社会理论和人的理论只有诉诸经济分析和经济证明，才能达到科学的形态，对人学理论的研究同样如此。马克思在前一时期形成的人学理论纲领，正如唯物史观一样，"这在那时暂且还只是一个假设"①。它只有通过经济学的证明才能成为科学。另一方面，对社会经济关系中的人的状况的分析也要以已经形成的人学理论纲领为指导。这样，当马克思感到有研究资本主义社会的经济关系的必要性的时候，便集中精力来研究人或个人、资本主义社会的经济关系及其二者的联系问题。所以，马克思在 1848—1852 年，在用工人阶级的革命政治运动实践验证他的人学理论纲领之后，接着从另一方面来验证他的人学理论纲领，使人学理论成为一种科学形态。这是在《资本论》中达到的。

《资本论》使人学理论成为一种科学形态，是因为它从个人和社会经济关系统一出发，并遵循一定的科学方法论，全面系统而又深入地研究了人的或个人的问题的各个方面，形成一套完整的人学理论。

第一，《资本论》探讨人的问题的出发点，是人和社会经济关系的统一。这是对他先前研究成果的总结。《1844 年经济学哲学手稿》及以前时

① 《列宁全集》第 1 卷，119 页，北京，人民出版社，1955。

期，马克思主要从人的类本质出发来说明人的问题。随着认识由抽象到具体的发展，马克思从《神圣家族》开始，便从社会关系和生产方式出发来分析人的问题，达到了对人的现实的、具体的认识。按照正反合的逻辑，马克思接着从人和社会关系的统一出发，来分析和解决人的问题。《资本论》正是这样做的。他指出："人，作为人类历史的经常前提，也是人类历史的经常的产物和结果。"①在《资本论》中，他一方面从资本主义经济关系出发来科学分析人在资本主义社会的存在、发展和自由的实际状况；另一方面，又从历史变化着的个人的类本性出发来评判资本主义经济关系的非人性后果，预示和展望未来共产主义社会个人发展的前景、目标和模式。② 由于要客观地提示社会历史发展的一般规律，所以，马克思在《资本论》中，着重从社会历史关系出发来研究问题。但是，当马克思要把资本主义社会个人的存在、发展和自由状况放在历史过程中加以评价，并且要展望人的未来时，他意识到不能忽视从历史变化着的人出发的必要性，因此他必须再回到人这一主体上来。当马克思以资本主义生产力在何种程度上有利于人为根据来判定资本主义社会的完善程度时，主要是从个人自由而全面发展的状况出发的。马克思在《资本论》中从人和社会经济关系的统一出发来思考个人问题，既避免了只从人出发和只从社会关系出发这两个极端及所带来的缺陷，又对他以前时期的人学研究在某一点（如出发点）上做了总结。这就为使人学理论成为科学形态提供了前提。

第二，《资本论》中对人的问题的探讨，都是严格遵循一定的科学方法论原则进行的。马克思遵循价值原则和科学原则的统一，既客观地分析资本主义社会中个人的存在、发展和自由的实际状况，又着眼于现实的人来对这一状况做出价值评判。他遵循逻辑分析和历史分析相统一的

---

① 《马克思恩格斯全集》第26卷（Ⅲ），545页，北京，人民出版社，1974；参见孙承叔、王东：《对〈资本论〉历史观的沉思》，320—322页，上海，学林出版社，1988。

② 参见《马克思恩格斯全集》第46卷（上），104页，北京，人民出版社，1979；《马克思恩格斯全集》第26卷（Ⅱ），124—125页，北京，人民出版社，1973；《马克思恩格斯全集》第23卷，95、649、926—927页，北京，人民出版社，1972。

原则，既考察了个人发展内容的各个方面，又把个人发展放在整个社会历史发展过程中，来考察他的过去、现在和未来。① 他遵循批判原则和建构原则统一的方法，既评判资本主义社会的非人性后果，又对共产主义社会个人发展的前景做出深刻的描绘。他遵循由抽象上升到具体的方法，首先分析人的一般本性，然后分析社会历史变化着的人的特殊本性（或社会特性），再进一步分析人的本性、社会特性在个人那里的个别表现，即人的个性。② 他遵循整体分析和层次分析统一的原则，既对人的各个方面做完整的思考，又从人的不同侧面对个人做层次分析。马克思正是在《资本论》中对个人问题的研究采取一定的科学方法论，这既使他超出以前时期对人的问题研究的水平，又使他对个人问题的研究成为科学。

第三，《资本论》对个人问题的分析，既注意个人问题的无限丰富的内容，又紧抓住个人问题的实质和核心。马克思在《资本论》中，几乎对个人问题的主要方面都做了论述。归纳起来，他探讨了个人问题的如下一些基本内容。首先，个人的本体论方面。包括：人的本性、人性的论述，人的社会性和人的个性的论述，人的主体性和客观性的论述，等等。其次，个人的价值观方面。主要包括：对他当时所处的资本主义社会及这种社会使个人的生活（生存）非人化各方面的价值评价，对以往时代各社会及那个社会个人的生存和发展状况的价值评价，对未来共产主义形态中个人发展和社会发展的模式、趋向、原则和目标的展望，对个人自由而全面发展的内容的论述，关于改造人类生活的各种社会条件的评判标准的确定，关于自由人的联合体的论述，等等。再次，个人的社会历史观方面。主要包括：关于个人自由而全面发展的历史和实现的社会条件或社会形式，关于个人及其实践活动的社会制约性，关于个人是历史发展的结果，关于个人和社会的多种关系，关于个人是经济关系的承担者，等等。最后，个人的实践论方面。主要包括：关于对制约个人

---

① 参见《马克思恩格斯全集》第 46 卷（上），104 页，北京，人民出版社，1979。
② 参见《马克思恩格斯全集》第 26 卷（Ⅱ），669 页，北京，人民出版社，1973。

自由而全面发展的社会关系改造方面的研究，关于人的实践活动的合目的性和合规律性的论述，关于人通过实践使现实世界革命化和属人化的阐述，等等。①

(二)关注个人自由全面的发展

在《资本论》中，马克思虽然对人的问题，尤其是个人问题的许多方面，都做了分析和论述，但他分析的核心和重点，是在个人自由而全面发展问题上。其根据和原因是：第一，《资本论》的目的，在于揭示资本主义社会和人类社会历史发展的规律，个人是社会关系和社会活动的承担者，因而，在谈论人类社会历史的发展时，不能不涉及个人的历史发展及其规律这一重要问题。第二，《资本论》揭示资本主义社会的社会关系状况和人的状况，其主要目的之一，是为展望个人的未来发展提供理论根据和基础，而个人的自由而全面的发展，在马克思看来，是未来共产主义社会的基本原则和理想目标，是未来社会最大的社会财富。第三，在马克思看来，个人自由而全面的发展，既是未来社会发展生产力的根本途径，又是社会发展的趋向和目标，也是科学人道主义的实质和核心。既然如此，作为对他的共产主义人道主义做论证的《资本论》，不能不把个人自由而全面的发展作为一个中心问题来阐述。第四，在《资本论》中，马克思对个人自由而全面发展的各个方面均做了阐述。这主要有个人自由而全面发展的含义、历史、前提、条件、实现方式、目标和意义等。这些在他以前时期的著述中是达不到的。

从对马克思的人学理论的历史考察中可以看出，他的人学理论有一个从抽象到科学的发展过程，因而他在人学史上实现了革命性变革。那

---

① 参见《马克思恩格斯全集》第 23 卷，第 12、67、87—88、192、208、263、966、288—229、661、649 页，北京，人民出版社，1972；《马克思恩格斯全集》第 46 卷（下），225—226、230、466、469—470、360—361、430、112、161、139、219 页，北京，人民出版社，1979；《马克思恩格斯全集》第 26 卷（Ⅰ），300、419 页，北京，人民出版社，1972；《马克思恩格斯全集》第 47 卷，173、532、215—217 页，北京，人民出版社，1979；《马克思恩格斯全集》第 46 卷（上），120、220、110、107—108、21、22、29、176、196、46、486、520、248—249、287 页，北京，人民出版社，1979；《马克思恩格斯全集》第 26 卷（Ⅲ），545、291、548、287 页，北京，人民出版社，1974。

种认为青年马克思关注人而老年马克思注重经济关系不关注人和个人的"两个马克思"的观点，以及认为马克思后期的理论只不过是对他早期人道主义思想的解释和发挥的观点，是不符合马克思人学理论发展的事实的。在马克思的学说中，不仅蕴含着专门而又系统的人学理论，而且这一理论自始至终是他关注的重要问题之一。

第三章 马克思人学理论的总体图景

在考察马克思人学理论的形成和历史发展之后，便可以此为基础，在更高层次上对马克思的人学理论予以宏观总体或全景式的把握，这就是完整揭示和阐述马克思人学理论的主题、研究方法、核心线索、性质和理论框架，为厘清马克思所开辟的人学道路奠定了基础。

一 马克思人学理论的主题

马克思人学理论形成和发展的背景，决定其人学研究的主题。这一主题就是：揭露人的异化和实现人的解放，探寻人的解放和发展的实现方式。这一主题可分解为两个论题：批判资本主义社会中人的异化存在并追求人的解放和发展的价值主题；诊断造成人的种种存在状况的根源，制定医治人和社会病态方案的科学主题。

(一)价值主题

这一主题，反映着资本主义工业化过程中人失去人性而变成自己肉体生存的工具的普遍现象。

进入 19 世纪以后，西方资本主义工业化的负面效应逐渐暴露出来。马克思当时明确意识到，人类为了改善自身的物质生活条件而运用理性发明技术，发展工业，结果却造成了物对人的统治，人性丧失了，人的价值贬低了，人被异化了。人为了征服自然，而同他人组织在一个技术工业的体系中，但毫无人性的社会组织使每个人变得无足轻重，软弱无力。西方资本主义创造了巨大的社会生产力，但社会物质财富的增长却以个人能力的片面发展为代价。这些情形，首先影响了人的生存和发展状况，从而引起了马克思的思考。这种思考，构成马克思《1844年经济学哲学手稿》《资本论》及前后的三大手稿的价值主题。这一主题包括以下一些问题：人的存在的"过去"（前资本主义社会）、"现在"（马克思当时所处的资本主义社会）和"未来"（共产主义社会）是什么样的？人的未来发展目标、方向和前景将是怎样的？人怎样共生才有意义？对这些问题，马克思自始至终都做了阐述。从本书第二章的分析考察可以看出，《1844年经济学哲学手稿》的核心问题，就是现实个人的异化及人的解放问题。在这部手稿中，马克思追求的目标是，使人从异化劳动的奴役下解放出来，以成为具有充分人性的人。换言之，马克思关心的问题主要是，使人克服异化，并获得解放和全面发展。在《资本论》中，马克思将异化劳动概念的职能限于对资本主义剥削和压迫等非人性现象进行道德评判，并用它来描述由于生产者同其生产活动的条件相异化，以及对工人产生的可以感觉到非人性影响，以从中揭示出人的解放的必要性。马克思对人的异化和人的解放的论述，表现出对资本主义社会非人性现实的抗议和谴责。在这个意义上讲，他对人的异化存在、人的解放和人的全面发展问题的阐述，是一种价值阐述，是关于价值观方面的论题。马克思试图通过这种阐述，一方面揭示资本主义社会的种种矛盾及其改造的必要性，并为寻找人的异化存在的根源提供前提，另一方面，则是为了揭示人的本性及人存在的意义和根据。

（二）科学主题

马克思人学理论的目的，是通过揭露人的异化存在，来论证人的解放和人的发展——首先是无产阶级的解放，然后是全人类的解放和每个人的发展。但从全部著述看，他更注重人的解放和人的发展的实现方式或实现条件。因为在他看来，这一问题虽从属于前一问题，是前一问题的题中应有之义，但它直接制约着人的解放和人的发展的实现，并且通过对这一问题的探索，可以同资产阶级的抽象人道主义区别开来。

无论从哪个角度看，分析说明人的异化的根源和人的解放，以及人的发展的实现方式，始终是马克思人学理论关注的一个主题。

对人的异化存在根源的诊断。分析人的异化存在状态，主要是分析造成人的异化存在状态的根源，因为只有找到根源，才能为人类走出困境提供方案。实际上，诊断人的异化存在的根源，是马克思人学的一个主题。马克思在《1844年经济学哲学手稿》中提出的问题是：人如何造成自己劳动的异化？这种异化如何源于人类发展的本质？①

马克思试图从社会生活条件方面寻找造成人的异化存在的根源。在他那里，异化劳动的特征在于，它是客体对主体的一种异己关系，只有那种造成客体对主体的异己关系的因素，才是异化劳动的根源。这种因素，是主体的某种活动和活动借以实现的社会形式。主体的活动原初是统一的，但是，要推动社会生产力的发展，人的能力、性格和爱好要得到合理的运用，就必须实行分工，即使原初的统一活动分别由不同的人来承担。当分工发展到物质活动和精神活动相分离的时候，就产生了劳动和享受、生产和消费、生产和生产资料分别由不同的人来承担和占有的现实可能性，这就包含着产生异化劳动的可能。当分工推动生产力发展进而出现了剩余产品，而后者又为一部分在社会分工中占重要地位、拥有最高权力的人所占有时，就会导致产品的不平等分配，即一部分人占有剩余产品而不劳动，而另一部分人从事劳动而不占有剩余产品。在这种情况下就产生了私有制。私有制的出现使分工固定下来。这样，就产生如下后果：首先，劳动和享受、生产和消费、生产和生产资料分别由不同的人来承担和占有这种情况成了现实；其次，资本与劳动者或生

---

① 参见《马克思恩格斯全集》第42卷，102页，北京，人民出版社，1979。

产资料与劳动者产生了独立；最后，由于以上两种情况，使得劳动者在劳动中不是为自己而劳动，而是为别人而劳动。① 因为他为了维持自己的肉体生存，就必须去从事劳动，这在出现以上那种分离和独立的情况下，其结果，必然使劳动者不得不做劳动的奴隶，做生产或生活资料的奴隶。换言之，劳动者不得不受劳动支配，受生产资料或生活资料的支配，受自己的劳动产品支配，受他人支配，这就是异化劳动。所以马克思指出，分工和私有制是同义语，"分工越发达，积累越增加，这种分裂（劳动和资本的分裂——笔者注）也就发展得越尖锐。劳动本身（异化劳动——笔者注）只能在这种分裂的前提下存在"②。

马克思又指出，他们自身的生活力量何以变成统治他们的力量？如果用一句话回答，那就是：（由于）其发展程度依赖于当时达到的生产力的发展（水平）的分工。

这里，马克思是用分工（人类发展本质的基本表现形式，这是着眼于生产力水平）和私有制（活动借以实现的社会形式，这是着眼于生产关系的性质）的统一，来说明异化劳动产生的根源的。

马克思对人的异化存在的根源的分析，其意图之一，在于为揭示人的解放和人的自由全面发展的实现方式提供前提。可以说，不遗余力地关注人的解放和人的自由全面发展的实现方式及其性质，是马克思人学理论的一个重要主题。

从马克思对前人的批判继承关系来看。马克思对 19 世纪空想社会主义的研究，是以对德国古典哲学的研究为前提的。因此，必须弄清马克思的人学同这二者在理论上的批判继承关系。德国古典哲学的理论目的之一，是论证德国资产阶级的自由和平等的实现。康德以自由原则为出发点和核心，对自由的可能性、实在性，以及自由与必然的关系做了系统论证。但他认为，自由理想在现象世界是不能实现的，它只能诱导

① 参见《马克思恩格斯全集》第 3 卷，37—39、57、421、513 页，北京，人民出版社，1960；《马克思恩格斯全集》第 42 卷，63—94 页，北京，人民出版社，1979。
② 《马克思恩格斯选集》第 1 卷，127 页，北京，人民出版社，1995。

人们去信仰和追求。黑格尔集中论证了自由理想的可实现性，他认为，世界历史是自由意识逐步实现的历史，但在他那里，自由是在思维领域中实现的。19世纪法国空想社会主义的理论目标，是实现全人类的解放，是为一切社会成员自由而全面的发展，以及建立理性和永恒正义的王国做论证。圣西门的临终遗言，就是为一切社会成员创造最广泛的可能来发展他们的才能，但他认为，达到这一目标要靠个别天才人物的发现和正确的认识。尽管他们都集中论证了人的解放和自由而全面的发展，但最终都未能找到实现这种理想目标的正确道路和物质力量，因而带有空想的性质。马克思继承了他们理论研究的课题，但如恩格斯所说的，最根本的是马克思抛弃了他们理论研究的出发点和方法，力图使这一课题在对现实世界的解剖中得到解决。从这一目的出发，马克思创立了唯物史观和剩余价值学说，从而找到了实现无产阶级解放和自由发展的条件：实现的道路(无产阶级革命)、力量(无产阶级)和现实前提(发展生产力、消灭私有制)。这就使社会主义由空想成为科学，使人的解放和人的自由而全面的发展由理想变成实践。①

这就使他的人学理论同他以前的抽象人道主义区别开来了。

从马克思思想的发展进程来看。纵观马克思人学理论发展的历程可以看出，他始终关注的是人的解放和自由全面发展的实现方式。《青年在选择职业时的考虑》，是至今尚存的较早反映青年马克思思想的最值得注意的文献。在此论文里，马克思的基本思想是注重全人类幸福、个人自由和完善的实现方式，即他把从事职业或"工作"看作实现人类幸福的手段，把"为人类福利而劳动"看作实现每个人完善的条件。②

自由及其实现手段，是《博士论文》所思考的主题。马克思之所以选择《德谟克利特的自然哲学与伊壁鸠鲁的自然哲学的差别》这一论题，在很大程度上，是由于当时德国与希腊晚期社会类似，即由当时德国也面临着为自由而斗争的类似情况决定的。所不同的是，马克思认为不能在

---

① 参见《马克思恩格斯选集》第3卷，732页，北京，人民出版社，1995。
② 参见《马克思恩格斯全集》第40卷，7、825页，北京，人民出版社，1982。

内心中寻找自由，自由的实现需要以下条件：只有在人们的相互交往中才能实现自由，离开人们的相互交往的所谓"自由"是不现实的；只有在社会中，即在人同周围环境互相影响时，自由问题才能得到解决；自由是通过以哲学为武器的批判斗争来改造不合理的现实世界达到的。《莱茵报》上的政论文章，其主题是争取出版自由的实现。《德法年鉴》上的文章，更鲜明地反映出马克思的理论任务和目的，是寻找人的解放和自由全面发展的实现条件。他把《德法年鉴》的任务和目的确定为："对当代的斗争和愿望作出当代的自我阐明（批判的哲学）。"①

这就是说，要把建立一种能对当代的斗争和愿望做出当代的自我阐明的"批判哲学"，作为揭露旧制度的精神武器和实现人的解放的理论基础。《德法年鉴》上的两篇文章集中体现了批判哲学的上述目的，其中心就是揭露当时德国落后的旧制度和狭隘的社会关系对人的异化性质，并详细论述了实现人类解放的途径和力量。《1844年经济学哲学手稿》的主要内容，是阐述异化劳动理论和共产主义理论。前者着重揭露资本主义社会中人的异化存在，后者着重阐述人的解放，尤其是工人阶级解放的实现条件，这就是消灭私有制和异化劳动。在马克思看来，"共产主义并不是人类发展的目标，并不是人类社会的形式"，而是实现人的解放的一种有效的必然环节。②

在《德意志意识形态》中，马克思是把人的解放和自由全面的发展的实现条件，作为他创立唯物史观的结论来阐述的，或者是把唯物史观作为说明和论证人的解放和自由而全面发展的实现条件的理论和方法。此后，在《共产党宣言》和《资本论》中，马克思便着重对人的解放和人的自由而全面发展的实现条件进行更周密的科学分析。为此，他在《共产党宣言》中，着重考察了资本主义社会的本质和矛盾，以及资本主义发展的经济条件和趋势，指出共产主义运动的目的是消灭私有制，并用一个真实的新的联合体"代替那存在着阶级和阶级对立的资产阶级旧社

---

① 《马克思恩格斯全集》第1卷，418页，北京，人民出版社，1956
② 参见《马克思恩格斯全集》第42卷，131页，北京，人民出版社，1979。

会"，在这样一个联合体里，"每个人的自由发展是一切人的自由发展的条件"①。

总之，在《共产党宣言》里，马克思关心的是人的自由发展的实现条件。在《资本论》中，马克思又加深了对上述一些问题的分析，进一步从经济上论证人的解放和自由而全面发展的实现条件。他在谈到经济学的任务和目的时指出，政治经济学是为了"揭示现代社会的经济运动规律"②。在《资本论》中，马克思揭示了资本和剩余价值的运动规律，指出这一规律运动的结果必然是无产阶级革命，剥夺剥夺者，而无产阶级是资产阶级的掘墓人，是实现人类解放的主要力量。另一方面，他又证明了产生剩余价值的资本运动，必然导致资本主义固有矛盾的激化，其结果必然是公有制代替私有制，这种以公有制为基础的生产关系，正是人的解放和自由实现的经济条件。

二　马克思人学的研究方法

马克思以前的人学理论之所以不能成为科学，其根本原因在于，它只是抽象地、非历史地、孤立地和片面地研究人，即离开社会关系，把人看作孤立的、固定不变的人，或只从人的类特性出发考察人的某一方面。其认识论根源，是缺乏唯物辩证法，其社会历史根源，是顺应资本主义社会生产发展的特点(生产分工)的需要，且迎合了产业革命后流行的个人主义思潮。

要使人的问题研究成为科学，必须遵循一定的科学方法论；把握这些方法论，对理解人的问题也有重要意义。因此，挖掘和整理马克思的人学理论，理应揭示他研究人的问题的一般方法。正是这些方法，才使马克思在人的问题上超出前人的水平并进行科学的解决。

---

①　马克思、恩格斯：《共产党宣言》，50 页，北京，人民出版社，1971。
②　《马克思恩格斯全集》第 23 卷，11 页，北京，人民出版社，1972。

(一)科学原则与价值原则的统一

这是指坚持人的客观性和着眼于人的主体性的统一。它构成了马克思人学研究的核心方法。

1. 科学原则

科学原则，是从人的客观实在性出发考察人的客观世界（人的现实和人的社会等）及客体世界对人的主体世界的制约的方法论。其主要内容有：它把人归结到他所处的现实世界的实在性上，来考察人的社会生活条件或现实基础，考察人的主体世界的被制约性，因而实质上是把人看作受社会生活条件制约的客观存在物，是对人的客观实在性的肯定；它一般采取科学分析方法来说明人的客体世界和内部主体世界；它把人的现实作为自己内容的中心加以分析，即考察"人在现实上实际是什么样的"范围内的问题。

马克思对人的问题的考察，其立脚点是人的客观实在性。具体表现在四个方面：一是立足于人的现实性，即人的社会生活过程。马克思总是严格立足于客观现实来揭示人的现实本质，力求不带任何幻想的成分，并拒绝把人的概念同人的生存条件问题对立起来的思辨和任意主观主义的观点。[①] 换言之，他总是把人放在社会和社会关系中进行客观分析，或力图对人在社会生活过程中的现实状况进行全面客观的科学分析：人在现实中是如何被社会关系规定的，人的现实状况究竟怎样，人与人之间差别的社会根据是什么，人的类本质在社会中是如何表现的，等等。按照马克思的思想，这是对人的问题获得科学解决的唯一途径。在 1845 年以后，马克思比较注重从社会关系出发来科学分析和说明人的问题，研究现实的人——工人和资本家的客观实际状况。体现马克思这一方法的有如下三个基本命题：人的本质就其现实性是一切社会关系的总和；人是什么样的，与他的社会生活条件是一致的；分析方法（不

---

① 参见《马克思恩格斯全集》第 3 卷，199—200 页，北京，人民出版社，1960。

是评价），就是从一定的社会经济时期出发。① 这些命题表明：人和人的社会关系是指引马克思探索人的问题的路标，它指示有一项转折行动需要去完成，这就是：要揭示人的现实性，就必须走向社会，并分析社会关系。

二是立足于人的自在性。在马克思看来，人的社会关系一经形成，对作为主体的人来说，便具有自在的性质，即社会关系作为人的一种客观实在，有其自身的结构和规律，这种结构和规律对于人来说，具有外在独立的性质，它的存在和变化对于人的意愿来说具有一种异向的趋势，这不是同人的"为我"倾向保持天然一致的力量，而是个人活动需要驾驭和改变的因素。马克思在分析资本主义社会中个人和社会的关系及个人在社会中的实际状况时，正是立足于个人的自在性。他指出：在资本主义社会中，社会关系对个人来说，是不可驾驭和控制的异己力量，要消除这种状况，就必须使联合起来的个人占有这种社会关系。②

三是立足于人的受制约性。根据马克思的思想，人是受自然、社会和历史制约的。基于这种认识，马克思在谈论人的问题时，总是注意考察人的自然制约性、社会制约性和历史制约性。③

四是立足于人的适应性。马克思认为，人要依据对象的性质和尺度来活动，还要使活动与其实现的社会形式——社会关系的性质相适应。正是基于这一认识，马克思考察了现实社会和历史发展中个人活动同社会关系（交往形式）相适应的历史，并从这一历史中揭示出个人发展和社会发展的规律。④

---

① 参见《马克思恩格斯全集》第 19 卷，415 页，北京，人民出版社，1963；《马克思恩格斯全集》第 3 卷，31—32 页，北京，人民出版社，1960。
② 参见《马克思恩格斯全集》第 3 卷，29、37—39、74—78、81、421 页，北京，人民出版社，1960。
③ 同上。
④ 同上。

2. 价值原则

着眼于人的主体性，是马克思考察人的问题的另一种方法。它是指从人的主体性出发考察人的主体世界及客体世界对人的价值关系的方法论。其内容包括：它把外部客体世界归结到人的意义上来考察，即把外部世界看作人的创造物和属于人的世界。这是从人的主体尺度出发考察人和外部世界，其实质，是把人作为万物的中心，是对人的主体的肯定；它采取价值评判和规范描述等方法，来研究人的内部主体世界和外部客体世界；它把"理想的人"和"主体的人"作为自己内容的中心，即考察"人自身应是什么"和"人的主体性"这一范围内的问题。

在马克思那里，着眼于人的主体性来考察人，具体表现在四个基本方面。一是着眼于人的应当性。在马克思看来，人的类本质，从逻辑上讲，是对处于私有财产、异化和社会不平等之外的人所做的主体性肯定，意涵一切人在人本学意义上应当是最平等的，应具有人所应该具有的自由、自觉和创造性及实现它们的可能性。① 因此，人按其必然性来说，必须追求和实现他的自由自觉性和创造性。凡是不利于这种实现的社会，都是不符合人性的，是应该受到批判的。这里，人的类本质的实现作为人的一种应当性，成为马克思考察人的问题的一种方法论根据。从《1844年经济学哲学手稿》到《资本论》，自始至终都贯穿这一方法。马克思早期著作中提出关于人的本质问题的人类学方法，在《资本论》中保留下来了。《资本论》中有一个重要原理，即个人对异于自己的生产力、社会关系的"占有"。这一原理体现出的思维模式（逻辑）是：人应当享有自己创造的社会生产力、社会关系——在一定条件下后二者异于人——联合起来的个人应重新占有它们。这实际就是人道主义的思维方法。在《资本论》中，马克思总是一方面客观分析资本主义社会的结构、基础和发展过程，另一方面，又对这一社会中个人的生存和发展状况做出价值评价，指出资本主义制度是违反人性的，它应朝着符合"人类本性"的方

---

① 参见《马克思恩格斯全集》第42卷，121—122、124页，北京，人民出版社，1979。

向发展。这里，价值评判的着眼点或根据，是人的"应当性"。《资本论》并没有摒弃用人的历史变化的类本质来评判社会中人的现实状况的方法，放弃的只是用人的一般类本质来说明分析社会现实的方法。实际上，在马克思晚年的著作中，当涉及个人在资本主义社会的生存和发展状况，以及未来社会中个人发展的趋向时，他总是从价值观层次上提出问题，因为上述问题本质上是一个价值问题。二是着眼于人的为我性。人的为我性植根于他的需要。在马克思看来，人的需要以及他的能动创造性活动使人和外部对象发生一种"为我"关系。"为我"是一切主体活动的实质目的。他说："凡是有某种关系存在的地方，这种关系都是为我而存在的。"①在考察人的问题时，马克思常常从人的"为我"性出发。如在考察人和自然、人和社会、个人和他人的关系时，他把自然看作人生存的基础（"无机的身体"）和表现自己本质力量的对象，把社会看作人存在和发展的社会形式，把个人自由而全面的发展看作社会发展的一个基本目标，把他人看作自己发展的条件。三是着眼于人的主体性。在马克思那里，人和社会的关系是双向的：人必须适应社会，受社会制约，因而应从社会出发来科学地说明人，社会必须适合人的需要和目的，使其成为属人的社会（即为人而存在的社会），因而应从人的主体性出发来评判社会。基于后一方面，马克思发出了对资本主义社会中个人主体性失落的抗议的声音，并对未来社会中个人主体性的重建进行了展望，指出在共产主义社会，人将成为支配自然、支配社会、支配自身的主人。②四是着眼于人的超越性。从价值观上，马克思对资本主义社会中个人的存在状况持批判态度，指出未来社会的个人发展，应向着"理想的个人"行进。为此，他为共产主义社会的个人发展塑造了一个理想模型——自由而全面发展的个人，并指出人应当怎样实现这一模型。

---

① 《马克思恩格斯选集》第1卷，81页，北京，人民出版社，1995。

② 参见《马克思恩格斯全集》第46卷（下），469—470页，北京，人民出版社，1980；《马克思恩格斯全集》第25卷，626—627页，北京，人民出版社，1974；《马克思恩格斯全集》第42卷，169页，北京，人民出版社，1979。

在马克思那里，对人的问题做科学分析和价值考察是密切相关的。他一方面把价值原则奠定在科学原则基础之上，指出应科学说明社会的人；另一方面他基于价值原则评判社会，指出应考察人的社会使社会成为属人的社会。

(二)整体分析与层次分析相结合

这是指寻求完整的人与对完整的人进行层次分析的统一。

1. 整体分析

对人的整体分析，旨在寻求完整的人。所谓完整的人，在马克思那里，指的是能表现和实现人的类特性、社会特性和个性即人的完整本质的人。在对人的问题的考察中，他十分注重人的本质的完整性，抑或十分关注作为内在联系着的人的各个方面，其目的是为解决人的全面发展问题提供理论基础。在《德意志意识形态》中，他既从人和动物的区别上揭示人的类特性，说明人是一个人类学意义上的人，又从人和人的区别上揭示人的社会特性，说明人是社会的人，还从个人与他人的区别上揭示人的个性，说明人是一个具体的、有个性的个人。[1] 其中，马克思是把人作为完整的人进行总体考察的。

不仅如此，他还力图从人的类特性、社会特性和个性的和谐统一中揭示人的完整性，说明人是一个完整的人。因此，马克思十分注重人的完整性，并以此同旧哲学注重人的类特性而忽视人的社会性的方法区别开来。

2. 层次分析

马克思还对完整的人的各个侧面进行层次分析，这既是为了揭示人的各个方面在理论上的功能，以及在"完整人"中的地位，又是为了揭示人的各个侧面同整体的联系。在马克思那里，对人进行层次分析，主要是通过分析人的类特性、社会特性、自然特性和个性的理论功能，以及这四者的关系进行的。从马克思的著述可以看出，人的类特性的理论功

---

① 参见《马克思恩格斯选集》第 1 卷，19 页，北京，人民出版社，1995。

能在于，它是人和动物区别开来并确立人在世界中的主体地位的根据，是人们消除彼此间的社会对立而走向合作或联合的人类学根据。所以，在《1844年经济学哲学手稿》等著作中，马克思总是在谈论资本主义社会中个人的孤立、自私、片面发展、异化和人与人之间的对立时，在谈论人和动物的区别及人如何优越于动物时，多注重人的类特性。但马克思认为，仅仅停留在对人的类特性的关注上，不把人的类特性放在社会关系中考察，将是一种抽象，所以，必须进一步考察人的类特性在社会关系中的历史表现和实现状况，考察人的社会特性。在他那里，人的社会特性在理论上的功能，在于使个人成为现实的个人，使人与人之间得以区别开来。这样，对人的分析就能由抽象走向具体，以把握现实社会中人的实际状况。因此，马克思在谈论现实社会中人的实际存在和发展状况时，往往注重分析人的社会特性。对完整的人的分析，还必须考察人的另一个层次——有个性的个人。在马克思那里，有个性的个人，既指个人在心理上的差异，更主要指相对于个人对社会依附性而言的个人的独立自主性、自由自觉性和能动积极的创造性，即作为主体性的个性。① 这种个性在理论上的功能，在于引起人们对人的个性的人道主义关注，在于从中揭示出社会进步和发展的水平和性质。此外，马克思还从人的类特性、社会性和个性的前提性上考察了人的自然性，认为人的自然性是人其他特性的前提和基础，同时又受其他特性影响。② 马克思对完整的人的层次分析，其意图还在于揭示人的历史发展过程中人的个性和类特性的关系，以找出人的历史发展的规律和未来发展的模式。

（三）逻辑分析与历史考察的一致

这是指对人的逻辑结构与考察人的发展的"过去""现在""未来"的历史分析相一致，亦称"逻辑结构—历史发展"分析法。

---

① 参见《马克思恩格斯选集》第1卷，118—120页，北京，人民出版社，1995。
② 同上书，23—25页。

1. 逻辑分析

对人的逻辑分析，在马克思那里，是指对人的结构、人的理论结构和逻辑关系进行分析。

从逻辑上考察了人的结构。对人的存在和本质的认识，是马克思研究人的其他问题的方法论前提。在对人的存在和本质的认识上，他首先采取了逻辑分析方法。这主要表现在以下三个方面。第一，从寻找人之所以成其为现实个人的根据入手探寻人的本质。他不仅找到了人之所以为人的根据是自由自觉的劳动，还认为，自由自觉的劳动并不能成为社会的人（现实的人）的根据，要做到这一点，只有将人归结为一切社会关系的总和。但要把人看作具体的个人，还必须考察他的个性。这样，马克思运用上述方法，弄清了人的本质之内容：在特定社会关系条件下从事物质生产，从而能动地表现自己的独特个性。① 第二，从人的存在入手逻辑地揭示人的本质，实际上也是从人的生活中揭示人的本质。此方法的特点，是首先从逻辑上确定人的基本存在（马克思把它归结为四个方面的基本存在：自然存在，类存在，社会存在，个性存在），然后从中揭示了人的本质之内容。其内容结构是：人的需要，自由自觉的活动，社会关系的总和，个性。第三，从对人的物质生产劳动的分析中揭示人的本质，它是人的需要、实践活动的自由自觉性和社会关系三者完整的统一。② 马克思从逻辑上分析了人的异化问题。人的异化，是马克思运用价值观的方法来评判人的社会现实存在时提出的一个根本问题。在《1844 年经济学哲学手稿》中，马克思从对资本主义社会一个常见的基本的经济事实——劳动者及其产品的异化——的研究中，首先从逻辑上得出人的异化的第一个基本规定— 人同其劳动产品的异化。然后按从结果求原因的逻辑，得出了人的异化的第二个基本规定——认为人同其劳动产品的异化，是由于劳动产品的创造过程——劳动过程的异化造成的，产品不过是生产劳动的结果，产品的异化不过是劳动活动本身异化

① 参见《马克思恩格斯选集》第 1 卷，72 页，北京，人民出版社，1995。
② 同上。

的结果。然后，马克思按照劳动是人的类本质的逻辑，得出了人的异化的第三个基本规定——人的类本质的异化。人的类本质的异化，从逻辑上讲，就是人与自己本身的异化关系，而这一关系只有通过人同他人的关系才能得到实现和表现。因此，人之所以同自己本身发生这样的关系，是因为有另一个异己的、敌对的、强有力的、不依赖于他的人是这一对象的主人，也就是，是因为人同他人也是一种异化关系。这样，马克思就从逻辑上得出了人的异化的第四个基本规定——人从人那里的异化。马克思接着从逻辑上考察了异化劳动和私有财产的关系及人的解放问题。①

马克思从逻辑上分析了人的自由而全面发展的问题。人的自由而全面的发展，是马克思将价值观方法和科学观方法统一起来，在对资本主义社会中人的状况进行考察，并对未来共产主义社会中人的前景加以展望时，所提出的一个根本问题，它是马克思人学关注的一个核心。对这一问题，马克思从逻辑上分析了个人自由而全面发展的根据、含义、内容结构、实现条件、实现途径和实现方式。关于这一点我们将在第七章加以阐述。

此外，马克思还运用逻辑结构分析法，分析了人的社会性、个人和社会的关系及人的个性等问题。

2. 历史考察

对人的历史考察，就是着眼于考察人的历史发展过程，以求揭示人的历史发展的规律，并进一步从历史方面证明和揭示马克思所提出的人学理论。

马克思在对人的问题进行考察时总是这样：在分析人的结构及确立人的理论时，同时诉诸历史考察，并从历史考察中，进一步揭示和证明关于人的历史发展的规律及理论。马克思反对只是抽象地、逻辑地理解人，要求把人作为具体历史的产物进行历史分析。这具体表现在以下四个方面。

---

① 参见《马克思恩格斯全集》第 42 卷，90—103 页，北京，人民出版社，1979。

第一，他一方面从逻辑上揭示人的本质结构，另一方面历史地考察人的历史变化了的本质和历史性的存在。

第二，他既从逻辑上揭示人的异化的形式和结构，又试图从历史的角度考察人的异化产生的历史根源、历史地位和发展趋势。

第三，他不仅从逻辑上揭示个人和社会的逻辑关系，而且又考察了个人和社会的关系的历史发展和历史形式。

第四，他一方面从逻辑上揭示了人的自由而全面发展的内容结构，另一方面又考察了人的发展的过去（前资本主义社会）、现在（马克思当时所处的资本主义社会）和未来（未来共产主义社会），以从中进一步证明他关于人的发展的理论，揭示人的发展的历史规律和发展趋向。马克思《资本论》及《1857—1858 年经济学手稿》，就是着眼于对人的自由而全面发展的历史考察。可以说，考察人的发展的过去、现在和未来，是马克思著述中一以贯之的主题和方法。

马克思从逻辑上分析人的问题，是为了自己弄清问题，而从历史的角度考察人的问题，则是为了发现问题的本质和规律，进而寻求解决问题的方法和途径。

（四）抽象思维与具体思维的融合

这指的是对人的研究从抽象思维走向具体思维的方法。

从认识的逻辑起点上讲，对人的理解，首先应从认识人的类特性开始，即从使人和动物区别开来的，从而使人成其为人的类特性开始。这是把握现实的人的第一阶段。人类学思维，首先就是从人的类特性出发的。人的类特性，不管人们怎么理解和规定，它总是人与人之间共同具有的"类"特性，它体现的是人与人之间的抽象的共同性。这一抽象的共同性虽不具有实证的真实和价值，但它存在的意义在于：它概括地确定了人不同于动物而成为人所具有的类特性，因而人应采取属于"人"的行为模式；它也为进一步具体地、现实地研究人提供了前提，为了认识现实的、有差别的个人，首先必须认识人与人之间的共同性或一般性，差别只是在个人是人这一抽象共同性这个前提下或范围内的，存在于人的抽象共同性(类特性)在现实社会中表现和实现状况的方面，而不是什么别的方面。但个人的类特性只停留在抽象共同性的水平上，它对揭示具体的和现实的个人，是无能为力的，或者它不能帮助我们理解个人在现实社会中的状况和发展过程。为了继续深入掌握现实的个人从而超出抽象的共同性的水平，应进一步去分析活生生的、具体的个人的社会关系。所以马克思批判费尔巴哈把人的本质只"理解为'类'，理解为一种内在的、无声的、把许多个人自然地联系起来的共同性"①。"关系"概念，是现实性和社会性的标志，它是个人的现实性和社会性的实质。但社会关系只能从社会特征的差别性上，把个人分为不同的社会类型，并不能说明人与人之间的心理差别。要达到这一点，必须进一步去了解个人之个性。个人的个性把个人描绘成一个有血有肉的、具体的个人。

首先认识人的抽象共同性(类特性)，然后认识人的现实的社会差别性，再进一步认识个人之个性，这正是马克思思考个人问题时坚持的"从抽象上升到具体"的方法和思维路线。他早期对人的问题认识的逻辑起点，是人的类特性，这在他那里，逐渐达到对自由自觉的活动的认识。随着认识的发展，他进一步从抽象走向具体，去分析个人的社会关系，这是在 1845 年真正实现的。在从社会关系出发来认识现实个人的同时，马克思进一步揭示出有个性的个人，从而又从人的个性来认识个人。这是在《德意志意识形态》《共产党宣言》和《资本论》中实现的。具体表现就是：他把有个性的个人和自由个性作为共产主义社会的基本原则和理想目标确立下来，认为个性自由而全面的发展，是人类真正彻底的发展。②

(五)批判原则与建构原则并用

这指的是在批判人的旧世界和旧世界的人的状况中，去发现人的新世界和新世界的人的理想模型的方法。

---

① 《马克思恩格斯全集》第 3 卷，8 页，北京，人民出版社，1960。
② 参见《马克思恩格斯全集》第 3 卷，40、74、78、326—327、418、516 页，北京，人民出版社，1960。

马克思对人的问题的研究，重点在"人从何处来"和"人向何处去"这两个问题上，对后一问题的研究，是建立在对前一问题分析的基础之上的。① 这就是说，他对未来社会的个人发展模式和趋向的描绘，不是凭空想出来的，而是建立在对资本主义社会的个人存在和发展状况的分析基础之上的。马克思非常重视对资本主义社会的个人存在和发展状况的分析。通过分析，得出这样一个认识：在资本主义社会，必然产生人的异化，个人及其个性必然片面发展，而人类发展则是以牺牲个人全面发展为代价的。这种状况阻碍个人能力和社会生产力的发展。基于此，马克思预示和描绘了未来社会中个人发展的模式，即人类发展和个人发展的和谐一致，其理想目标或发展趋向是实现自由个性。对个人分析的这一方法论，在他早期的《德法年鉴》中就提了出来。他指出，"在批判旧世界中发现新世界"。这种方法与被马克思称为教条空论式的各种抽象理论观点和方法是对立的。② 马克思之所以对当时存在的空想社会主义和共产主义的理论不满，就是因为这些理论只把人的发展理想同旧世界对立起来，而不是试图从批判人所处的世界中，揭示未来社会个人发展的前景。因此，马克思在方法上，试图把对个人存在和未来发展的一切方面的理论分析，同积极影响和改造旧世界的任务结合起来。

三　马克思人学理论的核心线索

从总体上把握马克思的人学思想，应抓住其核心线索，只有这样，才能把握马克思人学理论的精华和实质。

综观马克思著述中的人学理论，可以发现以下五条核心线索。

(一)人的需要、创造性劳动和社会关系的统一

马克思在谈到人类历史的出发点时指出："这是一些现实的个人，

---

① 参见《马克思恩格斯全集》第 1 卷，416 页，北京，人民出版社，1956。
② 同上。

是他们的活动和他们的物质生活条件。"①这里包含着人的需要、他们的活动和他们的社会关系的统一是研究人的问题的出发点的思想。

在研究和分析人的问题时，马克思认为，应以人的需要、他的生产劳动和他的社会关系三者的统一为核心线索。因为在他看来，第一，人的本质就其现实性上讲是一切社会关系的总和；就其内在本质力量或内在本性上说，是他的需要；而就其内在本质力量的表现、实现和确证来看，则是他的生产劳动。既然如此，就可以从这三者统一出发，来研究人的一切问题。第二，人的需要、他的创造性劳动和社会关系，基本上概括了人的三个根本领域的本质：自然的、内在的领域，对象性活动领域，外在社会生活领域。因此，可分别从人的这三种不同的本质出发来说明这三个领域中的人的问题。

实际上，马克思在研究和分析人的问题时，总是以人的需要、他的生产劳动和社会关系的有机统一为核心线索的。

根据之一：马克思通过对黑格尔和费尔巴哈体系中的基本因素的批判继承，确立了自己人学理论中的三个基本因素。

马克思在《神圣家族》中指出，黑格尔体系中有三个基本因素：脱离人的自然，脱离自然的精神，以自然和精神的统一为基础的现实的人（绝对精神）。费尔巴哈对黑格尔体系进行了批判：把黑格尔的绝对精神（人）归结为以自然为基础的现实的人，去掉其体系中的精神，从而把人和自然作为他体系中的两个基本因素。② 在马克思看来，黑格尔体系中的精神具有能动性，但被抽象地加以发展了，而费尔巴哈却将这个"精神"予以抛弃，因而，他们在对待精神这一点上都有其局限性。马克思则试图给这一精神的能动性找一个能动的物质基础，这就是人的物质实践活动。这样，马克思便把人的物质实践活动作为其人学理论的一个基本因素确立下来了。在黑格尔那里，现实的人实际上被归结为绝对精

---

① 《马克思恩格斯选集》第 1 卷，67 页，北京，人民出版社，1995。

② 参见《马克思恩格斯全集》第 2 卷，176 页，北京，人民出版社，1957。

神，费尔巴哈虽把现实的人归结为以自然为基础的人，比黑格尔在唯物主义方面前进了一步，但他的"人"却是脱离社会和实践的抽象的人。①与他们不同，马克思把现实的人归结为以自然、实践和社会物质生活条件为基础的人。这样，现实的人便构成马克思人学理论的第二个基本因素。在黑格尔和费尔巴哈那里，自然是脱离人、人的实践和社会关系的自然，马克思认为，这种自然对人来说等于无。在他看来，自然，实质上是人化的自然，而这种自然既生成人，又生成社会关系，因为在人化自然的过程中，人们彼此结成一定的社会关系并形成一定的社会生产力。这样，马克思便把社会、主要是社会关系，作为其人学理论的第三个基本因素。由此可见，马克思是把现实的人、人的实践活动和人的社会关系，作为其人学理论的三个基本因素，并由此同黑格尔和费尔巴哈的旧体系区别开来。

根据之二：现实的人、实践活动和社会关系三者的有机统一，是贯穿于马克思全部人学理论的核心线索。

马克思早期最有代表性的人学著作，是《1844年经济学哲学手稿》。在其中，现实的人（工人和资本家）、劳动实践活动（特殊形式是异化劳动）和社会关系（主要是私有财产关系），是贯穿于全部手稿的三个中心范畴和内容。马克思试图用这三个基本因素来改造国民经济学、旧哲学和旧共产主义学说，以创立自己的新人学。《关于费尔巴哈的提纲》是马克思天才世界观萌芽的第一个纲领性文件，而其中的人学理论则占主要地位，因此也可以说，《关于费尔巴哈的提纲》也是马克思人学理论萌芽的第一个纲领性文件。其中，现实的个人、实践活动和社会关系，是三个核心思想。《德意志意识形态》标志马克思的唯物史观（也可以说是人学）的诞生，而在其中，现实的个人、实践活动和社会关系，是他的历史观或人学的前提、出发点、基本内容和核心线索。在马克思写给安年科夫的信中，其中心内容是围绕现实的个人、实践活动和社会关系三者

---

① 参见《马克思恩格斯全集》第2卷，176页，北京，人民出版社，1957。

的统一来阐述他的人学理论。在《共产党宣言》和《资本论》中，现实的人（工人和资本家）、人的实践活动（雇佣劳动和无产阶级革命实践）和社会关系的统一，也是贯穿其中的人学理论的一条核心线索。

(二)个人、阶级群体和人类社会的统一

从马克思的人学理论中可揭示出这一条线索。在马克思那里，人有三种基本存在形态：个人的单个形态，群体的特殊形态，人类作为种属的一般形态。对马克思的人学理论来说，对人做这种区分，其理论意义相当重大，它是理解马克思关于人的理论的一个重要方法。

费尔巴哈的人学所谈论的人多是抽象的个体，黑格尔的人学所谈论的人多是抽象的人类整体。与他们不同，马克思的人学理论既不囿于谈论抽象的个体，也不抽象地谈论人类整体，而是始终注重个人、群体和人类社会三者间的辩证统一，尽管在不同时期的侧重点有所不同。离开这种辩证统一，我们就不能正确理解马克思的人学理论。有的学者力图把事情说成是人道主义以个人为中心和出发点；马克思则以人类社会为中心和出发点，对个人不大重视。这种观点是不符合马克思的人学理论的。在马克思那里，人类社会、阶级群体和个人三者是统一的，应联系起来加以理解，如果把这三者彼此分离开来，都将陷入抽象。①

思想史表明，个人、阶级群体和人类社会三者的统一，是理解马克思人学思想史的一把钥匙。古代思想家注重人类和群体的作用，看不到个人的意义。文艺复兴以后，资产阶级思想家提出并重视个人，却忽视了群体和人类社会的意义和作用。可以说，"个人"在马克思以前的人道主义，尤其是18世纪法国人道主义的发展中，占有重要的地位。马克思力图克服以前思想家的缺陷，把人类社会、阶级群体和个人统一起来加以理解。马克思在早期比较重视对人类和个人的研究，对阶级群体探讨不够；在《关于费尔巴哈的提纲》以后的一段时期，他较注重对阶级群体的研究，"个人"则放在从属地位；在《资本论》及前后的"手稿"中，他

---

① 参见《马克思恩格斯全集》第42卷，122—123页，北京，人民出版社，1979。

力图把个人、阶级群体和人类社会三者结合起来阐述人的问题。他的基本思路和核心思想是：人类社会的发展曾以牺牲个人乃至阶级群体的全面发展为代价；人类社会和个人的真正解放，首先必须通过解放阶级即无产阶级来实现，只有首先解放无产阶级，然后才能解放每个人和全体人类；到共产主义社会，个人发展将和人类社会发展取得和谐一致。

（三）人的应有、人的现有和扬弃人的现有的统一

这一线索，涉及人的理想人性、人性的异化存在及其扬弃这一人道主义的问题，涉及对人的异化存在的批判和对人的理想人性的追求。

对人的应有与现有的探索，始于人对自身和社会现实苦难状况的思考。人们在为自己的生存、为社会和道德的进步而斗争的时候，总是不可避免地提出一些超越现有世界秩序或时代的可能要求，在此基础上便产生了应有或理想概念。应有或理想概念，是人类渴望无条件进步的特殊表现，是人类自身的内在需求。

人的应有与现有是贯穿整个西方人道主义发展中的一个带有根本性的重大问题。马克思以前的人道主义思想家，在其社会理论探索的基本方向和宏观范围上，大都把人的应有与现有问题作为自己探讨的中心，而他们对人的应有与现有问题的理论探索，构成了马克思的人的"应有"与"现有"理论的思想渊源。[①] 马克思的人学理论，其一以贯之的一条核心线索，就是关于人的应有、人的现有和现有的扬弃的统一。

解决人的应有与现有的关系问题，是马克思面临的一个首要的中心任务。马克思生活的时代，其中最直接、最常见、最普遍和最本质的问题，是人性受到资本主义制度的严重摧残，而受压迫的人们由此渴望着自由、解放和幸福，一句话，渴望着实现人道主义的理想。那么，如何才能实现这种理想呢？这就涉及人的应有与现有的关系问题，解决这一问题，便成了马克思义不容辞的任务。实际上，马克思的人学理论和实践活动，就其基本方向、宏观范围和目的来讲，就是围绕应有与现有的

---

① 参见《马克思恩格斯全集》第 40 卷，10 页，北京，人民出版社，1982。

关系这一问题进行的。概括起来，可从如下几方面加以说明。

第一，马克思对资本主义社会现实的基本评价是：现存制度的唯一原则是"轻视人，蔑视人，使人不成其为人"①。因此，必须对现存的一切进行无情的批判。在马克思看来，资本主义的奴役制包含在劳动者同生产的关系中，即包含在异化劳动中，而异化劳动直接产生私有财产。这二者的存在便使人的理想本质丧失。具体表现在：在这个制度下，人失去了幸福和自由。马克思渴望和追求着人道的理想，因而竭力批判现存的制度及这一制度所产生的非人性现象。他在《评普鲁士最近的书报检查令》的政论文章中，反对书报检查制度；在《莱茵报》工作期间，他既同《科伦日报》等反动报纸进行斗争，批判了德国古典哲学和青年黑格尔派；在《黑格尔法哲学批判导言》中，既诉诸理论的批判，也诉诸武器的批判，既批判政治，又提出批判尘世中的自我异化，并"推翻那些使人成为受屈辱、被奴役、被遗弃和被蔑视的东西的一切关系"②。在《1844年经济学哲学手稿》中，他完成了批判尘世中的自我异化的任务。

第二，马克思认为，幸福、自由、民主、共产主义，以及其中的自由人的联合体，是人类的伟大理想。马克思目睹现实的苦难，力图追求人类的理想。在马克思的中学毕业论文《青年在选择职业时的考虑》中，他充满着对人类的理想的追求，认为人类的理想就是幸福和"自我完善"。③ 马克思把这种理想视为他毕生事业的道义上的使命和目标。当然，这时，马克思对理想的理解还缺乏社会内容，只是一种抽象的原则。在《博士论文》中，马克思清楚地表达了"自由"这一人的理想，认为这一理想"不是幻想，而是一种真理"。当然，他对自由理想的理解还具有唯心主义的因素。当马克思投身到实际斗争以后，便执着地为争取自由理想而斗争：争取出版自由和精神自由，用"矛头"和"斧子"为自由而

---

① 《马克思恩格斯全集》第 1 卷，411 页，北京，人民出版社，1956。
② 同上书，461 页。
③ 参见《马克思恩格斯全集》第 40 卷，7 页，北京，人民出版社，1982。

战。在《黑格尔法哲学批判》中，马克思提出了民主的理想。他指出，在君主制中，没有人民的地位，整体即人民从属于他们的政治制度；而在民主制中，不是人为法律而存在，而是法律为人而存在。① 此外，在《论犹太人问题》《黑格尔法哲学批判导言》《1844年经济学哲学手稿》《关于费尔巴哈的提纲》《德意志意识形态》《共产党宣言》《资本论》等著作中，马克思还提出人类解放、实现共产主义和自由人的联合体的理想原则。从对这些著作中的人学理论的分析可以看出，马克思一生所关心的首先是人应是什么，人如何从人的现有走向人的应有。马克思所提出的、超越一切形而上学范围之外的问题是：人应是什么？人在现实存在中是什么？人能够是什么？人将是什么？在他看来，哲学的意义表现为积极而有意义地去实现尚不存在的事物的真正可能性，因此，哲学必须到尚不存在的事物中去寻找自身的意义。马克思在批判存在的现实时，阐述了他对人和社会应当是什么的看法：在理想的社会中，人类所有成员都是"伟大圣者的高贵的、可以自由转化的成员"。

第三，只有追求和趋向理想，现实的行动才可能是自觉的、有信心的、乐观的和不断前进的。因为理想具有引导的力量。马克思在活动初期，信奉的是人道主义原则。当人道主义的原则化为具体的理想时，人道主义观念便具有引导的力量。因为，一旦人道主义开始以这种理想的形式出现，我们就可以把它看作行动的目标，以此引导我们的行动朝着目标前进，并为达到理想目标而努力。马克思把幸福、自由等作为人类的理想目标，并且忠实于自己选定的人类理想，还为此付出巨大牺牲。他满怀信心地为人类幸福而工作，为人类自由而战斗，为实现共产主义而不断追求。

第四，只有在批判现实（现有）世界中，才能提出切合实际的理想。马克思指出，他面临的一个根本问题是，当时许多人对"往何处去"这个问题很糊涂，他们对未来和理想并没有明确的观念。正是在这个问题

---

① 参见《马克思恩格斯全集》第40卷，344页，北京，人民出版社，1982；《马克思恩格斯全集》第1卷，280—281、315页，北京，人民出版社，1956。

上，马克思同一切空想主义、主观主义、教条主义和客观主义不同。空想主义以理论上的推测和空想的方案为依据，从头脑中提出关于理想社会制度的概念；教条主义教条地"推断未来和宣布一些适合将来任何时候的一劳永逸的决定"；主观主义就是把人看作自己的理想的绝对自由的创造者，否定社会理想的客观意义；客观主义反对把理想的实质看作绝对依赖于人的本质和价值的观点。马克思则主张"在批判旧世界中发现新世界"①，在批判现存的一切中来探讨"向何处去"的问题，来发现未来世界。这里的"旧世界"或"现存的一切"有两个本质的方面：一是旧的政治制度，二是这种旧的政治制度所带来的人的本质和价值的丧失。这段话实际上是说：要发现新世界，就必须把关于未来社会的理想建立在对现有旧的政治制度和现实人的本质丧失之剖析的基础上。这样，马克思就把理想与现实（现实的政治制度和现实的人）结合起来了，把未来社会（应有社会）与现有社会联系起来了，避免重蹈空想社会主义的覆辙。其实，马克思提出的人类理想，是以对人和社会现实及其规律的科学分析为依据的，是以对资本主义社会的现实矛盾和它的客观发展趋势的分析为基础的，是以对现有的社会条件的认识为前提的。因此，他提出的人类理想具有科学性和现实性，是有客观内容的。

第五，要实现"应当"或理想，就必须把它置于现实的基础之上。马克思以前的思想家提出并探讨了人的应有与现有的问题，但是，他们却认为，只要具有深厚的善良意志，就能克服现有社会的弊病，从而使人和社会趋向理想；他们强调抽象的理想（或应当）原则和孤立的意志，忽视以集体的力量去改造客观条件和消灭私有制；他们把注意力集中于内部世界，试图让社会现实保持质上的原封不动；他们提出了人的理想，但没有提出实现理想的手段、力量和途径，对社会现实及其规律缺乏科学的分析。这就注定他们的理想要流于空想。

马克思从中学至在柏林大学学习期间，就通过冷静地考察现实而产

_____

① 《马克思恩格斯全集》第1卷，416页，北京，人民出版社，1956。

生为人类幸福的理想而献身的高尚感情，但同当时许多倾向理想主义的青年一样，马克思喜欢文学，特别是诗歌，同时他还对法哲学感兴趣。在这一时期，他写了许多诗并试图创立法哲学，但其中表现出来的倾向，却是把主观理想同现实对立起来。后来，马克思通过参加青年黑格尔派运动，接近了黑格尔的思想。他通过研究黑格尔哲学，发现在人的应有与现有即理想与现实的问题上，黑格尔的看法（应有和现有的统一）富有启发性。在马克思看来，康德和费希特把理想和现实割裂开来，其理想是脱离现实的，因而是软弱无力的。黑格尔反对康德和费希特把应有和现有对立起来，强调二者的统一。马克思正是以黑格尔关于应有和现有的统一为依据，对以前把应有与现有对立的倾向进行批判。之后，马克思写出了《博士论文》。这篇论文表现出马克思的两个内在动机：一是论证人的自由理想；二是预示和寻找黑格尔以后哲学发展的方向，找到超越黑格尔哲学的途径。质言之，就是要在人的应有与现有问题上超出黑格尔。这是全文的中心所在。在这篇论文中，马克思歌颂人的自由理想。在这一点上，马克思表现出对伊壁鸠鲁和黑格尔的超越：伊壁鸠鲁认为人的自由是与外界对立的内心的恬静；马克思则认为，自由不是孤立的和存在于个人内心的，而是存在于人与人的全面交往和人与周围环境的相互作用中。黑格尔虽然强调自由，但实际上，他的自由只是在思维中的精神自由；马克思则主张，在哲学和现实世界的相互作用中才能获得自由。[①] 正是受这种思想支配，马克思投身到实际的政治斗争中去，为争取人的自由而斗争。他反对封建的书报检查制度和普鲁士国家制度，争取出版自由。这时，马克思对自由的理解是从精神自由出发，是从人的类本质的那种理想白由出发来衡量现实的一切。在他看来，人的理性是自由，自由是全部精神存在的类本质，即自由是人的类本质，现实的政治制度和书报检查制度违背人的自由本性，因而应受到批判。在《莱茵报》工作期间，马克思仍然崇尚自由，而且崇尚国家的理想，但

---

① 参见《马克思恩格斯全集》第 40 卷，121、288 页，北京，人民出版社，1982。

《莱茵报》时期的工作实践和普鲁士国家的现实偏偏与这种理想本质发生矛盾，这种矛盾，使马克思对原来的人的理想本质和现实存在的看法发生动摇，并试图开始新的探索。①

这种动摇与探索，是通过出发点的改变来进行的，而这种改变，又是围绕如下问题来实现的：一是由个人出发改变为从社会、阶级、人类、集体和"联合体"出发；二是从人的本质出发改变为从社会关系出发；三是从理想出发改变为从现实出发。之所以要改变出发点，是因为在马克思看来，从个人、人的本质和理想出发，必然陷入纯粹的理想主义，进而必然带来虚无主义，从而使理想抽象化，导致理想主义的负面。因为单独的个人是难以实现人类理想的，他必须依靠人类或社会集体的力量；从人的本质出发来描绘社会现实，用理想来衡量现实，就必然舍弃实现理想的实际条件，忽视对现实社会及其本质和规律的揭示，从而找不到实现理想的手段、力量和途径。因此，要使理想具有客观的内容和意义，使理想具有革命性和彻底性，也就是说，使理想变成现实，就必须把它置于对现实的揭示这一基础之上。

从《黑格尔法哲学批判》开始，马克思便改变了这种出发点。这种改变，可以从马克思的几部著作的一些命题中看出来。这些命题是：市民社会决定国家；人的本质是人的社会特质；在批判旧世界中发现新世界；人就是人的世界，是国家，是社会；无产阶级是人类解放的"心脏"；人是社会的存在物；人的本质就其现实性上是一切社会关系的总和，等等。诸如此类的命题，都具有指示和实际的意义，它们等于是个指示"信号"，是个路标，指示应进行什么样的运动，朝什么方向和为达到什么目的而移动，以便不把理想悬在空中，而脚踏在真实的地上，指出"此路通向真实！"这显然表明，有一个行动需要去完成，并且意味着，为了通过寻找真实的人而找到和接触到社会现实，必须走向社会并分析社会关系的总和。因此，它告诉我们，请越过边界，朝市民社会、社会

---

① 参见《马克思恩格斯全集》第 1 卷，42、51、63、71 页，北京，人民出版社，1956。

关系和社会化了的人类的方向前进，这样你将会找到现实的人，找到真正的人道主义理想及其实现的手段。

马克思出发点的转变有一个过程，这一过程又是探索的过程。在探索过程中，马克思曾一度受费尔巴哈人本主义的影响，以致其思想具有双重性：一方面，他从个人出发，另一方面，又从人类或社会出发；一方面，从人的本质出发来说明社会历史的发展，另一方面，又从劳动出发来说明社会历史的发展；一方面，用理想来衡量现实，另一方面，又用对现实的解剖来论证理想。这一双重性主要表现在《黑格尔法哲学批判导言》和《1844年经济学哲学手稿》中。《神圣家族》已开始克服这一双重性，到《关于费尔巴哈的提纲》便完成这一转变，并以简明的形式将这一转变的结果固定下来。《德意志意识形态》则从新的出发点出发，制定了说明历史的唯物史观的一系列科学原理，从而论证了实现共产主义理想及其他理想的必然性。此后，《共产党宣言》和《资本论》进一步论证了理想和现实的关系，论证了资本主义必然灭亡和共产主义必然实现这一最伟大的人类理想。

第六，社会理想具有现实和具体历史的性质。马克思写道："共产主义对我们来说不是应当确立的状况，不是现实应当与之相适应的理想。我们所称为共产主义的是那种消灭现存状况的现实的运动。"[①]这就是说，共产主义并非在无限进步中应当达到的那种"世界状况"，而完全是一种具体的历史的理想，它的实现要求扬弃现存的异化状况，要求人的全面发展；它并不限制人无限地完善自己和社会的要求，相反，它是实现这一要求的现实运动；它不仅包含着改造现实存在的革命原则，而且包含着永远向前运动、永远革新现存世界的发展原则。

(四)个人发展的"过去""现在"和"未来"

这是马克思考察人的历史发展所围绕的一条核心线索。

马克思不仅分析个人的现实存在，而且更注重考察个人的历史发

---

① 《马克思恩格斯选集》第1卷，87页，北京，人民出版社，1995。

展。可以这样说，马克思的整个人学理论的内核，是在社会历史的大背景下，谈论人的发展的过去、现在和未来。在马克思看来，人的实现是一个历史过程，这是一个通过自己的劳动而自我诞生、自我创造和自我发展的过程，因而，历史实质上就是人的本质力量发展的历史。①

马克思在考察人的发展的现在(资本主义社会人的发展状况)时，总是力图把它放在历史发展的过程中来考虑，既把它同前资本主义社会人的发展状况相比较，从而看到资本主义社会的进步，同时又从未来理想的共产主义社会这一历史高度来看待资本主义社会中人的发展，指出资本主义社会的历史局限。不仅如此，他在分析人的结构及确立关于人的理论时，总是力图诉诸历史考察。在《1844 年经济学哲学手稿》《德意志意识形态》《共产党宣言》和《资本论》，以及其他一些经济学手稿中，他总是既考察人的发展的现在，同时又考察人的发展的过去和未来。个人自由而全面的发展是马克思人学理论的核心思想。在马克思看来，个人自由而全面发展的实现是一个历史过程，这一过程主要经过三大历史阶段：第一阶段，人的发展表现为对人的依赖性；第二阶段，人的发展表现为在对物的依赖的基础上的人的独立；第三阶段，人的发展表现为在个人能力全面发展基础上的自由个性。② 在这一阶段，其基本原则，是个人自由而全面的发展。

实际上，马克思在考虑人的任何问题时，总是尽力去考虑这一问题的发展历史。如他对人的能力、人的自由、人的个性、人的劳动、人的社会关系、个人和社会的关系、人的社会地位和作用等问题的考察，就是如此。认真读过马克思著述的人，是不难看出这一点的。可以说，抓住这一核心线索，无疑有助于我们深入理解马克思的人学理论。

(五)人的主体性和客观制约性的关系

在马克思看来，人的问题，实质上就是人的主体性和客观制约性的

---

① 参见《马克思恩格斯全集》第 42 卷，131、163 页，北京，人民出版社，1979。
② 参见《马克思恩格斯全集》第 46 卷(上)，104—105 页，北京，人民出版社，1979。

关系问题。因为，人总是以主体的方式对待一切事物和世界，来审视与他有关的一切问题，所以在研究人的问题时，必须坚持人的原则或人的尺度；另一方面，人又是处在一定现实社会中的人，他总受周围的客观条件制约，所以在研究人的问题时，又必须坚持客观性原则。人的主体性和客观制约性的关系，一直是历代人学思想家关注的中心问题，但他们最终都未能正确解决这一问题。马克思同样把这一问题作为自己人学的基本问题并加以关注。

马克思的中学毕业论文《青年在选择职业时的考虑》的核心思想之一，就是个人的自主选择和社会关系的客观制约的关系。他说："……我们并不总是能够选择我们自认为适合的职业；我们在社会上的关系，还在我们有能力对它们起决定性影响以前就已经在某种程度上开始确立了。"①《博士论文》对人的自由的论述，着眼的是人同周围世界的相互作用。在《莱茵报》时期，马克思着重谈论的是人的自由的实现同社会经济关系的制约的关系。在《1844 年经济学哲学手稿》和《关于费尔巴哈的提纲》中，马克思着重论述了人的本质的思想。他一方面从人的主体性方面谈论人的类本质，认为这种主体性的本质就是人的自由自觉的活动；另一方面从人的社会客观制约性方面谈论人的社会现实的本质，认为这种本质是一切社会关系的总和。在《德意志意识形态》和《哲学的贫困》中，马克思强调人既是剧作者又是剧中人，人既创造环境又被环境创造。② 在《共产党宣言》和《资本论》及其他经济学手稿中，马克思在谈论人的价值、人的自由、人的历史发展、人的个性、个人和社会的关系、人和物的关系、生存和发展的关系等问题时，都贯穿着人的主体性和客观制约性的关系的思想。

实践观是马克思人学理论的一个基本观点。人的实践活动既体现着人改造外部世界和发挥人的内在本质力量的主体性，同时又表现着人的实践活动受社会物质生活条件或社会关系的客观制约性。马克思提出实

---

① 《马克思恩格斯全集》第 40 卷，5 页，北京，人民出版社，1982。
② 参见《马克思恩格斯全集》第 4 卷，149 页，北京，人民出版社，1958。

践的观点，其理论实质之一，就在于一方面使自己的人学理论同忽视人的主体性的旧唯物主义区别开来，另一方面在于，使自己的人学理论同过分抽象地夸大人的主体性的唯心主义区别开来。

以上是马克思人学理论的五条核心线索，我们应围绕这五条核心线索，来挖掘、整理和理解马克思的人学理论。

四　马克思人学理论的性质

这是对马克思人学理论的定性分析。

所谓马克思人学理论的性质，指的是它是一种具有什么样的性质或本质特征的学说。对马克思人学理论的性质的考察，应采取把马克思的人学理论同其之前的人学理论相比较的方法。运用这种方法，我们发现，马克思的人学理论具有以下一些性质或本质特征。

(一)科学和价值相统一的人学

这是从研究主题和研究方法方面着眼的。

马克思以前的人学理论，多从价值观意义上抽象地考察人的问题，对人的问题缺乏科学分析。无论是文艺复兴时期的人学，还是18世纪法国启蒙时期的人学，或者是德国古典哲学的人学，大多从人和动物相区别的意义上抽象地考察人及人的问题，很少现实地、客观地研究人和人之间的经济关系、社会关系，去研究人的现实性及处在一定社会现实中的人，去研究处在一定实际行动中的人。

如前所述，马克思的人学理论克服了这种局限，从科学观和价值观的统一上研究人。一方面，他立足于人的客观性，去科学地研究人的客观实在性；另一方面，他着眼于人的主体性，去思考人的存在和发展的意义或价值。

在人学出发点问题上，他从人的物质生产活动出发。物质生产活动的主体形式是人的自由联合，物质生产活动表现和发挥着人的内在本质力量，实现着人的目的，因此，它体现着人学出发点上的主体观或价值观；另一方面，马克思认为物质生产活动的客观形式是社会关系，尤其是生产关系，物质生产和生产关系的关系是客观的。这里，它又体现着人学出发点上的科学性。

在马克思关于人的本体论中，蕴含着科学观和价值观的统一。他关于人的本体结构是：活动的自由自觉性和创造性，社会关系的总和，人的需要，个性。"社会关系的总和"表明人是一个具有社会现实性或客观实在性的存在物，而个性、活动的自由自觉性和创造性表明人又是具有主体性和应当性的存在物，至于人的需要，既把人表现为主体（他要求什么），又把人表现为客观存在物（他的需要的满足是受外部对象制约的），既体现每个人的个性（每个人的需要各不相同），又体现他的社会性（需要的内容和满足方式都是社会的）。人的个性、主体性和应当性是人的本体结构中的价值因素，而人的社会制约性和客观实在性则是人的本体结构中的科学因素。在马克思看来，现实的个人，既可以通过经验做实证分析，又可以做价值考察。因此，马克思关于人的本体论是价值因素和科学因素统一的本体论。

在人的历史发展问题上，马克思同样坚持科学观和价值观的统一。一方面，他从历史的目的出发，认为历史是个人本质力量发展的历史；① 另一方面，又从历史的基础和手段出发，认为历史是人的社会生产力和生产关系矛盾运动的历史。前一方面体现了人的历史发展问题上的主体观或价值观，后一方面则体现了人的历史发展问题上的科学观。

马克思对人的自由和全面发展等问题的考察，始终是在科学的基础上进行的，即在社会关系和社会生活条件的基础上，谈论人的自由和全面发展，谈论人的主体性和创造性。他指出，他的出发点是在一定条件下从事活动的人，而不是抽象孤立的个人。② 无论是对社会历史发展"三形态"中人的自由和全面发展的历史考察，还是对人的自由和全面发

---

① 参见《马克思恩格斯全集》第 3 卷，81 页，北京，人民出版社，1960。
② 同上书，23—30 页。

展的逻辑分析，马克思都是放在个人生活中，更重要的是放在社会生活中来进行的。他既注重人的自由和全面发展这一目的，又特别注重这一目的实现的客观条件；既注重人的自由和全面发展的客观方面，又注重其主体方面。

(二)理论和实践相统一的人学

马克思以前的人学只是一种理论，缺乏革命性、实践性。它一方面从人性出发而不是从社会实践出发来思考人的问题，另一方面它没有将人学理论同人的实践结合起来，诉诸对客观世界的改造。关于这一点，马克思的如下两段话足以说明他以前的人学缺乏实践性："哲学家们只是用不同的方式解释世界，而问题在于改变世界。""和其他的理论家一样，(费尔巴哈)只是希望确立对存在的事实的正确理解，然而一个真正的共产主义者的任务却在于推翻这种存在的东西。不过，我们完全承认，费尔巴哈在力图理解这一事实的时候，达到了理论家一般所能达到的地步，他还是一位理论家和哲学家。"[①]

马克思不仅是一个理论家，而且是一个革命实践家。他的人学既是一种理论，又诉诸实践。他的人学理论，既来自对人的社会实践的升华，又同工人的革命实践运动相结合，诉诸对客观世界的实践改造。这便使他的人学理论在实践方面具有压倒一切对手的优势，并且对一切被压迫的人们具有内在的吸引力。被压迫的人们不仅需要听到安慰的话语，而且更需要在实践中扫除他们获得幸福生活的障碍。马克思的人学理论把自己的首要任务和目的规定为：为了人类的幸福而斗争，使现实世界革命化，达到改变事物的现状。马克思的人学理论就是为革命实践服务的理论武器。青年马克思早已认识到这一点，所以他说："对宗教的批判最后归结为人是人的最高本质这样一个学说，从而也归结为这样的绝对命令：必须推翻那些使人成为被侮辱、被奴役、被遗弃和被蔑视

---

① 《马克思恩格斯选集》第 1 卷，61、96—97 页，北京，人民出版社，1995。

的东西的一切关系。"①马克思人学的理论和实践相联系这一本质特征的意义，就在于此。这也使得他的人学理论具有不同于以往一切人学理论的性质和形式：它不仅是关于人和人学的一种哲学思考，而且是一种关于改造社会关系的革命实践的思想，其方法是为人类幸福生活创造最有利的条件，同时消除那些妨碍这种幸福生活得以实现的社会障碍。马克思在形成其人学世界观的过程中，不仅明确抛弃了唯心主义，也明确抛弃了仅仅局限于申述原则和观望的立场；他不是对着世界苦思冥想，而是要行动，要改造旧世界。像歌德的"浮士德"一样，马克思的人学非常重视行动，注重人的实践。他把人的实践当作无产阶级解放的精神武器，而把无产阶级当作人的哲学的物质武器，这必然使他的人学采取实践的立场。总之，马克思的人学理论并不是一种说教，也并不许诺一个空想的天堂，它在理论上有一种真正的革命战斗性和彻底性，即号召人们铲除人的不幸的社会根源，渴望实现这样的誓言："……实际上，而且对实践的唯物主义者即共产主义者来说，全部问题都在于使现存世界革命化，实际地反对并改变现存的事物。"②

(三)人类、阶级和个人相统一的人学

马克思主义以前的人学，分别是以人文主义、人道主义和人本主义的形式出现的。无论是人文主义，还是人道主义，或者是人本主义，就其举起的旗帜和出发点来讲，强调的都是全人类性或人性，但就其指向性和实用目的来讲，强调的多是阶级性，因此，它们都具有一定的虚伪性、欺骗性、说教性和不彻底性。

马克思的人学理论克服了这些缺陷，达到普遍性、阶级性和彻底性的统一。在马克思那里，他从历史和逻辑两个方面论述了人类、阶级和个人的统一。

从历史方面，如前所述，马克思把个人发展、阶级发展和人类的发

---

① 《马克思恩格斯选集》第 1 卷，9—10 页，北京，人民出版社，1995。
② 同上书，75 页。

展看作他人学理论的一根红线，即他始终是在社会历史的大背景下谈论这三者间的关系的过去、现在和未来。在他看来，在原始社会，没有阶级，人类发展和个体发展是一致的。但在私有制和旧式分工条件下，出现了阶级。资本主义社会的阶级和旧式分工的出现，使得无产阶级深受资产阶级的剥削和压迫，也使得个人能力畸形发展。个人是隶属于一定阶级的，阶级群体的不发展制约着个人的发展。在马克思看来，无产阶级的解放包含着全人类的解放和个人的解放，因为整个的人类奴役制就包含在劳动者同生产的关系中。所以，不解放阶级群体，即不解放无产阶级，就不能解放全人类，也不能解放个人。这样，解放无产阶级，就成了马克思首先面临的历史任务。可以说，马克思把许多精力都花费在对无产阶级解放问题的关注上，这从《德法年鉴》到《资本论》的著述中完全可以看出来。① 在这个意义上，马克思的人学理论具有强烈的阶级性，它是为无产阶级解放服务的。在马克思那里，解放无产阶级虽是他首先面临的任务，但他最终关心的，是全人类的解放和每个人的解放。他不仅仅停留在对无产阶级解放的议论上，而且力图通过对无产阶级解放问题的探讨来实现人类解放和个人解放。因为在他看来，只有每个人都得到了解放，人才算真正彻底地获得了解放，否则，人的解放就是不彻底的和有局限的。正由于此，他特别关注共产主义革命问题，认为共产主义革命的目的，是实现每个人自由而全面的发展。实际上，当马克思在分析资本主义社会中人的状况时，他较注重无产阶级的解放，而当他预见资本主义社会的发展趋向和对未来共产主义社会进行展望时，他更注重全人类的解放和每个人的解放，认为每个人自由而全面的发展，是未来共产主义社会的基本原则。这里，就马克思关注全人类的解放来说，他的人学理论具有广泛的普遍性，而就他关注每个人的解放来说，他的人学理论具有真正的彻底性。

从逻辑上，马克思认为，无产阶级解放是全人类解放和个人解放的

---

① 参见《马克思恩格斯全集》第 2 卷，189—192 页，北京，人民出版社，1957。

根本前提，而全人类解放也是以每个人的解放为条件的。在他看来，人类社会的解放和发展只有借助每个人的解放和自由而全面的发展，或只有落实到每个人的解放和自由而全面的发展上，它才能真正得到最后实现，它才具有现实性、普遍性、彻底性和人性。换言之，每个人的解放和自由而全面的发展，是实现人类解放的最有效的社会形式，人类的解放离不开每个人的解放和自由而全面的发展，每个人的解放和自由而全面的发展在人类解放中具有中心的地位。马克思人学的这一思想具有相当的重要性。恩格斯在回答意大利一位出版商的问题时，指出上述思想最能反映马克思的基本思想。可见，马克思人学理论的普遍性、阶级性和彻底性是比较明显的。

(四)原则、理想、理论纲领和实际行动相统一的人学

马克思以前的人学，要么是一种抽象的原则(如文艺复兴时期人文主义者的人学)，要么是一种理想(如 18 世纪法国启蒙时期的人学)，要么是一种只为本阶级服务的意识形态。它们没有制定出实现人学原则和人学理想的行动纲领，也没有实质性的革命行动。

马克思的人学理论向前推进了一步。

马克思的人学理论提出了一些原则，如人在本质上是自由的，等等。对这些原则，马克思并不抽象地加以拒绝和反对，而是一般地加以接受，并充实新的内容。

马克思的人学理论也包含着一些理想。这些理想是在他所提出的人学原则具体化为无产阶级的行动目标时提出来的，如无产阶级的解放，人的自由而全面的发展等。这些理想对马克思来说，具有实用性，它对无产阶级是有用的。

马克思的人学理论也是一种理论纲领。在第二章考察马克思人学理论的演变历程时可以看到，马克思的人学理论也是作为一种理论纲领出现的。这主要体现在《关于费尔巴哈的提纲》及以后的一些主要著述中。

马克思的人学理论还是一种实际行动，即它是一种具有实践性的人学。这一点，我们在本章第一节第一个问题中，已做了阐述。

（五）以完整的人的本质、存在和发展一般规律为对象的哲学人学

综观马克思的哲学和人学理论可以看出，马克思的哲学和人学理论不以人的某一侧面，而是以"完整的人"为中心内容。这主要表现在：它不只研究个人、阶级群体、人类，而是研究人的这三种存在形态的完整统一；它不只分别研究人的内在本质、主体本质和客观现实的本质，而是研究人的这三种本质的完整统一——人的需要、人的生产劳动和人的社会关系的完整统一；它不只从价值观或科学观方面来研究人，而是从科学观和价值观的统一出发来研究人的主体性和客观实在性的完整统一；它不只是分别研究人的实践劳动的内在性质、自我性质和外部性质，而是研究这三种性质的完整统一。马克思所研究的完整的人，是"从事实际活动的人"，是人的实践劳动的全面性和开放性。人是"总体存在物"，劳动是人的自我确证和自我创造的本质，这是马克思关于人的整体性的定义。在此基础上，马克思又分别从人的实践劳动的不同侧面研究人：人是能动的、具有内在需要的存在物，人是自我创造、自我实现的存在物，人是社会存在物，人是有意识的类存在物。所有这些，反映了人的完整性的不同侧面。在马克思那里，人的实践劳动既包含着人和自然的关系，也包含着人和社会的关系、人和人的关系，既凝结着人的自然属性，又凝结着人的精神属性，因而通过对人的实践劳动的研究，可以揭示出人的完整内容。马克思曾经指出，当我们在谈论人的劳动时，也就是在直接谈论人本身。① 又说，人的自我创造是一个过程，人的自我实现是在实践基础上进行的。② 总之，它不只分别研究人的存在、人的本质和人的发展，而是研究人的存在、人的本质和人的发展的完整统一性。

马克思的人学理论不在于研究人的特殊现象和个别方面，而在于对完整的人的一般发展规律进行思考。例如，他着重研究了人的发展与社

---

① 参见《马克思恩格斯全集》第 42 卷，102 页，北京，人民出版社，1979。
② 同上书，150 页。

会物质生活条件的关系的历史发展规律，研究了个人、阶级群体和人类社会的关系的历史发展规律等。

马克思的人学理论把人作为一个相对独立的对象(因素)来研究。在现实生活图景中，自然、实践、社会、意识和人，是五个最基本的因素，在这五个基本因素中，马克思并没有把人完全包含在其他因素之中，而是把人作为一个相对独立的因素来研究。马克思把现实的人作为他历史观的一个现实前提就是证明。

马克思的人学理论还注重对人进行综合研究。他指出，要从各门有关人的科学的相互联系和统一中，对人进行综合研究，人学应同具体科学相结合。他这样说："历史本身是自然史的即自然界成为人这一过程的一个现实部分。……正象关于人的科学包括自然科学一样：这将是一门科学。人是自然科学的直接对象……自然界是关于人的科学的直接对象。"[1]这就是说，人学要研究"自然界生成为人的现实过程"，而具体科学从不同侧面研究这一过程，因此，人学(关于人的科学)要综合各门具体科学对这一过程的研究。

马克思人学理论对人进行完整的、一般的、综合的和相对独立的研究，并研究作为完整的人及其本质、存在和发展的一般规律，决定了马克思人学的哲学性质：马克思哲学是以完整的人为主要研究对象的。

五　马克思人学理论的逻辑构架

这里所说的"逻辑构架"，既指马克思人学理论的思维模式，又指马克思人学理论的内在逻辑结构。弄清马克思人学理论的思维模式和内在逻辑结构，可使我们从整体和本质上把握马克思的人学理论。

---

[1]　《马克思恩格斯全集》第 42 卷，128—129 页，北京，人民出版社，1979。

（一）人的本质——人的需要——人的实践活动——人的社会关系——人的个性

对人的本质的理解，是马克思研究人的其他问题的逻辑起点和根据。从对人的本质认识中，可揭示出马克思人学理论的思维模式和内容结构。

马克思所采用的一种基本方法，是通过对人的种种存在的分析来揭示人的本质。在他看来，人要生活，首先要有一定的生活资料来满足他肉体的需要，这些生活资料需要到自然界中去寻找，而且人本身也是自然的一部分。所以，人首先是自然存在物，人的第一存在首先是有生命的个人存在，即他的肉体需要的存在。这一存在体现着人的一切活动和一切关系的内在必然性，体现着人的历史发展的内在必然性。马克思指出："全部人类历史的第一个前提无疑是有生命的个人的存在。因此，第一个需要确认的事实就是这些个人的肉体组织以及由此产生的个人对其他自然的关系。"① 又说：人们之所以有历史，是因为他们必须生产自己的生活资料……这和人们的意识一样，也是受自然条件和他们的活动所制约的。② 正因如此，马克思从人的内在本质或人的必然性上，把人的需要规定为人的内在本质。

人的需要既是与个人的肉体组织相联系的客观要求或摄取状态，又是与人的活动相联系的能动追求外部对象的内在本质力量。因此，人的需要一方面使人赋有自然力和生命力，这些力量作为禀赋和能力，作为欲望或情欲在他身上存在着，而欲望和情欲是引起人的生产实践活动和强烈地追求自己的对象的本质力量，它必然引起人们改造外部世界从而表现自己内在本质力量的生产活动。③

人的生产劳动与动物的生产不同，具有自由自觉的性质，其深刻的内涵乃是通过这种自由自觉的活动来实现其创造的本质。这一本质便是

---

① 《马克思恩格斯选集》第 1 卷，67 页，北京，人民出版社，1995。
② 同上。
③ 参见《马克思恩格斯全集》第 42 卷，167—168 页，北京，人民出版社，1979。

人的本质的类意义上的规定，它是人的主体性的本质。因为这一规定撇开了人的一切现实差别性，是从人和动物的根本区别上对人的主体性的概括。

人的生产劳动不是孤立进行的，它必须借助一定的社会形式和社会关系，离开了一定的社会形式和社会关系，就根本不会有人的生产劳动。换言之，单个人的有限性使他无法进行生产劳动，只有在一定的社会关系条件下，他才能进行物质生产劳动。因此，人的生产劳动必然产生与此相适应的一定的社会关系。①

既然人的生产劳动必须借助一定的社会关系才能得到具体理解，那么人的本质也就必须从一定的社会关系出发来规定，即从后者出发理解人的本质的具体内容。马克思关于人的本质就其现实性上是一切社会关系的总和的论断，实质上说的就是人的现实的、具体的本质。这一本质表明人与人之间是有社会差别的。

社会关系的存在意味着人与人之间的差异的存在，而这便意味着人的个性存在。这里，人的社会关系是人的个性的现实基础、根据和根源。人作为一定社会关系中的存在物，受他所处的社会关系制约，因此，人与他所处的社会关系是一致的。这就是说，有不同的社会关系，就会有不同的人的个性的存在。人不仅作为社会存在物出现，而且作为个性存在出现。既然人与人之间发生一定的社会关系是必然的，那么，人作为个性存在也是必然的。

人的本质——人的需要——人的创造性实践活动——人的社会关系——人的个性，这五者之间的内在必然的联系和有机统一，反映出马克思人学理论的思维模式和内容结构。其原因在于以下几点。第一，它体现着马克思人学理论的思维逻辑。由上可以看出，马克思是从人的本质中逻辑地引出人的需要，由人的需要逻辑地引出人的创造性生产劳动，由人的生产劳动逻辑地引出人的社会关系，又从人的社会关系逻辑

---

① 参见《马克思恩格斯选集》第 2 卷，2—3 页，北京，人民出版社，1995。

地引出人的个性。这一思维逻辑，实质上就是马克思人学理论的内在逻辑。① 第二，人的本质是马克思研究人的其他一切问题的逻辑前提、出发点和方法论，而人的需要、生产劳动、社会关系和个性的统一构成人的完整的本质。第三，人的需要、创造性生产劳动、社会关系和个性基本上概括了人的所有存在领域的本质，人的任何问题都可从这四者的内在联系中得到理解和说明。马克思就是从这几个因素的有机统一中来理解和说明人的其他问题的，虽然有时侧重点可能有所不同。第四，这五者的统一反映着马克思对人的研究由抽象到具体的过程。

马克思人学理论的思维模式，体现着价值思维和科学思维的统一。一方面，它包含着从人的主体和理想本质出发来看待人的现实存在，这是价值观思维。在这个意义上，人道主义的思维模式同马克思人学的思维模式具有某种共同之处。另一方面，它又力图从人的现实的社会存在出发客观地看待人，这是科学观思维。这正是马克思人学的思维模式区别于人道主义思维模式之所在。

(二)人的诸问题的内在逻辑联系

关于人的许多问题，马克思都进行了探讨。透过马克思对人的诸多问题的探讨，可以揭示出其内在的逻辑联系。

首先需要弄清楚的是马克思研究了人的哪些主要问题。要弄清这一问题，必须从马克思关于人的需要、人的创造性劳动、人的社会关系和人的个性的有机统一这一人学思维模式出发。因为这一模式基本上涵盖了人的问题的基本领域和方面，从中基本上可以揭示出马克思研究人的问题的主要内容。实际上，马克思对人的问题的研究，主要是从人的需要、人的创造性劳动、社会关系和个性的有机统一出发的。

从人的存在，首要的是从人的自然存在出发，马克思主要研究了人的本质问题。马克思对人的本质的揭示，基本上是通过分析人的种种存在来进行的。这方面的内容实际上是关于人的本体论。

---

① 参见《马克思恩格斯选集》第 1 卷，66—68 页，北京，人民出版社，1995。

以人的实践和社会关系为基础，或从人的实践和社会关系出发，马克思主要研究了人的社会性、人在社会中的地位和作用、人在社会中的价值、个人和社会的关系、自由人的联合体等方面的问题。人的社会性最根本的是人受社会关系的制约性和规定性。提出人的社会关系问题，其首要意义在于指出人的社会性。个人的社会性是个人作为主体在其社会生活过程中获得的性质，因而个人在其社会生活过程中既是能动的，又是受动的，这实际上是个人在其社会生活过程中的地位和作用问题。在谈论人的社会地位和作用问题时，必然涉及人的社会价值、个人和社会关系。马克思在对个人的社会生活过程的考察中，当涉及社会的属人性、个人发展和社会发展的未来前景或理想目标，以及个人和社会的关系的模式时，他提出了自由人的联合体的思想。这方面的内容实际上是马克思关于人的社会观。

以社会发展和人的发展为线索，马克思主要研究了人的发展的历史过程及表现形式、人的历史发展的本质内容与规律、人的历史发展的条件与方式、人的历史发展的根据与基础、人的历史发展的地位与作用等问题。这方面的内容构成马克思关于人的历史观。

以人的个性为核心，马克思主要研究了人的权利和自由等问题。在马克思看来，自由的积极意义和最本质的方面，是能自主地发挥人的个性，所以，他在谈到人的个性时，有时会涉及人的自由，而在谈到人的自由时，有时会涉及人的个性。这方面的内容实际上是马克思关于人的价值观。

以上区分只是相对的。这种区分是否正确可以讨论，我所关心的，是马克思研究了人的哪些主要问题。从以上论述来看，马克思研究人的问题的基本内容是：人的存在与人的本质，人的需要与人的尊严、人的内在本质力量；人的实践活动与人的异化、人的解放、人的能力的历史发展；人的社会关系与人的社会性、人在社会中的地位和作用、人的社会价值、个人和社会的关系、自由人的联合体；人的个性与人的自由，等等。这些问题可分别归入关于人的本体论、关于人的社会观、关于人的历史观、关于人的价值观之列。

在弄清楚马克思研究人的问题的基本内容之后，需要进一步弄清这些基本内容之间的内在逻辑联系。

马克思研究人的问题的基本内容并不是杂乱无章的，而是有其内在逻辑联系的。这一内在联系的根据，是人的本质、人的需要、人的实践或生产劳动、人的社会关系、人的个性五者之间的内在联系，以及人的诸问题之间的内在联系。这五者之间的内在联系，同时也反映着马克思人学理论从抽象到具体的发展过程。

根据人的本质、人的需要、人的实践活动、人的社会关系和人的个性五者之间的内在逻辑联系，根据马克思研究人的问题的基本内容同这五个基本因素之间的内在联系，可以揭示出马克思人学理论如下的内在逻辑结构：

关于人的本体论（Ⅰ）

↓

关于人的社会观（Ⅱ）

↓

关于人的历史观（Ⅲ）

↓

关于人的价值观（Ⅳ）

需说明的是，按照马克思人学理论的内在逻辑，在关于人的本体论中，应阐述关于人的需要和人的尊严的理论，但由于在马克思著述中，对这方面的内容论述较少，只有零散的思想，构不成完整系统的理论，所以，在以下各章论述马克思人学理论的内容时，不辟专章论述。因此，在马克思人学理论的内在逻辑结构的图表中，没有把关于人的需要和个人的尊严的思想作为一个分结构列出来。

第四章 马克思关于人的本体论

本体论，是一种理论的前提、出发点、基础和根据，一种理论具有什么样的性质和本质特征，首先取决于这一理论的本体论。人们言及本体论，主要是为了说明一种理论的前提、出发点、基础和根据，因此，本体论在一种理论体系中，具有前提和基础的地位。就此而言，马克思关于人的本体论，实际上是马克思整个人学理论的前提、出发点、基础和根据。马克思的人学理论具有什么性质和本质特征，首要取决于他的人学本体论。质言之，关于人的本体论，在马克思人学理论中具有基础的地位。

马克思关于人的本体论，指的是他关于人的存在和本质的理论。在马克思看来，对人的问题的认识，首要取决于对人的存在和本质的认识，对人的存在和本质的认识是对人的其他问题认识的前提。以往思想家之所以不能正确解决人的问题，其首要原因之一，就在于没有正确认识和理解人。所以，要分析和理解人的问题，首先必须分析和理解人的存在和本质。当马克思把人的本质理解为自我意识时（《博士论文》），他就用自我意识来理解人的一切问题；当把人的本质理解为自由时（《莱茵报》时期），他就用自由来说明人的一切问题；当把人的本质理解为自由自觉的活动时(《1844 年经济学哲学手稿》)，他就用自由自觉的活动来说明人的一切问题；当把人的本质理解为社会关系的总和时(《关于费尔巴哈的提纲》)，他就用社会关系来分析人的一切问题。正因为如此，马克思非常注重对人的存在和本质的研究，目的是通过这种研究，以实现对以往人学的超越，为自己的人学理论提供一个科学的前提和基础。

马克思关于人的本体论，主要包括人的存在形态、人的存在特征、人的本质三方面的基本内容。其中，人的存在形态回答"人指什么"的问题，人的存在特征回答"人表现为什么"的问题，人的本质回答"人成为什么的根据"问题。在马克思那里，往往是先指出他所谈的"人"的具体存在形态，分析人的存在特征，然后从人的存在现象中，揭示出人的本质。所以，我们先阐述马克思关于"人的三种基本存在形态"的思想。

一　人的三种基本存在形态

人这一概念是一种总称，他在现实中以三种基本形态存在：人类作为种属的一般形态，群体作为不同社会类型的特殊形态，个人作为有个性的人的个别形态。这一思想散见于马克思的不同著述中。

(一)人作为人类及其意义

在社会历史上，人首先是作为群体来规定的，但在人对自身的认识上，人首先是作为"类"来规定的。因为在马克思看来，"我们越往前追溯历史，个人，从而也是进行生产的个人，就越表现为不独立，从属于一个较大的整体"①。这个集体，在原始社会就是部落。但是，人们开始对自身进行反思或进行自我意识时，首先出现在人的意识中的，是与动物相区别的"人"这个类。因为在马克思看来，人一旦有了自我意识，

---

① 《马克思恩格斯全集》第 46 卷(上)，21 页，北京，人民出版社，1979。

他首先需要做的，就是把自己和自然界区别开来，同其他动物区别开来。马克思在探索人的问题时，首先就是从谈论人的类特征开始的。

在马克思那里，人作为人类具有如下一些特点。

首先，类的共同性。人类，即人之所以为人同属于一个"种族"，说的是人之所以为人或与其他动物不同所具有的人这个"类"的质。凡人都具有人这个"类"的质，在这一点上是共同的。换言之，从"类"的观点来看人，注重的是人与人之间的共同性，即在属"人"这个类上的共同性。这表明，人与人之间有共同的"人性"。在马克思看来，这种类的共同性或共同的"人性"，就是活动的自由自觉性。他指出：生命活动的性质包含着一个物种的全部特征、它的类的特征，而自由自觉的活动恰恰就是人的类的特征。①

其次，自由平等性。人类既然具有"类的共同性"，那么，凡为人所具有的东西，都应该为人这个类中的每一个人所具有，每个人都具有自由平等地实现自己类特性的权利。因此，每个人都具有"人的类特征"，并且在实现这一类特性上，也是自由平等的。尽管资产阶级的自由、平等和博爱的口号有其局限性，但它的人性论根据，就是人类的"自由平等性"。马克思在他早期的著述中，曾认为自由是人的类特性。他在回答女儿的提问时，说自己最喜欢的格言就是：凡人所具有的，我都应该具有。

再次，规定的抽象性和"具体的统一性"。人作为人类，其规定是抽象的。但是，马克思认为，人类是社会化了的人类，是从个人和群体中抽象出来的人类，因而它又是包含多样性或具体性的统一的概念，是一个"具体概念"②。

从次，整合性或联合性。人类既不是孤立的个人的机械相加，也不是互相分离的群体的机械组合，而是个人和群体的"合力"，因而它具有整合性或联合性，具有整体力，而且这种整合性、联合性，能使人结合

---

① 参见《马克思恩格斯全集》第 42 卷，96 页，北京，人民出版社，1979。
② 参见《马克思恩格斯选集》第 1 卷，57 页，北京，人民出版社，1995。

成一个有机的社会。马克思在指责资本主义社会人与人之间的对立状态，以及个人主义和利己主义时，在谈到人与人之间的合力时，在对共产主义社会的人的发展前景进行展望时，往往指出人类的联合性。他的"自由人的联合体"的思想，就表明这一点。在《德意志意识形态》和《共产党宣言》中，马克思多次谈到"自由的联合体"问题。

最后，无限永恒性。一定的个人和群体，在一定的条件下都有一个产生、发展和消失的过程，但人类却要一代代延续下去。又由于人类是一个整体，具有整合力，所以人类是人的无限永恒的表现形态，具有至上性。马克思指出，历史不过是人类本性的不断改变而已，是一个自我不断诞生和创造的过程。①

人作为人类所具有的如上特性，对于马克思来说，具有十分重要的意义。

第一，它是马克思对人的价值充分加以肯定的根据。在马克思看来，人的类特性，不仅是指人和动物相比有哪些类特性，而且是指在这类特性中，包含着对人性或人的价值的反思和肯定。因为人的类特性是人区别于动物并且有利于人类自身的特性，这种特性的实现，表明人优越于动物的价值所在。马克思所说的人的根本就是人本身的思想，就包含这层意思。②

第二，它是马克思批判资本主义社会中非人性现象的根据。在马克思那里，关于人的类特性的观念，是人的理想之价值的观念，也是"人应当是怎样的人"的观念，它是同人的动物特性和有害于人的社会相对立的。这表明，那些有害于或不利于人的非人性的社会（如资本主义社会），是必然受到批判的，因为它扼杀和压抑人性的发展，使人不成其为人。实际上，马克思之所以对资本主义社会展开批判，一是因为它阻碍着生产力的发展，二是因为它压抑着人性的充分发展。马克思指出：对宗教的批判最后归结为人是人的最高本质这样一个学说，"从而也归

---

① 参见《马克思恩格斯全集》第 42 卷，131、163 页，北京，人民出版社，1979。
② 参见《马克思恩格斯选集》第 1 卷，9 页，北京，人民出版社，1995。

结为这样的绝对命令：必须推翻那些使人成为被侮辱、被奴役、被遗弃和被蔑视的东西的一切关系"①。

第三，它是马克思对共产主义社会进行展望的一个根据。共产主义社会，在马克思看来，将是人性和人的个性得到充分发挥的社会，因而它要求人们必须认真考虑人的类特性和人的个性问题。因为这个社会将使人性在最适合于人的类特性的情况下得到充分实现。② 因此，当马克思在对未来共产主义社会的人的前景进行展望时，总是回到对人的类特性的问题的思考上来。

第四，它是要求人与人之间和谐相处的根据。在现实社会中，尤其是在马克思当年所处的资本主义社会中，人和人之间的关系是不和谐的，个人主义和利己主义的观点也应运而生。为反对这种利己主义，马克思往往更多地强调人类的共同性方面，主张人与人之间要按人性的方式和谐相处，主张人与人之间的平等、合作和友爱。在他看来，人与人本是同类，应该过一样的生活。《1844 年经济学哲学手稿》中的"社会主义""社会性"的概念，表达的就是这层意思。

第五，它是理解人的一切问题的一个前提。从逻辑上认识人，首先应认识人的类特性，然后去认识人的社会特性和人的个性。马克思对人的认识进程便是如此。在他看来，对人的类特性的认识是对人的认识的逻辑出发点，其意义在于，它概括地确定了人这个类与动物不同的特征。这就为马克思进一步具体化地研究人提供了前提。因为为了认识这一现实社会性，就必须首先认识人这个一般，人的现实社会性只是在"你是人"这一抽象共同性的前提下的一种现实性，是人的类特性的现实化和社会化。对人的个性的认识也是如此。

第六，它为理解和继承一些思想家关于人的某种学说提供了理论根据。资产阶级思想家之所以提出自由、平等、博爱的口号，并且之所以主张回到"自然等同状态"中去，马克思之所以提出人道主义的一些思想，提出社

---

① 参见《马克思恩格斯选集》第 1 卷，9—10 页，北京，人民出版社，1995。
② 参见《马克思恩格斯全集》第 25 卷，926—927 页，北京，人民出版社，1974。

会化的人类是新唯物主义的立脚点等，其理论根据，都可以从人类所具有的上述特性中去寻找。在马克思看来，资产阶级思想家基于人的类特性提出的一些人道主义原则，不具有阶级性，是可以加以适当继承的。在马克思的著述中，我们可以发现他所继承的资产阶级思想家所提出的人道主义原则，如"人所具有的，我都应当具有"，"人在本性上是自由的"，等等。

(二)人作为群体及其意义

在马克思那里，群体，是指由某种共同纽带和社会关系联系起来进行共同活动的人的共同体或集体。由于有这种超越个人的共同纽带的联系的存在，就使得群体(集体)不等于个人的机械相加而异于个人；又由于各种群体有自己的独特性，又使群体不同于人类。

在马克思那里，群体有如下特点。

第一，共同纽带或共同规范性。群体必须首先具有共同的联系纽带和共同规范。在马克思那里的民族、家庭和阶级等概念，便是如此。这样来看，就不能认为任何一定数量的个人都能构成群体。

第二，共同目的性。由一定数量的个人组成的群体，有着共同的目标或目的。如无产阶级，就有着消灭私有制和阶级剥削、实现全人类解放的共同目的。

第三，共同意识或群体意识性。一个群体中的任何一个成员，都清楚地意识到自己是这个群体中的一员，认识到自己与这个群体的其他群体成员有着一致的东西，并且也意识到与其他群体成员的区别。如马克思所指出的无产阶级对他们共同面临的生活条件、社会地位(没有财产的群众)的意识和共产主义意识等，[①] 就是如此。

第四，稳定的社会关系中的频繁互动性。群体内人与人之间有较稳定的社会关系，在这种社会关系中，人与人之间进行经常的交往和联系。这里的交往，包括他们之间的来往、思想沟通和联合等。马克思所指出的工人阶级成员之间的社会交往，就含有这层意思。

---

① 参见《马克思恩格斯选集》第1卷，40、76页，北京，人民出版社，1995。

第五，共同活动性。即群体内的人们的活动具有共同性。这里的活动，当然指作为群体内的每个成员的主要活动。如无产阶级的革命和联合活动，对无产阶级来说就具有共同性。

第六，共同的需要和利益。属于同一群体内的成员，是由于具有共同的需要和利益而联合成一个群体的，没有任何共同的需要和利益，人们是不能构成群体的。

由上可见，在马克思那里，群体最根本的特征，就是"一定的社会的共同性"。

马克思非常注重对人的群体这一基本存在形态给予考察，主要有以下几点原因。第一，人作为群体，有利于人与人之间的协作、团结。因为群体中的人们有着共同的需要和利益。第二，群体对个人具有重大的意义。在真实的群体中，人与人之间进行共同的活动以达到共同的目标，这种力量是个人力量无法比拟的。由于人们在群体中进行共同的活动，所以人与人之间也进行交往。这样，群体中的每个人既可以克服和超越单个人的有限性，又可以通过集体的力量来改造外部世界，使其为个人服务，个人还能在群体中获得其表现、发展自己的才能和自由的手段。[①] 第三，群体对个人和人类社会的联结起"黏合剂"的作用。社会通过群体而将无数个人集结成各种社会阶层。其中，个人和社会的交互作用是通过群体实现的。在马克思看来，社会和群体都是人的社会存在的具体形式，个人的一切社会活动与经常性的社会生活，都是在这种形式中进行的，他们对整个社会发生的关系并感知和体验社会，是通过他们所属并生活于其中的群体来实现的。因此，群体是个人和社会发生交互作用的中介。第四，群体是划分"社会类型"的根据。由于不同的群体具有不同的需要、利益、目的、意识、活动和规范，所以可以由此来划分不同的群体，使他们归属于不同的社会类型，从而有利于把握不同社会群体活动的实质、目的和规律。

---

① 参见《马克思恩格斯选集》第 1 卷，119 页，北京，人民出版社，1995。

（三）人作为个人的含义、特点及其意义

在马克思看来，通过经验观察，首先和直接看到的，是现实个人的存在，[①] 而"人"就其现实性来讲，只能通过个人而存在，离开现实的个人，"人"不过是一种空洞的抽象，只存在于人们的头脑中。因此，个人是人的一种最现实、最直观的存在形态。

关于个人这一概念，人们的理解不尽相同。有些人认为，个人是纯社会的概念，由此否认生物特征对规定个人方面的意义。有些人把人的生物特征列入个人结构中去，同时承认社会特征在个人结构中的决定作用。有些人把人的自然生物特征和社会特征看作在规定个人方面具有同等地位的概念，认为个人是生物——社会规定性的总和。有的人认为，个人是指"个人的全部特质"，包括外显的行为特征、内在的心理倾向和身体的生理特征。有的人认为，个人是一个完整的系统，其要素包括社会特征、心理特征和生物特征，它形成于作为个体的人的自然属性基础之上。也有的人指出，个人是指从具体的历史和社会联系中抽象出来的单个的有生命的个人。还有的人把个人概念和人的本质概念联系起来，认为个人是人的本质在具体个体身上的显现，是人的一般本质的个别形态，是个体特征和普遍特征的总和。

由此可以看出，在个人概念上，分歧的焦点，主要在于如何理解人的自然性和社会性的关系，以及人的个体特征和普遍特征的关系。

那么，马克思是如何看待个人的呢？

在马克思那里，在规定个人概念时遵循如下方法论：一是明确个人与人类、群体的关系，二是弄清个人与个性的关系，三是弄清个人与人的关系，四是弄清个人的自然特性和社会特性的关系。

遵循这样一些方法论，马克思对个人概念的内涵和特征做了如下规定。

第一，个人是独特性和完整性的统一。在马克思看来，个人是一种

---

① 参见《马克思恩格斯选集》第 1 卷，66—68 页，北京，人民出版社，1995。

在自身中把人的本质的各种规定结合为一个整体的存在物，同时又是具有某种具体的和独特个性的个人，即他不仅表现着人的社会和历史的特性，也表现着他的自然（生理和心理）的特点及他的个人经历的特殊性，总之，表现着社会成员之间的个性差异。关于这一点，马克思曾经指出，在个人中有人在发展；① 又指出，个人是一种合群的动物，而且是只有在社会中才能独立的动物。② 这种独立的个性是个人的性质和状态，它包括自律性、自主性、自觉性和独立性几个含义。③

第二，个人具有发展变化的多样性。即在"社会关系的丰富性"的基础上能够表现各种能力、天赋、才干的差异，能够克服因循守旧的生产方式的闭塞性和地方性。

第三，在承认人的社会性的前提下，个人的肉体生命和精神是相当重要的。与人类、群体、个性不同，个人首先是一个自然实体，具有肉体生命，同时又是一个具有意识或思维的精神存在物。马克思指出：人首先是一个有生命的个人。有生命的个人是具有自然属性（肉体组织和需要）的个人。"全部人类历史的第一个前提无疑是有生命的个人的存在。因此，第一个需要确认的事实就是这些个人的肉体组织以及由此产生的个人对其他自然的关系。"④

第四，现实可感性。肉体生命和精神的相互作用、相互制约，使个人成为可以通过经验观察来确定的感性存在物。不仅如此，个人的现实可感性还在于：他是在一定社会关系条件下从事一定的物质活动的、并能动地表现自己的存在物。所以马克思说，现实的个人"可以用纯粹经验的方法来确认"⑤。

基于上述思考，马克思把个人定义为：从事活动的，在一定的物质

① 参见《马克思恩格斯选集》第1卷，83页，北京，人民出版社，1995。
② 参见《马克思恩格斯选集》第2卷，87页，北京，人民出版社，1995。
③ 参见《马克思恩格斯选集》第1卷，119—123页，北京，人民出版社，1995。
④ 同上书，67页。
⑤ 同上。

条件下能动地表现自己的生命和个性的存在物。①

这一定义把个人和个性区别开来了，因为它把个人看作一个表现自己的过程；这一定义也把个人和群体、人类区别开来了，因为它把个人看作有生命的、有个性的个人；这一定义也把个人和人的本质既区别又联系起来，因为它把个人和个性联系起来进行规定，同时又从人的本质出发；这一定义又体现了人的自然性和社会性在劳动过程中的辩证统一，因为他既强调个人的"生命性"，又强调个人的"个性"，同时把这二者放在人的劳动中加以规定。

这一定义也有其思想史的根据。马克思以前的思想家要么把个人看作有生命的自然的个人，要么看作具有精神属性的个人，要么只把个人看作感性对象，而没有看作感性的活动，更没有联系他的周围的社会物质生活条件来理解个人。马克思在批判继承前人成果的基础上，把个人看作现实的个人，而这种个人是从事活动的，进行物质生产的，因而是在一定物质条件下能动地表现自己生命和个性的存在物，从而对个人进行了科学的规定。②

马克思之所以对个人问题予以关注，是因为人作为个人，无论在现实社会中还是在理论上，都具有重要的意义。

第一，它具有人道主义的意义，即要把人当作个人来对待和肯定。个人有其自身的独特性或个性，他与作为人类和群体的人是不同的。这就要求人们不能只关注作为群体和人类意义上的人，还要关心个人，只有这样，对人的关注才具有普遍性和真正的彻底性。不仅如此，在马克思看来，每个人能力的全面发展还是社会历史发展的最终目的，是共产主义社会的基本原则，而且人只有以个人的名义参与社会，他才具有主体性和个性。③ 所以，对个人的关注，表现出人的问题上的人道主义精神。

---

① 参见《马克思恩格斯选集》第 1 卷，72 页，北京，人民出版社，1995。
② 同上。
③ 同上书，121 页。

第二，承认人的个人存在形态，才能坚持人的自然物质性，并使对人的考察具有实证性。在马克思看来，虽然处于社会历史中的个人是一种不同于一般生物个体的社会存在，但并不是一种反自然的存在，而只不过是自然存在在人的活动中的社会化而已。否认人的个人存在形态，必然把人类、群体和社会看成一种反自然的抽象存在物，最终必然导致思辨的、神学的唯心主义，而承认人的个人存在，就必然要对人进行唯物的、实证的考察，因而，必然坚持人的问题上的唯物主义。正因为如此，马克思才把有生命的个人存在看作人类历史的第一个前提。①

第三，从人中区分出个人，能使人的问题具有现实性和具体性。因为在马克思看来，人的种种问题(类和群体的问题)主要是通过个人问题表现出来的，比如人的社会关系、独立自主性、能动性和创造潜力等，就是通过"个人"表达和实现出来的。舍去个人，人的问题就会陷入空洞抽象。

在马克思那里，个人、群体和人类的联系表现在：个人对群体的隶属；个人在群体中获得自由，个人从属于群体或群体对个人的制约；个人对群体的自主和自决性；虚幻的群体对人的限制和真实的集体对个人自由的维护；个人对群体的能动作用，人类的发展以个人、群体的片面发展为代价；个人、群体的发展状况制约着人类的发展状况。这些思想，将在后面展开论述。

二　人的基本存在特征

马克思不仅从人的存在形态来考察人，而且从人的存在的一般特征来分析人。

在马克思那里，人的存在这一概念，一方面是指人的本质的表现、

---

① 参见《马克思恩格斯选集》第1卷，67页，北京，人民出版社，1995。

实现的现实，它的内容比"本质"丰富具体；另一方面是指人表现和实现自己现实生活的方式（和过程），或者是人的现实生活的表现样式，它体现着人的一般特性和属性。

人的存在是多种多样的，马克思把它主要归结为四种基本存在：自然存在，类存在，社会存在，个性存在。

(一)人的自然存在

马克思指出，人要生活，首先就需要衣、食、住及其他东西来满足其肉体需要，这些东西都需要到自然界去寻找（自然界是人的无机的身体），而且人本身的肉体组织也是自然界的一部分，所以，人首先是一个自然存在物。人的自然存在，是马克思确定人的存在特征的出发点。[①]

在马克思看来，人作为自然存在物，首先以他的对象性存在和有生命的存在为内容。人作为有生命的存在物，是指自然赋予他自身以自然力和生命力，这些力量是作为禀赋和能力，作为情欲，存在于人自身之中（自身中的自然）的。"激情、热情是人强烈追求自己的对象的本质力量"[②]，是满足自己需要的力量，同时又是使人改造对象的力量，因而它又使人成为能动的存在物。正由于情欲是人追求自己对象的本质力量，所以在他之外必须有对象，并借此来表现自己的内在本质力量和生命，这就使人成为一个对象性的存在物。人作为对象性的存在物是指：外部自然界为人自身的自然而存在（自然界成为人的无机身体，人靠自然界而生活），人也同样为外部自然界而存在；在人之外有外部自然界来表现自己的本质力量和生命（参与自然过程之中）。人作为对象性的存在物，是现实的、有生命和有需要的存在物，人的生命和本质力量的表现需要外部对象，而需要的满足方式和满足状况，使人感觉到外部对象对他有着客观制约和客观影响，感觉到外部对象不依他的意志为转移，

---

① 参见《马克思恩格斯选集》第 1 卷，67 页，北京，人民出版社，1995。
② 《马克思恩格斯全集》第 42 卷，169 页，北京，人民出版社，1979。

感觉到他必须遵循自然的规律，因而他感觉到自己又是一个受动的存在物。马克思在分析人是自然存在物时指出：人作为自然存在物，而且作为有生命的自然存在物……是能动的自然存在物……人作为对象性的、感性的存在物，是一个受动存在物。[①] 由以上简要分析可以看出，人作为自然存在物，在马克思那里，其含义和内容包括有生命性、需要、能动性、对象性、感性和受动性这些人的属性。换言之，这些人的属性是从对自然的人的分析中得出的。

这就是人的概念的一个部分的内容，这一部分可以看作一种自然主义的组成部分。在马克思看来，这部分内容在人的概念中，具有前提和基础的地位。

这些人的特性或属性表明了人的存在的相对性范围。人的生命性，规定了他同自身的自然和自身之外的自然的关系；人的需要，规定了他同外部对象的关系；人的能动性和受动性，规定了他同那些既是影响人的感知对象，又是由人影响的感知对象之间的关系；人的对象性特征，规定了他的存在同那些与他不同、那些是人的对象的东西之间的关系；人的感觉特性，规定了他同那些感知物、影响物，以及感觉所选定的对象之间的关系。

(二)人的类存在

马克思指出，当一个人和自己以外的外部对象发生对象性和能动性关系时，别人也在和他身外的外部对象发生对象性关系和能动关系；另一方面，单个人自然能力的有限性，决定他必须与别人联系合作而同自然界发生关系。这样，人与人之间必然要发生关系，即必然把人自身作为自己的关系对象。这就是说，人不仅把自然界作为自己的对象，而且把人自身作为自己的对象，人不仅为自然界而存在，而且为人自身而存在。马克思这样说："人是类存在物……人把自身当作现有的、有生命

---

① 参见《马克思恩格斯全集》第 42 卷，167 页，北京，人民出版社，1979。

的类来对待，当作普遍的因而也是自由的存在物来对待。"①

　　人的类意识存在，是把自己作为类存在并使类成为他自己对象的一个关键；正是在人和人的关系中，人才通过他意识到自己，意识到自己和他人同属一个类，都具有"人"这个类的共同性，意识到自己是人这个类即"人类"的一个分子，意识到自己是和动物不同、也和自然界不同的人的存在物。马克思指出：人不仅为自然界而存在，而且是为"自己本身而存在着的存在物，因而是类的存在物"。正是由于人是有意识的存在物，人才是类的存在物。② "类存在"这一抽象概念夷平了个性化，使人们的存在具有类似之处。

　　自由自觉的生产实践活动也是人作为类存在的一个重要内容。在马克思看来，由于人自己的意识，他能把自己本身、自己的生活及生命活动当作自己意识的对象，即他能意识到自己本身、自身生活及自己的生命活动，因而他就有可能自己掌握自己，自己掌握自己的生活，自己支配自己的活动，而这就是自由自觉。正如马克思所说的，人"是有意识的存在物，也就是说，他自己的生活对他是对象。仅仅由于这一点，他的活动才是自由的活动"③。

　　由上可见，马克思把关系的共通性、类意识和自由自觉的生产实践活动看作人的类存在的基本内容。这些内容构成人的概念中的人类学的组成部分。这一部分在人的概念中，构成人本主义的本体论基础、根据和出发点。

　　不同的思想家对人的类存在持不同的看法。对"关系的共通性"，可以说，历代思想家几乎都是无可否认的。分歧的关键，在于如何看待人的"意识性"和"自由自觉的活动"二者的关系。一些唯心主义和存在主义思想家往往片面注重人的有意识性这一特性，马克思则正确地把人的自由自觉的生产实践活动作为类存在的根本内容和自己理论的基础，而把

---

① 《马克思恩格斯全集》第 42 卷，95 页，北京，人民出版社，1979。
② 同上书，96 页。
③ 同上。

人的意识作为人的自由自觉的生产实践活动中的一个内在因素，比前人前进了一步。

（三）人的社会存在

人的类存在的内容中包括"关系的共通性"和"自由自觉的生产实践活动"。在生产实践活动中，人不仅意识到人与人之间关系的共通性，而且意识到人与人之间关系的差异性和相互限制性；不仅意识到自己的活动应是自由自觉的，而且现实地感到是受社会制约的。这样，以人的类存在为中介，又必然把人看作社会存在物。

马克思就是通过"类存在"而从理论上引出"社会存在"的。众所周知，费尔巴哈把人自然联系起来的共同性当作人的"类本质"或"类存在"。这里，费尔巴哈已觉察出"类存在"概念中具有人生来就是社会性的动物的含义。但在马克思看来，人类不是自然地联系起来的抽象的共同性，而是社会地即有差别地联系起来的具体的共同性。[①] 换言之，人的类存在的本质是人的社会存在，这种社会存在是人与人之间的差别性和共同性的统一。这里，马克思的独到之处在于，他指出了人与人之间的社会差别——承担不同的社会职能和社会关系。正是以人的这种社会差别性为根据，人与人之间才发生社会联系和关系，才进行社会合作和交往，才意识到人与人之间的共同性。

人作为社会存在物，既能使人和其自然存在区别开来，也能使人和其类存在区别开来。人的自然存在以人自身的自然和人之外的自然为关系对象，而人的社会存在则以他人及社会关系为对象。人的类存在以人与人之间的共同性为对象，而人的社会存在不仅以人与人之间的共同性为对象，而且更主要的是以人与人之间的差别性为对象。质言之，人的社会存在表明在社会关系方面的个人存在，表明人的社会生活过程，表明人是社会的一部分，因而表明人受社会关系的制约和影响。

---

① 参见《马克思恩格斯选集》第 1 卷，56 页，北京，人民出版社，1995。

把人和社会联系起来，意味着人不再是作为类存在的那种抽象的存在。人与人之间在社会存在中不再具有抽象的共同性，而是具有具体的差异的共同性；人的意识不再是抽象的意识，而是具有社会性质（或以社会为意识对象）的社会意识；不再把人看作抽象的活动着的存在物，而看作从事具有社会性质的具体劳动的存在物。总之，人不再是一个抽象的形式上的人，而是一个现实的个人。

由此可见，在马克思那里，社会关系是人的社会存在及整个存在的根本内容，这一内容是人的概念中的社会学的组成部分，它在人的存在概念中具有决定性的根本地位。

不同的思想家对人的社会存在的理解是不同的。18世纪法国唯物主义者把人的社会存在看作其自然本性的派生物；黑格尔则把人的社会存在看作其精神或意识发展的一个环节，是精神或意识发展的派生物；存在主义认为，人的社会存在是混乱的、偶然的和捉摸不定的，是人的非本真的存在，而其纯意识的存在是人的一种纯本真的存在，它使人的社会存在具有意义。马克思与前三者不同，把人的社会存在看作人的根本存在，而把人的自然存在和意识存在看作从属于人的社会存在。在他看来，人的社会存在决定人的社会意识，而人的自然存在只有通过其社会存在才能成为人的存在，才能得以实现自身。[1]

(四) 人的个性存在

人的社会存在是由人的类存在过渡到人的个性存在的中介。人的类存在表明人与人之间的共通性，它已把人与人之间的关系提了出来。正是在个人的类生活即生产生活中，人与人之间的关系作为社会关系而出现。人与人之间的社会关系以人与人之间的差异为起因。马克思指出：个人及他们的商品之间的天然差别成为这些个人联合起来，建立起他们之间的社会关系的动因。[2] 这就是说，社会关系的存在意味着人与人之

---

[1]　参见《马克思恩格斯全集》第42卷，122页，北京，人民出版社，1979。
[2]　参见《马克思恩格斯全集》第46卷（上），195页，北京，人民出版社，1979。

间的差异存在，而这就意味着个人的个性存在。这里，个人的社会存在是其个性存在的一个基础。

不仅如此，在马克思看来，个人作为社会存在物，还受社会或社会关系制约，因此，个人与他所处的社会或社会关系是一致的。这就是说，有不同的社会关系或社会，就会有不同的个人的个性存在。个人不仅作为社会存在而出现，而且作为个性存在而出现。既然人与人之间发生的一定社会关系是客观的和必然的，那么，他们就是"社会存在物"，或是这些关系的"化身""承担者"；但由于个人又是一个"自我"，由于他具有自我意识、一定的天生特征（天资）和独特能力，所以他同时又是有个性的个人，他表现着自己的个性。

在马克思那里，个人的个性存在包含两方面的基本内容：一是与类存在相对应的个人与个人间的差异性、独一无二性、不可取代性和自我性；二是与个人的社会存在相对应的个人的独特性、独立自主性和自由自觉性等主体性。① 前者多为心理学所研究，后者应为社会学或历史唯物主义来研究。

对人的个性存在，不同的思想家有不同的态度。一些资产阶级思想家往往夸大和抬高人的个性存在，否认或贬低其社会存在；马克思以后的许多马克思主义者往往忽视人的个性存在，而把人的社会存在绝对化，淹没了人的个性存在。在马克思那里，人的社会存在和个性存在实际上是统一的，人的个性存在不是人生来就赋予个人的，而是在人的活动和社会化过程中，随着他掌握社会文化内容、活动和交往形式，随着承担特定的社会职能而形成的。因此人甚至在自己的个人的最特殊的存在中，也是社会的存在。个性存在既是人的社会存在的个别表现，又是对它的补充，离开人的个性存在，其社会存在则是抽象的。个人就其存在的内容是社会的，就其存在、表现的形式则是个性的。在马克思看来，只有将人的社会存在和个性存在统一起来才是较为全面的，才能达

---

① 参见《马克思恩格斯选集》第 1 卷，35、86、266、515 页，北京，人民出版社，1995；《马克思恩格斯全集》第 42 卷，123 页，北京，人民出版社，1979。

到对现实的、具体的人的完整理解。

综上所述可以看出，人的种种存在中包含着人的种种一般属性：自然属性、类属性、精神或意识属性、社会属性、个性属性、能动性和受动性、有生命性和对象性，等等。这些属性构成一个结构系统，其中每个属性都有自己的独特功能，并且只有和其他属性联系在一起，才有可能被理解。

三　人的本质内容

马克思对关于人的本体论研究的另外一个重要内容，就是对人的本质的探讨。

(一)揭示人的本质的方法

以往，人们对马克思关于人的本质问题的研究，大多集中在他对人的本质内容之规定上，而对他关于人的本质问题之研究方法及理论意义缺乏探讨，结果使这种研究难于把握问题的真谛。

实际上，马克思对人的本质的探究是采取多种方法的。他主要采取三种方法。

1. 寻找人之所以成为现实的个人的根据

这也可以说是从人和动物、人和社会、人和他人的关系中探寻人的本质，其中还体现出马克思从人的抽象到人的具体的研究方法。

在旧哲学家看来，人之所以成其为人，就在于他有理性、意识和思想。把理性、意识和思想当作人的本质，当然能把人和动物区别开来，但它们不能产生出人的各种属性并使之逐步得到发展，即并不能使人成其为人，并且其本身也是产生出来的东西，把它们作为人的本质，必然导致唯心主义。

正因为如此，所以马克思指出："可以根据意识、宗教或随便别的什么来区别人和动物。一当人开始生产自己的生活资料的时候……人本身就开始把自己和动物区别开来。"①就是说，既能把人和动物从最后的本质（或类）上区别开来、又能产生人的各种属性并使之得以发展，即使人成其为人的根据或类本质，是人的生产劳动。因为在马克思看来：首先，通过生产劳动，能确证人是有意识和自由自觉的类存在物，这种存在物把类看作自己的本质；② 其次，生产劳动产生了人及其语言、意识、社会性和对自由的追求，并使人及其属性得以发展，思想和意识则不能；③ 最后，劳动是"人同其他动物的最后的本质区别"，因为这些个人使自己和动物区别开来的第一个历史行动在于他们开始生产自己所必需的生活资料，同时也就间接地生产着他们的物质生活本身。④ 这样，马克思就彻底改变了强调思想是人的本质的旧哲学传统，把人的本质建立在辩证唯物主义基础之上。

马克思的思路并没有到此为止。在马克思看来，物质生产劳动只能把人和动物从类上区别开来，它只是使人成其为人的根据，因而它只是人的类本质。但人最重要的是社会中的现实的人，现实社会中的人是有社会差别的，只用自由自觉的生产劳动并不能把不同社会群体中的人区别开来，也不能作为使人成为社会的人（现实的人）的根据，而能做到这一点的，只能是把人归结为一切社会关系的总和。马克思说："人的本质不是单个人所固有的抽象物，在其现实性上，它是一切社会关系的总和。"⑤这就是说，人的特殊的社会本质或现实本质是一切社会关系的总和，是人的物质生产劳动的现实性或社会性。因为在不同社会关系条件下具有不同性质的物质生产劳动中，人才同其他群体中的人区别开来，才成其为现实的人。"个人是什么样的，这取决于他们进行生产的物质条件。"⑥

---

① 《马克思恩格斯选集》第 1 卷，67 页，北京，人民出版社，1995。
② 参见《马克思恩格斯全集》第 42 卷，96 页，北京，人民出版社，1979。
③ 参见《马克思恩格斯选集》第 1 卷，66—70 页，北京，人民出版社，1995。
④ 同上书，67 页。
⑤ 同上书，56 页。
⑥ 同上书，68 页。

由于现实的人是在特定的社会关系条件下从事不同性质的劳动的，再加上每个人原有的自然特质，所以，最终出现在现实生活中的人都是与他人不同的独特个人。这种使个人同他人区别开来、并使个人成为有个性的具体个人之根据，或单个人的本质，在马克思看来，是每个人的独特性或个性。

这样，马克思运用上述方法，弄清了人的本质之内容：人是在特定社会关系条件下从事物质生产，从而能动地表现自己的独特个性的人。

2. 分析人的存在

这实际上也是从人的生活中揭示人的本质。此方法的特点，是首先确定人的基本存在，然后从中揭示出人的本质。

人的存在是多方面的，马克思主要把它归结为四个基本方面：自然存在，类存在，社会存在，个性存在。

个人的自然存在即有生命的个人存在，它包括人自身的自然存在和人身外的自然存在。个人的自然存在要成为人的自然存在，在马克思看来，在于人的物质生产劳动和社会关系。他指出：饮食男女等也是真正人类的机能，然而，如果把这些机能同其他人类活动割裂开来并使它成为最后和唯一终极目的，那么，在这样的抽象中，它们就具有动物的性质。又说：只有在社会中（主要指社会关系——笔者注），人的自然存在才成为属人的存在，人才能发展自己的真正天性。[1] 这样，马克思就从人的自然存在中揭示出人的本质——物质生产劳动和社会关系。

人的类存在是人的又一基本存在，其本质是自由自觉的生产劳动。马克思指出：第一，实际创造一个对象世界，改造无机的自然界，这是人作为有意识的类存在物……的自我确证。[2] 第二，正是通过对对象世界的改造，个人才实际确证了自己和他人关系的共通性：在这种关系中，个人通过他人意识到自己和他人同属一个类，都具有"人"这个类的共同性。意识到自己和动物不同，是具有自由自觉地从事创造性活动的

---

① 参见《马克思恩格斯全集》第 42 卷，94 页，北京，人民出版社，1979。

② 同上书，96 页。

能力的存在物。这里，马克思是把类意识和人类关系的共通性这些类存在的内容放到人的自由自觉的生产劳动中来说明的，换言之，是从人的类生活中揭示出人的自由自觉的生产劳动这一类本质。

人又是社会存在物，其本质是一切社会关系的总和。在马克思看来，人以自己的需要和活动为中介而成为社会存在物，因为人们由于相互需要的依赖性和生产活动而发生社会联系。在这种联系中，个人不仅意识到人与人之间的共同性，而且意识到他们之间的差异性和相互制约性，不仅意识到他的活动应是自由自觉的，而且感到在现实中是受社会制约的。之所以如此，其根据不是别的，正是人们所承担的不同的社会关系，正因为这一点，人与人之间才具有不同的社会生活方式和表现，从而才具有不同样式的个人及他们之间的相互制约。

个人还是有个性的存在。马克思指出，人是由于他的特殊性而成为个体，成为单个的即有个性的个人。在他看来，个人是社会关系的承担者，但他自身并不能完全被溶解在社会关系中，他的存在不能仅被归结为社会存在。个人由于自身还具有独特的个别性，所以也进行他的个人生活过程，这一过程是不能被他的类生活和社会生活所取代的。这样，有个性的个人之存在的本质，即在于他的独特个性。

这里，马克思从人的基本存在入手，揭示出了人的本质之内容：人是在一定社会关系条件下从事生产活动的，进而能动地表现他的独具个性的人。

3. 分析人的物质实践活动

人是具有多种属性的存在物。马克思以前的思想家往往片面夸大其中某一属性，忽视其他属性。如 18 世纪法国唯物主义者把人的本质归结为某种人的自然属性，而德国古典哲学家则把人的理性看作人的本质。之所以如此，在马克思看来，在于他们没有看到人的所有属性得以统一的基础——物质实践活动。

马克思从物质生产活动中发现了人的本质之秘密。他通过对这一活动的分析，揭示了人的本质的丰富性、历史具体性和完整性。这一方法贯穿于马克思所有著述的始终。归结起来，可分为以下三个基本逻辑层次。

一是从分析人的实践活动本身的性质入手揭示人类本质。马克思指出："一个种的全部特性、种的类特性就在于生命活动的性质，而人的类特性恰恰就是自由的自觉的活动。"①

这里，仅就人的本质而言，实际上表达了三层次含义：其一，人的类本质在于人的生命活动的性质；其二，这一性质在于自由自觉；其三，人的全部本质都内含在人的活动之中。在这一论断之后，马克思从人与动物在生产性质上的区别入手论证人的这一类本质。恩格斯在谈到人和动物在本质上的区别时，也从人的生产劳动性质（能动性、有计划性、创造性和自由性）来说明人的本质。②

二是从人的物质生产劳动的社会性质——物质生产方式或物质生活方式出发揭示人的社会本质。马克思指出："人的本质，在其现实性上，是一切社会关系的总和。"这实际上说的是：人的本质（自由自觉活动这一类本质）就它在现实社会中的表现、确证、实现和存在方式来讲，就它的社会现实性的基础和根据来说，是一切社会关系的总和。这样的理解，在《德意志意识形态》中得到了证明和进一步发展。马克思指出，物质生产方式"在更大程度上是这些个人的一定的活动方式，是他们表现自己生活的一定方式、他们的一定的生活方式。个人怎样表现自己的生活，他们自己就是怎样"③。

三是从人的物质生产劳动的个人性质入手揭示人的个人本质。在马克思看来，人的物质生产活动不仅属于人类和社会，具有类的性质和社会性质，也属于个人，具有个人性质。这就是说，人的物质生产的根据或动因植根于人的个人需要之中。除此之外，人的物质生产活动便无从谈起。每个人的需要不同，他们的理想、目的和任务也就不同，从而他

---

① 《马克思恩格斯全集》第 42 卷，96 页，北京，人民出版社，1979。
② 参见《马克思恩格斯选集》第 4 卷，378—384 页，北京，人民出版社，1995。
③ 《马克思恩格斯选集》第 1 卷，67—68 页，北京，人民出版社，1995。

们得以进行的物质生产活动的形式或方式一般来说也可能不同，因此也就可能成为不同样式的人。马克思指出：任何人类历史和物质生产的第一个前提，是有生命(具有肉体组织和需要)的个人存在。又说，"在现实世界中，个人有许多需要，正因为如此，他们已经有了某种职责和某种任务"，他们才可能成为不同的"我"。① 这样，个人独特的需要便是人的个人本质。

总之，马克思通过分析人的物质生产劳动揭示了人的本质是：人是个人需要、实践活动的自由自觉性和社会关系三者完整统一的人。

马克思运用以上三种基本方法揭示出了人的本质的完整内容，因此他得出结论说：现实中的个人在本质上，"是从事活动的，进行物质生产的，因而是在一定的物质的、不受他们任意支配的界限、前提和条件下活动着的"②。还指出，"如果使这个我脱离他的全部经验生活关系，脱离他的活动，脱离他的生存条件，脱离作为他的基础的世界，脱离他自己的肉体，那末他当然就不会有其他职责和其他使命"③，不会成其为现实的个人了。

(二)人的本质内容

要弄清马克思关于人的本质的内容，首先应对他的人的本质概念加以了解。因为在对马克思人学理论的研究中，人们对他关于人的本质内容的理解存在较大分歧，其主要原因，就在于人们没有弄清楚马克思关于人的本质与人性、人的本性、人的属性理论的区别和联系。

1. 人的本质与人性、人的本性、人的属性

在马克思那里，人的本质相对于本质的表现而言，是人之所以成其为人，并区别于其他动物的根据或最根本的属性。也就是说，人的本质有两个相互联系的含义或标志：一是人区别于其他动物的根据或最根本的属性；二是产生出人和人的各种类特性并使之得以发展的根本属性。

---

① 参见《马克思恩格斯全集》第 3 卷，326—328 页，北京，人民出版社，1960。
② 《马克思恩格斯选集》第 1 卷，72 页，北京，人民出版社，1995。
③ 《马克思恩格斯全集》第 3 卷，326 页，北京，人民出版社，1960。

仅有前一种标志，还不能算是人的本质，人的本质的根本含义或标志，是产生出人和人的各种类特性并使之逐步得到发展的根本属性。

在传统唯心主义哲学家们看来，人之所以成其为人，就在于他有理性、有意识、有思想。费尔巴哈从人的"感性存在"出发，把个人放在与自然的关系中进行抽象，因此，他把人的本质理解为仅仅是由单个的人所组成的类，理解为一种内在的、无声的、把许多个人纯粹自然地联系起来的共同性，即理性、爱情和意志，这并没有跳出唯心主义的泥沼。与费尔巴哈等思想家不同，马克思认为，既能和动物区别开来，又能使人成其为人的根据是生产劳动，即自由自觉的活动或有意识的生命活动。因为在马克思看来：首先，生产劳动，能确证人是有意识和自由自觉的类存在物，这种存在物把自己看作类存在物；① 其次，人的自我产生有一个从潜在的人到现实的人的过程，其结果便是使人成其为人，而这种使人成其为人的根据在于劳动，② 因为劳动产生了人及其语言、意识（思维）社会性和对自由的追求，③ 并使人及其属性得以发展；最后，这些个人使自己和动物区别开来的第一个历史行动并不是在于他们有思想，而是在于他们开始生产自己所必需的生产资料，而人们生产他们所必需的生活资料，同时也就间接地生产着他们的物质生活本身。④ 这样，马克思就彻底改变了强调"思想"是人的本质的哲学传统，找到了人之所以成其为人的真正根据——物质生产劳动，这就把人的本质建立在辩证唯物主义基础之上。这是马克思的根本贡献。由上可见，人的本质的第二种含义是人的本质的根本，是对人本身积极肯定的根据。

在马克思看来，与人的本质不同，人性并不是人之所以成其为人的真正根据。它的含义或特征是人区别于其他动物的全部类特性，这种类特性是由人的本质表现出来的，这种类特性有理想和现实之分。

---

① 参见《马克思恩格斯全集》第 42 卷，96 页，北京，人民出版社，1979。
② 同上书，163 页。
③ 参见《马克思恩格斯选集》第 1 卷，72 页，北京，人民出版社，1995。
④ 同上书，67 页。

人性主要侧重于人区别于动物的全部类特性，而人的本质则主要着眼于揭示人与动物区别的根据，并对人之所以成其为人给予说明。换言之，人性只表示从外观上看人和动物有哪些不同，而没有指出造成这些不同的内在根据；人的本质虽然在深刻性方面指出了人和动物相区别的内在根据，但它却不能完全表现人的复杂而丰富的特性，而人性则基本上能在全面性方面揭示人和动物的区别。

人性和人的本质在马克思德文原著中的表示方法也不同。人性一词为 Die Humanitat，而人的本质一词则为 Das Wesenbes Mensehns。这就是说，它们并不是同一词汇的不同翻译方法，而是两个完全不同的词。

人性表现着人的本质，说明人性和人的本质既有联系又有区别，那种脱离人的本质的人性和脱离人性的人的本质都是抽象的。既然人性为人的本质所决定，是人的本质的表现，那么，人性的内容就不止一个。在马克思那里，人性的内容都是具体的，都内在地蕴含着人的本质，但并不等于就是人的本质。这是马克思的一个贡献。马克思以前的许多哲学家往往把人性中的某一特性当作人的本质，有的把理性当作人的本质，有的把自我意识当作人的本质，还有的把道德看作人的本质，等等。其实，在马克思看来，这些都是人的本质即生产劳动的不同表现。理性和自我意识是在生产劳动的基础上产生的，是人的生产劳动表现出来的基本性质。因为人的生产劳动使人和环境、人和人发生关系，而"我对我的环境的关系是我的意识"①。人与人之间交往的需要也使意识得以产生。在我国学术界，也有一些同志把人性等同于人的本质。如有的同志在一本书中讲道："我们把人性理解为在根本上、一般哲学意义上把人和动物区分开来的东西，仅仅在这个意义上，本书把人性和人的本质当作同义语使用，但不是把它们完全等同起来。"②这些同志虽然指出了人性和人的本质的区别，但没有看到人的本质的一个根本含义是指

① 《马克思恩格斯选集》第 1 卷，81 页脚注，北京，人民出版社，1995。
② 王锐生、景天魁：《论马克思关于人的学说》，249 页，沈阳，辽宁人民出版社，1984。

人所以成其为人的根据，而人性主要是人的本质表现出来的、区别于其他动物的全部类特性。

在马克思看来，人性有理想和现实之分，而人的本质就其本来意义上讲，不能说它有理想的本质，而且只能说它自身中包含有理想因素和现实因素。在马克思那里，理想的人性是对动物性和非人性的否定，是对人的个性或主体性的肯定，是人的类特性在人的道德精神中表现出来的、有利于个人的一系列优秀品质和完美特性。这种人性不是从现实出发，它所规定的不是人性的现实状况，而是对美好人性的向往，是一种被精神净化、美化了的人性范型，因而它带有规范性。[①] 这种人性有其深刻的根源，它根植于人的生产劳动过程中。人在生产劳动中，通过自己的理性而产生一种对自己在自然中的独一无二的地位的觉识，对自己的自我创造本质的一种意识，对自己未来的坚定信念，这种信念确认，不论人间现在多么不理想，但作为一个"类"，它总是自觉地向往理想境界。这种在生产劳动过程中通过理性而形成的觉识、意识和信念，就如观念一般凝结为理想化的人性规范。理想人性这一概念，在马克思那里常在下述情况下使用，即当他批判资本主义制度的非人性后果时，当他展望共产主义社会美好的未来时，他常在上述意义上使用人性概念。与理想人性不同，在马克思那里，现实的人性则是从现实的社会关系出发，对人性的现实状态所做的规定。它说的是人性在现实上实际上是怎样的，因而不带有任何理想成分和评价成分，是一种客观描述。不言而喻，这种人性根植于现实的生产劳动和社会关系中。

在马克思那里，人的本性既与人的本质不同，又与人性不同，它主要是指受人的肉体组织制约的、人与生俱来的和人本身不可或缺的规定性，是自然而然地制约人的一切行为的原初类特性。在马克思的德文原

[①] 参见《马克思恩格斯全集》第 23 卷，363 页，北京，人民出版社，1972；《马克思恩格斯全集》第 1 卷，487 页，北京，人民出版社，1956；《马克思恩格斯全集》第 3 卷，85、86、536—537 页，北京，人民出版社，1960；《马克思恩格斯全集》第 4 卷，北京，人民出版社，266、497 页，1958；《马克思恩格斯全集》第 42 卷，北京，人民出版社，124 页，1979。

著中，人的本性和人的本质、人性是在不同的含义上使用的。人的本性是和"天性"一词的含义等同的，而人的本质则是另外意义上的一个名词，它指的是人的"根本特性"。在《德意志意识形态》中，马克思明确地把人的本质和人的本性区别开来：交往形态，以及个人的关系和社会关系"在意识中表现为从一般人的概念中、从人的本质中、从人的本性中、从人自身中产生的规定"①。此外，当马克思谈到人的本性时，往往与人的自然欲望和生理需要及天性联系在一起，② 而当谈到人性时，又常和人的美好品质相连。③ 可见，人的本性与人的本质、人性是有区别的。那种把人的本性等同于人的本质、人性的观点，容易把人的本质、人性抽象化，把人的本性夸大化。

在马克思那里，人的本性与人性、人的本质还有其联系的一面，这就是：人的本性是人性的逻辑前提和根源，离开人的本性就无所谓人性。但须注意的是，承认人的本性并不等于承认人性，因为人性还是人的本性在人的生产劳动或社会实践中的表观，是历史地变化了的人的本性，这种本性是与人的一般本性不同的。人的一般本性只是一种形式上和本体上的抽象规定性，而人的历史地变化了的本性即人性，则是现实具体的，是一种具有特定社会内容的具体规定，之所以如此，是由于人的生产劳动或社会实践使然。

在马克思看来，人的一般本性的内容大致来讲有自然本性、精神本性、劳动本性和社会本性。但从形式和逻辑次序来讲，其最基础的本性是受人的肉体组织制约的自然本性，而人的主要自然本性是人的需要。其原因有以下几点：第一，人之所以要结成社会，是由于个人在其自然性上是有限的，单靠个人无法从外部自然界获得满足自己生存的生活资料，更谈不上发展，为了生存和发展，他就需要和他人合作交往即结成社会。人之所以必须劳动，必须和自然界发生关系，就其原初目的来

---

① 《马克思恩格斯全集》第 3 卷，199—200 页，北京，人民出版社，1960。
② 参见《马克思恩格斯全集》第 23 卷，98、669 页，北京，人民出版社，1972。
③ 参见《神圣家族》，166—167 页，北京，人民出版社，1982。

讲，是为了满足个人的自然需要。至于人的精神，也是附着于和服务于人的自然需要的。马克思指出：人们的肉体组织和需要制约着他们与自然界的关系，决定着他们的物质生产即劳动，也决定着人与人之间的物质联系或社会关系。第二，在自然主义那里，人是自然的一部分，自然就是人的"王国"。人的身体、各种需要和感觉，把他与自然紧紧联结在一起。人与自然的这种关系对于人来说是本质的，不可摆脱、不可弃之不顾的，人的各种行为受人的肉体欲望支配。第三，马克思批判地继承自然主义的上述思想，鲜明地把人的需要作为人的本性，比前人进了一步。第四，人的需要之所以是人的本性还在于：人的需要是人本身固有的、不可缺少的规定性，是制约人的一切行为的基质，离开人的需要，人就什么也不是，人的行为也就无从谈起。

在关于人的问题的讨论中，有人不同意把人的需要看成是人的本性，而把人的需要看成人性。如有的人认为，人性就是人的由社会关系决定的通过自由自觉的活动产生的社会需要。① 实际上，人的需要不是人性，因为人性是由生产劳动即人的本质决定的并反映在人的社会性上，而人的需要则是人的生产劳动的内在动机。

这是不是说人的本性比人的本质更根本？不是的。人的需要只不过构成"生产的观念上的内在动机"，构成"生产的前提"②；生产和需要"总是表现为一个过程的两个要素，在这个过程中，生产是实际的起点，因而也是起支配作用的要素"，而需要"本身就是生产活动的一个内在要素"③。离开了生产劳动，我们就不能解释需要的内容及其满足方式。这就是说，生产是需要的现实的起点，而需要则是生产观念上的起点，任何需要都受生产限制。但是，绝不能因为需求受生产限制就得出结论说，生产受需求限制或曾经受它限制，生产永远不能超出需求。在现实

---

① 参见李连科、刘奔：《马克思关于人性三种提法的内在联系》，载《学习与探索》，1981 年第 6 期。

② 《马克思恩格斯全集》第 46 卷（上），28—29 页，北京，人民出版社，1979。

③ 同上书，31 页。

中，需要受生产限制和决定，而在观念中，需求又超越生产的限制决定生产。由于谈论生产劳动和人的需要的关系时，我们的出发点和立脚点是现实的，所以，生产劳动（即人的本质）才是比人的需要（人的本性）更根本的东西。在这个意义上，那种把人的需要看作比人的生产劳动更根本的观点是错误的。人的最根本的东西是能把人和动物区别开来，并使人成其为人的根据，不然的话，人就不成其为人了。人的需要再重要，它也不能把人和动物从根本上区别开来，不能成为人性的最终根据，也不能直接使人成其为人，而能做到这些的，只能是人的生产劳动。

至于人的属性，则是一个外延最大的概念，是指人的全部属性，也就是指人在与他人和他物发生关系时表现出来的人的属性，它只能在关系中存在。人在与其他动物发生关系时，他表现出来的应是人的种种社会属性；在人作为自然的一部分的意义上，他表现出来的是人的自然属性，等等。在实际上，人的本质、人性和人的本性，都会在不同程度和不同意义上，通过人的种种属性（其基本属性是人的自然属性和社会属性）表现出来。

总之，在马克思那里，人的本质是人之所以成其为人的根据；人性是为人的本质所决定的，且表现和反映在人的精神或观念中的特性；而人的本性则是由人的肉体组织所决定的、人所固有的、不可缺少的规定性，是自然而然地决定着人的一切行为的根据，至于人的属性，它是人与他人和他物发生关系时表现出来的属性，它主要有人的自然属性和人的社会属性。其中，人的本质是对人来说的最根本的东西，离开人的本质来谈人性和人的属性，必将陷入抽象。

2. 人的本质结构

在马克思那里，人的本质不仅可以从其内涵上来分析它与人性、人的本质、人的属性的区别和联系，还可以从其结构上来考察它所包含的内容。

在马克思看来，人的本质是人的生产活动。人的生产活动可以从多方面来考察，因而人的本质可以从多方面来规定。换言之，人的本质的规定是多层次的。

首先，人的本质的主体性规定。

说人的本质是生产劳动，仔细追究起来是不严密的，因为动物也进行"生产"。实际上，马克思认为，人的生产与动物的生产的区别在于生产的性质不同。因此，说人的本质是生产劳动，是指具有某种性质或特性的生产劳动。对人的生产劳动即人的本质，可以从它的性质或特性方面来说明。

马克思认为，人的生产劳动的性质或特性可以从人和动物的区别方面来考察。

人的生产劳动与动物的生产不同，具有自觉的性质或特性。"自觉"是相对于"盲目"和"自发"而言的，它有如下几点含义：意识自身，确立目的或目标，自觉的计划性——这里的"计划性"是指制订一定的方案和措施。动物学研究表明，动物的生产是盲目自发的，它意识不到自己在生产，它的生产没有明确的目的或目标，并且是无计划的。与动物的生产不同，人的生产劳动是自觉的，他意识到自己在生产，而且知道生产什么、怎样生产和为何生产。

与动物的生产不同，人的生产劳动还具有自由的性质或特性。这里的"自由"是相对于"受限制"或"强制"而言的，它主要是指自主性和选择性。动物的生产受肉体需要和本能欲望支配，并且不能自由地对待自己的产品。动物饿了就去捕食，冷了就去造窝，它不能给自己创造一个"理想"的世界，而只能被动地接受自然直接给予的"事实"，只能按照自然界给予它的各种"信号"行事，只是"按照它所属的那个种的尺度和需要来建造"。因此，动物的生产是没有自主选择的。而人的生产劳动首先具有自主性，他可以不受肉体需要的支配而按照自己的种种目的进行生产，并且有可能自由地对待自己的产品；其次他的生产具有选择性，他"懂得按照任何一个种的尺度来进行生产，并且懂得怎样处处都把内在的尺度运用到对象上去；因此，人也按照美的规律来建造"①。

---

① 《马克思恩格斯全集》第42卷，97页，北京，人民出版社，1979。

人的生产劳动的自由自觉性只表明人的生产劳动的性质，但不是生产劳动的根本性质（即本质）。在马克思看来，人的生产劳动的性质是自由自觉的活动，但其深刻的内涵，乃是通过这种自由自觉的活动来实现其创造性的本质（这里的"创造性"被理解为创新、改造、建造、建立和积极能动性等含义）。这里劳动的"自由自觉性"和"创造性"，包含对"自由自觉"和"创造性"生产劳动的追求。其原因主要有以下几点。第一，人类生活的根本特征在于他们能够永远向着"未知领域"行进，在于他们永远处在连续不断的"创造"世界中，不这样，人类就无法生存和延续下去。第二，环境、文化和历史都是人的活动的创造性的产物，人在创造环境、文化和历史的同时，也在创造人自身。第三，活动的自由自觉的性质只是实现活动的创造本质的一种条件，后者才是活动的根本特征。第四，人的活动的自由自觉的性质还是人的创造性活动的一种表现或体现，换言之，人的创造性活动是人的活动自由自觉性的根源。马克思写道："任何一个存在物只有当它用自己的双脚站立的时候，才认为自己是独立的，而且只有当它依靠自己而存在的时候，它才是用自己的双脚站立的。靠别人恩典为生的人，把自己看成一个从属的存在物。但是，如果我不仅靠别人维持我的生活，而且别人还创造了我的生活，别人还是我的生活的泉源，那么，我就完全靠别人的恩典为生；如果我的生活不是我自己的创造，那么，我的生活就必定在我之外有这样一个根源。"①第五，正是由于人的创造性活动，人才能"超越"其本能和自身有限性的限制，②才成其为人。正如黑格尔和马克思所说的，人是自我创造活动的结果或产物。③

　　既然人的生产劳动的本质特征是人的创造性劳动，那么在马克思那里，人（或个人）的本质规定之一，就是他的创造性劳动或劳动的创造性。这一规定撇开了个人的一切现实差别性，是从人和动物的根本区别

---

①　《马克思恩格斯全集》第 42 卷，129 页，北京，人民出版社，1979。
②　同上书，163 页。
③　同上书，102 页。

上，对个人的主体性的概括。因为在这一规定中，自由自觉和创造性充分显示出个人的主体性，同时，人被看作优越于动物而按照自己的目的建设人的世界的主体，看作劳动实践的主体，看作外部世界和自身的主体。由此可以说，马克思青年时期关于人的本质就在于人自身，以及人的类特性就在于自由自觉的活动的思想，是从一个侧面即人的主体自身这一侧面，来规定人的本质的。因为在马克思看来，当人们谈到劳动时，实际上也就是在谈论人本身。① 有些人不去理解马克思这些论断的真义，一味否定人的本质在于人自身这一命题，这是片面的。

其次，人的本质的客观现实性规定。

在马克思看来，人的生产劳动的性质或特性不仅要从人和动物根本区别的方面来考察，还要从人和人的区别方面来分析。因为要说明人的生产劳动的性质或特性，就必须回答这样一个问题：既然自由自觉的创造性劳动是人优越于动物的根本和依据，那么为什么在一定的社会现实中越是劳动，反而越是变得如同动物一样，甚至不如动物呢？用马克思的话来说就是，为什么会产生出异化劳动呢？

马克思指出，原来人的生产劳动并不是孤立进行的，它必须借助于一定的社会形式和社会关系，离开一定的社会形式和社会关系，就根本不存在什么生产劳动。其主要原因有以下两点。第一，社会关系是人的生产劳动得以存在、表现和实现的必然形式，就是说，单个人的有限性使他无法进行生产劳动，只有在一定的社会关系条件下，他才能生产自己的物质生活及与这种物质生活有关的东西。第二，生产有一个生产什么、怎样生产和为谁生产的问题，这实质上就是一个生产的社会物质条件问题。而生产的社会物质条件最主要的就是社会关系的基本关系——生产关系。既然人的社会关系是人的生产劳动赖以存在和实现的条件或社会形式，那么就必须从人的社会关系的总和方面（尤其从生产关系方面）来分析人的生产劳动，来揭示人的生产劳动的社会性质。

---

① 参见《马克思恩格斯全集》第 42 卷，102 页，北京，人民出版社，1979。

这实际上是一个必须依赖"社会关系的尺度"进行生产的问题，也就是说人的生产劳动要受社会关系制约，要适合社会关系的发展规律。

在马克思看来，既然人的生产劳动必须放到一定的社会关系中来理解，那么，人（或个人）的本质也就必须从一定的社会关系出发来规定，即从后者出发来理解人（或个人）的本质的具体内容。因为这种具体内容与人们进行生产劳动的社会物质条件即社会关系是一致的。如果说人的创造性生产劳动是人的类本质，那么，在一定社会关系总和条件下的人的现实具体的生产劳动，则是人的本质的具体内容或具体体现，亦称个人的现实具体的本质。由于人的社会关系的总和是人的生产劳动的对象化或客观现实化的产物，是人的生产劳动的现实性，在其中可以直观地表现人的本质，所以，社会关系的总和既是个人本质的具体内容（或具体体现），即个人的具体现实的本质，同时又是研究个人本质的具体方法论。马克思关于人的本质就其现实上是一切社会关系的总和的论断，实质上说的是，人的本质就其具体化为现实过程来讲，就其实际存在的客观差别性的根据来讲，是一切社会关系的总和。这里，他讲的是个人在客观现实中的现实具体本质，以及研究个人的现实具体本质的根本途径或方法，是从客观现实中人与人实际存在的客观差别性上，对个人的客观现实性概括。显然，它不是人的本质的唯一规定。那种关于人的社会关系的总和是人的本质的唯一科学规定的说法是片面的，而那种离开人的社会关系来谈论人的本质的做法则是抽象的、不现实的。

最后，人的本质的内在规定。

在马克思看来，人的本质不仅可以从社会关系的总和、从人的创造性生产劳动来规定，而且要从人的需要出发来加以说明。

人的需要从它与人的生产劳动的关系上来考察，可分为人的自然肉体的需要和由人的创造活动引起（或产生）的"新的需要"。[①] 人的自然肉体需要是指由人的肉体组织决定的，用以维持其生命而对生活资料（吃、

---

① 参见《马克思恩格斯选集》第 1 卷，79 页，北京，人民出版社，1995。

穿、住等)的需要，质言之，是人的最直接的生理需要，而"新的需要"，则是指由人的创造性社会活动决定的，用以保证人进一步发展的社会性需要。

人的这两种需要具有不同的意义。人的自然肉体的需要是人的生产劳动的原动力或内在根据。马克思、恩格斯指出，人为了生活，首先就需要吃喝住穿等。因此第一个历史活动就是生产满足这些需要的资料，即生产物质生活本身，同时这也是人们仅仅为了能够生活就必须每日每时都要进行的(现在也和几千年前一样)一种历史活动。① 人的"新的需要"除了是人的生产劳动的新的动力外，它的另一个意义在于它表现、体现着人的本质——生产劳动。因为第一，生产劳动是满足人的需要的手段，换言之，人的生产劳动就是为了直接满足人的需要。这样，人的生产劳动如何，人的需要也就如何，就是说，人的生产劳动的状况决定着人的需要状况。由此可以得出一个结论：在人的需要的状况中，可以直观人的生产劳动的状况，前者像一面镜子映照着人的生产劳动，即人的本质。因此，人的需要状况是人的本质状况的一种体现和证实。第二，人的需要既使人的生产劳动具有创造性，又使其具有社会制约性，既使人成为能动的、主体性的存在物，又使人成为受动的、客观性的存在物。在马克思看来，一方面，人的需要使人具有自然力和生命力，这些力量是作为禀赋和能力，作为欲望或情欲在他身上存在的，而欲望或情欲是引起人的积极能动的活动和强烈地追求自己的对象的本质力量，因而它使人表现为或成为能动的、主体性的存在物；另一方面，人的需要的满足方式和满足状况使人感觉到人又是受动的、受制约的和受限制的存在物。也就是说，他感觉到自己的需要受外部对象的限制，因而人的需要又使人表现为受动的、客观性的存在物。第三，人的需要从最初意义或其本性来讲，使人们必然引起改造外部自然的生产活动，以及在活动中发生联系，即构成社会关系。人们为了满足自己的需要，就必须

---

① 参见《马克思恩格斯选集》第1卷，79页，北京，人民出版社，1995。

从事一定的生产活动，而要使生产活动得以进行，就必须结成一定的社会关系。因此马克思指出：他们的需要……的本性，以及他们求得满足的方式(能动的生产活动——笔者注)把他们彼此联系起来了。① 第四，人的现实需要既体现出生产劳动的状况，也体现出社会关系的状况。生产劳动是满足人的需要的手段。换言之，人的生产劳动就是为了直接满足人的需要。这样，人的生产劳动如何，人的需要也就如何，就是说，人的生产劳动的状况决定着人的需要的状况。由此可以得出一个结论：人的需要的状况可以反映出人的生产劳动的状况(性质和水平)，即人的主体本质的状况——既体现出人的本质的力量，又体现出人的本质的性质。不仅如此，人的需要由于受社会关系状况的制约，所以它也像一面镜子反映出社会关系的状况。如当人的需要具有利己的性质时，它也就反映出社会关系的狭隘性质，而当人的需要充分表现人的本质力量时，它也就反映出社会关系的属人性质。马克思指出："在社会主义的前提下，人的需要的丰富性，从而某种新的生产方式和某种新的生产对象具有何等的意义：人的本质力量的新的证明和人的本质的新的充实。在私有制范围内，这一切却具有相反的意义。"②由上可见，"人的需要"这一规定，一方面统一了生产劳动和社会关系对人的两种规定性，另一方面又必须以二者的制约为条件。人既需要使自己成为主体，又需要使自己成为客体；他既需要改造社会，也需要社会来改造自身。因此，人的需要对说明和规定个人的本质同样是不可缺少的。

个人本质的这一规定是从个人与自身的关系即需要和对需要的满足的关系上，从个人的内在必然性上，对其内在本质的概括，它提供了人本身作为主客体统一的内在根据，提供了人不断追求、不断发展的根据。

此外，个人的个性也是个人本质的一个内容，这一本质使个人成为具体的人，把不同的个人区别开来。

---

① 参见《马克思恩格斯全集》第3卷，514页，北京，人民出版社，1960。
② 《马克思恩格斯全集》第42卷，132页，北京，人民出版社，1979。

个人本质的如上三个基本规定不是孤立存在的，而是构成一个密不可分的关于个人本质的结构系统，构成马克思所说的"现实的个人"。换言之，现实的个人的本质就是：从事创造性生产劳动的，因而是在一定的社会关系总和的条件下能动地表现、实现和确证其自由个性和满足其需要。因此现实的个人的本质"既和他们生产什么（满足需要的劳动及其产品——笔者注）一致，又和他们怎样生产（活动方式及其关系——笔者注）一致"①。

这个定义的正确性可由认识史来检验。马克思以前的许多思想家往往把人的本质从人的本性方面来理解，而且离开人的生产劳动和社会关系来理解，这样就无法说明人的产生及其发展，也无法说明人的社会历史性，只能把人理解为抽象的、孤立的、自然的人。马克思在汲取前人认识的经验教训的基础上，把人的本质和人性、人的本性区别开来，并且抓住了人的生产劳动、社会关系、人的需要和人的个性这四者来理解人的本质，从而能够说明人的产生及其发展，说明人的现实性或社会历史性，使人的本质问题的解决成为科学。

这个定义表明人是目的与手段的统一。它把表现、实现和确证人的自由个性和满足人的需要作为人的目的，而把从事创造性生产劳动作为达到其目的的手段。

这个定义体现着人本学规定和社会学规定的统一。把表现、实现和确证人的自由个性和满足人的需要作为目的，这是以人为本；而把这种目的的实现放在一定的社会关系条件下来考察，这是以社会关系为本。

这个定义还包含着价值成分与科学成分（或客观成分）的统一。人的需要意味着外部世界对人的服从，因而它意味着人是目的，是主体，人的创造性生产劳动则体现着人的对理想目的的追求，这是人的本质中的价值成分。人的个性意味着尊重个人，意味着对个人价值的肯定，这也是人的本质中的价值成分；而人在一定的社会关系中从事生产劳动则意

---

① 《马克思恩格斯选集》第 1 卷，68 页，北京，人民出版社，1995。

味着人对社会关系的服从，因而意味着人是客体，这是人的本质中的客观成分即科学成分。

然而，在对人的本质问题的讨论中，一些人只把自由和自由自觉的活动看作人的本质，这只是抓住了人的本质的人本学规定，看到了其中的价值成分。另一些人只把社会关系的总和看作人的本质的唯一规定，这只是抓住了人的本质的客观规定或社会学规定，看到了其中的客观成分或科学成分。这两种观点都是片面的。人的本质应是人本学规定和社会学规定的统一，是价值成分和客观成分的统一，只有这样，人的本质规定才是全面的。

3. 对马克思人的本质思想的歧解及评点

人的本质问题，在马克思的著作里得到了详细的研究和阐述，但前期著作与后期著作在论述的侧重点上有所不同。正因如此，便造成人们在人的本质问题上的一些分歧。

有些同志认为，马克思在其早期著作中有的人的本质的理解，并没有克服费尔巴哈人本主义的影响，因而他对共产主义的论证仍具有抽象性和思辨性，对无产阶级历史使命的阐述还不是建立在对资本主义社会的历史的经济的科学分析之上，而是诉诸人的本质及其异化理论，这种历史观与成熟时期的马克思主义历史观是不能相提并论的，马克思后来也对自己过去的哲学信仰进行了清算。所以我们不能把马克思本人早已历史地超越了的观点当作永恒真理。另一些同志认为，马克思早期关于人的本质的思想并非一概是不成熟的，他在其成熟时期也并没有放弃对人的本质的考察，所以，我们不能对马克思关于人的本质的一贯思想进行人为的割裂。双方分歧的焦点，在于如何看待马克思前后期著作中对人的本质问题的论述，在于如何看待人的自由自觉的活动和社会关系的关系。

我认为，马克思早期是从理想的类本质即自由自觉的活动出发来衡量一切的，其中深受费尔巴哈人本主义的影响。晚年的马克思"扬弃"了早期关于人的本质的思想，将对人的本质问题的研究建立在对人的一切社会关系总和的科学认识基础之上，但他并没有抛弃关于理想的类本质的思想，因为这一思想有它存在的合理性和必要性。

马克思早期关于人的本质的思想，集中在《1844 年经济学哲学手稿》中，尤其是集中在"人的类特性恰恰就是自由自觉的活动"这一论断上。马克思的这部手稿和这一论断，无论从哲学的出发点和归宿来看，还是从哲学论证的方法来看，确实深受费尔巴哈人本主义的影响。马克思是从理想的类特性即自由自觉的活动出发来衡量资本主义社会中的劳动，认为这是异化劳动，而共产主义应是人的本质的复归，即对人的本质的重新占有。这显然是费尔巴哈关于历史是人的本质——人的本质异化——人的本质复归的历史的抽象公式的套用。但是，就其思想内容来说，它已超出费尔巴哈。马克思是把劳动看作人的类本质，这与费尔巴哈把理性、意识、心看作人的本质是不同的。马克思把人的本质复归在性质上看作彻底地、自觉地保存以往发展的全部丰富成果的复归；在途径和手段上，看作扬弃观念生活的异化和人的现实生活的异化，认为要做到这些，只有借助人的实践和共产主义的实际运动。这显然与费尔巴哈的人的复归的思想有根本区别。

随着认识的发展，马克思逐渐认识到：单从个体和类、本质与存在的矛盾出发不能科学说明社会历史的发展，要科学说明人和历史及其发展，应深入劳动的内部。马克思借助"分工"对人的生产劳动活动进行分析，发现了人的生产劳动活动的两个本质内容：生产力和生产关系；又通过对这二者的辩证关系的研究，找到了社会历史的现实基础和运动规律。① 从此出发，马克思又反过来研究人的本质，认为生产力和生产关系是人的本质的现实基础，指出人是什么样的，是与他们的社会物质生活条件一致的，② 是与他们的社会关系一致的。

但是，马克思在晚年并没有抛弃人的理想的类本质的思想，只是抛弃撇开人的生产力和生产关系来抽象地谈论人的类本质的方法。不仅如此，马克思还把"人的本质"置于现实的科学基础之上，并将其限制在一

---

① 参见《马克思恩格斯选集》第 1 卷，66—80 页，北京，人民出版社，1995。
② 同上。

定的使用范围。马克思的早期著作着重从价值观方面考察人的本质，后期著作则着重从世界观或科学观方面说明人的本质。这种表面现象使一些人认为马克思晚年不再谈论人的本质问题，尤其是不再谈论自由自觉的活动这一人的本质。例如，美国的 W. 利奥格兰德在他的《关于"青年马克思"争论的述评》一文中指出：马克思在第六条提纲中否定了人类本质和类存在的主张。在这个《关于费尔巴哈的提纲》以后，马克思从没有再使用过类存在的概念，也再没有无批判地提到过人类本质的概念。现存的状况就不再能按其是否与人的本质相一致来做出评价，而只能对照另一种真实的现存状况来评价。我国也有学者认为："无论是马克思、恩格斯还是列宁，都反对从所谓人类天性出发去说明和评价社会……《手稿》所说的自由自觉的活动是对未来共产主义可能出现的理想的劳动的绝对化，从它出发去说明历史，必然忽视历史的现实基础，这种历史观显然具有人本主义性质。"①

这种看法显然是片面的。第一，马克思在晚期并没有从人的本质即自由自觉的活动出发去说明历史，这是他早期的局限，而只是将其限制在一定的使用范围，即用它来评价历史。上述观点没有注意这种限制和区别，因而是欠考虑的。第二，马克思晚年之所以还用人的类本质来评判社会历史，是因为对社会历史的评价是必要的。人是历史的目的和主体，人总要从历史满足自己的需要的程度出发来评价历史进步的状况，来激发人们的热情。这是人和历史关系中的不可缺少的一个方面，舍此，人只能充当历史的玩偶。第三，《资本论》及其前后的著作，是马克思历史观的完整形态。在这些著作里，马克思并没有放弃对人的本质的人类学方面的阐述。首先，马克思在《资本论》第一卷中引用了工厂视察员的报告的大量摘录，在这些摘录中，马克思引用了大量成年人、老年人、妇女和儿童被强制去做非人劳动的事实。其次，马克思在强烈谴责了资本主义雇佣劳动制度的非人性时，还不时使用人的本质概念。这

① 赵常林：《马克思主义与人本主义、人性论是两种对立的世界观》，载《哲学动态》，1982(10)。

里，马克思心中的尺度仍然是自由自觉的劳动。因为雇佣劳动是与人的自由自觉活动相对应而存在的。再次，马克思关于自由时间的论述，关于自由王国和必然王国关系的论述，就包含着人的自由自觉的劳动的观点。在马克思看来，劳动时间可基本上分为必要劳动时间和剩余劳动时间。在资本主义条件下，人在必要劳动时间内，其劳动相对来说是不自由的，而且必要劳动时间占去了工人的大量劳动时间。这样，工人劳动的剩余（自由）时间受到限制，因而人的全面发展也受到限制。到共产主义社会，人们的必要劳动时间缩短了，这样，人们可以在自由时间内自由自觉地进行劳动，从而发展其多方面的能力。当然，这种自由自觉的劳动也是相对的。在这些论述中，包含着人的自由自觉活动的思想。最后，在《资本论》中，马克思提及了社会由资本主义向共产主义过渡的问题。在马克思看来，由资本主义向共产主义过渡，既是生产力和生产关系矛盾运动的客观必然结果，同时也是符合人性发展要求的必要。但是马克思后期对自由自觉的活动这一人的本质规定的阐述，是建立在对社会关系科学认识的基础之上的。他一方面从前者出发来评判社会关系，另一方面从社会关系出发来说明人的自由自觉的活动。马克思关于自由王国和必然王国的关系的思想就充分证明了这一点。

(三) 人的本质的方法论意义

马克思把对人的本质问题的研究看作研究人、自然和社会历史等问题的出发点和前提，是为达到某种目的提供一种方法论。

1. 为揭示社会历史的本质提供方法论

在马克思看来，人是社会历史的主体或"剧作者"，因而整个历史也无非是人类本性的不断改变而已。[1] 既然如此，要想认识社会历史，就必须对人的本质有所认识。从揭示人的本质入手认识社会历史，是马克思人学研究中采用的一种方法。

在《博士论文》中，马克思把自我意识看作人的类本质，因而他从此

---

[1] 参见《马克思恩格斯全集》第 4 卷，148—149 页，北京，人民出版社，1958。

出发说明社会历史，认为社会历史是自我意识的表现和实现。《莱茵报》时期，他认为人的类本质是"理性和自由"，与此相应，他把理性和精神作为社会的本质。在《黑格尔法哲学批判》中，他把理性和自由看作人的社会本质，从此出发，他把国家看作理性和自由的产物和表现，进而又把家庭、市民社会和国家看作人的本质的实现和客观化，并从此出发批判了封建王权和等级制，认为后二者是人的活动脱离人的本质之结果。在《德法年鉴》中，马克思把人本身和人的存在看作人的本质，并从此出发说明宗教、国家和社会，认为它们都是人的本质异化。在《1844年经济学哲学手稿》中，他认为自由自觉活动是人的类本质，因而他整个社会历史观和共产主义学说便建立在对人的本质的这种认识上。在《关于费尔巴哈的提纲》及以后的著作中，马克思把有生命（有个性）的个人、物质生产实践活动和社会关系看作人的本质的规定，从此出发，他把这三者看作社会历史的基本前提、出发点和本质内容（因素），并以此来说明社会历史发展：社会历史是"个人本身力量发展的历史"，是物质生产劳动的发展史，是生产力和社会交往形式（社会生产关系）矛盾运动的历史。

2. 为说明人的问题提供方法论

人的本质是人得以存在和发展的一个根据，因此，马克思对人的本质内容之揭示，必然为他分析人的问题提供一把钥匙。

他从有个性的个人、生产实践活动和社会关系三者统一出发，来分析说明人的全面发展、人的自由、人的平等、人的权利和人的解放之内容和条件，来批判以往的人的学说。例如，他把人的全面发展的基本内容和条件归结为三个基本方面：一是人的生产实践活动达到充分的丰富性、变动性和完整性，消灭旧式分工和发展社会生产力；二是人的社会关系充分达到全面、和谐一致的发展，消灭私有制；三是个人本质力量、能力、潜能和个性的充分发挥，唤醒个人自我意识。这显然与他对人的本质内容的认识有关。

他从有个性的个人、实践活动和社会关系三者的统一出发，来分析和说明人的自由的内容及实现条件。在马克思那里，人的自由是从如下三个基本方面来分析的：一是人作为人类一员所享有的自由，即自由自觉的活动是人作为人的一种权利和追求（这方面在他的早期著作中得到了说明）；二是人作为社会和社会关系中的一员的自由，即人从社会关系中解放出来（认识和驾驭社会关系），做社会和社会关系的主人；三是人作为有个性的个人之自由，即个人自由地发挥其个性、能力和本质力量。① 后两方面在马克思的成熟著作中，尤其是在《共产党宣言》和《资本论》等著作中，得到了详尽阐述。

他从有个性的个人、实践活动和社会关系三者的统一出发，来分析和说明人的解放：首先，他从社会关系方面谈论人的解放，指出这种解放是消灭狭隘陈旧的社会关系或私有制，使社会关系成为有利于人的发展和自由的社会关系，使人在社会中自由而全面地发展其能力；其次，他从实践活动方面论述人的解放，认为这种解放是消灭异化劳动，使异化劳动成为自主劳动；最后，是从个人的个性方面阐述人的解放，强调人的解放还是个人自己支配自己，做自己的主人。可以说，这三方面大致概括了马克思关于人的解放思想的基本内容。

他还从有个性的个人、实践活动和社会关系三者的统一出发批判以往的人的学说。在马克思看来，以往的人的学说抽象地谈论人和个人，其根本原因在于忽视了人的实践活动和社会关系。国民经济学只关心劳动的经济学意义，忽视劳动的属人性质；黑格尔虽看到劳动的属人意义，但他所谓"劳动"却是精神劳动，而且他也很少从社会关系出发来考察个人；费尔巴哈的"人"亦是如此，他只把人看作直观的感性对象，而不看作感性活动，他撇开历史的进程，孤立地、抽象地观察人类个体，只把人的本质理解为类，理解为一种内在的、无声的、把许多个人纯粹联系起来的共同性。总之，他不把人作为在现实中行动的人来研究，而

---

① 参见《马克思恩格斯全集》第1卷，409页，北京，人民出版社，1956；《马克思恩格斯全集》第2卷，167页，北京，人民出版社，1957；《马克思恩格斯全集》第42卷，167页，北京，人民出版社，1979。

是脱离开人周围的生活条件来考察。针对以往人的学说的缺陷，马克思主张从有个性的个人、实践活动和社会关系三者的统一来研究人，从而实现了人学观上的变革。

3. 为说明"自然"提供方法论

"自然"是马克思学说中的一个重要概念，对这一概念的揭示和分析，马克思也是从有生命的个人、实践活动和社会关系三者的统一出发的。在他那里，关于"自然"的概念有三种基本含义：一是从人的实践活动的对象性出发来说明自然，认为自然是"人化的自然"；二是从社会关系出发来考察自然，认为自然是"历史的自然"或"社会中的自然"，自然只有在社会和社会关系中才成为人和人联系的纽带，成为人生存的基础；三是从有生命的个人出发来理解自然，指出自然是有生命的个人的无机身体。①

4. 为分析社会经济现象提供一把钥匙

作为社会经济现象的社会经济关系是人与人之间的经济关系，既然如此，对人的本质内容之揭示，无疑对分析社会经济现象具有重要的意义。

马克思就是从有生命的个人、实践活动和社会关系三者的统一出发，来分析说明社会经济现象，来阐明政治经济学原理的。他在《1844年经济学哲学手稿》中，第一次集中分析了"劳动者及其产品的异化"这一基本的社会经济现象（或事实）：一方面从人的自由自觉的活动出发说明这一现象，认为这一现象表明人的劳动产生了异化；另一方面从社会关系出发分析这一现象，指出这一现象表明人与人之间存在着私有财产关系，存在着资本家对工人的占有关系。另外，他还从有个性的个人出发来考察这一现象，认为这一现象表明人的个人价值、尊严和幸福的丧失，表明个人需要和发展受到压抑。在《资本论》中，马克思又对社会经济现象（主要的是资本家对工人的剥削）进行了深入而系统的分析，指

---

① 参见《马克思恩格斯全集》第42卷，95页，北京，人民出版社，1979。

出，他对资本主义社会的经济现象的分析，首先是从人与人之间的社会关系的一种特殊表现形式即商品交换关系出发的，并且力图在物与物的关系中揭示出人与人的关系，尤其是资本家对工人的剥削关系。同时又指出，他在分析社会经济现象时在某些方面陷入困境，其原因在于没有把人还看作有个性的个人。所以，在分析和解决问题时，他又力图从有个性的个人出发，认为有个性的个人是未来共产主义社会应确立下来的基本原则，并由此出发，谴责资本主义社会经济关系和制度对个性发展和自由的非人性压抑。另外，马克思还从实践活动的一种特殊社会形式——雇佣劳动出发，来分析社会经济现象，说明资本家对工人的经济剥削和压迫的秘密，说明资本和私有财产。他指出："共产党人可以把自己的理论概括为一句话：消灭私有制"，即消灭私有财产，而"这种财产是在资本和雇佣劳动的对立中运动的"①。从这里可以看出，通过对雇佣劳动的分析来说明社会经济现象，在马克思的理论中占有十分重要的地位。

5. 为制定科学共产主义学说提供线索

科学共产主义学说是马克思理论体系的核心，从他对共产主义学说的阐释中可以看出，其中贯穿一条基本线索，这就是始终对有个性的个人、实践和社会关系的深切关注。

首先是对有个性的个人的关注。这一点充分体现在《德意志意识形态》《共产党宣言》和《资本论》等著作中。其基本思想是："共产主义所造成的存在状况，正是这样一种现实基础，它使一切不依赖于个人而存在的状况不可能发生，因为这种存在状况只不过是各个人之间迄今为止的交往的产物"②；个人能力的全面发展是共产主义社会的最大财富，自由个性的实现是它的最高成果，在共产主义社会这一自由个人的联合体中，每个个人的自由而全面的发展将与人类社会的发展取得和谐一致；因此，共产主义应使有个性的个人和个人自由而全面的发展作为一种基

---

① 《马克思恩格斯选集》第 1 卷，286—287 页，北京，人民出版社，1995。
② 同上书，122 页。

本原则确立下来。

其次是对实践的关注。马克思把实践的唯物主义看作他的共产主义学说的一个中心内容。这一内容包含两个方面：一是通过人的实践改造活动，实际地批判和改变事物的现状，使现存世界革命化；二是共产主义实质上是通过实践消灭现存状况的现实运动，是通过革命实践改造旧世界的运动过程。①

最后是对社会关系的关注。马克思指出，共产主义是由消灭陈旧狭隘的社会关系产生的，是对私有财产关系的积极扬弃，它的理论可概括为一点，这就是消灭私有制这一社会关系。②

在做了以上阐述之后，我们不应忘记，马克思对人的本质的揭示，是离不开他对实践、社会历史和社会经济关系的分析和认识的。实际上，他对人的本质的认识过程同他把这一认识作为方法加以运用的过程是一致的，也就是同一过程的两个不同方面。

---

① 参见《马克思恩格斯选集》第 1 卷，75、87 页，北京，人民出版社，1995。
② 同上书，286 页。

第五章　马克思关于人的社会观

　　以往的人学忽视人的社会性，离开人和人的社会关系考察人。当马克思认识到人的社会本质是一切社会关系的总和之后，便真正开始注意从人和人的社会关系出发来考察人的社会性，即人的社会存在或人的社会生活过程。这就是关于人的社会观。所以，在考察马克思关于人的本体论之后，逻辑上紧接着就应该阐发马克思关于人的社会观。马克思在这方面的核心思想及理论贡献在于：针对以往人学的缺陷，把人看成是社会的个人，把社会看成人的社会(前者表现在它注重探究人的社会性，后者表现在它对自由个人的联合体的关注)，在对这两个问题的探讨中，涉及人在社会生活过程中的地位和作用问题。这也就是马克思关于人的社会观的三个基本内容。关于人的社会观，是马克思人学的独特贡献，也是马克思在人学思想史上实现变革的根本方面，因而它在马克思人学理论中，具有核心和基础的地位。

一　人的社会性

　　马克思以前的思想家注意到了人的社会性，

但把这种社会性主要归结为人的合群性。马克思在批判继承前人思想的基础上，对人的社会性提出了新的看法。

在马克思那里，人的社会性有三层基本含义。

（一）合作性、群聚性和集体性

在马克思那里，这种意义的社会性，是从个人的有限性，以及为了生存需要和他人合作的类本性着眼的。因此，这种社会性多指人与人之间的联合性和共同性（共同规范、共同目的、共同意识、共同的需要和利益、共同的活动）。

对于这种形式的社会性，以前的思想家曾有所涉及。马克思在新的基础上继承了这一思想，并从两方面谈论这种社会性：一是从个人和自然的关系上，认为个人要满足自己的多种需要而生存，必须和他人联合结成集体并共同进行生产以改造自然界，由于这种必然性，便形成了人与人之间的合作关系和共同联系；二是从个人和他人、集体的关系上，马克思针对资本主义社会造成的个人与他人、集体之间的某种对立，以及 18 世纪盛行的"孤立的个人"和"自私的个人"的观点，指出个人在本性上是谋求联合和倾向于结成集体的。①

第一方面的社会性，是人与人之间在对自然界的作用上的联合性和集体性，它具有社会学的性质；第二方面的社会性在一定社会历史条件下具有伦理学的性质。无论是社会学意义上的社会性，还是伦理学意义上的社会性，都是有利于个人生存的。

在马克思那里，人的相互依存性、集体性、聚合性（联合性）、共同性、合作性，都是人的社会性的同义语。马克思关于这方面的思想，有如下几点。

第一，人的联合性是人的类本性之一。在马克思看来，人类个体的生命、自然力、思维和能力都是有限的，个体孤立起来就无法生存。于是，个人为了生存就必须同他人合作，并组成集体来进行生产以改造自

①　参见《马克思恩格斯全集》第 42 卷，122 页，北京，人民出版社，1979。

然界。由于这种必然性，就形成了社会，而个人加入这种社会生活，就具有了社会性。

第二，人是从具有社会化的动物发展而来的，从而是一种具有社会化的动物。在马克思看来，人的语言和意识是人在劳动活动过程中集体合作生活的产物："许多个人不在一起生活和彼此交谈而竟有语言发展"，"是不可思议的"[①]。

第三，人的社会性表现为个人活动的集体共同性和聚合性。马克思在指责私有财产条件下个人的孤立状况时指出："社会的活动和社会的享受决不仅仅以直接集体的活动和直接集体的享受这种形式而存在，虽然集体的活动和集体的享受，亦即直接通过同其他人的实际聚合来表现自己和确证自己的那种活动和享受，在社会性上的上述直接表现以这种活动或这种享受的内容本身为根据并且符合于这个内容的性质的地方，是到处存在的。"因此，人"不仅是一种合群的动物，而且是只有在社会中才能独立的动物"[②]。

第四，人的社会性还表现为由个人所组成的共同联合体。马克思指出，在共产主义社会，人的社会生活的形式是由自由个人组成的共同联合体，个人在这种联合体中得以存在和发展。[③] 在这种意义上，马克思谴责资本主义社会，认为这种社会失去了人所本有的社会性，而个人的社会性，只有在共产主义才能得到真正实现。

(二)社交性和相互需要关系

在马克思那里，作为社交性的人的社会性，与作为合作(聚合)、集体共同性的人的社会性不同。于前者，人们间的关系是间接的，即以活动的结果为中介，而于后者，人们间的关系是直接的，它表现为人们直接共同地进行某种活动，前一种社会性形成于人对人的作用过程中，而后一种社会性则形成于人对自然界的作用过程中，前者主要以人们的差

① 《马克思恩格斯全集》第 46 卷(上)，21 页，北京，人民出版社，1979。
② 同上书，21 页。
③ 参见《马克思恩格斯选集》第 1 卷，294 页，北京，人民出版社，1995。

别、需要多样性和能力有限性的矛盾为原因，而后者主要以人们的有限性为原因；离开前一种社会性，个人就无法发展，离开后一种社会性，个人就无法生存；前一种社会性表现为一种"关系"，而后一种社会性则表现为一种能力或社会力量。

马克思之所以强调人与人之间的交往对人的发展的作用，是有其根据的。在他看来，单个人的贫乏性，以及人与人之间的天然差别和社会差别，使得他需要依赖于别人才能发展和丰富自己，这是通过交往来实现的。交往既可以继承别人的能力，也可以学习他人的经验和知识，还可以换取自己所需要的东西，即可以利用别人劳动活动的成果来满足自己的多种需要。质言之，交往的作用在于使人们互通有无、互济余缺和互相联系。

在马克思看来，与作为合作性的人的社会性一样，作为社交性和相互需要的人的社会性，从本真意义上讲亦是有利于人的，只有在一定的社会历史条件下，才会产生对人来说的异己性质。如在资本主义原始积累阶段，工人和资本家之间的交往就是如此：工人把自己的劳动力卖给资本家，而资本家则付给工人维持其生命的最低限度的工资。

马克思在其著作中，对人的这种社会性予以较多论述，归纳起来，其基本思想有如下几方面。

第一，以交换为媒介的活动产品（成果）的相互依赖性（相互需要性）。马克思指出：在私有财产已被积极扬弃的前提下，人如何创造人——他自己和别人；同时，作为他的个性的直接体现的对象，如何对别人来说是他自己的存在，是这个别人的存在，并且对他来说是别人的存在。[①] 这里说的是人的劳动产品的互相依赖性的社会性。马克思还指出：当我从事那种只是在很少的情况下才能直接同别人共同进行的活动的时候，我也是在从事社会的活动……不仅我进行活动所需的材料——甚至思想家借以进行活动的语言本身——是作为社会的产物给予我的，

---

① 参见《马克思恩格斯全集》第 42 卷，121 页，北京，人民出版社，1979。

而且我自身的存在也是社会的活动；因此，我用我自身所做出的东西，是我用我自身为社会做出的。①

第二，人的社会性是人们以劳动产品的形式交换其活动。马克思指出：个人及他们的商品之间的天然差别成为这些个人联合起来、建立他们之间的社会关系的动因。② 这里的"社会关系"主要指交往关系和相互需要关系。这就是说，个体及其制造商品的差别使他们彼此相互需要对方的商品，促使他们参加到互相交往（交换）的活动体系中。

第三，人的社会性还表现为以交往为中介的个人能力的互相补充和互相利用。马克思指出：人的本质力量是"交往的力量"。这是因为在交往过程中，人们可以产生互相补充而彼此加强和发展的能力或力量，从而提高自己个体的效能。马克思举了这样的例子：正像家犬不能从猎犬迅速奔跑的能力中得到任何好处一样，猎犬不能从家犬的力量中得到任何东西。动物的个体如同不具有把自己的长处教给其他个体的能力一样，不具有了解其他个体长处的能力，而人却具有这种特性。之所以如此，在于人的互相交往的力量。③

(三)社会规定性和制约性

在马克思看来，每个人为了谋取一定的物质生活资料，就必须参与一定的社会职业分工体系。换言之，他在一定的职业分工体系中，从事一定性质和形式的职业劳动，承担和完成一定的社会职能，扮演一定的社会角色，因为社会职业分工首先是劳动的社会职能的划分。

在马克思那里，每个人承担和完成一定的社会职能，扮演一定的社会角色，他就从如下几方面表现出自己的社会性。第一，个人体现出一定的社会关系并受其制约。在一定的职业活动中，个人体现着如下一些社会关系：个人对他所属的职业阶层的共同体的依附性所引起的关系，即对自己的"社会类型"的归因关系，在阶级社会即是对本阶级的从属关

① 参见《马克思恩格斯全集》第42卷，122页，北京，人民出版社，1979。
② 参见《马克思恩格斯全集》第46卷(上)，195页，北京，人民出版社，1979。
③ 参见《社会主义和资产阶级社会的人(报告和消息)》，64页，莫斯科，1966。

系，在这个意义上可以说，个人的社会性主要是他的阶级性，个人对自己所从事的活动形式的关系，即个人在活动中所占的地位及人的活动形式、活动条件的相互影响关系（人占有活动形式和活动条件，后二者影响着人），个人在职业活动范围内同周围环境的关系，这包括他同周围人们所发生的种种关系，同周围的经济、政治文化的关系等。个人体现如上这些社会关系，同时也就受这些社会关系制约。第二，个人体现出社会职能、社会角色的差别性（特殊性）和被规定性。个人处在不同的社会关系中，在不同的职业活动中，他所担负的社会职能和扮演的社会角色也就不同。由于个人必须按照本职能和本角色的要求活动，从而使他获得了不同的社会特征，这些社会特征对他来说，是被规定的。工人和资本家就是如此。[1] 第三，个人受制于活动方式。个人在职业活动中进行生产。生产有一个生产什么和怎样生产的问题，这就是生产方式问题，生产方式对个人生活来说，就是生活方式或活动方式问题，是个人的社会生活条件问题。个人的活动方式如何，个人也就如何。就是说，个人的社会活动方式或生活方式规定着个人自我实现的方式和个人的社会面貌。在马克思那里，生活方式、活动方式，即个人表现自己社会生活和活动的方式，它包括靠什么生活和如何生活两个方面。[2]

在马克思那里，个人这方面的社会性与前两种社会性相比，具有独特的意义。作为合作性的个人的社会性，着眼于人与人之间的类的共同性或共同合作关系；作为交往性的社会性，着眼于人与人之间的互需和互补关系；而作为个人承担一定社会职能、同时被社会关系和活动方式制约或规定的社会性，则主要着眼于人与人之间的有差别的社会关系和个人的被规定性。第一种、第二种社会性就其类本性上讲，都是有利于个人的（当然，在一定社会历史条件下也有不利于个人的情形），但第三种社会性对个人具有两种性质：一方面，它是个人赖以存在和表现自己的条件和形式；另一方面，它又限制个人的全面发展和自由的实现。前

---

① 参见《马克思恩格斯选集》第 1 卷，72—112 页，北京，人民出版社，1995。
② 参见《马克思恩格斯全集》第 1 卷，24—26 页，北京，人民出版社，1956。

两种社会性无论如何包含着人们互相联合的因素，而第三种社会性则包含着人们互相分离的因素。另外，前两种社会性主要涉及人们生存和发展的能力和丰富性，而第三种社会性则涉及人们社会生活的本质内容——制约人的生存和发展内容的社会方式，即社会物质生活条件，不同的社会生活条件形成人的不同的社会特征。

马克思对人的这种社会性给予充分的阐述。之所以如此，是由于他以前的思想家总是抽象地谈论人的社会性，即只谈论人与人之间的共同性和合作（如费尔巴哈），而不是现实地谈论人与人之间的社会地、有差别地联系起来的共同性及其根据（造成这种差别的原因）。为克服这一根本局限，马克思对人的这种社会性给予高度重视。可以说，从《关于费尔巴哈的提纲》到《资本论》，他把主要精力都放在了分析人的这种社会性上。当然，他也没有忽视对其他两种社会性的分析。

在人的问题的争论中，苏联和我国的学者也往往谈论的是人的这种社会性，而忽视其他意义上的社会性，且大都停留在表面形式上，对这种社会性的含义、根据、特殊作用、表现和实质则未给予应有的分析。相反，有的学者在专门谈论马克思主义关于人的社会性的论述中，在一定程度上也忽视了这种意义上的社会性，这不能不说是一个疏漏。①

在人的如上三种社会性中，第三种社会性对其他两种社会性具有决定的性质。个人所体现的社会关系如何，他的社会生活条件如何，首先决定人们的联合性质如何。在异己的社会关系和社会生活条件下，人与人的联合或合作在一定程度上不是出于自愿的，正像马克思所说的，个人不是作为个人，而是作为对集体的从属参加这一集体的，个人在集体中失去独立自由的性质，集体成了"虚幻的集体"。只有在扬弃异化的社会条件下，人们才能作为有个性的个人而自由联合起来，组成"自由人的联合体"。其次，它决定交往的性质。在异化劳动条件下，个人的社

---

① 参见丁学良：《恢复马克思主义关于人的社会性思想的本来面目》，载《复旦学报（社会科学版）》，1981(1)。

会关系具有利己主义的性质，社会生活条件对个人来说也具有外在的性质，由此使得个人成为孤立自私的个人，并造成个人与个人之间、集体与集体交往的利己主义(或"拥有")的性质，而不是把交往作为发展自己本质力量的手段，而在扬弃异化的条件下，交往将恢复人的性质，它在本质上将有利于人的存在和发展。

(四)马克思在人的问题上实现重大变革的关键

马克思关于人的社会观的理论意义，在于它使马克思在人的问题上实现重大变革。

马克思以前的社会学家曾提出过人的社会性问题，最早的当属柏拉图。他认为，社会生活是完善个人生活的手段，因此，就"不应当在人的个人生活中，而应当在人的政治生活和社会生活中去研究；人的本性像一段艰深的课文，它的意义必须由哲学加以解释……在(人们共同生活的社会组织形式)国家的本性中，用大字母写出了人的本性"①。

亚里士多德继承了这一思想，以命题的形式指出：人是合群的动物，人是社会的动物，人是政治性的动物。在亚里士多德那里，合群性、集体性(人集合成有组织的团体)和社会关系(尘缘关系和地区关系)，就是人的社会性。德国学者 J. W. 拉比埃尔在总结亚氏关于人的社会性的思想时指出，"自从亚里士多德以来的悠久传统，就要求我们把下列命题当作政治哲学的公理：(1)既然人只是成群地生活，因此，人是自然地合群的动物；(2)既然人可能集合成有组织的团体而生活，因此人是自然地社会性的动物；(3)既然人集合在这些广大的总和的社会里，这些社会是由许多尘缘关系和地区关系的集团构成的，即是所谓的市民社会或'政治团体'，因此人是自然地政治性的动物"②。

人的社会性思想在柏拉图和亚里士多德那里具有以下特点：人的社会性是有利于人的；这种社会性，主要指人的团体合作性及其由此产生

① [德]恩斯特·卡西尔：《人论》，81页，上海，上海译文出版社，1985。
② [德]J. W. 拉比埃尔：《试论人的自然合群性》，载法国《哲学研究》，1961(3)。

的尘缘关系和地区关系，更多地强调人的政治生活；这种人的社会性，要么是由"共相"或形式引出的（亚氏），要么是由理念引出的（柏拉图：社会是"分有"理念）。

亚里士多德的上述思想，对其以后的思想家有深远影响。自亚氏之后，人的社会性这一观点被哲学家们多次提起。季蒂昂的芝诺在议论到智者时说道，坚强的人也不会孤独地生活，因为他按本性来说是社会的，并且是参加实际活动的。

对人的社会性论述较为出色的，是 18 世纪的法国哲学家。伏尔泰继承亚氏思想，把人和动物相类比，指出人和动物一样都是群居的；并从人的本能和理性引出人的社会性，认为人的群居的社会性是人的本能，这种本能则为理性所加强，驱使他结群……任何人如果绝对孤独地生活，他很快就会失去思想和表现自己的能力。①

霍尔巴赫从人的自然本性、自然需要的多样性及人的软弱性中引出人的社会性，认为人的社会性对于人来说是有益的。他指出：社会对于人的幸福是有益的和必需的；人不能独自使自己幸福，一个软弱而又充满各种需要的生物，在任何时候都需要它自己所不能提供的援助。只有靠它同类的帮助，它才能抵御命运的打击，才能补偿它不得不尝到的肉体上的苦难……人坚持社会生活，乃是凭着他的本性的倾向：本性使人具有一些需要，同时使这些需要社会化。② 在他看来，社会生活即人们联合起来的生活，社会即人们的共同体。他认为社会性是有利于人的发展的：我们与人们生活在一起，才能培养我们的精神和心灵，学会识别真的和假的、有益的和有害的、秩序和混乱。孤立的人只能获得极少的观念……依靠别人的鼓励和支持，人的技巧才得以发挥，人的理性才得以发扬，人才能够反对道德上的恶。③ 遗憾的是，霍尔巴赫最后还是把人的社会性归结为自然的产物："人的一切都是自然的产物"，"这个机

---

① 参见［法］伏尔泰：《哲学辞典》，北京，商务印书馆，1991。
② 参见［法］霍尔巴赫：《社会的体系》，伦敦，1773。
③ 同上。

体所具有的各种运动或行为方式，都属于肉体。他的可见的活动，以及由于意志和思维而来的不可见的内心激动，同样都是自然的结果，总之，我们的一切活动都是自然的产物"。

爱尔维修从肉体感受性出发，以法律为纽带引出人的社会性。在他看来，人的社会性即以法律为纽带的人与人之间的联系，其结合乃是肉体的感受性的直接结果。

黑格尔从绝对观念的运动发展中引出人的社会性，认为人的社会性是绝对观念发展到一定阶段而产生的人与人之间的联系。

费尔巴哈从人的自然性中引出人的社会性，认为人的社会性即人与人出于自然需要而组成的团体性。

马克思以前的思想家在人的社会性问题上取得了一定成果：他们看到了人的社会性与动物的社会性及其区别，指出人的社会性是人与人之间的合作和联合而结成的共同生活，以及发生的关系和联系，在一定程度上看到了人的社会性的人类学根据(人的自然软弱性、需要多样性和理性)，强调人的社会性对人的存在和发展的联系。

然而，他们在人的社会性问题上也存在历史局限：第一，不了解动物的社会性如何质变为人的社会性；第二，没有看到人的社会性的主要的根据是生产劳动，也没有看到工人和资本家所体现的不同的社会关系；第三，没有认识到人的社会性的根本内容——人所承担的社会职能和由此所体现的不同的经济关系，以及其他社会关系及其对人的规定和制约，因而也没有指出这一社会性对其他社会性的决定作用；第四，他们虽看到了人的社会性对人的有益性，但没有对人的社会性作具体历史的分析，因而未能看到人的社会性在一定历史阶段对人的奴役，更不知道如何消除这种不利于人的社会性，把社会性还给人；第五，未能从人的社会性中进一步揭示出人和社会的本质及其发展规律。

在汲取前人经验教训的基础上，马克思发展了人的社会性思想，在人和社会关系问题上实现了重大变革。这主要表现在如下几方面。

第一，劳动是使动物的社会性变成人的社会性的重要条件。马克思指出，"最初人表现为种属群、部落体、群居动物"①。然而，人的社会性终究不同于动物的社会本能，它远远高于后者。促成这种重大质变的，主要是人的劳动。恩格斯指出，由社会化的动物——类人猿而进化过来的人，在劳动过程中，一方面大大丰富了对自然界的认识，逐步提高了人对自然界的统治能力；另一方面劳动的发展必然促使社会成员更紧密地结合起来，因为它使互相帮助和共同协作的场合增多了，并且使每个人都清楚地意识到共同协作的好处。

第二，人的有限性和人的需要的多样性的矛盾，以及人的差别性和有意识的劳动，是人的社会性的根据。马克思指出，"他们的需要……的本性，以及他们求得满足的方式"②把他们彼此联系起来了。

第三，人们在承担社会职能的生产劳动中，所结成的经济关系和其他社会关系及其对人的规定和制约，是人的社会性的根本内容。在马克思看来，人与人之间的经济关系是人们社会生活的基础，经济关系及由此派生出来的社会关系的性质，决定人们联合、交往的方式和性质，决定个人的社会面貌，以及个人和社会的关系的性质。③ 这一发现，使他在人和社会及二者的关系问题上，比前人大大前进了一步。首先，揭示了生产力和生产关系矛盾运动这一社会历史发展的根本规律。其次，阐明了个人与其社会本性在社会历史发展中的分离统一过程。在现实社会中，为什么存在着利己主义和个人主义呢？工人和资本家为什么处在不同的社会关系中？马克思以前的思想家要么把它归因为人的自然本性中的"恶"的因素，要么归因为人类理性的贫乏。与此不同，马克思认为，人是具有各种需要的动物，他千方百计地寻求满足，但是，当生产力水平尚未达到一定高度，因而物质财富还相当贫乏时，一方面需要产生分工，加快生产力的发展；另一方面一部分在分工中占优势地位的人总想利用手中的权力，占有生产资料和生活资料，而强迫另一部分人置于自

---

　① 《马克思恩格斯全集》第 46 卷（上），497 页，北京，人民出版社，1979。
　② 《马克思恩格斯全集》第 3 卷，514 页，北京，人民出版社，1960。
　③ 参见《马克思恩格斯全集》第 1 卷，24—25 页，北京，人民出版社，1956。

己的控制之下，当出现一定的剩余产品以及社会分工发展到一定阶段时，就出现了私有制和阶级。私有制和阶级的出现固定了社会分工，这种分工强迫人们（如工人）长期地从事一种固定的劳动，承担一种固定的社会职能和一定的社会关系。他在其中不是自愿的，而是感觉到被强制的，他不是作为个人，而仅仅是为了谋生而参加劳动的，他不是为自己而是为资本家而劳动。这样，一方面，人和人孤立、分离了，变得利己了，不存在合作了；另一方面，人被迫受自己的活动、社会关系及自己活动产物的奴役。这样，"在私有权关系的范围内，社会的权力越大……越同自己固有的本质相异化"①。在马克思看来，人必须使自己的社会本性还给自己。要做到这一点，一是必须扩大联合和交往，以克服人们的孤独性和利己性；二是提高社会生产力，消灭私有制和旧式分工；三是创造出全面发展的个人，以占有和控制现有的生产力和交往形式；四是注重并强调人的社会制约性和社会属人性的统一。在马克思看来，人的社会性是人得以存在和发展的社会形式。这一思想正像我们前面指出的，一方面，它表明人受其社会性制约，即表明人的客观性，若离开人的社会性，他就无法存在和发展，这就为人的问题的科学解决找到了客观基础；另一方面，又表明人的社会性的属人意义，它是为了人的，它只有在人的存在和发展中才能得到价值意义上的肯定，这就使社会问题具有人和人道主义的意义。

二　个人在社会生活过程中的地位和作用

个人的社会性，是个人作为主体在社会生活过程中获得的性质，因此，个人的社会生活过程既是能动的，又是受动的。这实际上是关于个人在社会生活过程中的地位和作用问题。在这一问题上，马克思的指导

---

① 《马克思恩格斯全集》第 42 卷，29 页，北京，人民出版社，1979。

思想是：个人在现实性上是一种社会存在，个人的社会存在即他的实际生活过程；社会生产、生产力和生产关系、社会利益、国家和社会意识等，都是从个人的一定实际生活过程中产生并得到说明的；它们产生之后，便成为个人活动借以实现的必然的社会形式；只要描绘出这个能动的实际生活过程，个人发展的历史便有规律可循了；① 这样，个人在社会生活过程中既是前提又是结果，既是目的又是手段，既具有主体性又受社会制约和规定；而个人和社会、个人利益和人类社会利益的关系，是贯穿个人的社会生活过程中的一条核心线索。

在马克思那里，这一总的思想，主要通过以下六个方面的内容体现出来。

(一)个人与生产力、生产关系的关系

马克思在谈到个人发展的基础及生产力、生产关系发展的途径时，比较注重分析个人与生产力、生产关系的关系，其意义在于揭示个人发展和生产力发展的本质和意义。这方面的思想主要有以下两点。第一，生产力和生产关系是个人自主活动和交往形式的关系。马克思指出，生产力在本质上是个人自主活动的力量，个人能力的充分发展是最大的生产力，而交往形式(或生产关系)是由个人自主活动创造出来并与其相适应的形式，这种交往形式和个人自主活动的关系，在其历史运动过程中呈现出规律性。② 第二，生产力和生产关系是个人发展的不同方面。在马克思看来，人的能力是生产力的主要因素，其中物的因素只有同人的能力发展联系起来，才能成为生产力的现实因素，才能对生产力的发展发挥作用。但在私有制和旧式分工条件下，生产力表现为一种个人无法驾驭的物的力量或社会力量，这就是生产力对个人发展的异化。从个人发展的最终趋向看，这种异化是必然被扬弃的，这种扬弃，是联合起来的、能力全面发展的个人对社会生产力总和的占有，而占有的同时，也

---

① 参见《马克思恩格斯选集》第 1 卷，73—75、115—124 页，北京，人民出版社，1995；《马克思恩格斯全集》第 3 卷，33、34、80、87 页，北京，人民出版社，1960。

② 参见《马克思恩格斯选集》第 1 卷，115—124 页，北京，人民出版社，1995。

就是个人能力的充分发展。因为这种占有，一方面以个人能力全面的发展为条件，另一方面是把生产力直接作为个人能力发展的条件和基础，从而有助于推动个人能力的全面发展。① 显然，对生产力要素、生产力的异化及其扬弃（占有）的理解，都离不开对个人能力的实际发展过程的认识。生产关系亦是如此。每一代人所面临的生产关系是先前时代个人自主活动发展的产物，同时，现实的个人在这一基础上不断改变这种关系，使其增加新的内容，以适合个人自主活动的发展，而生产关系不过是人与人之间的一种特殊关系，② 这种关系当然也对个人发展产生影响。这样，生产关系的发展及其意义，始终是在现实个人的实际发展过程中得到表现、实现和确证的。因此，生产力和生产关系分别是个人发展的两个不同侧面。其中，个人既是主体又是客体，既是前提又是结果，既是目的又是手段。

马克思的上述思想具有重要的意义。它告诫我们，在社会主义市场经济体制建立过程中，要把社会生产力发展、生产关系发展同人的发展联系起来，不能只注重前者而忽视后者。

(二)个人利益与社会利益的关系

这一思想，是马克思在对个人与社会生产力和生产关系的关系加以考察的基础上提出的，其基本意图在于揭示个人既是目的又是手段这一道理。这一思想包含以下基本内容。首先，个人利益和社会利益产生和分离的根源是分工。马克思指出，发展生产力的需要，使分工的产生具有历史的必然性。在人的社会生活过程中，由于一定的社会关系，使分工具有了固定的性质和形式，这种分工使个人必须在一定的范围内活动。分工的这种强制性，使得个人去追求自己的特殊利益而不关心社会利益。然而，各个个人在交往活动中的社会结合，会形成社会的共同利益。在私有制条件下，这种利益不是每个人的根本利益，而是作为一种

---

① 参见《马克思恩格斯全集》第 3 卷，79—83 页，北京，人民出版社，1960。
② 同上。

对个人利益来说的虚幻的利益和异己的力量同个人相对立。所以马克思这样说："随着分工的发展也产生了单个人的利益……与……共同利益之间的矛盾。"①其次，个人利益和社会利益本质上是个人发展的两种表现，所以它们仅在形式上是矛盾的。② 在马克思看来，个人发展主要采取社会(集体)和自我两种基本形式。前者是由于个人的有限性，使其必须同他人交往和联合，个人和他人有一种相互依存关系和共同的社会利益，于是彼此便通过实现这种共同的社会利益来发展自己，即发展其合作性和联合性；后者是由于单个人的独特性，他是一个自我，因而他还要通过实现自己的特殊利益来发展其个性。在一定条件下，这两种利益会发生对立，但从个人发展的最终趋向看，二者必须是统一的：社会利益必然在每个人的利益中得到反映，而每个人又都将其特殊利益融合在整体利益之中。最后，社会利益和个人利益的实现是相互制约的。社会利益不会自己实现，它必须通过个人来实现，人与人之间关系的状况如何，个人的活动状况如何，社会利益的实现也就如何。另一方面，个人利益具有什么内容，实现方式如何，这是受社会规定和制约的。③

马克思的这一思想，对当今我国社会实践具有一定的启示意义。它告诉我们，在市场经济体制建设中，要把社会利益和个人利益有机地结合起来，不能偏废任何一方。

(三)个人与国家的关系

马克思是在描绘现实个人的能动发展过程时，确切些说，是在分析个人利益和社会利益的关系时，阐述个人和国家的关系的。其实质，是力图把对国家这一社会现象的分析，建立在对现实的人的实际发展过程的科学认识的基础之上，同时揭示出国家的属人意义。

以往，我们在谈论国家的产生、职能和灭亡时，常常从社会经济关

---

① 《马克思恩格斯选集》第 1 卷，84 页，北京，人民出版社，1995。

② 参见《马克思恩格斯全集》第 3 卷，274 页，北京，人民出版社，1960。

③ 参见《马克思恩格斯全集》第 46 卷(上)，102—103、196—197 页，北京，人民出版社，1979。

系的角度入手。其实，在谈论这些问题时，马克思还从另外一个角度，即从现实个人的生活过程及个人利益和社会利益的关系入手。这一方面却被人们忽视了。

在个人和国家的关系问题上，马克思提出以下一些基本思想。首先，"国家总是从一定的个人的生活过程中产生的"①。马克思指出，由于个人生活的需要产生了分工，分工的出现，便产生了个人利益和社会利益的矛盾，正是这一矛盾，社会利益才以国家的姿态而采取一种和实际利益相脱离的独立的共同体的形式，于是，国家就产生了。其次，国家的职能之一，在于对特殊利益进行实际的干涉和约束。在马克思看来，由于分工的存在，各个个人所追求的往往是自己特殊的利益，甚至有时是反对他人利益和社会利益，这种个人的特殊利益的上述实际"斗争"，使得国家对其进行实际干涉和约束以保护他人和社会的利益成为必要。最后，把物的力量转化为个人主体的力量并获得个人自由，使国家的消灭成为必要。马克思指出，在阶级社会，国家采取了对个人主体发展来说的虚幻共同体的形式，这种国家"总是作为某种独立的东西""与各个个人对立"，由于它"是一个阶级反对另一个阶级的联合，因此对于被统治的阶级来说，它不仅是完全虚幻的共同体，而且是新的桎梏"②。因此，对实现个人自由而全面发展的必然趋势来说，联合起来的个人，首先是无产者，"应当推翻国家，使自己的个性得以实现"③。

马克思的上述思想具有一定的理论意义和现实意义。从理论上，它要求我们从人的发展的角度理解国家的产生、职能和消亡；在实践上，它要求我们充分看到国家的属人意义，把国家同人的发展联系起来。

(四)个人与社会意识的关系

马克思不仅从现实的个人出发去说明社会生产力、社会关系、社会

---

① 《马克思恩格斯选集》第1卷，71页，北京，人民出版社，1995。
② 同上书，119页。
③ 同上书，121页。

利益和国家，而且去说明社会意识，力图把对人的"社会意识"的分析建立在对现实个人的生活过程的认识的基础之上。

马克思指出，现实的个人由于"为我而存在"，所以必然同他人交往进而联合起来进行生产，并在其中同他人发生社会关系。在这种个人和环境、个人和他人的关系中，就产生了个人的社会意识。因此，社会意识是被意识到了的个人的实际生活过程，它和语言一样，只是由于个人和他人交往的迫切需要才产生的。

显然，在马克思那里，社会意识有两方面的基本含义：一是个人作为主体对社会的意识，这里，个人是认识主体，社会是认识客体；二是个人的意识打上社会的烙印，深受社会生活过程和社会物质生活条件的影响。从这两种含义看，社会意识是与个人的生活过程相关的。

马克思的这一思想表明，人的社会意识是在个人的社会生活中产生的，因而应在对个人的社会生活进行考察的过程中，揭示个人的社会意识的根源、内容、实质和意义。

(五)个人活动与社会生活条件的关系

在个人的生活过程中，经常会面对如何处理个人活动与社会关系、社会生活条件的关系问题。对这一关系，马克思自始至终给予强烈的关注，因为对这一问题的分析解决，直接包含着对如何处理个人主体性和客观制约性的关系的回答。综观马克思的全部著述可以看出，他在这一问题上有以下一些基本观点。首先，社会和社会关系是个人活动交互作用的产物。社会不是由个人构成的，而是由于人与人之间相互需要的必然性，人们在其生活过程中进行交互作用所产生的那些联系和关系的总和构成的。社会和社会关系也随着个人物质活动的发展而发展。质言之，个人是社会和社会关系的前提，每个人的物质活动共同创造了社会和社会关系。[①] 其次，人的社会关系的发展同个人的发展有所不同，个

---

① 参见《马克思恩格斯全集》第 46 卷(上)，194—196、220 页，北京，人民出版社，1979。

人不能任意选择某一社会和社会关系。因为个体活动表现出双重关系：一是自然关系；二是社会关系，即"许多个人的共同活动"①。人的个体活动只能在与他人的合作关系中进行，或者说，这种关系是个体物质活动得以实现的社会形式。既然如此，社会关系的性质就必须同人们的生产力总和的状况相适应，而不管参加活动的个人意愿如何，并且个人也只能在这种社会关系中改造社会，并受这种社会关系制约和规定。质言之，个人是社会关系的结果，是剧中人。② 最后，社会、社会关系的发展史本质上是个体的发展史。因为从社会历史发展的连续性上看，人们面临的社会、社会关系和社会生活条件都是前代人个体活动创造的，并且"每一代一方面在完全改变了的条件下继续从事先辈的活动，另一方面又通过完全改变了的活动来改造旧的条件"，来使社会、社会关系和社会生活条件不断发生变化。③ 这样所形成的社会历史，实质上是个体物质活动的发展史。这些思想表明：个人在其社会生活过程中，既是主体又是客体。

（六）个人在社会中的作用

马克思在创立自己理论的过程中，亲自领导和参加了革命政治斗争。在这种斗争中，涉及一个重要问题，就是怎样看待个人在社会中的作用。在这一问题上，马克思提出的以下两点思想，是值得我们注意的。一是个人在社会中的作用是个人能力和他所担负的社会职能的作用的统一，或是个人本身的作用和他的社会作用的统一。个人本身的作用，即是他的能力发挥及其对所担负的社会职能的尽力尽责程度，而个人的社会作用，即他所担负的社会职能本身的作用，如担任政治首领职能的作用和担任一般工作职能的作用就不一样。二是活动家的个人品质对个人的社会作用的制约。承认个人活动的社会制约性，不应把个人变成无个性的个人，相反应承认个人的个性。如拿破仑的个人品质完全符

---

① 《马克思恩格斯选集》第 1 卷，80 页，北京，人民出版社，1995。
② 参见《马克思恩格斯全集》第 27 卷，477—478 页，北京，人民出版社，1972。
③ 参见《马克思恩格斯全集》第 3 卷，51 页，北京，人民出版社，1960。

合他所担负的使命。① 马克思的上述两点思想，对理解个人的社会作用问题是有启发意义的。过去，我们没有把个人本身的作用和个人的社会作用加以区分，也没有指出个人品质和能力对他所担负的社会职能的适合性，所以，往往导致对这一问题理解的片面化和抽象化。

三　自由个人的联合体

马克思在对个人的社会生活过程的考察中，当涉及个人的未来社会前景和个人发展的趋向，以及个人发展和社会发展的模式时，十分关注自由个人的联合体这一问题。

(一)马克思对未来蓝图的一种展望

个人的未来前景，是马克思人学理论中的一个不可忽视的问题。有人认为，马克思的未来观的理论目标是实现理想的人，这种说法有点模糊。我认为，他的理论目标准确地说就是如何在建构理想的社会中重建理想的人的生活。

不言而喻，只有理想的社会，才有理想的人。关于理想社会的本质特征，马克思做了描述。在其整个思想中，他主要从三方面来描述社会的发展和人的发展及理想社会的本质特征。

一是从人对生产或生活资料的占有关系及其对人的影响方面来考察社会，认为理想社会的本质特征是"公有制"即共产主义。马克思论述的要点是：共产主义是扬弃了私有制或私有财产及人的自我异化的社会，共产主义运动既具有经济的性质，又具有人道的性质，因为它主张消灭私有制，为人的解放提供经济基础，共产主义是人的发展的有效社会形式，只有在这种社会形式中，人才能得到充分的实现和发

---

① 参见《马克思恩格斯全集》第 7 卷，50、51、56、71 页，北京，人民出版社，1959；《马克思恩格斯全集》第 8 卷，225、211—218、174、249 页，北京，人民出版社，1961。

展，共产主义既是一种理想目标，又是一种建设社会和消灭现存状况的现实的革命运动过程；共产主义是消灭阶级剥削和城乡对立，等等。①

二是从个人和人类社会的关系方面来描述社会，认为理想社会的本质特征是自由个人的联合体。② 这一思想主要体现在《德意志意识形态》《共产党宣言》和《资本论》等主要著作中。

三是从个人在社会历史发展中的最高成果方面来描述社会，认为理想社会的本质特征是"自由个性"的实现。其基本思想要点是建立在社会生产力高度发展并能对其占有和个人能力全面发展基础上的自由个性，必将在共产主义社会中得以实现，自由个性即具有自律自主、能动性和创造性，这种个性是个人充分的自我实现，是最完美的人格。

第一方面侧重从社会客观性（社会活动的经济形式）出发来分析未来理想社会的本质特征；第二方面侧重从社会主体（个人）和社会的客体（社会活动的人的主体形式：联合）的统一出发考察未来社会的本质特征；第三方面注重从社会主体（个人）的发展出发描述未来社会的本质特征。这三方面的联系是：只有在共产主义这一社会形式中，个人才能作为有个性的个人实现真实的联合；只有在这种联合体中，个人才能获得其能力全面发展的手段，才能实现自由个性。

（二）自由个人联合体的基本思想及木质特征

"联合"这一术语是马克思从法国社会主义者那里借用来的，他借此来具体说明自己对个人和社会的关系之理想模式的看法。

"自由人的联合体"，是马克思在《德意志意识形态》中首次提出的一个概念。这一概念是在与资本主义社会的"虚幻的集体"相对的意义上来使用的。他所使用的概念有："真实的集体""各个个人在自己的联合中"

---

① 参见《马克思恩格斯全集》第42卷，120—121页，北京，人民出版社，1979；《马克思恩格斯全集》第3卷，40、77—82、236页，北京，人民出版社，1960。

② 参见《马克思恩格斯全集》第3卷，516页，北京，人民出版社，1960。

和"联合起来的个人"等。马克思关于自由人联合体的思想是：第一，自由人联合体的本质特征。在马克思看来，这种联合体既不同于古代社会那种天然形成的联合体，也不同于资本主义异化社会的"虚幻的集体"（在虚幻的集体中，个人是作为阶级、等级的成员参加的，即不是个人自愿参加的，个人在其中没有真正的独立自主性，这是表面上承认个人的独立，而实质上是以虚幻的集体为本位），在自由人联合体即"真实的集体"中，个人是作为个人自愿参加的，个人在其中具有独立自主性，是"自由人"，而联合体或集体是个人自由发展的社会形式。其实质在于它是以"自由个性"为本位、以个人自愿结成的联合体共同占有生产资料、生产力为基础的社会。在这一共同体中，人们互相合作、互相依存。第二，联合体的条件。在马克思看来，为了实现这种联合体，必须具备如下条件：大工业城市和廉价而便利的交通；从头脑中抛弃利己主义观念；消灭固定的旧式分工，已经发达的生产力；建立共产主义等。第三，联合的原因或目的。也就是使个人占有社会生产力的总和，使社会生活条件服从联合起来的个人控制，并把个人的自由发展和活动条件置于联合起来的个人的控制之下。

在《共产党宣言》和《资本论》中，马克思在对应于资本主义阶段对立社会的意义上，明确使用了"自由人联合体"的概念。其基本思想是：这一联合体的本质特征，是每个人都能平等地得到或实现自由而全面的发展；个人自由而全面的发展和人类社会的发展能达到和谐一致；人类社会的发展必须具体落实到每个人的自由而全面的发展上；每个个人的自由而全面的发展是联合体的基本原则。

从上面简要论述可以看出，马克思关于"自由人联合体"的思想具有以下本质特征：它以"自由个性"为本位；主要以消灭固定的旧式分工、利己主义的剥削，以及已经发达的社会生产力为条件；以控制个人自由发展的条件为原因，以每个人的自由而全面的发展为原则，以达到人类社会发展和个人自由而全面发展的和谐一致、每个人都能平等地得到或实现自由而全面的发展为目的。

在马克思看来，具有上述本质特征的自由人联合体，只有在共产主义高级阶段才能真正实现。

马克思在《哥达纲领批判》中，对共产主义的低级阶段和高级阶段的本质特征做了较为明确的阐述。他指出，共产主义分为低级阶段和高级阶段，这两个阶段虽然都以"公有制"为基础，但各具自己的本质特征。共产主义在低级阶段的特征是：生产力还不十分发达，产品还不十分丰富；旧式分工还没有完全消失；在经济、道德和精神等方面都还带有它脱胎出来的资本主义社会的痕迹，如利己主义等；在分配方式上，由于产品还不十分丰富，所以还实行"各尽所能，按劳分配"，劳动还主要是谋生的手段，还没有成为生活的第一需要，因此还存在着懒惰和斤斤计较现象；在权利上，是以形式上的平等掩盖事实和内容上的不平等，因而还没有超出资产阶级权利的狭隘界限；社会还以发展社会生产力和克服资本主义遗留下的弊病为己任和原则，而不是以"自由个性"为本位，体现个人的全面发展的生产力还没有完全增长起来，因而并不是每个人都能平等地得到自由而全面的发展，在某些方面和某种程度上，社会发展还要以牺牲某些个人的自由而全面的发展为代价。与低级阶段不同，共产主义高级阶段的本质特征是：已经发达的社会生产力、财富或产品十分丰富；旧式分工已经消失；在经济、道德和精神等方面已消灭资本主义社会遗留下来的痕迹，利己主义已从人们的头脑中消除；在分配方式上，实行"各尽所能，按需分配"，因而劳动不仅仅是人们谋生的手段，更主要是成为人们生活的第一需要，成为发展人的能力和实现自由个性的一种需要；已完全超出资产阶级权利的狭隘界限，权利在内容和事实上都已达到平等，体现个人的全面发展的生产力已增长起来，即社会以每个人自由而全面发展自己的能力为本位和原则，每个人都平等地得到自由而全面的发展；社会发展和个人发展达到和谐一致。

由此可见，马克思所谈到的"自由人联合体"的本质特征，和他所指出的共产主义高级阶段的本质特征是吻合的。

从马克思的论述来看，自由人的联合体是个人和社会所追求的一个理想目标，是个人全面发展和自由个性得以实现的有效社会形式，也是马克思关于社会和人的未来发展模式的一种人道主义和科学性相统一的描述。

第六章　马克思关于人的历史观

　　马克思既从静态方面分析了个人和社会的关系及人的社会性，又从动态方面考察了人的历史发展。这方面的考察之成果，构成马克思关于人的历史观。

　　马克思关于人的历史观，其内容博大精深。总的来讲，其基本内涵、内容、思路及目的是：从个人、劳动和人类社会生活条件三者的关系中，从对个人的历史发展过程及其表现形式的考察中，揭示人的历史发展的规律及本质内容。

　　这一层面的内容，在马克思人学理论体系中，同样居核心地位。

一　考察人的历史发展的方法及两种思路

（一）考察人的历史发展的方法

　　考察人的发展，首先应从人的历史发展过程开始。这是马克思在人的发展之研究方法问题上的变革之所在。一些旧哲学家往往撇开人的历史过程，把人的实际历史发展过程看作"人"的发展过程，并且常用这个"人"代替过去历史的人。① 马克思将此称为从意识出发来考察人的发展过程的观察方法。与这种方法不同，马克思从现实的、历史的个人出发，首先把人的发展看作处在社会历史发展过程中的人的发展，认为，只要描绘出人的这一能动的历史发展过程，一切旧哲学将会终结，而开始展示于人们面前的，将是描述人的实际历史发展过程的真正的实证科学。②

(二)考察人的历史发展的两种思路

遵循这一方法，马克思主要沿着两条思路来考察人的历史发展过程，一是将其置于历史发展的两大时期，二是将其放在历史发展的三大社会形态之中。至于五种社会经济形态中的人的发展，他很少专门涉及。这样来考察，一是马克思对资本主义以前亚细亚的、古代的和封建的社会经济结构或生产方式的研究相对缺乏丰富的思想资料，认识比较笼统（他晚年致力于这方面的探索），无法对这几种社会经济结构中人的发展状况予以具体细致的科学说明；二是马克思汲取了黑格尔否定之否定辩证法的合理内核，深刻认识到了历史发展中个人发展和社会关系发展的内在逻辑，因而既着眼于资本主义社会形态在本质特征上比以前的社会形态的进步，同时又洞察出它的局限及被共产主义社会形态超越的历史必然性；三是马克思吸取了辩证法成果中量变质变的合理因素，着眼于共产主义社会与以往所有社会在人的发展问题上的质的不同，认识到，虽然资本主义社会体现着迄今为止的人类发展的最高水平，但就个人还没有真正解放和自由而言，它同以往社会形态同属一个质的时期，如果有什么不同的话，也只是量上的差别。而共产主义则与过去所有社会形态不同，它在质上结束了个人被外在因素所否定的"人类史前时期"，将进入以自由个性作为基本原则的"真正人类时期"③。

第一种思路散见于马克思的一些重要著作中。概括说来，其基本思

---

① 参见《马克思恩格斯选集》第1卷，130页，北京，人民出版社，1995。
② 同上书，73页。
③ 《马克思恩格斯选集》第2卷，33页，北京，人民出版社，1995。

想是：人类历史是由"人类社会的史前时期"向"真正人类时期"的发展。在前一时期，生产关系对社会生产过程产生着不同程度上的对抗，在其中，个人的发展在本质上主要表现为物质生产的手段(马克思称之为"自我牺牲")，而后者则表现为目的，因此，在这一时期，人处在必然王国之中，得不到真正自由而全面的发展，共产主义社会在本质上结束了产生着对抗的人类史前时期，开始向真正人类时期的自由王国迈进，在其中，人的发展表现为目的本身，因而个人的自由而全面的发展及建立在这一基础上的自由个性，将作为社会的基本原则确立下来，并逐步加以实现。

由于马克思一方面试图揭示资本主义社会形态中个人发展的本质特征，另一方面力图弄清个人发展和社会关系发展之间的关系在历史发展过程中的内在逻辑规律，所以相比而言，他更注重第二种思路如丁学良同志所言，马克思的这条思路仅是"为着探究人在建造社会的同时如何建造着自身"[①]。

这一思路主要体现在马克思的《政治经济学批判大纲》(1857—1858年)中。在其中，他以扬弃黑格尔辩证法的形式，把否定之否定的辩证法看作实际历史发展的内在逻辑。关于这一点，马克思早在 1844 年就做过说明。他说："由于黑格尔根据否定的否定所包含的肯定方面把否定的否定看成真正的和唯一的肯定的东西，而根据它所包含的否定方面把它看成一切存在的唯一真正的活动和自我实现的活动，所以他只是为那种历史的运动找到抽象的、逻辑的、思辨的表达。"[②]马克思扬弃了黑格尔这一思维方式，力图揭示出作为现实主体的人的历史运动过程的历史逻辑。根据这一点，他把个人和社会关系的历史发展过程划分为三种社会形态：前资本主义社会、资本主义社会、共产主义社会，并从中力图揭示人的发展的种种历史表现形式或本质特征。

---

①　丁学良：《马克思的"人的全面发展观"概览》，载《中国社会科学》，1983(3)。

②　《马克思恩格斯全集》第 42 卷，159 页，北京，人民出版社，1979。

二 人的发展的历史过程及表现形式

马克思整个人学理论的内核，是在社会历史的背景下来谈论作为目的本身的个人自由而全面发展的"过去""现在"和"未来"。在他看来，全面发展的个人是历史的产物，因而他在历史中有一个通过劳动而诞生和自我发展的过程。① 这一过程大致经历三个基本阶段。

(一)前资本主义社会：原始的丰富·人的依赖关系·自我牺牲

这是马克思关于前资本主义社会形态人或个人发展的基本的历史形式的三种表现或三个本质特征。马克思从不同视角对这一形态上人或个人发展做了不同描述。有的学者只注意这一形态中人的发展的"原始丰富性"，忽视"人的依赖关系"和"自我牺牲"这两个本质特征，陷入了片面。②

从人的发展同其活动的关系出发描述人的能力发展之特征，马克思将其概括为"原始的丰富"。有的同志指出，马克思所说的"原始的丰富"，是指最初的社会形态里人的发展之"有局限性"的"圆满境界"，在其中，其圆满在于人的活动本身的浑然综合性和人与对象性条件的自然一体性，而其局限在于人与自然对象性关系的狭隘性和个人社会关系的贫乏性。③ 这不完全符合马克思的原意。在马克思那里，"原始的丰富"中的"丰富"，是指由人的劳动活动浑然一体而来的人的能力的"全面性"。因为马克思在谈到"原始的丰富"时，涉及个人的社会关系、劳动活动和能力，而个人的社会关系，他说，在人的发展的早期阶段，是贫乏的，而不是"丰富"的。④ 人的发展在早期阶段之所以具有"丰富性"，

---

① 参见《马克思恩格斯全集》第 46 卷(上)，108—109 页，北京，人民出版社，1979。
② 参见丁学良：《马克思的"人的全面发展观"概览》，载《中国社会科学》，1983(3)。
③ 同上。
④ 参见《马克思恩格斯全集》第 46 卷(上)，108—111 页，北京，人民出版社，1979。

是因为那时的人的活动还没有分割，单个人在共同体中，同他人还共同从事多种或一种活动的各个方面。马克思曾转引勒蒙特的话说明这一点："我们十分惊异，在古代，一个人既是杰出的哲学家，同时又是杰出的诗人、演说家、历史学家、牧师、执政者和军事家。这样多方面的活动使我们吃惊。"①由于人的活动之多面性，便"要求主体生产出（也就是发展）某些才能"②。然而另一方面，马克思又着重指出了原始丰富中的"原始"。在他看来，这主要是指能力的局限性或原始性，即人的能力的发展是不自由、不充分和缺乏深刻内容的，而且只限于一定范围之内（一个共同体内部）。之所以如此，马克思认为，这主要是因为还没有出现社会分工，没有形成丰富的社会关系，而具有的只是一种"原始关系"③。在人的发展的早期，人们主要限于在共同体内共同从事某些只为自己利益的相同活动，并且只限于人同自然的一种物质变换活动，人们的关系也只限于个人对共同体的依赖关系，作为个人的单个人与人之间、共同体之间、不同共同体的人之间，则缺乏丰富的联系。这就是说，人们原始的活动和能力，是同原始的社会关系相适应的，或人与人之间狭隘的关系制约着人的活动和能力的狭隘性。所以马克思指出："在发展的早期阶段，单个人显得比较全面，那正是因为他还没有造成自己丰富的关系。""在这里，无论个人还是社会，都不能想象会有自由而充分的发展，因为这样的发展是同［个人和社会之间的］原始关系相矛盾的。"④

从人的发展的社会基础入手，描述人的社会关系和个性的发展特征，马克思将之概括为"人的依赖关系"。在人的发展的早期，个人依附于特定的共同体，在其中，个人被局限于特殊的社会职能上，并同共同体发生特定的社会关系，普遍性只属于共同体，而且这是一种局部的、

---

① 《马克思恩格斯选集》第 1 卷，169 页，北京，人民出版社，1995。
② 《马克思恩格斯全集》第 46 卷（上），492 页，北京，人民出版社，1979。
③ 同上书，485 页。
④ 同上书，109、485 页。

地域的和传统的普遍性，因而不是充分的普遍性。换言之，这种共同体，是人们世代延续的生命活动的全部基础，这个基础，既受地理条件又受文化条件的严格制约，因而马克思说，这只是一种个人所必须依附的"有局限性的"基础。"我们越往前追溯历史，个人，从而也是进行生产的个人，就越表现为不独立，从属于一个较大的整体。"①

共同体表示的是一种关系，个人对共同体的从属因而是一种关系的从属（或依赖），这就是人的依赖关系。就是说，在这一共同体中，个人与其他人是按照他们在共同体内的地位、作用和职能，以及自然血缘而发生关系，而不是依个人需要发生关系。"他们只是作为具有某种[社会]规定性的个人而互相交往，如封建主和臣仆、地主和农奴等等，或作为种姓成员等等，或属于某个等级等等。"②这里，马克思指出了人的依赖关系的两种基本形式：人的统治服从关系，人的自然血缘关系。这种依赖关系表明：在早期，人的联系既是局部的、地域性的和单一的，因而是原始或贫乏的，同时又是自然的和受社会规定的，因而是不自由的。由此还说明，人的社会关系和个性在这时不可能得到丰富和全面的发展。

从人的发展之方式和性质入手描述人的发展特征，马克思将其概括为"自我牺牲"。人的能力、社会关系和个性在前资本主义社会的发展，具有自己的实现方式及性质，这就是自我牺牲。这是那时绝大多数个人自我发展的主要方式。具体来说，在人的发展的早期，个人对自然灾难无能为力，这是劳动工具落后造成的。这就使得个人成了实现共同体要求的工具，而这一点就意味着某种程度上的自我牺牲，个人只能在共同体的从属关系中发展自己的才能。而且，早期，人只有通过集体的力量不断为生存而斗争，才能在严酷的自然条件下生活下去。这种生存斗争以最有力的方式形成如下准则：任何有利于个人或个人利益的思想一律排斥在外，个人的一切必须无条件地服从集体。这在古代社会表现得尤

---

① 《马克思恩格斯全集》第 46 卷（上），21 页，北京，人民出版社，1979。
② 同上书，110 页。

为明显：每个人是制造工具、整理家务，还是出猎，都由公社做出决定；两性关系和婚事完全由公社做主，个人不必过问，若个人意志、爱好和愿望与共同体的要求不符，则不必考虑。由此表明：个人只有通过或完全依照共同的利益来活动，或个人只有把他的本质力量、人格、个性和理想等，都全部转让给集体(公社、君主国家、封建王国)，他才能从中发展起自己的某些技能、社会联系和"个性"。严格来说，这是作为共同体或群体的人的发展，而不是作为个人的人的发展，而且是一种不自由的、极端片面的和非人道的发展，不是真正自由的和富有的内容的发展。

(二)资本主义社会：畸形发展·个人独立·利己主义

这是马克思关于资本主义社会个人发展的基本的历史形式的三种表现或三个本质特征。

马克思从个人发展同社会分工的关系入手描述人的能力发展特征，他将其归结为"畸形发展"。

只有深刻的片面，才可能有深刻的全面，后者必须以前者为"代价"，这是发展的一种规律。人的发展亦是如此。

发展社会生产力，始终是历史的内在必然性。在历史发展进程中，由于发展社会生产力和实现人的生活的需要，开始在自然分工的基础上出现了社会分工。[①] "社会分工"是马克思用来说明资本主义社会个人畸形发展的一个关键性概念。在马克思看来，社会分工出现后慢慢地侵入了生产劳动过程，随后出现了作为真正分工的人的物质劳动和精神劳动的分离。这一分离过程，"在简单协作中开始，在工场手工业中得到发展，在大工业中完成"[②]。简单协作大体上没有改变过去个人的劳动方式，只是露出一些萌芽；资本家在单个工人面前代表社会劳动体系的统一和意志，工人的自由意志开始丧失。工场手工业把一种手工艺分成各

---

① 参见《马克思恩格斯全集》第 3 卷，321 页，北京，人民出版社，1960。
② 《马克思恩格斯全集》第 23 卷，400 页，北京，人民出版社，1972。

种精细的工序给予单个工人，以作为他终身的职业，使他终身束缚于一定的局部操作和工具之上，从而成为能力畸形发展的个人，"由于劳动被分成几部分，人自己也随着被分成几部分。为了训练某种单一的活动，其他一切肉体的和精神的能力都成了牺牲品"①。这样，"人的身上的体力和智力的畸形化，甚至是和整个社会分工分不开的"②。机器大工业使工人成为机器单纯附属品。过去是终身专门使用一种局部工具，现在是终身专门服侍一台局部机器。"滥用机器的目的是要使工人自己从小就变成局部机器的一部分"③。机器大工业还彻底完成了生产过程的精神能力与体力的分离：一无所有的机器劳动者还可以有部分的熟练，但这种熟练在科学面前，在惊人的自然力面前，在社会的群体劳动面前，是微不足道的，而科学、惊人的自然力和社会的群体劳动，则与机器体系相结合并与其一道，构成资本家的权力，在资本家那里，机器和他对机器的独占权，被认为是不能分离的。这样，从手工业经工场手工业，到机器大工业，社会分工始终作为一种制约或限制因素，造成了个人能力的畸形发展。

在谈到上述思想时，马克思批判了把古代浪漫化和鄙视资本主义文明的浪漫主义，也指责了歌颂资本主义文明的资产阶级观点，指出："留恋那种原始的丰富，是可笑的，相信必须停留在那种完全空虚之中，也是可笑的。"④

从个人发展的社会基础出发阐述个人的社会关系和个性之发展的特征，马克思将其描述为"物的依赖关系基础上的个人独立"。社会分工"在每一个人的个人生活同他的屈从于某一劳动部门和与之相关的各种条件的生活之间出现了差别"，即出现了个人独立。⑤ 因为社会功能的划分及各种功能固着于不同类别的人们，意味着个体已经不只属于单一

---

① 《马克思恩格斯论教育》，206 页，北京，人民教育出版社，1979。
② 《资本论》第 1 卷，483 页，北京，人民出版社，1956。
③ 同上书，462—463 页。
④ 《马克思恩格斯全集》第 46 卷（上），109 页，北京，人民出版社，1979。
⑤ 参见《马克思恩格斯全集》第 3 卷，86 页，北京，人民出版社，1960。

的共同体，而是同时属于若干不同的群体，这就给个人以独立。但这种独立主要是在法律和市场意义上的人身独立。如前所述，个人对公社等共同体、阶层和社会功能的空间附着性（个人不能改变其居留地点），是前资本主义社会的一个典型特征。资本主义打破了这个框框，首先使人身获得了在空间、居留地点和社会关系上的独立。这种独立表现在：人不再以奴隶或农奴的身份被固定在他的生命线的土地和角色上，他能改变居留地点和生活地点而不受阶层（或共同体）从属性的束缚，人有自己支配自己劳动力的权利，人身也不依附于他人。马克思指出，这种独立，"确切些说，可叫作——在彼此关系冷漠的意义上——彼此漠不关心"①。不仅如此，这种独立也只是一种幻想和一种表面的形式。之所以如此，主要在于它以物的依赖关系为社会基础。

历史发展到资本主义社会，社会分工和交换的出现，便以发展社会物质财富和创造自己社会物质生活条件为目的。② 与此相应，个人力量成为物的力量，人与人之间的关系成为物的关系，人的个性成为物的个性，人的劳动力也成为物的牺牲品。质言之，人只有通过物或依赖于物（或物化），他才能得到表现和确证。于是就产生了"物的依赖关系"，即与外表上独立的个人相对立的独立的社会关系。③ 这种物的依赖关系使个人独立成为表面。因为一方面，这种社会关系作为人的生存条件限制着个人，个人必然从属于它们，并受它们统治；另一方面，这种社会关系由于人与人之间的分离从而成为他无法驾驭的物的社会力量，并与个人相对立；第三是因为劳动者在这种社会关系中，他不得不在劳动力市场上出卖自己的劳动力，进入生产过程中，又不得不使其劳动力和劳动成为资本家的资本，不得不从事他不愿从事的劳动。这种"物的依赖"的社会关系还使个人的社会关系和个性发展受到限制：人的一切关系都局限于对物的占有关系，社会关系中的属人性质从中消失了，任何对象

---

① 《马克思恩格斯全集》第46卷（上），110页，北京，人民出版社，1979。
② 同上书，111页。
③ 参见《马克思恩格斯全集》第46卷（上），108—109页，北京，人民出版社，1979。

（包括人）只有成为私人的占有物才有意义，人的本质力量并不能在外部对象中得到表现、发挥和实现；人仅成为生产和社会物质财富的手段——仅仅为获取生活资料以维持肉体生存而劳动；自我创造之个性在其中消失了；人的感觉也仅仅变成了单纯拥有的感觉。① 这是物的依赖关系对个人发展的消极一面。由此，马克思十分强调超越这一关系的历史必然性。

马克思还看到了物的依赖关系中的积极一面，这就是它为社会形成了较全面和丰富的社会关系、需求和能力，为向共产主义过渡提供了物质基础。② 在马克思看来，资本主义社会出现的物的依赖关系有三种基本形式：交换者的相互关系对货币或交换的依赖，劳动对资本的依赖，劳动对机器体系的依赖。第一种形式的特征，是抽象关系的普遍化。在交换中，从抽象的交换手段的视角看，交换者双方的相互关系是自由平等的，也就是说他们交换的商品是等值的，这一等值是从这些商品对消费者来说所具有的特殊的具体使用价值中抽象出来的。于是，这些自由人格之间的关系全都变为一种普遍的媒介，即变成了价值在货币的符号形式上的化身。因此，在交换之外还保持着个体差别的个人，他们的不同需要和不同产品构成交换基础本身，但这些个人彼此间只存在于他们在市场上彼此产生的价值之客体化形式——抽象的量的关系中。随着以交换为目的的生产的发展，对物的依赖发展为劳动对资本（或个人对生产资料）的依赖。工人要生存，必须出卖自己的劳动力于资本家，这实际上是一种特殊的交换：起初，工人是为了工资而出卖自己的劳动力；随后，在生产"过程中个人之间表面上的平等和自由就消失了"③。马克思称资本占有了劳动为第二种形式。这是创造价值和社会物质财富的过程，是劳动生产力变成社会生产力的过程，同时也是资本对劳动的统治或劳动对资本的依赖的过程。物的依赖关系的第三种形式，是劳动对机

---

① 参见《马克思恩格斯全集》第46卷（上），106—110页，北京，人民出版社，1979。
② 同上书，104页。
③ 《马克思恩格斯全集》第46卷（上），200页，北京，人民出版社，1979。

器体系的依赖。马克思看到资本主义发展了人类能力的普遍性和社会性，但它仅仅是以物的形式发展。这种发展可从资本追求增加剩余价值的事实中得到理解。剩余价值的增加有两种形式：一是通过增加绝对剩余价值即靠增加工作日来实现；二是通过增加相对剩余价值即靠减少必要劳动时间，这可通过提高和发展生产力或依靠大规模应用机器来实现。根据马克思的说法，资本创造更多的绝对剩余价值的趋势，导致了以资本为基础的生产扩大的趋势，从而创造了一个世界市场的趋势，因而使人们的联系成为世界性的联系，使历史成为世界历史，使人们逐渐摆脱其地域局限和民族局限。① 在使用机器提高生产率而增加相对剩余价值的过程中，资本也生产了更多必须用来消费的商品。为了扩大消费，资本家要大力发现新的使用价值并创造新的需要，于是导致了新的劳动能力的发展来满足这些新的需要。这样，劳动活动本身就变得更加多样化和内在差别化，为个人能力的多方面发展或多才多艺的发展提供了可能性的前提条件。但由于旧式分工的存在，劳动者只是畸形发展，那只是发展其一种能力。质言之，机器大工业发展了人类的社会联系、需要、活动的能力，但没有发展所有每个人的社会联系和能力等。机器在发展人类的社会联系和需要的同时，也通过减少必要劳动时间而增加了工人的自由时间，加强了工人的社会结合。如马克思所说的，机器这一生产力"将有利于解放了的劳动"②，有利于个人自由而全面的发展。

　　基于上述考虑，马克思指出，物的依赖关系发展了"人的发展"的社会物质条件，形成了普遍的关系、多方面的需求和全面的能力体系。"毫无疑问，这种物的联系比单个人之间没有联系要好，或者比只是以自然血缘关系和统治服从关系为基础的地方性联系要好……这种联

---

① 参见《马克思恩格斯全集》第 46 卷（上），200 页，北京，人民出版社，1979；《马克思恩格斯选集》第 1 卷，86—89 页，北京，人民出版社，1995。

② 《马克思恩格斯全集》第 46 卷（下），214 页，北京，人民出版社，1980。

系……是历史的产物"①。

显然，马克思对资本主义社会物的依赖关系的考察，是采取集科学和价值分析于一身的历史方法，这比那种只看到这种关系的积极因素或消极因素的做法，要合理得多。

马克思还从个人发展之方式和性质入手说明个人发展的特征，他将其称为"利己主义"。这是马克思当时所处的资本主义社会大多数个人发展的一种主要形式。它作为一种明确原则，形成于那个开始大量地造成"孤立的个人"和"利己主义"的 18 世纪，其产生的基础（根据）是资本主义私有制、社会生产的基本规律、竞争关系和旧式分工。奉行这一原则的人，在自我发展过程中，把自我的需要、利益和个性看得高于一切，而把他人和社会视为自我发展的障碍和威胁。资本主义竞争和垄断时期的社会现实及一些思想家对这种现实的揭露，已鲜明地证明了这一点。这一个人发展之方式表明：个人在资本主义社会的发展方式，具有"利己主义"的特征。

(三)共产主义社会：全面发展·自由个性和社会的和谐一致

这是马克思基于对第一、第二两大社会形态中个人发展之本质特征的考察，而对个人在第三大社会形态——未来共产主义社会中之发展趋向的基本描述和展望。

马克思对人的未来发展趋向之展望和描述，是取古代人的发展形式之崇高（人表现为目的和形式上的全面），这里的"人"主要不是指"个人"而是指人类共同和公社群体，摒弃其内容之原始，取资本主义社会个人发展的内容之深刻（形成的普遍或全面的社会联系、多方面的需求和全面的能力体系），摒弃形式的鄙俗和狭隘（物的异化之形式），并将古代和资本主义社会人的发展之合理形式和内容有机地结合起来。这里充分显示出马克思在考察人的历史发展问题上的科学观点和价值观点的有机统一。

对前资本主义社会和资本主义社会人的发展进行了比较和评判后，

---

① 《马克思恩格斯全集》第 46 卷(上)，108 页，北京，人民出版社，1979。

马克思写道："古代的观点和现代世界相比，就显得崇高得多，根据古代的观点，人，不管是处在怎样狭隘的民族的、宗教的、政治的规定上，毕竟始终表现为生产的目的，在现代世界，生产表现为人的目的，而财富则表现为生产的目的。""古代世界提供了从局限的观点来看的满足，而现代则不给予满足；凡是现代以自我满足而出现的地方，它就是鄙俗的。"但"事实上，如果抛掉狭隘的资产阶级形式，那么，财富岂不正是在普遍交换中造成的个人的需要、才能、享用、生产力等等的普遍性吗？……财富岂不正是人的创造天赋的绝对发挥吗？"而前资本主义社会却不具较大的生产效能，未能创造最大的财富，"我们在古代人当中不曾见到有谁研究过这个问题"①。

正是基于上述考虑，马克思从三个角度，对个人的未来发展趋向及本质特征做了展望性的描述。

从个人发展的总特征入手展望个人未来发展趋向，马克思指出这是"个人的自由、和谐和全面的发展"。与工场手工业相应的是个人畸形发展，但机器"大工业又通过它的灾难本身使下面这一点成为生死攸关的问题：承认劳动的变换，从而承认工人尽可能多方面的发展是社会生产的普遍规律，并且使各种关系适应于这个规律的正常实现"②。根据马克思的全部论述，与机器大工业相适应的、未来共产主义社会的个人发展之总的本质特征，是每个人自由、和谐和全面的发展。他这样说：共产主义是以"每个人的全面而自由的发展为基本原则的社会形式"③。这一总的本质特征包括如下要素：个人之个性的自由发展，个人的社会关系的和谐发展，人之类特性的应有发展。这三个要素的有机统一，便是个人的全面发展。④ 马克思关于个人的自由、和谐和全面的发展的思

---

① 《马克思恩格斯全集》第 46 卷(上)，485—487 页，北京，人民出版社，1979。
② 马克思、恩格斯：《马克思恩格斯论教育》，163 页，北京，人民教育出版社，1979。
③ 参见《马克思恩格斯全集》第 23 卷，649 页，北京，人民出版社，1972。
④ 参见韩庆祥：《关于马克思"人的全面发展"涵义的商榷》，载《新华文摘》，1991(2)。

想，吸收了以往人的发展之积极成果，摒弃了其消极成分，并对个人的各方面(类特性、社会特性和个性)的发展做了本质概括。这便是个人之未来发展的宏伟蓝图。

从个人发展的社会基础出发展望个人的社会关系和个性的未来发展之蓝图，马克思将其描述为"个人关系基础上的自由个性"。他这样写道："在共产主义社会中，即在个人的独创的和自由的发展不再是一句空话的唯一的社会中，这种发展正是取决于个人间的联系，而这种个人间的联系则表现在下列三个方面，即经济前提，一切人的自由发展的必要的团结一致以及在现有生产力基础上的个人的共同活动方式。"①这里的"个人的独创的和自由的发展"，即个性的自由发展，其最高成果是自由个性的形成。自由个性，在马克思那里，是描述人或个人历史发展之最高成果的概念。在他看来，自由个性，是指个人能作为个人且最能根据其意愿充分自由地表现和发挥其创造能力，可以自由地实现自己的个人生活和社会生活。具体来说，它包含如下几个方面：与他律相对应的自律性，即能自己制约、支配自己；与强制性相对应的自由性；与盲目自发性相对应的自觉性，即能分辨自身和外部活动条件；与依附从属性相对应的独立自主性，即能自己支配自己的生存条件和活动；与重复性相对应的独创性。

这种自由个性之所以能够形成和实现，如马克思所指出的，在于它以人与人之间的联系为基础和条件。这一"个人间的联系"对自由个性的积极意义表现在以下几点。首先，经济前提，即指生产(生活)资料的个人所有制和共同所有制的统一。这是着眼于个人和生产(生活)资料的关系，在这一关系方面，生产(生活)资料属于每个人所有、占有(支配)，因而个人具有发展其自由个性的社会物质生活条件。其次，一切人的自由发展的必要的团结一致，即指真实的集体或自由人的联合体。这着眼于个人和他人的关系。在这一关系方面，人与人之间自由平等地发生联

---

① 《马克思恩格斯全集》第 3 卷，516 页，北京，人民出版社，1960。

合或合作关系，自愿结成真实的集体，因而"只有在集体中，个人才能获得全面发展其才能的手段，也就是说，只有在集体中才可能有个人自由"。最后，现有生产力基础上的个人的共同活动方式，即个人表现他自己生活的共同生活方式——个人的生活水平和生活方式。这实际上着眼于个人和生产(生活)过程的关系，在这一关系方面，个人具有发展其独创个性的发达的社会生产力基础，并且个人可在生产(生活)过程中自由地表现、发挥和实现自己的内在本质力量和创造个性。可以看出，在共产主义社会占支配地位的"个人间的联系"，实质上是相对于资本主义社会"物质的依赖关系"而言的。①

马克思还从个人发展方式和性质着眼来展望个人未来发展之目标，他将其归结为"个人发展和社会发展的和谐一致"。这实际上是共产主义社会每个人自由而全面的发展之方式或本质特征。这种方式，既扬弃了前资本主义社会的"自我牺牲"，又扬弃了资本主义社会的"利己主义"，马克思将其概括为：每个人的自由发展是一切人的自由发展的条件。根据这一思想，个人在其发展中，一方面不像"自我牺牲"那样泯灭个人之个性，而是社会以充分发挥自己的天赋、潜能、本质力量和创造性为目标，并积极建立自己全面丰富的对象性和社会性的关系；另一方面也不像"利己主义"那样唯我独尊、不顾一切地发展自己，而是自觉地将他的自由而全面的发展固定在符合和促进整个人类社会发展这一指向上。这种方式作为普遍现实确定下来，自然只能开始于共产主义社会。这一方式表明：个人在共产主义社会中，其发展之理想方式，既是自由自觉的发展，又是朝着符合于社会的方向发展。

由上所述可以看出，个人发展在其历史过程中表现为一系列历史形式。这就是：依个人发展同社会劳动分工的关系，人的能力发展之本质特征表现为由原始的丰富经畸形发展到自由而全面的发展；依个人发展的社会基础不同，个人的社会关系和个性表现为由人的依赖关系经物的

---

① 参见《马克思恩格斯全集》第 46 卷(上)，102—110 页，北京，人民出版社，1979。

依赖关系到个人间的联系的发展;① 依个人发展之方式和性质不同,个人发展表现为由自我牺牲经利己主义到个人发展和社会发展相一致的发展。从对这些形式的考察中可以看出,马克思在"人的历史发展"问题上,主要采取的是历史——比较方法及科学观点同价值观点相统一的方法,其思想实质或目的,是把人的发展看作一个有规律的和能动的历史过程,并对人的发展之未来趋向予以展望,对现实中人的发展状况做出科学分析和价值评判。

三 人的历史发展的本质内容与规律

在对人的发展的历史过程及其表现形式考察的基础上,马克思从历史中抽象概括出人的发展的本质内容和规律。这是逻辑上的一种深化,也是马克思对人做历史考察的目的。

(一)人的历史发展的本质内容

马克思指出,历史是自然界生成为人的历史,是人通过人的劳动的自我创造、自我产生的过程。在马克思看来,历史可从两方面来考察,即自然史和人类史。关于这两种历史的关系,马克思在《1844 年经济学哲学手稿》中做了分析。他说,"历史是人的真正的自然史",而人的历史是"自然界生成为人"的历史的一个现实部分,是"人通过人的劳动的诞生"的历史。这里,自然史是自然界生成为人的历史,而人类史是自然界生成为人的历史的一部分,即人通过自己的劳动而创造和产生的历史。质言之,马克思对历史的见解是:社会历史是人通过人的劳动而形成、发展的历史。马克思对历史的其他提法,都不过是这一见解的不同方面。

要对人的历史的本质做一规定,最起码要有历史的主体、历史的内

---

① 参见《马克思恩格斯全集》第 46 卷(上),104 页,北京,人民出版社,1979。

容、历史的手段和历史的目的这四方面的基本内容。在马克思那里，历史的主体是人（人类、群众和个人，但最终是个人即每个人），历史的内容是人的能力（或力量）发展和自由的逐步实现，历史的手段是人所追求的自由自觉的创造性劳动，而历史的目的则是每个人自由而全面的发展。这里，马克思对历史的见解可具体化为：社会历史是每个人的能力和自由通过劳动而形成、发展和实现的历史。由于自由的实现的关键是人的能力，所以，社会历史就其最终目的来讲，实际上就是个人本身力量通过其劳动而发展的历史。在马克思那里，之所以把个人作为社会历史的主体，是因为个人是类、群体的承担者，是后二者的表现、实现、起作用的形式，也是后二者发展的最终目的，离开个人，类和群体都将成为抽象。马克思指出："历史不过是追求着自己目的的人的活动而已。"①

既然历史是自然界生成为人的历史，而人的历史是其中的一部分，那么，"人类历史的第一个前提无疑是有生命的个人的存在。因此，第一个需要确认的事实就是这些个人的肉体组织以及由此产生的个人对其他自然的关系"②。"前提"只意味着离开"有生命的个人"来谈论社会历史是不行的，它是社会历史的起点，但有了它并不能说明社会历史，社会历史还有其更深刻的、具有基础性的前提。这就是个人的社会活动和社会关系。在马克思那里，社会活动有三个基本方面：生活资料的生产即物质生产（满足个人需要的生产）、满足新的需要的再生产和人类生产（家庭）。马克思指出，有生命的个人存在首先表现为物质生活资料的生产，因此，一切历史的第一个前提也可以是物质生活资料的生产，这种生产是历史的物质基础和基本的物质条件，其他两个条件便是需要满足的再生产和人类生产。但在马克思看来，以上三种在历史上起作用的生产（作为人类历史的基础和前提条件）只是人的生命即为了生存的生产，或是

---

① 《马克思恩格斯全集》第 2 卷，118—119 页，北京，人民出版社，1957。
② 《马克思恩格斯选集》第 1 卷，67 页，北京，人民出版社，1995。

"为了生活"的生产。① 此外，生产必须借助一定的物质条件（社会关系）才能进行，这种物质生产条件亦是人的历史的一个带有基础性的前提。

前提只是前提，即为了人的生存的社会活动及其条件只是历史的基础性的前提，还不是历史的本质。历史的本质是同说明人的发展相联系的，只有说明人的发展才能真正说明历史。在马克思看来，人的发展首先表现为他的物质生产能力（劳动能力）的发展，因为他的发展首先是在劳动中表现和实现的，这种物质生产能力的发展即社会生产力的发展。社会生产力在客观上呈现出物的力量，而在既定的原则下不过是对个人本身力量的确证，不过是一定限度的个人自主活动的力量，至于与生产力的发展相适应的交往形式也不过是个人自主活动创造的。在马克思看来，由于交往形式"在历史发展的每一阶段都是与同一时期的生产力的发展相适应的，所以它们的历史同时也是发展着的、由每一个新的一代承受下来的生产力的历史，从而也是个人本身力量发展的历史"②。这就是说，归根结底，生产和交往形式不过是个人本身力量发展的不同方面。这样，"个人本身力量的发展"既是历史的出发点，又是落脚点，同时又是历史的全过程。

为充分说明上述观点，马克思还从个人本身力量发展出发来确认社会历史现象，把一些社会历史现象（国家、意识、家庭等）看作现实的个人通过自己的生命活动即劳动在诸对象性关系和社会关系中的自我实现的社会形式。马克思指出："人们的社会历史始终只是他们的个体发展的历史，而不管他们是否意识到这一点。他们的物质关系形成他们的一切关系的基础。这些物质关系不过是他们的物质的和个体的活动所借以实现的必然形式罢了。"③在这里，马克思把国家、家庭、意识等都看作"个体发展"或"个体活动"借以实现社会形式，看作个人的社会存在形式。

这样，马克思是用劳动和个人本身力量发展的统一来揭示社会历史的，即把历史看作个人本身力量通过其劳动而发展的历史。这体现了历

---

① 参见《马克思恩格斯选集》第1卷，65—82页，北京，人民出版社，1995。
② 同上书，124页。
③ 《马克思恩格斯选集》第4卷，532页，北京，人民出版社，1995。

史手段和历史目的的统一。

(二)人的历史发展规律

马克思把人放到历史过程中来考察，其意图之一在于揭示人的历史发展的基本规律。

第一个基本规律——个性发展、群体发展和族类发展在历史中的地位转换规律。

这一规律着眼于人自身的发展和他的社会物质生活条件的发展的历史辩证过程。它得以提出的根据是：人既是社会物质生活条件的创造者，又是后者的产物。其逻辑内容可归结如下：个人及其个性(本质力量)发展和人类社会发展的关系是人的历史发展过程的一根主线；个人要发展自己，首先必须发展其生活得以实现的社会物质生活条件这一现实基础；而这种发展之最有效的历史形式，是劳动分工，分工作为人类社会历史发展的推动力量之一，却使个性全面发展的历史过程呈现出一定的曲折性，这既是历史的暂时必然，又具有暂时的非人道性质；历史发展的结果，是这种分工阻碍着社会生产力的进一步发展；而社会生产力和人的内在本质力量进一步发展的历史必然性和最有效的历史形式，是发展起个人本身(历史主体)的全面性，并对社会物质生活条件加以全面占有；这样，个人及个性发展在走过一段艰难曲折的历程之后，便最终使自己的发展得以真正实现，并与人类社会发展取得和谐一致，这既是历史的绝对必然性，又是理想人性之真正实现。

这一规律的具体内容之正确性，可从马克思对人的发展的历史过程的考察中得到证明。

原始古代人是人的发展的初始阶段。原始的古代人最具实用性和为我性，他把自己的生存首先当作活动的目的。在人的发展之早期阶段，各个个人的共同"劳动的目的不是为了创造价值……相反，他们劳动的目的是为了保证各个所有者及其家庭以及整个共同体的生存"[①]。但由

[①]　《马克思恩格斯全集》第 46 卷(上)，471 页，北京，人民出版社，1979。

于他单个自身力量的软弱性和有限性，再加上当时所利用条件的局限性，他的生存便处处受到大自然和野兽的侵袭。为了生存，为利用自然，他们必须合作和联合起来。他们把自己的生存希望完全寄托在这种合作和联合上，很少或也不可能主要地去考虑个人自身的发展。于是马克思这样来描述这一段历史过程：人是一种合群的动物，这种合群最初表现为对某一整体的从属，这一整体"最初还是十分自然地在家庭和扩大成为氏族的家庭中；后来是在由氏族间的冲突和融合而产生的各种形式的公社中"①。

人从属于家庭、氏族和公社这些共同体，是为了发展类的力量或社会力量，而这首先是以发展人的生活借以实现的社会物质生活条件表现出来的。在古代世界，人共同从事一些相同的劳动活动，共同生产使用价值或产品。这是一种"寻求闭锁的形态、形式以及寻求既定的限制的"劳动形式。这种劳动形式，很少把人的注意力集中在对产品的质和量的改进上，也没有刺激起个人的多种需求，没有刺激起人们创造出更多物质财富的欲望。所以，"古代世界提供了从局限的观点来看的满足"②。

这种带有局限性的满足并"不适合于提高社会劳动的生产力"③，并不能有效地创造更多的社会物质财富。然而，没有发达社会生产力和丰富的社会物质财富，人的发展将是一句空话。这样，历史发展的内在必然性，就把提高社会生产力和创造丰富的社会物质财富提到历史发展的前沿。换言之，创造人自己的社会物质生活条件，是首要的关键的问题，一切都服从于这一点。

那么，提高社会生产力和创造社会物质财富之最有效的历史形式或手段是什么呢？马克思通过对历史发展和前人思想家的文献两方面的考察指出："分工……是提高劳动生产力，在较短的劳动时间内完成同样的工作，从而缩短再生产劳动能力所必需的劳动时间和延长剩余劳动时

---

① 《马克思恩格斯选集》第 2 卷，2 页，北京，人民出版社，1995。
② 《马克思恩格斯全集》第 46 卷（上），486—487 页，北京，人民出版社，1979。
③ 《马克思恩格斯全集》第 26 卷（Ⅲ），466 页，北京，人民出版社，1974。

间的有力手段。"①又指出：由分工造成的劳动和资本的分离，使"社会劳动的生产力同时会得到最有力的发展"②。因为分工是社会劳动职能划分，这种划分之结果，一方面使人专务一业从而容易提高物品的质量和数量，提高劳动生产率和生产更多更好的物质财富，另一方面通过交换能形成一种社会生产力，能刺激和满足人们的多种需求。

这样，社会分工的出现就有它的社会历史基础和历史必然性。它的出现还有其自然基础和人类学基础。原始的自然分工促成人与人之间的交往（交换），后者由于给人们带来许多好处（是人力的巧妙运用，并能满足人的多种需求），又由自然分工发展成为社会分工。

社会分工和交换的出现，带来两种历史结果：一是打破了公社、氏族间的隔绝状态，把生产联为一体，创造了巨大的社会物质财富，带来了社会生产力即类的力量的发展；二是在交换或交往过程中，人们发生了一定的关系和联系。当社会生产力还相对不发达时，人们在财富和利益的分配上就会发生一定的矛盾，马克思称其为"争取必需品的斗争"③。这时，一部分在分工中占重要职位的人就会利用职权，把相对剩余的物质财富据为己有，这就出现了私有制。私有制和分工之发展结果，便是阶级的划分。这一阶级划分固定了分工，同时使物质劳动和精神劳动、生产和消费、劳动和享受分别由不同的人来承担，④ 使个人获得畸形发展。正是针对分工的这两种历史后果，马克思一方面从经济学和社会学（人类社会历史发展）的角度指出"分工是迄今为止历史的主要力量之一"（因为它提高了社会生产力和社会财富）⑤，同时另一方面从道德或价值评判的角度上，指出分工是造成个人畸形发展的主要社会根源。在马克思看来，这两种结果是一种历史的必然，具有历史发展的规

---

① 《马克思恩格斯全集》第 47 卷，301 页，北京，人民出版社，1979。
② 《马克思恩格斯全集》第 26 卷（Ⅲ），465—466 页，北京，人民出版社，1974。
③ 《马克思恩格斯选集》第 1 卷，86 页，北京，人民出版社，1995。
④ 同上书，86、99 页。
⑤ 同上书，99 页。

律性。所以他这样说道：当社会物质生活条件还不充足时，人的类能力的发展"要靠牺牲多数的个人、甚至靠牺牲整个阶级"才能够实现，"因此，个性的比较高度的发展，只有以牺牲个人的历史过程为代价"①。这一带有规律性的结果表明："人们还处于创造自己社会生活条件的过程中，而不是从这种条件出发去开始他们的社会生活。"②

人是生产力的主体和重要因素，人之畸形发展必然阻碍着生产力的进一步发展，这就提出寻求进一步发展社会生产力之新的有效形式的任务，并且，社会关系、物质财富和偶然性对个人之统治达到极端程度时，追求全面发展的人，必然会提出驾驭社会关系、物质财富和偶然性的历史任务。要完成这一任务，要寻求社会生产力进一步发展的新的有效形式，首先必须消灭私有制和旧式分工，把每个人的能力的自由而全面的发展提到历史的首位，作为历史的主题，并通过这种个人的联合，实现对社会物质财富和社会关系的占有，使其作为个人全面发展的有效的现实基础。这样的结果，必将使个人全面发展作为最大的生产力反作用于劳动生产力，从而使个人全面发展和人类社会发展取得和谐一致。马克思这样说道：在未来共产主义社会，"表现为生产和财富的宏大基石的……是对人本身的一般生产力的占有……总之，是社会个人的发展"③。这就是说，人的发展，最终必须落脚到每个个人的能力全面发展这一基础之上，这是人的发展和社会历史发展的最终趋向。正是在这个意义上，马克思指出："人们的社会历史始终只是他们的个体发展的历史。"④

人或个人发展的上述历史过程及其规律表明，这一过程呈现出否定之否定的态势：古代世界，是把共同体的发展放在首位以满足个人的生存；资本主义社会，人的类能力的发展以牺牲个人全面发展为代价，在

①　《马克思恩格斯全集》第 26 卷（Ⅱ），124—125 页，北京，人民出版社，1973。
②　《马克思恩格斯全集》第 46 卷（上），108 页，北京，人民出版社，1979。
③　《马克思恩格斯全集》第 46 卷（下），218 页，北京，人民出版社，1980。
④　《马克思恩格斯全集》第 27 卷，478 页，北京，人民出版社，1972。

个人方面是对古代世界的否定；共产主义社会，人类社会发展以个人能力全面发展为基石、原则和有效形式，二者取得和谐一致，这是对资本主义社会的否定，是在更高基础上对古代世界的肯定，即否定之否定。这一否定之否定过程，呈现出的是一个有规律性的发展过程。

第二个基本规律——个性发展程度依赖于个人对社会生产力总和之占有程度及占有方式的规律。

这一规律着眼于个性发展程度同个人对社会物质生活条件的占有程度的相关性。它得以成立的根据是：人既是社会物质生活条件的手段，又是它的目的。这一规律的实质，是如何将已获得的社会物质生活条件（社会生产力和社会交往形式的总和），在历史过程中用于个性发展的有效现实基础。与前一规律不同，这一规律的具体内容可表述为：人对社会物质生活条件的占有或掌握（支配）是人的历史发展过程的另一根主线，它把人始终看作社会生产力和交往形式发展的实质和主体，发达的社会生产力并不能直接带来个性的全面发展，个性高度发达还要求解决社会生产力和交往形式（社会物质生活条件）的属人性质问题，个人本质力量的发展是未来社会发展的基本源泉或动力；个人占有社会生产力和社会交往形式达到什么程度，社会生产力和交往形式对个人发展的积极作用就达到什么程度，反之，后者达到什么程度，就相应地表明和确证个人占有社会生产力和交往形式的程度。换言之，社会生产力和交往形式如何对个人来说成为人的，既取决于社会生产力和交往形式的性质，也取决于人的本质力量的性质和对社会物质生活条件占有的程度及性质。

这一规律之具体内容的正确性，可从马克思关于"异化"理论、"个人必须占有现有的生产力总和"理论、"对象性"理论和"人是目的"的理论中寻求证明。

古代世界，人为了自己的生存，便结成群体而共同从事劳动，由此形成了公社或氏族生产力和氏族交往形式（氏族物质生活条件）。后两者一旦形成，就有一个如何占有、掌握它们来为人服务的问题。人最后能否占有它们，涉及它们对人的关系的性质，即服务于人还是异化于人；谁来占有它们，涉及谁是社会的主人（为谁服务）和社会的性质问题；占有它们的程度涉及人的能力的程度；占有它们的方式和性质涉及人与人之间的关系问题，涉及人是否现实地成为社会主体、社会进步的完善程度等问题。古代人是如何占有氏族生产力和交往形式的呢？马克思这样说：在公社的各种形式中，"个人把劳动的客观条件简单地看作是自己的东西，看作是自己的主体得到自我实现的无机自然"①，这就是劳动同劳动的物质前提的天然统一，个人把自己看作所有者，看作自己现实条件的主人。但是，"群体，是人类占有他们生活的客观条件……的第一个前提"。就是说，"每一个单个的人，只有作为这个共同体的一个……成员，才能把自己看成所有者或占有者"②。质言之，这是一种劳动的个人"以公社成员身份为媒介的"对其劳动的自然条件的占有制或所有制。这种占有蕴含着的占有目的和性质，便是在有限的范围内将它们直接用于公社成员的生存。但由于生产力水平还相当低，这就决定了二者相适应的性质，能力不发达的公社成员占有不发达的公社生活条件。这表明：公社成员只是消费的主体和生产的目的，而不是独立自主的主体，不具有独立的个性。

前有所述，由于自然和历史发展的必然性，出现了社会劳动分工、交换、私有制和阶级。"分工从最初起就包含着劳动条件——劳动工具和材料——的分配，也包含着积累起来的资本在各个所有者之间的劈分，从而也包含着资本和劳动之间的分裂以及所有制本身的各种不同的形式。分工越发达，积累越增加，这种分裂也就发展得越尖锐。"③这样，由于分工、私有制的出现和发展所造成个人力量的分散和对立，使社会生产力表现为一种完全不依赖于各个个人并与他们相分离的东西，表现为过去任何一个时期都不曾存在的、统治我们的、与我们的愿望背

---

① 《马克思恩格斯全集》第46卷（上），483页，北京，人民出版社，1979。
② 同上书，472页。
③ 《马克思恩格斯选集》第1卷，127页，北京，人民出版社，1995。

道而驰的异己的力量；另一方面也使社会关系作为物的关系与个人独立相对立。①。

质言之，出现了使人的社会物质生产条件同人及其活动相分离的异化，这种异化在资本对雇佣劳动的关系中走向了极端。其中，大多数个人不能占有社会生产力和交往形式，而且为资本家私人所占有，它们不能用于大多数个人及其个性的发展，反而作为异己的力量阻碍他们的全面发展。历史证明，20世纪初直到现在，资本主义社会生产力和社会交往形式已达到相当高的水平，但它们未被完全用来作为每个人及其个性全面发展的有效的现实基础和条件，反而同个人相异化。

上述异化的历史现象，在马克思看来，只具有暂时的必然性。异化的产生和发展同扬弃异化的前提条件、历史要求和任务是同时产生的，②"自我异化的扬弃同自我异化走的是一条道路"。马克思这样说过："在资本对雇佣劳动的关系中，劳动即生产活动对它本身的条件和对它本身的产品的关系所表现出来的极端的异化形式，是一个必然的过渡点，因此，它已经自在地、但还只是以歪曲的头脚倒置的形式，包含着一切狭隘的生产前提的解体，而且它还创造和建立无条件的生产前提，从而为个人生产力的全面的、普遍的发展创造和建立充分的物质条件。"③这样，异化的扬弃将是现实个人的个性之充实，其实质是"个人必须占有现有的生产力总和"和交往形式。

马克思对这种占有与以往的占有做了区分和阐述。他指出，过去的一切占有之局限在于，这种占有是占有有限的生产工具，而且是某些人利用权力进行占有。与过去占有不同，共产主义（无产阶级）革命的占有具有如下特征：占有的条件是每个个人能力的全面发展；占有的方式或手段是能力全面发展的个人实现联合，来对社会生产力和交往形式的总和实行全面占有；占有的主体是所有个人及其联合体；占有的目的和性

---

① 参见《马克思恩格斯选集》第1卷，126—128页，北京，人民出版社，1995。
② 参见《马克思恩格斯全集》第42卷，117页，北京，人民出版社，1979。
③ 《马克思恩格斯全集》第46卷(上)，520页，北京，人民出版社，1979。

质是为了使个人达到自主活动和自由而全面的发展。① 这里，个人能力如何，个人自由组成的联合体如何，决定着他们对社会生产力和交往形式的占有程度如何，从而也决定后二者用于个性自由而全面的发展程度如何，到共产主义社会，人们能全部占有社会生产力和交往形式，那时个性全面发展将最终实现。正如马克思所说的，"个人的全面发展，只有到了外部世界对个人才能的实际发展所起的推动作用为个人本身所驾驭的时候，才不再是理想、职责等等，这也正是共产主义者所向往的"②。

第三个基本规律——任何一个对象对个人的意义，都以对象的性质和个人的感知能力（程度）为限。

这一规律，是从历史发展过程中个人能力与对象之意义的相关性来揭示的。其具体内容为：个人对一个对象的感知能力发展到什么程度，对象对个人的意义就达到什么程度；反之，对象对个人的意义达到什么程度，表明个人对这一对象的感知能力达到什么程度，一个对象如何成为对个人有意义的对象，既取决于对象的性质，也取决于与之相应的感知能力及其性质。

如果说第一个基本规律的侧重点在个人历史发展的社会物质生活条件上，第二个基本规律的侧重点在个人历史发展的主体能力上，那么，第三个基本规律则是从主客体的相关性上来揭示的。

马克思是通过对人的感知能力和对象之性质的历史发展来揭示这一规律的。他指出，人的全面性及人同世界关系的全面性，决定着它对对象占有的全面性，决定着对象对人的意义的全面性。但在私有财产条件下，它使我们变得如此愚蠢和片面，以致任何一个对象，只有当我们拥有它时，也就是说，当它对我们来说作为资本而存在时，或者当我们直接消费和拥有它时，它才是我们的。因此，我们一切肉体和精神的感知能力为拥有的感知能力所代替，而对象的意义仅仅表现在对我们来说它

<hr>

① 参见《马克思恩格斯选集》第 1 卷，126—230 页，北京，人民出版社，1995。
② 《马克思恩格斯全集》第 3 卷，330 页，北京，人民出版社，1960。

是一种资本和消费对象。因此，私有财产的废除，意味着一切属人的感知能力和特性的彻底解放，这种解放，能使人充分而又深刻地认识和把握对象的客观性质、本质及对人的意义，使对象成为属人的对象，使别人的成果为我所吸收，从而能使人以自己的全部感知能力在对象世界中肯定自己存在的价值。①

　　马克思也通过人的感知能力的独特功能同对象的意义的关系对应性来揭示这一规律。他指出，每一种力量的独特性，恰恰是这种本质力量的独特的本质，因而也是它的对象化之独特方式。眼睛对对象的感受与耳朵不同，而眼睛的对象不同于耳朵的对象。眼睛只能看到一切对象对它的意义，耳朵只能听到一切对象对它的意义，而舌头只能品尝能吃的东西对它的意义。因此，对人说来，任何一个对象只是对那个与它相适应的感觉说来才有意义。②

　　马克思进一步通过分析人的主体能力来揭示这一规律。他指出，只有音乐才能激起人的音乐感，对于不辨音律的耳朵说来，最美的音乐也毫无意义，音乐对它说来不是对象，因为我的对象只能是我的本质力量之一的确证。因此，对人来说任何一个对象的意义，都以人的感觉所能感知的程度为限。③

　　马克思还通过分析人的需要来揭示这一规律。他指出：囿于粗陋的实际需要的感觉只具有有限的意义。对于一个忍饥挨饿的人说来并不存在着食物的属人的形式，而只存在着它作为食物的抽象的存在，同样地，食物可能具有最粗糙的形式，并且不能说这种饮食与动物的摄食有什么不同。忧心忡忡的穷人甚至对最美丽的景色都无动于衷；贩卖矿物的商人只看到矿物的商业价值，而看不到矿物的美和特性，他没有矿物学的感觉。④ 因此，任何对象对人的意义，还取决于人所需要的内容和性质。

----

① 参见《马克思恩格斯全集》第 42 卷，124—126 页，北京，人民出版社，1979。
② 同上书，125—126 页。
③ 同上。
④ 同上书，126 页。

四 人的历史发展的条件与方式

在马克思看来，人的历史发展是有条件的，并且是采取一定方式的。对这一方面的问题，马克思给予充分的关注。

（一）人的历史发展的条件及其运用方式

在人的历史发展这一问题上，马克思把许多精力花费在对人的历史发展的条件的考察上，但他更关注运用条件的方式。这一点尤为重要。因为以往人们在对人的历史发展这一问题的讨论中，只是列举人的历史发展的"条件"，很少去分析马克思所注重的这些条件起作用的问题。这就难以说清：为什么资本主义社会为人的发展提供了许多条件，但这些条件却不能最有效地为人的发展所利用，反而在一定意义上反过来阻碍人的发展。显然，这里有一个运用条件的方式问题。

马克思分析了人的历史发展的条件。

他首先指出了人的历史发展的主体方面的条件。这主要有，唤醒个人对全面、和谐和自由发展的意识和追求；个人同整个社会领域进行交往，个人在集体中实现联合等。

他也分析了人的历史发展的生产实践方面的条件。这方面的条件主要有：消灭旧式分工，自由时间的增多，生产劳动同智育相结合，等等。

他还论述了人的历史发展的外部客观方面的条件。其中主要有：生产力和生产关系的高度发展，以及联合起来的个人对它们的占有；周围人的发展；消灭私有制，等等。

马克思更注重分析运用条件的方式。

首先，他分析了社会运用条件的方式问题。在他看来，人的发展的各种客观条件是由社会提供的，这些条件只是为人的历史发展提供了可能性，只有借助于一定的使用这些条件的社会方式，这些条件才能现实地用于人的历史发展。这样，在条件既成的情况下，社会的使用条件的方式及其性质就起决定作用了。在这个意义上可以说，人的历史发展的客观条件是前提条件，而运用这些条件的社会方式则是人的历史发展的根本条件。在马克思看来，资本主义大大提高了社会生产力，为人的发展创造了许多条件，但这些条件若不能用于人的发展，那么，它们对人的发展就会失去属人的意义和价值，甚至会阻碍人的发展。他举例说，资本主义大机器工业为人的发展提供了客观的社会条件，但对机器的资本主义使用方式，却又使工人成为机器零件的附属物。因此，只有消除资本主义使用机器的方式，大工业对人的历史发展才能现实地发生推动作用。马克思的这一分析，具有重要的现实意义。当代资本主义社会将技术革命的成果运用于制造核武器，对人类的生存和发展造成了威胁，新技术革命的发展在资本主义条件下加深了生产条件对个人的异化，资本主义并没有将新技术革命带来的社会生产力自觉地运用于人类和个人自身的发展，反而造成物的世界和人的世界的对立。正由于此，使得不同意识形态背景下的人都发出了对新技术革命的忧虑和对资本主义使用方式的抗议的声音，在这些人看来，只有完善利用新技术革命成果的条件的方式，人的发展才能成为现实，人们才不至于为"原子弹毁灭人类"的问题担忧。这里，运用条件的性质取决于社会生产方式，运用条件的方式的实质就是力图使条件人道化和属人化。

其次，马克思还分析了个人运用条件的方式问题。在他那里，人的历史发展有两类基本条件：一是外部客观条件，二是内部主体（主观）条件。根据马克思的思想，谈论人的历史发展，不能忽视人的内部主体或主观的作用，这一作用主要在于调节、控制和利用外部客观条件来与他的发展发生某种联系。在马克思看来，没有外部的客观条件，个人发展无法实现。但条件具备了未必个人就能获得发展，这里还有一个主观内部条件问题，在这个意义上，后一条件就起决定作用了。这一作用在于它把外部客观条件的可能性变成现实性。关于这一点，马克思指出："个人的全面发展，只有到了外部世界对个人才能的实际发展所起的推动作用为个人本身所驾驭的时候，才不再是理想、职责等等，这也正是共产主义者所向往的。"①由此可见，个人运用条件的方式对人的全面发展来说，是相当重要的。

(二)人的历史发展的方式

在马克思看来，人的历史发展还是按一定的方式进行的，这些方式主要有：自由发展，全面发展，和谐发展，通过社会的方式发展。在这四种方式中，马克思更关注人的全面发展，他是在研究人的全面发展的过程中同时涉及人的自由发展、和谐发展和社会式的发展的。所以，我们从人的全面发展谈起。

1. 研究人的全面发展问题的方法论

要弄清马克思关于人的全面发展问题的实质，首先必须弄清他考察这一问题的方法论。马克思对人的全面发展问题的考察，主要遵循如下三种方法。

首先，他是以弄清人的问题中的一个核心问题——人或个人的本质为前提和出发点的，因而对人或个人的本质的认识直接决定着他对人的全面发展的规定。在他看来，人的全面发展实指普遍的（每个）个人的全面发展，而个人的全面发展往往是相对于他们片面发展而言的，换言之，马克思是把关注的重心放在对"个人的"和"全面"的认识上。他所关心的问题，是人的某种东西在个人那里的全面发展，而不是人以外的其他东西的发展，是全面发展了人，而不是全面发展了人以外的什么东西。马克思指出："如果用哲学的观点来考察这种发展，当然就很容易设想，在这些个人中，类或人得到了发展，或者这些个人发展了人。"②既然如此，那么到底在个人中有"人的什么东西"在发展呢？或者说个人发展了"人的什么东西"？在马克思看来，这是以对人或个人的本质特征的认识为出发点和前提的。他对人或个人的本质特征认识到什么程度，他对个人的全面发展的规定也就达到什么程度。他认为个人之所以为人或个人，在于

---

① 《马克思恩格斯全集》第 3 卷，330 页，北京，人民出版社，1960。
② 《马克思恩格斯选集》第 1 卷，118 页，北京，人民出版社，1995。

他所应具有的本质特征。总的看来，这些本质特征在于：一是个人与别的动物不同，他属于人这个"类"，因此他具有个人之所以为人"类"的一分子的类特性，舍此，个人就不是人了；二是个人与"一般人"不同，他是现实的个人，而个人之所以为现实的个人在于他是社会的存在物，因此他具有个人之所以为现实的个人的社会特征，舍此，个人就不是现实的个人了；三是个人还与单个他人不同，他具有与他人不同的个人独特性，舍此，个人就不是具体的、有个性的个人了。这样看来，个人之所以为个人，在于他具有类特性、社会特性和个人特性（个性）这三种基本的本质特性。马克思对人或个人本质特征的上述认识使得他明白是"个人"所具有的三种"基本特征"（这就是"个人的全面"）在个人那里的全面发展。

其次，他把个人的全面发展放在社会历史发展过程这一大的背景下来考察，着重谈论个人全面发展的过去（前资本主义社会）、"现在"（马克思当时所处的资本主义社会）和未来（共产主义社会）。因此，他把个人的全面发展既看作一个过程（这时他所谈的全面发展是"充分发展"或"最大限度的发展"，是一个相对于无限来说的一个极限，因而是一个相对概念），又把它看作一个理想目标，这时他用"全面发展的个人"来表达。这一目标的实现在马克思看来是绝对的。

最后，他往往把个人的全面发展的规定同个人的应有发展、个人的自由发展和个人的和谐发展联系在一起，同时又力图把它们相对区别开来，以进一步说明个人的全面发展。在他看来，个人的全面发展是指个人的类特性、社会特性和个性在个人那里的充分发展，它主要侧重于"变化"及其"程度"，是一个"量变——质变"范畴。在进一步说明个人的全面发展的各方面时，马克思分别使用了人所应有的发展、和谐发展和自由发展等概念。在谈到个人的类特性在个人那里的全面发展时，马克思指出这是每个人"同样的、合乎人所应有的发展"，因为每个人按其必然性来说，他必须去发展和实现他应具有的类特性。① 在谈到个人的社

---

① 参见《马克思恩格斯全集》第 16 卷，217 页，北京，人民出版社，1964。

会特性在个人那里的全面发展时，马克思提出了人的和谐发展的概念。他认为，个人的社会特性在个人那里的发展，是指个人所具有的一切社会关系充分得到发展，其中最主要的是个人和类的关系、个人和集体的关系、个人和他人的关系、个人自身各方面的关系等关系的充分发展，而这些发展又主要表现为这些关系在个人那里的和谐发展，即个人的社会关系的各方面得到卓有成效和协调一致的发展。他指出的一种合理的"社会关系允许他均匀地发展全部的特性"就含有这层意思。在谈到个人特性(个性)在个人那里的全面发展时，马克思往往把它同个人的自由发展联系在一起。在他看来，就个人自身而言，个性发展不仅受种种条件限制和制约，这里有一个个性发展自由或不自由的问题，而且个人的自由发展实质上就是个人表现本身的真正个性的积极力量，即个性得到自由发展，而个性发展的最高成果是达到自由个性。由此可见，马克思是把个人的应有发展、和谐发展和自由发展有机地纳入他关于完整个人的全面发展的思想体系之中，作为进一步说明个人全面发展的必要概念。

2. 人的全面发展之一般含义及具体内容

如前所述，马克思在研究人的全面发展问题上的一个方法论就是：在弄清和认识个人之所以为个人所应具有的类特性、社会特性和个性的前提下，来谈论这三种基本特性在个人那里的充分发展。

首先，看看个人的"类特性"在个人那里的全面发展。

马克思指出，自由自觉的创造性活动是人之所以为人的本质特征，即是人的"类特性"。这表明个人作为"人类"的一分子，按其必然性来说，他必须追求和实现这种类特性，只有这样，个人才能成其为人。就是说，每个人必须充分发展和实现人的类特性。因此马克思说，每一个人应得到"同样的、合乎人应有的发展"。

人的自由自觉的创造性劳动在个人那里的充分发展，在马克思那里包括两方面的内容。

一是活动的内容和性质，这是指活动的独立自主性、自由自觉性和能动创造性等各种能力，这方面的发展实质上就是个人主体性及其内在本质力量(能力)的充分发展。马克思指出，个人的全面发展首先应是他的主体性及其内在本质力量(能力)的充分发展。在谈到这种发展时，马克思经常使用的概念和表述是："全面地发展自己的一切能力"，"发挥他的全部才能和力量"，"人类全部力量的全面发展"，等等。①

二是活动的形式，指从事的是何种活动。这方面的发展，在马克思看来，实质上是个人活动充分达到丰富性、完整性和可变动性。活动内容的相对丰富与他所提到的"对象性"问题相关。马克思指出：对象就其本义上讲，是用来表现和实现人的劳动，并在其中表现、实现和确证人的内在本质力量的对象；但在私有财产和异化劳动条件下，对象在劳动面前表现为一种非对象性的存在，人与对象的多种多样的关系被抽象地归结为拥有或占有关系。对私有财产即异化劳动的积极扬弃，是人的一切感觉和特性的彻底解放，是对象的"解放"：这种对象按照人的方式同人发生全面而深刻的关系，人也在实践活动上按照人的方式同对象发生全面而深刻的关系，而这样的实践活动也就表现为活动本身的充分发挥和活动内容的丰富性。活动的完整性和可变性在马克思看来主要与活动的形式即"职业分工"联系在一起。社会职业分工从本义上讲，是人力的巧妙运用，且通过交换对人有益。然而马克思指出，在私有财产条件下，分工获得了固定和强制的性质，其结果便是：能力片面发展，人及其活动成了碎片、贫乏化了，个性被异化了。但另一方面，由分工带来的发达的社会生产力和资本主义大机器工业，把劳动变换提到议事日程上来；在消灭旧式分工的条件下，原有的劳动分工又为这种劳动变换提供了可能，劳动变换必将带来个人活动的丰富性和相对完整性(即能从事整个劳动过程中的本质劳动)。因此，马克思指出：全面发展的个人，是能从事多种活动的、在许多部门发展的和可自由变换其劳动活动的个人。

---

① 《马克思恩格斯全集》第 3 卷，330 页，北京，人民出版社，1960；《马克思恩格斯全集》第 42 卷，373 页，北京，人民出版社，1979；《马克思恩格斯全集》第 46 卷(上)，486 页，北京，人民出版社，1979。

其次，再谈谈个人的"社会特性"在个人那里的充分发展。

与旧式分工和私有制条件下人的活动的片面性相适应，人的社会生活也呈现出片面性；在扬弃私有财产和旧式分工的条件下，劳动活动将有可能获得丰富完整的性质，由此将要求创造全面而丰富的社会关系来与其相适应。

在马克思那里，个人的社会特性的发展具有如下主要内容：第一，个人与他人不仅与社会群体中的某一成员的身份发生相互关系，而且作为个人发生相互关系；第二，在我和别人的交往中，我把别人当作发展自己力量所需要的对象，在这种关系中，个人彼此间交流经验和知识；第三，个人的主要社会关系（个人和他人的关系、个人和集体的关系、个人和人类的关系等）的和谐发展；第四，个人积极参加社会生活的多个领域和世界的交往，并发生全面而丰富的联系，尽可能利用全社会和世界的全面生产和关系的成果，来为自己的发展服务，以摆脱个人的个体局限、职业局限、地域局限和民族局限；第五，在丰富全面的社会关系中，人与人之间的关系成为他们自己的共同关系并服从他们的共同控制，从而使他们获得现实关系和观念关系的全面性。

最后，再来说明个人的"个性"在个人那里的充分发展。

在马克思那里，这方面的发展是针对旧式分工和异化劳动对个性的压抑来阐述的。它包括如下具体内容。第一，个人自身中的自然潜力的充分发挥。每个人自身中的自然潜力都有其特殊性，个人的使命就在于将这一特殊的潜力充分发挥出来，否则就会萎缩。第二，在社会意义上，个人的肉体和心理的完善。个人的肉体完善指一定社会中的个人体力各部分的相对并齐发展，而且达到健康的身体，保证高度的体力和脑力工作能力的技能和品质的训练。心理完善即健全的心理而非病态心理。第三，个人需要的相对全面和丰富。这主要体现为：个人按其自身的特点来发展其积极的需要，由单一片面的需要向相对全面的需要的发展；由低层次需要向高层次需要的发展；由占有和利己性质的消极需要向充实人的本质力量的积极性质的需要的发展。第四，相对丰富全面而又深刻的感觉。即指由"拥有"的感觉向丰富全面而又深刻的感觉的发展——把对象看作表现、确证自己本质力量的对象。第五，精神道德观念和自我意识的全面性。它包括思维的全面性、观念的全面性、道德的全面性和自我意识的全面性。其实质是，上述全面性要求反映和创造外部世界的全面性。① 第六，个性的自由发挥。

以上三方面的具体内容在马克思那里是有机统一的，是互相影响、互相制约的。但它们的地位和作用有所不同：个人的社会特性的充分和谐的发展在这三种含义中具有根本的地位，起着决定性的作用，离开它来谈论个人的类特性和个性之全面发展，都将陷于抽象；个人之个性的充分自由发展是人的发展状况的历史体现者、表现者，从个性发展状况中，可以洞察和分析出个人的社会关系和类特性在历史中的发展状况，所以它是衡量人的发展状况的一个历史性的价值尺度；个人的类特性的应有发展，是人的发展的人类学根据，舍此，人的发展便成为无本之木。

以往，对马克思关于人的全面发展含义的解释之最大局限，就是片面抓住他的人的全面发展内容系统中的某一要素加以主观夸大地发挥，而忽略其他重要因素。这是一种非科学的研究态度。

3. 关于人的全面发展的思想实质

有人认为马克思的"人的全面发展"的实质是：人在才能、情感诸方面发展的普遍性及个人丰富的内在差异性同高度的共产主义觉悟的统一。如何理解马克思关于"人的全面发展"的思想实质，关系到如何理解马克思关于人的学说的根本，因而弄清这一问题是十分重要的。

一个概念、思想和原理的实质，指的是它们的根本所在和目的所在。综观马克思关于人的全面发展的思想，可以看出其思想实质在于如下几个方面。

第一，使人在世界中确立自己的价值和主体地位，以达到自我

---

① 参见《马克思恩格斯全集》第 42 卷，123—129 页，北京，人民出版社，1979。

实现。

马克思指出，人和动物不同，动物只按其本能适应外界就行了，人则不然，人必须靠其能动的、自由自觉的创造性活动来改造外界才能生存下去。不仅如此，人还必须充分发展他的自由自觉活动这一类本性，只有这样，他才能实现他作为人的价值和在世界中的主体地位，才能不断创造和实现自身。

第二，达到自主活动和保证自己的生存，换言之，是为了达到自由的生存。

在马克思看来，人与动物的不同还在于：动物只存在着一个"生存"问题，没有发展的问题；人虽然也有一个生存的问题，但这一生存必须通过发展自身来实现，否则生存下去将是很难的事。因为人如果不发展自己的能力，他就不能自由地从事自己的活动和达到创造性活动，就不能实现自己的个性，因而他就不能占有社会条件使其为人的自由生存服务，反而被异化。所以，人全面发展自己的能力，是为了占有社会条件（社会生产力和社会关系），这种占有是为了克服异化，因而它"不仅是为了实现他们的自主活动，而且就是为了保证自己的生存"[1]。

第三，求得个人发展和人类社会发展的和谐一致，使人类社会朝着有利于个人和个人朝着有利于人类社会的方向健康发展。

在马克思看来，在私有制和异化劳动条件下，人类社会的发展和个人的发展是分离的；人类社会的发展是以牺牲个人的全面发展为代价的，是通过牺牲个人的全面发展这一形式来实现的，而个人的发展是不顾社会利益的。[2] 这既不符合人性，又在一定历史阶段阻碍人类社会的发展。随着历史的前进，必然使人类社会的发展采取个人能力全面发展这一最有效的形式，即使人类社会向合乎人性和个人朝着有利于人类社会的方向快速发展。一方面，历史的发展必然要克服人类社会发展同个

---

① 《马克思恩格斯选集》第 1 卷，129 页，北京，人民出版社，1995。

② 参见《马克思恩格斯全集》第 49 卷，98 页，北京，人民出版社，1982；《马克思恩格斯全集》第 26 卷（Ⅱ），124—125 页，北京，人民出版社，1973。

人发展的分离和对抗；另一方面，个人的全面发展又是为了获得个人发达的生产力，从而最大限度地创造和占有社会生产力，进而同人类社会发展取得一致。马克思指出，那种只为自己利益而不为人类社会利益的个人发展是不伟大的，而不顾个人利益只顾社会利益的发展则是不人道的。

总之，马克思关于人的全面发展的思想实质，从内容上讲，是为了确立人在世界中的应有的价值和主体地位，是为了求得人类社会发展和个人发展的和谐一致，是为了达到自由的生存，而从理论上看，则是使人道主义和历史唯物主义达到有机统一。

4. 对与"人的全面发展"思想相关的一些概念和论断的理解

有些学者为了重新正确理解马克思关于人的全面发展思想的含义，对马克思提出的与人的全面发展思想相关的、而别人对此又加以曲解的一些重要论断做出了自己的解释，其中的主要论断是"每个人的自由发展是一切人自由发展的条件"。我认为，对这一论断的理解是必要的。

恩格斯在回答意大利一位出版商时，指出上句话最能反映马克思的基本思想。这样，如何理解这句话就成为了解马克思基本思想的一个关键。正因如此，历来许多研究者对此都十分关注，并做了不同理解。有人认为这句话主要说的是个人自由发展是他人自由发展的一个条件；还有人认为这主要是强调个人自由发展在共产主义社会中的重要性。这些都是一种字面上的理解。

要从实质上理解马克思这一论断，必须联系这段话的背景和所针对的问题。这一论断出自《共产党宣言》。在这一论断的前面，马克思主要是阐述资产阶级社会的阶级和阶级对立的本质特征。而这一论断正是针对这一问题提出的。因此，弄清楚了资产阶级社会的阶级和阶级对立的本质特征，就容易理解马克思的这一论断了。

在《共产党宣言》中，马克思指出，资产阶级社会的阶级和阶级对立的本质特征是：第一，它使人和人之间的关系变成了利害关系、金钱关系和利己主义关系；第二，它使个人受剥削并受资本统治，从而使个人失去自由和个性；第三，每个人不能平等地得到或实现自由而全面的发展，反而使社会发展以牺牲个人自由而全面的发展为代价。

针对上述本质特征，马克思指出，将会有一种社会形式来取代资本主义阶级对立的社会，这就是自由人的联合体。与资本主义阶级对立的社会不同，这一联合体的本质特征是：每个人自由而全面的发展是一切人发展的条件。① 通过上面对资本主义阶级对立社会的本质特征的论述可以看出，马克思的这一论断包含如下思想。其一，在这一联合体中，人与人之间的关系是平等地发展自己能力的关系，即"每个人"都能得到自由而全面的发展。其二，每个人的自由发展是自由人联合体的基本原则。其三，每个人的自由而全面的发展是和人类社会发展（即一切人的发展）相一致的。就是说，不是人类社会的发展以牺牲每个人自由而全面的发展为代价，而是以每个人自由而全面的发展为条件；人类社会的发展只有借助每个人的自由而全面的发展，只有具体落实到每个人的自由而全面的发展上，它才能真正得到最后实现，它才具有现实性、普遍性、彻底性和人性。换言之，每个人自由而全面的发展是实现人类社会发展的最有效的社会形式，人类社会的发展依赖或离不开每个人自由而全面的发展，每个人自由而全面的发展在人类社会发展中具有中心的地位。其四，每个人自由而全面的发展也只有与人类社会发展相一致，且作为人类社会发展的条件和有效形式时，它才具有价值和意义，才会得到社会的肯定。

5. 人的全面发展、协调发展和自由发展

人的全面发展、协调发展和自由发展，是马克思关于人的发展的三种基本方式。

以往人们之所以不能正确理解人的全面发展的含义，一个重要的原因，是没有弄清楚全面、协调和自由这三种发展方式的关系，因此有进一步弄清楚这三者关系的必要，而且这对新人的培养也具有重要的

——————————

① 参见《马克思恩格斯选集》第 1 卷，294 页，北京，人民出版社，1995。

意义。

　　仔细阅读马克思恩格斯的有关著作便会发现，他们往往是把人的全面发展与自由发展联系在一起的；平常人们在讨论个性全面发展问题时，也常常自觉或不自觉地将自由和全面发展连在一起，讲"自由而全面的发展"。这表明理论上的一个事实：即人的全面发展与自由发展密切相关。人的全面发展与自由发展具有不同的性质和含义。人的全面发展，如前所述，是指在各方面的充分或最大限度的发展，是指由片面到全面、由畸形到完整、由贫乏到丰富、由潜在到现实的发展，它主要侧重于"变化"及其"程度"，是一个"质变—量变"的范畴。而人的自由发展，则是指个人能按照自己的意愿、兴趣和社会的需要相对自由地发展自己，而不受任何强制或消极限制，因而它主要侧重于性质、方式，是"性质—方式"概念。正因为这种区别，所以在马克思那里，当他谈到个性的全面发展时，往往是同在丰富全面的社会关系中从事多种多样的劳动并在其中充分发挥自己的种种能力和类特性联系起来，而谈到个性自由发展时，常常和消灭旧式分工、与个人的愿望联系起来。

　　在马克思那里，个性的自由发展包括如下几方面的内容：首先，从个人与客体的关系看，个人能真正确立自己的主体地位，成为自然和社会的主人，并在把握客观规律、改造客体世界方面获得自由；其次，从个人的内在心理和行为动机来看，个人可摆脱客体的束缚，使对客体的自由内化为主体内部的自由，成为自己本身的主人；最后，从个人的主体活动的本质看，个人能相对自由地发挥其独特个性和创造性活动。

　　从个性自由发展与全面发展的区别可以看出二者之间的内在联系，即它们是互为前提的，没有个人的自由发展，何以谈得上其全面发展？反之，没有个人的全面发展，又怎样能自由地发展呢？一个人若能获得最大限度的发展，这势必提高他驾驭和支配客体必然性的能力，这种能力会使他冲破一定的束缚，从而获得自由发展。

　　在马克思那里，个人的协调发展既与全面发展不同，也与自由发展不同，是指个人各方面关系的最佳状态，即在社会和个人的发展中，个人的各方面能得到卓有成效和协调一致的表现。从这种意义上，它侧重于状态和关系，是"关系—状态"范畴。

在马克思那里，个人的协调发展首先包括个人和类的和谐发展。即类的发展不像资本主义异化条件下那样，是以牺牲个人全面发展为代价的，相反是为个人全面发展提供条件；另一方面，个人的全面发展又是一切人发展的条件，个人作为类的分子丰富类的发展。此外，类和个人的和谐发展还指类特性在个人那里的发展不与社会特性、个人特性在他那里的发展相抵触，而是一致的。

个人与集体的相对和谐发展也是个人协调发展的一项重要内容。这是指集体不是压制个人发展的桎梏（虚幻集体），而是个人发展的手段，个人能从集体中汲取才智和力量，获得活动的舞台，个人发展不损害集体利益，反而由于个人丰富多彩的个性活动，变得内容充实、生机勃勃。这二者和谐关系的理想目标即"自由人的联合体"。

个人协调发展还包括自我与他人的和谐发展。共产主义将结束个人与个人间的孤立、利己状态，构成人与人之间新型的社会关系，我为人人，人人为我。每个人的发展为所有人的发展提供前提条件，社会所有人的共同发展又将成为推动每个人发展的强大动力。

此外，个人的协调发展还包括个人各方面的相对协调发展。诸如个人的类特性、社会特性和自身特性的协调发展；个人特征各规定之间的协调发展；个人的自然生物方面、技术方面和社会方面的协调发展；体力和智力的协调发展；个人才能、兴趣和各种社会的有益活动之间，以及人的合理的、充满情感的意志和理性之间的一致；个人利益和他人利益、集体利益、社会利益的协调发展。

个人协调发展不是静态的，而是动态的过程，这一过程充满着矛盾，但排斥对抗。

从对个人协调发展的论述可以看出，它既以个人自由发展为前提，又是人的全面发展的前提，甚至包括人的全面发展的一定方面。

五　人的历史发展的根据与基础

只要深入细致地分析马克思关于人的历史发展的思想，便可看出他关于人的历史发展的根据与基础的见解。

(一)人的历史发展的根据

在马克思看来，人的历史发展并不是一种偶然的社会历史现象，而是具有种种必然性的。关于这种必然性，马克思向如下三方面植根。

首先，向人的内在本性植根。马克思指出，人的目的本身就是人的全面发展和人的创造才能的绝对表现、实现。在这种情况下，人不是在一个特定方面而是全面地再生自己，人是具有追求普遍性即全面性的动物，不管某种历史条件怎样阻碍着他的追求，他并不因此而放弃这种追求。因此，个人全面发展是人的一种内在的必然性。

其次，向人的活动植根。马克思指出，人的活动与动物的活动相比具有不同的性质。动物的生存方式使它的活动不具全面性、自由自觉性和创造性。人的生存方式则不然。人不能仅靠大自然的恩赐而必须靠自己的创造性劳动来生活，来创造一个属于他得以自由生存的世界。因此，人按其必然性来说，必须充分发挥和实现他的自由自觉的创造性活动，这样也就形成了人和自然，以及人和人之间的社会联系，形成社会历史。所以马克思说："整个历史也无非是人类本性的不断改变而已。"①

最后，向人的社会关系状况植根。这方面，马克思着重考察了资本主义社会的私有制关系、机器和旧式分工对个人发展的消极影响。他指出：资本主义生产关系把个人只当作经济职能的简单执行者和财富创造

---

① 《马克思恩格斯选集》第1卷，172页，北京，人民出版社，1995。

者，当成能创造财富的工具，人的个性和主体属性被淹没了；① "个人只有作为交换价值的生产者才能存在，而这种情况就已经包含着对个人的自然存在的完全否定"②；资产者只把供应和满足工人最起码的生存需求作为工人的人生逻辑，而自己成为金钱的奴隶，资产者靠劳动者来满足自己的需要，因而得到了"发展"的垄断权，而劳动者经常为自己的生存而斗争，被排斥在发展之外，失去了发展的可能性，而且资产者在智力方面也有其局限性，机器劳动极度损伤了劳动者的神经系统，同时又压抑他肌肉的多方面的运动，侵害身体和精神上的一切自由活动，甚至减轻劳动也成了折磨人的手段。因为机器不使工人摆脱劳动，反而使工人的劳动毫无内容。不仅如此，私有制条件下的分工，也使他变成片面的人，使他畸形发展，使他的发展受到限制。质言之，"在现代，物的关系对个人的统治、偶然性对个性的压抑，已具有最尖锐最普遍的形式"，"这样就给现有的个人提出了十分明确的任务……确立个人对偶然性和关系的统治，以之代替关系和偶然性对个人的统治"③，任何人的职责、使命、任务就是全面地发展自己的一切能力。

(二)人的历史发展的基础

在马克思看来，人的历史发展不是悬在空中，而是在一定基础上的发展。这里的基础，主要包括人的基础和社会基础。

人的基础。所谓人的历史发展的人的基础，是指人的历史发展是以人的本质力量及其功能的发挥为基础的。在马克思那里，可以说，人的历史发展，实质上首先是人的本质力量及其功能的充分发挥。他指出，社会历史也就是人的本质力量的发展史。人按其内在必然性来说，他具有一种内在的本质力量，这种本质力量使他必然充分而全面地同外部世界发生全面性的关系，从而在外部世界中肯定和实现人自己。只有如此，人才能实现自己的发展。

---

① 参见《马克思恩格斯全集》第 42 卷，262—263 页，北京，人民出版社，1979。
② 《马克思恩格斯全集》第 46 卷(上)，200 页，北京，人民出版社，1979。
③ 《马克思恩格斯全集》第 3 卷，515 页，北京，人民出版社，1960。

社会基础。在马克思看来，人在现实性上是一切社会关系的总和，因此，他的发展是在社会中并以社会的方式进行的，社会是个人发展的现实舞台或基础。马克思从两个方面来阐明这一问题：一方面，人要发展自己，首先必须解决其发展的社会物质基础问题，这就是必须首先发展其社会物质生活本身，或发展其社会物质生活条件；另一方面，人本身的发展与社会物质生活条件的发展是同步的、相关的。关于这一点，他的如下思想是值得注意的。

"个人是什么样的，这取决于他们进行生产的物质条件。"[①]

"每个个人和每一代所遇到的现成的东西：生产力、资金和社会交往形式的总和，是哲学家们想象为'实体'和'人的本质'的东西的现实基础"[②]；人的活动及其成果的享受，无论就其内容或就其存在方式来说，都具有社会的性质，是社会的活动和社会的享受；个人实际上是属于一定的社会形式的；正像社会创造人一样，人也创造社会。

这些思想充分表明：马克思是把社会作为人的发展的基础的。

六　人的历史发展的地位与作用

马克思之所以十分关注人的发展问题，是因为人的发展在人和社会中具有重要的地位，也具有不可忽视的作用。以往，我国学者较注重这一问题的理论地位，而对人的发展在社会历史中的具体作用谈论较少。实际上，相比而言，马克思更关心人的历史发展的社会作用问题。

(一)人的历史发展在人和社会发展中的地位

在这一问题上，马克思提出了三个基本思想：人的全面发展是人的

---

① 《马克思恩格斯选集》第1卷，68页，北京，人民出版社，1995。
② 同上书，92—93页。

发展的一个目标，人的全面发展是社会历史发展的本质和目标，人的历史发展程度是衡量社会进步的一种价值尺度。

首先看第一个思想。

在马克思那里，人的问题大致可分为三类：一是人的生存（生活）问题，二是人的生产劳动和交往活动问题，三是人的发展和自由问题。第一个问题与人的需要有关，这是人之所以成其为人的自然前提，也是人的历史的第一个前提。① 在马克思看来，人的需要得以满足的方式或手段，是人的生产劳动和交往活动，而后者又决定人的需要的具体内容及其发展变化，所以，它是比人的需要更深层或更根本的问题。然而，在马克思看来，人的生存需要与动物的生存需要不同，动物只是一个生存的问题，而人的生存却有一个达到自由自觉的生存问题，不仅如此，人的生产与动物的"生产"也不同，动物只有在肉体需要的支配下从事生产，即只是为了满足其肉体生存的需要，而人只有在脱离肉体生存需要的支配下，才能进行真正的生产，即人的生产主要是人的内在本质力量的充分发挥。② 因为只有这样，人才能真正达到自由地生存。这样，人的发展——人的内在本质力量的充分发挥，就内在地把人的生存和生产劳动含于其内，并作为人的发展的基础和前提，而人的发展，则成为人的生存和生产劳动的目标。因而，人的发展，是人的问题中之较高层次的问题。马克思曾经这样说过：实现人的能力的全面发展，是每个人的职责、使命和任务。

再看第二个思想。

对这一思想的论述，马克思主要是从以下三个基本方面入手的。

一是从自然和人的关系及其历史发展入手，指出历史是自然界生成为人的历史。马克思这样说道：历史可分为两个方面——自然史和人类史，历史是人的真正的自然史，而人的真正的自然史是自然界生成为人的历史。就是说，人的历史不过是自然界生成为人的历史的一个现实部

---

① 参见《马克思恩格斯选集》第1卷，66—67页，北京，人民出版社，1995。
② 参见《马克思恩格斯全集》第42卷，96—97页，北京，人民出版社，1979。

分。"自然界生成为人"的历史，实质上就是人的本质力量通过其劳动改造自然界而得到发展，从而使自己得到自由生存的历史。①

二是从历史的主体、内容及目的与手段三方面的关系入手来论证。在马克思看来，社会历史不过是个体本质力量发展的历史。这就是说，历史是与作为历史主体的人的发展相联系的，只有说明人的发展，才能真正说明人的社会历史。他指出，人的发展，在手段上，首先表现为他的物质生产能力的发展，即社会生产力的发展，后者在客观上虽呈现出物的力量，但在内容和主体上，不过是个人本身力量的历史确证，至于与生产力发展相适应的生产关系（交往形式），也不过是个人自主活动创造的。由于交往形式"在历史发展的每一阶段都是与同一时期的生产力的发展相适应的，所以它们的历史同时也是发展着的、由每一个新的一代承受下来的生产力的历史，从而也是个人本身力量发展的历史"②，而"生产力和社会关系——这二者是社会的个人发展的不同方面"③。

三是从个体发展和社会历史现象的关系入手来说明。在马克思看来，一些社会历史现象（如国家、家庭和意识等），都是现实个人在诸种物质的对象性关系和社会关系中自我发展的社会形式。"人们的社会历史始终只是他们的个体发展的历史……他们的物质关系……不过是他们的物质的和个体的活动所借以实现的必然形式罢了。"④不言而喻，只有个体发展才是社会历史发展的本质内容。

正是在上述意义上，马克思才这样说："先前的历史发展使这种全面的发展，即不以旧有的尺度来衡量的人类全部力量（亦即每个人的类力量——笔者注）的全面发展成为目的本身。"⑤

最后看第三个思想。

在马克思看来，人是社会的人，而社会是由人有机组成的，社会是

---

① 参见《马克思恩格斯全集》第 42 卷，128、169 页，北京，人民出版社，1979。
② 《马克思恩格斯选集》第 1 卷，124 页，北京，人民出版社，1995。
③ 《马克思恩格斯全集》第 46 卷（下），219 页，北京，人民出版社，1980。
④ 《马克思恩格斯选集》第 4 卷，321 页，北京，人民出版社，1972。
⑤ 《马克思恩格斯全集》第 46 卷（上），486 页，北京，人民出版社，1979。

什么样的，人也就是什么样的。这其中就包含着下述思想：人的发展状况像一面镜子，反映着社会发展的状况，因而在一定意义上，人的全面发展状况是衡量社会进步状况的一个尺度。

这一思想，在他的下述论述中得到了证明。马克思指出，社会历史，有一个由史前史向人类史过渡的漫长过程。在史前史时期，人类首先必须创造其生活得以实现的社会物质生活条件，即首先必须创造社会物质财富，这就使得人和社会的发展如此依赖于物质生产，以至于人和社会的发展无论在何种社会形式中实现，其内容无非都是物质生产本身的发展，是它的物化的生产力或物质财富的发展。在这一马克思所谓"必然王国"中，以社会物质财富或社会生产力来衡量社会进步，当然有其充分的历史理由。但是，在人类史前的时期内，发达的社会生产力和物质财富不仅不能用于个人的全面发展，反而会给个人带来异化，这种情况就使仅以社会生产力和物质财富作为衡量社会进步的尺度具有一定的历史局限性，所以，马克思将这一尺度称为"旧有的尺度"①。在人类史发展的过程中，人类将进入自己真正发展的全新时期，即马克思称之为"自由王国"的时期。在这一时期，以发展物质生产为首要目的的社会进步，让位于以每个人的能力的全面发展为自身目的的社会进步，其进程既取决于社会生产方式的更替，又取决于"合乎人的本性的人"的全面完善程度。不仅如此，这一时期，社会生产力和社会物质财富的最大源泉和基石，是个人发达的生产力。因此，个人能力的全面发展将是衡量社会进步的唯一尺度。这是人类史时期的一种新的尺度。

（二）人的历史发展对人和社会的作用

马克思关于人的历史发展的地位的思想，是以他对人的历史发展的作用的认识为基础和前提的。

首先，马克思分析了人的历史发展对社会的作用。其观点可概括如下：个人全面发展是最大的社会财富，它构成社会财富的宏大基石；个

---

① 《马克思恩格斯全集》第 46 卷（上），486 页，北京，人民出版社，1979。

人发达的生产力是社会生产力发展的源泉和最有效的形式，个人全面发展是社会进步的主要推动力量；个人能力全面发展是驾驭社会生产力的基本条件。

个人能力全面发展是未来社会的最大财富。

在马克思看来，资本主义社会把物质财富作为社会的最大财富，这有其历史的必然性，但这只是一种暂时的必然性。资本主义社会之所以能创造巨大的物质财富，主要在于劳动分工。但在向共产主义过渡的历史进程中，这种分工将成为创造社会物质财富的障碍，因为在这种分工中，人的能力得不到充分发挥。所以，在未来社会中，作为社会财富的基石和源泉的，将是个人能力的全面发展；个人能力的全面发展，能充分将其本质力量物化为社会财富。由此，马克思揭示了个人发达的生产力对社会物质财富的决定意义："真正的财富就是所有个人的发达的生产力。那时，财富的尺度决不再是劳动时间，而是可以自由支配的时间"，即用于个人能力全面发展的自由时间。他还以极大的远见，洞察了科学技术发展给劳动性质和主体发展带来的根本性变化，以及个人一般生产力在这一历史远景中的巨大作用："在这个转变中，表现为生产和财富的宏大基石的……是社会个人的发展。"①这一思想，对指导我国市场经济体制建设，具有十分重要的意义：它要求我们反对仅把物质财富当作社会财富的只见物不见人的片面倾向，进而使我们高度重视个人能力的充分发挥这一最大的社会财富；它启示我们，社会主义市场经济只有建立在人的能力全面发展这块基石之上，才能得到顺利发展。

个人发达的生产力是社会生产力发展的有效形式和社会进步的推动力量。

强调个人能力的充分发展，是马克思人学理论的一个核心思想。如前所述，在马克思那里，发展生产力至少有两种基本思路：一是发展社会生产力；二是发展个人生产力，即把重心放在个人本身的全面而又充

---

① 《马克思恩格斯全集》第 46 卷(下)，218 页，北京，人民出版社，1980。

分的发展上。关于生产关系，马克思指出，当它适合生产力发展的水平和性质时，会推动生产力的发展。关于科学技术，他指出："科学的力量也是不费资本家分文的另一种生产力。"①关于管理，他说，对于社会化大生产来说，管理的必要性"表现为生产的条件，表现为一种由于工人的协作而成为必要的、并以协作为条件的新的劳动"，这种劳动能提高劳动生产率。关于劳动方式，他认为，一定的共同活动的方式本身就是生产力。关于分工，他这样说，分工发展了新的、社会的劳动生产力。关于协作，他指出："协作所产生的社会生产力是无偿的。"②关于个人能力的充分发展，他强调指出，个人的充分发展又作为最大的生产力反作用于劳动生产力。③

马克思的这些思想，不同程度上已运用于我国生产力发展的社会实践。在当今我国现实中，人们更多地注意从社会这一宏观方面来谈论生产力的发展，注重调整生产关系、发展科学技术和加强管理对发展生产力的作用，并提出"科学技术是第一生产力"和"改革是解放和发展生产力"的深刻思想。毫无疑问，这些思想对我国生产力的发展具有重要的推动作用。然而，仅仅局限于这方面是不够的，我们还应该从个人微观方面看到个人能力的充分发展对发展生产力的重大现实意义，应该把个人能力的充分发挥看作我国社会主义建设的一个基本内容。关于这一点，人们并没有真正充分认识到。实际上，就人是生产力的主导因素、人是生产力的承担者和实现者而言，个人能力的充分发展是生产力发展的一条有效途径。

那么，个人能力充分发展对生产力发展具有哪些特殊作用呢？

在马克思看来，人是生产力中最活跃的一个主导因素，与发展生产力的其他途径相比，人或个人能力的充分发展，对生产力的发展有着不可忽视的独特的作用。

---

① 《马克思恩格斯全集》第 47 卷，553 页，北京，人民出版社，1979。
② 同上书，299、297 页。
③ 参见《马克思恩格斯全集》第 46 卷（上），520、225 页，北京，人民出版社，1979。

就整个生产力本身而言，个人能力的充分发展是生产力发展的基础或基石。人是生产力中的一个主体因素，人的因素中最根本的因素是他的能力，它包括人的体力、智力、思维能力、劳动技能、创造力、支配外部世界和自身的能力、交往能力和潜力等。这些能力的总和是人进行生产的前提条件和基础，人的能力状况如何，对生产及其生产力发展有着直接的和根本的影响：人的能力水平的提高和充分发挥，必将在各方面有利于生产，从而有利于提高劳动生产力（"一个能人能救活一个厂"讲的就是这一道理），反之，人的能力的贫乏，必将从各方面（如产品的数量和质量等）影响生产力的发展。正是在这个意义上，所以马克思指出："人本身是他自己的物质生产的基础，也是他进行的其他各种生产的基础。因此，所有对人这个生产主体发生影响的情况（包括对个人能力发展的影响——笔者注），都会在或大或小的程度上改变人的各种职能和活动，从而也会改变人作为物质财富、商品的创造者所执行的各种职能和活动。在这个意义上，确实可以证明，所有人的……职能（包括人创造物质财富的产品的职能——笔者注）……都会影响物质生产，并对物质生产发生或多或少是决定的作用。"①

　　就个人能力的社会结合而言，它通过一定的劳动方式、协作和分工而构成社会生产力。实际上，社会生产力是每个人的能力的社会结合的产物，而人的能力包括他的天赋潜能和习得能力。在这里，每个人的潜能和能力的充分发展，是社会生产力的细胞和来源，只有每个人的能力得到发展，才有可能带来社会生产力的发展。因此，只有不断发展每个人的能力，才能为社会生产力的发展提供动力和源泉，反之，社会生产力的发展将成为"无源之水"。在资本主义工场手工业时期，主要是靠片面发展个人的某种专业能力来发展社会生产力的。既然如此，那么，全面或充分发展个人的能力，理应成为发展社会生产力的更有效的途径。马克思在《资本论》中首次提出生产力概念时，就是在上述意义上使用

---

① 《马克思恩格斯全集》第 26 卷（Ⅰ），300 页，北京，人民出版社，1972。

的。他曾多次指出：个人的能力的充分发展就是生产力，而"我们的能力是我们唯一的原始财富"①。

就个人能力对象化财富和产品而言，个人能力的充分发展是最大的社会财富，即社会生产力。个人能力的充分发展，一方面，使人能顺利地从事生产劳动，从而生产出产品和创造出财富，在这里，能力是产品和财富之父，而劳动对象是产品和财富之母。另一方面，人的能力还是人进一步提高技能、进行创造和发明科学技术的前提，技能、发明和创造必将提高劳动生产率，从而推动社会生产力的发展。在谈到个人能力发展的这种意义时，马克思指出：真正的财富就是所有个人的发达的生产力。

就个人能力发展和运用科学技术的关系而言，前者是后者现实地对生产力发展发挥作用的媒介和条件，因而二者是相互制约的。科学技术作为生产力，需要一个转化过程。科学技术本身不是生产力，只有将它运用于生产过程才能现实地转化为生产力。将科学技术运用于生产过程的承担者和主体是人或个人，个人能力的发展状况直接制约着科学技术运用于生产过程并转化为生产力的状况。只有能力水平高的人，才有可能理解、掌握和顺利有效地运用科学技术于生产力过程，反之，对科学技术只能束之高阁，望而生畏，难以用于生产过程从而转化为现实的生产力。"科技兴农"在农村之所以遇到一定的障碍，其根本原因之一，是许多农民文化素质低、能力差、难以接受和掌握先进的科学技术。所以，作为配套和补救措施，人们在农村又强调"科教兴农"，以通过教育来提高广大农民的能力，从而推动科学技术在农业生产中的推广和运用。因此，在强调科学技术是第一生产力的同时，我们决不能忽视个人能力的充分发展对运用科学技术和发展生产力的重要作用。

就生产力中人的要素和物的要素的关系而言，个人能力的充分发展，可使物的要素现实地对生产力的发展发挥有效的作用。关于这一

---

① 《马克思恩格斯全集》第 49 卷，120 页，北京，人民出版社，1982。

点，马克思在《资本论》中做了精辟的阐述和分析。第一，在这部著作中，他把生产力中的人的因素和物的因素放在相互联系中加以研究，指出只有在它们的辩证统一中，生产过程才有可能进行，生产力本身才能形成。他认为，人的因素是生产力的主导因素，因为没有人的劳动和能力，劳动对象和劳动资料(包括生产工具)就不可能对生产力发生任何作用，它们就会变成一堆僵死的、没有生命的材料，最多不过是构成生产力的一种可能性。因此，"活劳动必须抓住这些东西，使它们由死复生，使它们从仅仅是可能的使用价值变为现实的和起作用的使用价值"①。这就是说，人的劳动及其能力只有同劳动对象和劳动资料这种物的因素相结合，才能使它们变成生产过程中的现实因素，才能生产和创造出产品或财富，从而保证社会财富的不断增加和生产力的不断发展。第二，在马克思看来，人具有智力和创造力，这种智能使他有可能改进生产工具和开发劳动对象，并把获得和创造的生产力，以及积累的经验和技能一代代传下去，从而推动生产力的发展。人的能力越发展，对生产工具的改进和对劳动对象的开发就越有效，从而对生产力发展的推动作用就越大。第三，人的思维能力除了使他能超出现有的生产力界限外，还能使他看得更远，使他能不断发现发展生产力的有效途径。实际上，生产力越发展，它所需要的人的因素(人的能力发展)越显得重要。马克思的上述思想表明：个人能力的充分发展对生产力发展的推动作用是重大的。

就个人对发展生产力的独特作用而言，个人能力的充分发展对生产力发展具有普遍性、直接性、主体性和战略性的意义。与发展生产力的其他途径和方式相比，唯有个人能力的充分发展才直接涉及每个人。按照恩格斯的"合力论"，每个人的能力的正确发挥对社会生产力的发展都有所贡献。因此，充分发挥每个人的能力，对发展社会生产力具有普遍性的意义。生产力中的主导因素是人，人是发展生产力的主要承担者和推动者。不仅潜在的生产力(如科学技术和精神生产力)转化为现实的生

---

① 《马克思恩格斯全集》第 23 卷，207—208 页，北京，人民出版社，1972。

产力需要通过人来实现，而且管理、改革、协作和完善劳动方式等，对发展社会生产力的作用也需要通过人来实现。不仅如此，每个人能力的充分发展本身就能直接推动劳动生产率的提高。因此，个人能力的充分发展是生产力发展的基础，它对生产力的发展具有直接性的意义和主体性的意义。历史证明，充分发挥每个人的能力，既是未来共产主义社会生产力发展的根本途径，又是共产主义社会的基本原则和目标。在人类历史初期，个体能力的原始丰富性曾是生产力发展的主要原因。到资本主义社会的工场手工业时期，社会生产力的发展是通过片面地发展个人的专业能力而换来的，但这种生产力的发展是有局限性的发展。按照历史的逻辑和发展的必然性，全面而充分地发挥每个人的潜力和能力，将是共产主义社会生产力发展的最有效的途径。正因为如此，马克思在对未来社会的预示和展望中，在发展生产力的许多途径和方式中，洞察到了每个人能力的充分发展对生产力发展的根本作用，指出它是最大的社会财富和社会生产力，是生产力发展的基石。这样，全面而又充分发挥每个人的能力，对生产力的发展将具有战略性的意义。

正因为个人能力的充分发展对生产力发展具有如上重要的意义，所以，马克思才把个人能力的充分发展看作他的科学共产主义学说的核心，看作共产主义社会的基本原则和发展趋向，换言之，马克思才十分关注个人能力全面而又充分发展这一问题，才从个人能力充分发展是最大的生产力这一战略高度，来批判当时资本主义社会对个人能力全面而又充分发展的束缚。我们正在建设中国特色社会主义，因此，就应该把个人能力的充分发展放在对生产力发展和对社会主义现代化建设具有重要意义的战略高度来认识，并加以足够的重视。换言之，应该建立一个以能力为本的社会主义社会。

既然个人能力全面而又充分的发展对社会生产力发展有重要的作用，那么，个人能力全面而充分的发展必将推动社会的进步。

个人能力全面发展是驾驭社会生产力的一个基本条件。

在马克思看来，人创造出来的社会生产力本是为了人的，但它一旦被创造出来，在一定历史条件下，即在社会分工把人分裂成为孤立的个人并使能力畸形发展的条件下，便会成为一种为个人所无法驾驭的物的力量而与个人相异化。因此，必须扬弃这种异化，即对这种生产力总和加以占有。要实现这种占有，就必须使个人能力充分发展，并且组成真实的集体。只有这样，才能促进社会的进步和完善。马克思指出，只有能力全面发展的人，才能全面地占有生产力的总和。因此，人的能力充分发展的一个重要作用，就在于为联合起来的个人对社会生产力总和加以占有和消灭异化提供条件。①

马克思还分析了人的历史发展对人本身的作用。这方面的作用具体表现在：个人发展有助于使个人达到自由的生存，可使人的劳动达到自主劳动，个人发展是实现他的发展和社会发展和谐一致的基本环节，个人能力全面发展是实现自由个性的基础。这些作用归结为一点，就是使个人达到自我完善。

对这些作用，在本章第二部分已做了阐述。这里只需要对"个人能力全面发展是实现自由个性的基础"这一作用加以论述。

在马克思看来，自由个性是社会历史发展和人的发展的最高成果，它只有在具备一系列条件和一定的基础之后才能实现。这些条件和基础，一是社会物质生活条件(社会生产力和生产关系等)的发展；二是社会关系的丰富与和谐发展；三是个人能力的全面发展。但在马克思那里，个人能力的全面发展是实现自由个性的最基本的条件。所以他这样说：要使这种自由个性成为可能，"能力的发展就要达到一定的程度和全面性，这正是以建立在交换价值基础上的生产为前提的，这种生产才在产生出个人同自己和同别人的普遍异化的同时，也产生出个人关系和个人能力的普遍性和全面性"②。

马克思关于人的历史发展的地位与作用的理论，是他整个人学和人的历史发展学说的实质。

---

① 参见《马克思恩格斯选集》第 1 卷，129 页，北京，人民出版社，1995。
② 《马克思恩格斯全集》第 46 卷(上)，108—109 页，北京，人民出版社，1979。

第七章　马克思关于人的价值观

　　马克思在对人的问题进行科学分析的基础上，同时又对人的问题做出价值考察。这种考察在马克思人学理论中占有重要的地位，是马克思研究人的问题的落脚点。所以，在论述马克思关于人的社会观、关于人的历史观之后，逻辑上很有必要进一步论述他关于人的价值观。

　　马克思关于人的价值观，指的是他对人进行价值考察而形成的思想观点，确切些说，是从人本身及其主体性角度，考察人的个性、人权、人的异化、人的解放、人的自由和人的幸福等问题而形成的思想观点。其中，人的个性观、人权观、人的异化和人的解放观、人的自由观，构成马克思关于人的价值观的四个基本内容。这方面的内容具有重要的意义，它充分表现出马克思对"人"的人文关怀，以及对人道主义理想之实现的渴望。

一　人的个性

　　马克思把自由人的联合体，以及人的历史发展的理想目标和最高成果看作"自由个性"的实现。可以说，对人的个性的分析，是马克思关于人的价值观的出发点和根据，因为人的个性是人的价值的表征。

(一)学术界对人的个性的种种歧解及评点

关于人的个性，资产阶级思想家做了大量研究。我国学者只是在心理学中，才对这一问题有所论述，在哲学、伦理学和社会学中，很少论及这一问题。近年来，人的问题在我国引起了重视，并展开了广泛而深入的研究。随之，人的个性问题也被提出来加以讨论。

在国内外对个性问题的研究中，分歧最大的首先是对个性概念的理解，归纳起来，无非有如下三种基本理解：第一种理解认为，人的个性即个人独立性。如一些人指出，个性是"个人所以别于他人的行为"，是个人品格的各种心理特征——气质、性格和能力，是不被"溶解"在社会环境中的特殊"微观系统"。① 第二种理解认为，个性是社会和社会关系的个别存在形式。苏联学者 B. Π. 图加林诺夫和 W. C. 科恩指出，个性是每个单个的人具有的社会在他身上培养出的特征和品质的总和的体现者。② 第三种理解认为，个性是个人对社会环境的态度和行为的积极特征，如独立自主性、能动性和积极的创造性等。苏联一些心理学学者指出，个性是"认识现实和积极改造现实的主体"，"是在人作为各种社会关系的主体出现的地方而存在，而且仅以此为限"③。这类观点还把独立自主性、能动性和积极的创造性看作每个人所应追求和达到的优秀品质，认为具有这种品质的个人是有个性的个人，否则就是普通、平庸的个人。

第一种观点从个人是一个不能被他人、群众和社会取代的独特存在物出发来看个性，它着眼于个人与他人、群体和社会的区别。第二种观点从个人是社会存在物入手来理解个性，它着眼于社会关系在单个人那

① 参见［苏联］格·里·富尔曼诺夫：《历史唯物主义——普通社会学原理》，128—134 页，北京，北京大学出版社，1987。
② 同上。
③ 同上。

里的特殊体现。第三种观点从个人是主体存在物出发描述个性，它着眼的是与个人对社会的依附性相对应的个人对社会的独立自主性、能动创造性及优秀的个人与平庸的个人的区别，因而它具有价值评价意义。这三种基本观点给我们的启示是：它们是从人的各个侧面来规定人的个性的；它们主要从具体科学(心理学、社会学、伦理学)方面规定个性，因此彼此割裂开来都具有片面的真理。只有把这些规定有机结合起来，才可能对个性概念有一个较全面的理解。这需要哲学的综合方法。

从哲学上规定个性概念，必须对人有一个全面的认识，同时又必须对具体科学中的个性概念进行哲学概括和总结。

从哲学上讲，如前所述，人应从三方面得到说明。一是从人和动物的区别上来规定，这就是人的一般类特性或类本质，用马克思的话说，就是自由自觉的活动，这种性质的活动使人成为建立自己理想世界的主体。这是对人的主体性的肯定。它表明，人按其必然性来说，必须追求和实现这种主体性，否则，人将沦为动物，人不成其为人。二是从现实社会中人和人的区别来说明，这是人的现实本质或特殊的社会本质，用马克思的话来说，就是人和人区别开来的现实根据，即一切社会关系的总和。一切社会关系的总和使人成为现实的、具体的和社会的存在物，否则，人将成为一种抽象的规定。三是从个人和他人、社会的区别来理解，这就是个人与他人、社会相区别的根据，即每个人的独特性，它是人的个别本质——单个人的本质。舍此，个人就不成其为个人了。

任何个人作为人，都应从上述三个方面的有机统一中得到说明，这是每个人的共性，但人的自由自觉的活动、社会关系和独特性在每个人那里，都是通过不同的方式存在、表现和实现的。这样，个性概念便可从三方面来规定：作为自由自觉活动的个别存在和表现方式的个性，作为社会关系的个别存在和表现方式的个性，作为个人在外部世界(他人和社会)中的个别存在方式的个性。自由自觉活动的实质，在于它使个人成为对外部世界关系来说的主体。社会关系的实质，在于它使个人作为特定群体的成员而具有某种特殊的社会特征。因此，可把上述个性规定的三个基本方面更明确地表述为：作为人类对外部世界的主体倾向性的个别表现方式的个性，作为特定社会群体成员的个人所具有某种特殊社会特征的个性，作为个人在外部世界中的个别（或独特）存在形式的个性。这三方面构成作为哲学范畴的个性的一般结构。

（二）马克思关于人的个性的三种基本含义

"人的个性"概念经常出现在马克思的著述中。在《博士论文》中，有对原子个性的强调，在《路易·波拿巴的雾月十八日》中，有对农民及其他阶层个性心理的分析，在《资本论》中，有对资本家积累欲和享乐欲冲突的心理分析，等等。概括起来，他是从三个不同的角度来规定人的个性的概念的：作为个人对外部世界独特的主体倾向性的个性，作为特定社会群体成员的个人所具有某种特殊社会特征的个性，作为个人在外部世界的个别存在形式的个性。

作为个人对外部世界独特的主体倾向性的个性。它主要包括个人心理倾向性、社会倾向性和个人对这种倾向性的追求，以及由此出发对个人行为和态度的评价。其内容要素主要有：个人能力、独立自主性、自由自觉性和能动积极的创造性。个人能力是他顺利成功地进行操作和掌握各种活动及其职能的力度，因而是使个人成为主体的一个主要根据。独立自主性与依附相对应，是个人的一种自我确立、自己形象、地位和作用的确立，本质在于使个人成为社会和自身相对独立的主体。自觉性与盲目性、自发性相对应，既指人意识自身的需要和活动目的之能力，又指个人独立自主地认识客体的本质和规律，并依规律和一定计划从事活动的能力，其意义在于使人成为意识、活动和外部世界的主体。自由性与限制、强制相对立，是指人在实践中认识、支配和实现客体必然性和自身必然性，以期为人的目的服务之能力。能动积极的创造性是个人独立自主性和自由自觉性等个人主体性（或个性）的最高表现、实现和本质特性。在马克思那里，人的个性这一方面的含义，实际上是在与个人对社会的依附性的社会性相对应的意义上来规定的，常用的概念有"有个性的个人""自主活动""独立个性""自由个性"和"创造性"等。①

作为特定社会群体成员的个人所具有某种特殊社会特征的个性。大致包括个人特殊的社会心理特征、社会关系特征和道德精神面貌特征。当谈到个人所体现的不同社会特征时,马克思常用的概念有工人的个性与资本家的个性;无产者的个性与资产者的个性等。② 这种个性的哲学意义在于:一方面,它不仅体现个人的社会制约性,而且表明群体间个人与个人的社会特征上的区别;另一方面,它把个人划分为不同的社会类型,并揭示出人与人之间不同的社会特征,以此来进一步探讨个人的社会解放和社会发展的规律问题。

作为个人在外部世界的个别存在形式的个性。它的内容主要包括:唯一性(个人是某一空间中的单个存在),不可重复性(个人在时间中没有固定不变的本质,他是什么取决于他在时间变化中所遇到的条件和现实),独特性和不可取代性(每个人都是独一无二的,没有绝对相同的两个人),自我性(对自我独特价值的觉识)。当谈到这方面的个性概念时,马克思常用的概念有:独特性,自我性,历史中不断发展变化着的人性,唯一性,不可取代性等。这种个性的哲学意义在于:不能把个人"溶解"在他人和社会中,他有自己不可被他人和社会取代的个性及其价值,因此,应尊重每个个人。

需要说明的是,马克思一生对当下世界的宗教、伦理、政治乃至物质的社会关系的批判,都渗透着对"活动着的个人"的人道主义关切,而这种关切始终围绕着个人和社会的辩证关系展开:一方面,他从社会出发对人的个性予以客观描述;另一方面,他又从这种个性出发对社会做出价值评判。这种评判的要点是:在资本主义社会中,物支配着人,无个性的货币成为人的主宰;资本主义社会的偶然性压抑个性;资本主义

---

① 参见《马克思恩格斯选集》第 1 卷,118—124 页,北京,人民出版社,1995。
② 同上书,266 页。

生产方式把劳动者的个性割得支离破碎，使个人成为畸形人。①

西方存在主义也对人的个性给予充分的关注，但与马克思不同：第一，它所讲的个性都是缺乏现实具体内容的抽象形式规定。例如，它的个性概念不涉及个人的社会特征等。第二，它所讲的作为主体性的个性不是个人在社会实践中表现和发展的个性，而仅是个人存在抽象本体论规定。之所以如此，其认识论根源与它对社会的敌视有关。它把社会完全看作玷污和奴役本真的个性的外在异己物，而不是看作表现和实现个性的条件，认为只有具有自我意识的人的个性，才是最真实的，才是人的本真存在。

二　人的权利

人的个性能否得到充分合理的表现和发挥，涉及人权问题。

人权，是人类长期关注和思考的政治和法权思想问题之一。它既同国家、民主、法权、法制和个人等问题密切相关，也同为争取一定权利、确保个人在社会中的地位而进行的阶级斗争相联系，因此，人权问题始终处于意识形态斗争的中心位置。近年来，这一问题越来越引起国内外学者的关注。社会主义和资本主义从各自不同的社会制度、文化传统和意识形态出发，对人权做了不同理解，斗争比较尖锐。斗争的焦点，集中在如何看待个人权利上。

那么，究竟如何理解和看待人权问题呢？

马克思对这一问题做出了科学回答。作为站在 19 世纪社会历史发展前沿俯视人类社会发展的巨人，马克思在深入批判继承资产阶级人权理论的基础上，完整而又正确地阐述了他对人权问题的基本看法。这些

---

① 参见《马克思恩格斯全集》第 46 卷（上），104、161、171 页，北京，人民出版社，1979；《马克思恩格斯全集》第 23 卷，462 页，北京，人民出版社，1972；《1844 年经济学哲学手稿》，46、108 页，北京，人民出版社，1979。

看法在今天看来，仍具有重要的意义。

(一)马克思研究人权问题的方法论

1. 马克思以前人权理论的两种思路及其得失

西方进步的政治思想家，如霍布斯、洛克、格劳秀斯和卢梭等，所提出的"天赋人权说"，是沿着两条思路进行的：一是从人的类本性出发，把人权看作人作为人应当拥有的权利，强调人权的人类性，认为每一个人作为人，都应当享有不可剥夺和不可让渡的人权。关于这一点，美国芝加哥大学教授摩狄曼·J. 阿德勒在其《六大观念：真、善、美、自由、平等、正义》一书中做了说明：人的种种权利的"最终基础存在于人类的本性……作为人，我们都是平等的——平等的人并且具有平等的人性"，平等地拥有平等的人权。[①] 二是从现实出发，把人权看作调解国家和个人(公民)在利益上的关系的一种手段，期望凭借人民主权原则，通过人权使公民个人行使和维护自己的利益，并限制因国家权力过度集中而形成的独裁和专制。沿着这一思路，一些思想家把"自然法""社会契约"作为人权的理论根据，把人权作为推进资产阶级政治民主的核心和手段。

资产阶级的"天赋人权说"适合了资本主义商品经济发展的需要，迎合了产业革命开始后自由主义、个人主义的文化思潮，推动了资本主义经济、政治和文化的发展，冲击了压迫、特权、偏私和迷信及权威，因而其积极作用是值得肯定的。但也具有明显的历史局限：它没有正确解决人作为类所应拥有的类权利、人作为社会成员的特殊权利和人作为有个性的个人的具体权利这三者之间的关系，仅仅看到了人的类权利和个人权利；没有着重分析人权的社会经济根源和基础，而较多地从人权的人类学基础出发来谈人权；否认人权的阶级性质及其阶级本质；没有分析无产阶级的人权状况。

---

① 参见[美]摩狄曼·J. 阿德勒：《六大观念——真、善、美、自由、平等、正义》，170—171 页，北京，团结出版社，1989。

2. 马克思所面临的人权问题及其解决方法

资产阶级思想家在人权问题上的历史局限，正是马克思在人权问题上所要加以分析和解决的主要问题。在分析和解决这些问题上，马克思以对人的本质的科学认识为方法论前提，从人的类本性、社会性和个性三者的统一出发来分析人权，并着重分析了人权的社会经济根源和阶级性质。

我已经说过，马克思认为人的本质是人的类本质、社会本质和个性本质三者的统一。人权是人享有的权利，人在本质上是什么，人权就是什么。在马克思那里，人是从类、社会性和个人性三方面来理解的，不言而喻，人权也应从类、社会性和个人性三方面来分析。

首先，马克思从人的类本质出发来看待人权，认为人权包含人作为人类所应当拥有的一般权利。

在马克思看来，也应当从人权所具有的人的意义上来看待人权，或通过研究人来研究人权。认识人，从认识的思维进程来看，首先应认识作为人类意义上的人及其性质，这种人及其性质，是从人和动物相区别的意义上来确定的。既然如此，也应从类的意义来认识人权。关于这一点，马克思在《论犹太人问题》中做了阐述。他指出："人权一部分是政治权利，只有同别人一起才能行使的权利。这种权利的内容就是参加这个共同体，而且是参加政治共同体，参加国家。这些权利属于政治自由的范畴，属于公民权利的范畴。"① 又指出：人享有公民权，是符合人的类本质的，这是人的类生活的一种表现。但是，在国家中，即在人是类存在物的地方，人是想象中的主权的虚拟的分子，在这里，他失去了实在的个人生活，充满了非实在的普遍性。② 这两段话包含如下几层意思：(1)人作为人类应享有的类权利，是人权的一部分；(2)人作为类的一般权利的内容，是人作为人类必须具有的类的规定性；(3)人作为类的一般权利的基础是人的类本质；(4)但这种权利是抽象的和普遍的，

---

① 《马克思恩格斯全集》第 1 卷，436 页，北京，人民出版社，1956。
② 参见《马克思恩格斯全集》第 3 卷，12、53 页，北京，人民出版社，1960。

是非现实的。显然，这层意义上的人权，是从人和动物相区别，并使人成其为人的意义上来规定的。马克思之所以谈论这种意义上的人权，旨在强调人与人之间在作为人的意义上的平等性，强调人人都有做人的尊严和价值，都有实现其人性的自由，其现实意义在于谴责非人性的社会，维护人的尊严。

其次，马克思从人的社会关系，尤其是社会经济关系出发分析人权，认为人权具有社会性和阶级性。

在马克思看来，人不仅是类存在物，而且更重要的是社会存在物。人作为社会存在物，是受社会关系制约和规定的，人是什么样的，是与社会关系的状况一致。同理，人的社会权利是什么样的（性质和水平），是与他所处于其中的社会关系的状况一致的。①

马克思认为，人作为社会存在物，要与他人之间发生种种关系，但最根本的是阶级利益关系。为使本阶级的种种利益免受损害并力求顺利实现，每个阶级都从自己的利益出发，来承认、设定和保障它所应享有的社会权利。这样，资产阶级就有自己的权利，无产阶级也应该拥有自己的权利。资产阶级尽管打着"天赋人权"和"人人拥有平等的权利"的全人类的旗帜，但实质是宣扬本阶级的特权，而无视无产阶级的人权。

马克思指出："至于谈到权利，我们和其他许多人都曾强调指出了共产主义对政治权利、私人权利以及权利的最一般的形式即人权所采取的反对立场……指出人权本身就是特权，而私有制就是垄断。"②

"平等地剥削劳动力，是资本的首要的人权。"③

"人权并没有使人摆脱财产，而是使人有占有财产的自由；人权并没有使人放弃追求财富的龌龊行为，而只是使人有经营的自由。"④

"自由这一人权的实际应用就是私有财产这一人权。"⑤

---

① 参见《马克思恩格斯全集》第 1 卷，428 页，北京，人民出版社，1956。
② 《马克思恩格斯全集》第 3 卷，228—229 页，北京，人民出版社，1960。
③ 《马克思恩格斯全集》第 23 卷，324 页，北京，人民出版社，1972。
④ 《马克思恩格斯全集》第 2 卷，145 页，北京，人民出版社，1957。
⑤ 《马克思恩格斯全集》第 1 卷，438 页，北京，人民出版社，1956。

"私有财产这项人权就是任意地、和别人无关地、不受社会束缚地使用和处理自己财产的权利；这项权利就是自私自利的权利。"①

　　"市民社会并没有借助安全这一概念而超越自己的利己主义。相反地，安全却是这种利己主义的保障"，"是市民社会的最高社会概念，是警察的概念"②。

　　这里，马克思通过对资产阶级人权的基本内容（自由、平等、财产和安全等）的分析，得出这样一个结论："任何一种所谓人权都没有超出利己主义的人，没有超出作为市民社会的成员的人，即作为封闭于自身、私人利益、私人任性、同时脱离社会整体的个人的人。在这些权利中，人绝不是类存在物，相反地，类生活本身即社会却是个人的外部局限，却是他们原有的独立性的限制。把人和社会连接起来的唯一纽带是天然必然性，是需要和私人利益，是对他们财产和利己主义个人的保护。"③

　　在马克思看来，既然人权中的"人"是处在一定社会关系总和中的市民社会的成员，那么，人权就具有时代、社会现实、阶级和历史的特征。既然如此，就不能只是抽象地从人的类本性出发谈论人作为类应享有的一般权利，而应回到现实社会中来，抓住人权的社会本质进行分析，即分析"市民阶级"和市民社会成员的权利，从而找到解决人权问题的钥匙。正因为如此，马克思坚决反对只从没有任何差别的、处在自然状态中的人出发而提出的"天赋人权"观，认为它忽视了人权的时代性、社会现实性、历史性和阶级性。

　　马克思注重分析人的特殊的社会权利，或人权的社会性。其哲学意义，一方面在于从价值观上找出资产阶级人权观的缺陷，指出由于私有制所造成的市民社会和国家的分离及人的分裂（人的类本质和个人感性存在的分离），必然造成资本主义社会中人权的现实同真正的人权的对

---

　　① 《马克思恩格斯全集》第 1 卷，438 页，北京，人民出版社，1956。
　　② 同上书，439 页。
　　③ 同上。

立，从而使人的普遍的公民权成了空洞的抽象，使个人主义和利己主义的权利活动得以盛行，另一方面在于从科学观上揭示出人权的阶级性质和社会本质，以及人权发展的社会规律，从而找出解决人权问题的正确方法。

最后，马克思从有个性的个人出发分析人权，认为人权还包括每个人作为个人而应享有的个别权利。

人不仅作为类、社会群体的一员而存在，而且作为具有独特个性的个人而存在。这里的"个性"，在马克思看来，既指个人不能被社会取代的独立自主性或主体性，也指不能被他人取代的唯一性、独特性和自我性。这正是人作为有个性的个人应享有其个人权利的根据。

在马克思看来，人与人之间的关系包括权利关系，而且在资本主义社会，它又是一种最重要的关系。因为在马克思所面临的资本主义社会由于私有制和社会分工的存在，人们追求着个人利益，个人与个人之间的关系主要表现为一种利己主义或个人主义关系。这里，"每个人都力图创造出一种支配他人的、异己的本质力量，以便从这里面找到他自己的利己需要的满足"①。在这种情况下，人权不但没有使个人的权利得到完全保障，反而为个人利己主义活动提供了方便，并加剧了个人权利之间的不平等状态。正是基于这种分析，马克思认为，应当分析人的个人权利问题——人与人之间的权利关系及其根源，以解决个人权利的实现问题。

马克思认为，人除了应当享有他作为类的人的一般权利外，还应享有他作为个人的权利，如独立自主权利等。但个人是处在社会关系中的人，他的权利能否实现，直接受社会关系或社会物质生活条件制约，人与人之间的社会物质关系是个人权利实现的现实基础和条件。因为只有人与人之间在社会物质（经济）关系上是自由、平等的，人与人之间在权利上才有可能实现平等。质言之，个人权利的真正实现有赖于自由、平

---

① 《马克思恩格斯全集》第 42 卷，132 页，北京，人民出版社，1979。

等的社会物质(经济)关系的建立。基于这种认识,马克思把更多的注意力放在对个人权利实现的社会物质(经济)关系的分析上。

总之,马克思是从人的类本性、社会性和个性三者的统一出发,来分析人权问题的。关于这一点,他在《论犹太人问题》和《德意志意识形态》中做出明确说明。在这两本著作中,马克思把人的权利分为人权、政治权利和私人权利三种,并明确分析了这三者的关系。他指出:人权就是"权利的最一般的形式",即人的一般权利,政治权利不过是社会的成员参加某一个国家、群体所享有的特殊的社会权利,它是由所在国家和群体视本国的不同情况由法律加以确认的,而每个国家所确认的多少和确认的内容显然是有区别的,因为它受社会经济关系制约。① 由此看来,马克思认为人权是一种基础性的权利,要研究它就必须研究本来的人,研究人的类本质,这样才能认识人的本来面目,才能把人权和其他权利区别开来,特别是把人权和公民权(政治权利)区别开来。因此,研究人权不能仅仅停留研究在公民的政治权利上,不能局限于一个国家或某一群体。但马克思并不由此主张仅去研究人的一般权利,而是注重去研究处在一定社会关系总和中的人。这种人,在自由资本主义时代就是资产阶级和无产阶级,只有抓住了这种人,才能理解那个时代人权内容的真谛。这正是马克思人权观和资产阶级人权观在方法论上的一个根本区别。

(二)马克思人权理论的基本内容

马克思主要是在谈论人与资本主义、共产主义的关系时对人权问题加以分析的。

1. 人权问题提出的根据

这是马克思首先思考的一个问题。

马克思认为,人权问题的真正提出,有它的人性根源和社会经济根源。一方面,人权作为一种观念,它产生于资产阶级反对封建特权进而

---

① 参见《马克思恩格斯全集》第 1 卷,433 页,北京,人民出版社,1956。

追求人的自由、平等和尊严的过程之中，它是从"类"的角度所提出的自由和平等的要求，是自由和平等观念的一种特殊表现形式。在马克思看来，人作为人，在类的意义上是平等的，具有自由的本性。但在现实社会中，如在封建社会中，人与人之间是不平等的。一部分人享有特权，而另一部分人则无权，这是与人的类本性相矛盾的。正是在解决这一矛盾并追求人的自由和平等的过程中，才会提出人权问题。另一方面，人权作为一种观念，又有它的社会经济根源，这就是它植根于资本主义商品经济发展的内在必然要求之中。马克思从两个角度分析人权的社会经济根源：一是从资产阶级反对封建专制制度的角度，指出"人权"是资产阶级反对封建特权的要求；二是从资本主义商品经济发展的必然要求这一角度提出的，指出人权既根源于资本主义的商品经济，同时又是资本主义商品经济发展所必须具备的一个基础。[①] 对这两个方面，马克思都做了分析。

马克思认为，人权是资产阶级革命的要求，"人权"口号是资产阶级在同封建专制制度的斗争中提出的。在封建社会内部孕育了资本主义生产关系。资产阶级为了能自由发展资本，自由剥削劳动力，挣脱封建等级特权和神权的束缚，便提出了自由、平等的人权要求。17、18 世纪的一些资产阶级启蒙思想家反映了这种要求，提出了"天赋人权"的思想，如英国的洛克和法国的卢梭等。他们认为人在自然状态中都是自由平等的，人人生来都有平等、自由和争取幸福的权利。1776 年美国《独立宣言》第一次以政治纲领的形式宣称：人人生而平等，他们为造物主赋有某种不可让渡的权利，其中包括生命、自由和追求幸福的权利。马克思称这个《独立宣言》为"第一个人权宣言"[②]。1789 年法国资产阶级革命发布了《人权和公民权宣言》，其中规定："在权利方面，人们生来是而且是自由平等的"，"任何政治结合的目的都在于保存人的自然的和不可动摇的权利，这些权利就是自由、财产、安全和反抗压迫"，"在法律面

---

① 参见《马克思恩格斯全集》第 46 卷（上），197 页，北京，人民出版社，1979。
② 《马克思恩格斯全集》第 16 卷，20 页，北京，人民出版社，1964。

前，所有的公民都是平等的"，"各个公民都有言论、著作和出版的自由"，"财产是神圣不可侵犯的权利"，等等。《人权和公民权宣言》宣告了法国封建特权阶级统治的告终、新兴资产阶级统治的开始。正像马克思、恩格斯所指出的：这是"以人权的形式承认和批准现代资产阶级社会，即工业的、笼罩着普遍竞争的、以自由追求私人利益为目的的、无政府的、塞满了自我异化的自然的和精神的个性的社会"①。

恩格斯也详细论证了人权是资本主义生产关系的产物。他指出："大规模的贸易，特别是国际贸易，尤其是世界贸易，要求有自由的、在行动上不受限制的商品所有者，他们作为商品所有者来说是有平等权利的，他们根据对他们来说全都平等的权利进行交换。"例如，资本家可以自由雇佣工人、工人可以自由出卖劳动力这样的平等。在封建统治下，"当经济关系要求自由和平等权利时，政治制度却每一步都以行会的束缚和特殊的特权同它相对立……一旦社会的经济进步，把摆脱封建桎梏和通过消除封建不平等来确立权利平等的要求提到日程上来，这种要求就必定迅速地获得更大的规模。虽然这一要求是为了工业和商业的利益提出的，可是也必须为广大农民要求同样的平等权利，农民受着各种程度的奴役，直到完全成为奴隶，他们必须把自己极大部分的劳动时间无偿地献给仁慈的封建领主，此外，还得向领主和国家缴付无数的代役租。另一方面，也不能不要求废除封建特惠、贵族免税权以及个别等级的政治特权。由于人们不再生活在像罗马帝国那样的世界帝国中，而是生活在那些相互平等地交往并且处在差不多相同的资产阶级发展阶段的独立国家所组成的体系中，所以这种要求就很自然地获得了普遍的、超出个别国家范围的性质，而自由和平等也很自然地被宣布为人权"②。

马克思认为，人权又是资本主义商品关系的反映。他说："劳动力的买和卖是在流通领域或商品交换领域的界限以内进行的，这个领域确实是天赋人权的真正乐园。那里占统治地位的只是自由、平等、所有权

---

① 《马克思恩格斯全集》第2卷，156页，北京，人民出版社，1957。
② 《马克思恩格斯全集》第20卷，115—116页，北京，人民出版社，1971。

和边沁。"①"资本是天生的平等派，就是说，它要求在一切生产领域内剥削劳动的条件都是平等的，把这当作自己的天赋人权……"②在马克思看来，作为人权基本内容的民主、自由、平等等，早在古代奴隶制社会就已经有其萌芽和雏形，尽管那时商品经济并不充分发达，但是简单的商品生产和交换还是存在的。既然有简单的商品生产和交换存在，那么，反映商品生产和交换的自由原则、平等原则当然也就必然存在。但是更为明确成熟更为发达的人权是资产阶级人权。资产阶级人权是17、18世纪资产阶级学者从人的理性出发推测出来的，是对长期存在的各种习惯观察和概括的结果。资产阶级人权所以是人权发展最成熟的阶段，这是由资本主义商品生产和交换充分发达决定的。马克思在《资本论》中说过："如果说经济形式，交换，确立了主体之间的全面平等，那么内容，即促使人们去进行交换的个人材料和物质材料，则确立了自由。可见，平等和自由不仅在以交换价值为基础的交换中受到尊重，而且交换价值的交换是一切平等和自由的生产的、现实的基础。作为纯粹观念，平等和自由仅仅是交换价值的交换的一种理想化的表现；作为在法律的、政治的、社会的关系上发展了的东西，平等和自由不过是另一次方的这种基础而已。"③这就说明，以自由和平等为基本内容的人权，无论它是以纯粹观念形态或法律规范的形式表现，还是以政治要求或社会关系的形式出现，它都只能是商品经济发展的一种反映，它决定于并服从于商品经济。人权的产生既有其理论基础，又有其物质基础，绝不是杜撰出来的。恩格斯曾对马克思的上述分析以高度的评价：这种对人权的社会经济根源的分析，是首先由马克思在《资本论》中做出的。④

　　2.人权的社会性和阶级性

　　马克思以前的一些政治法律思想家多注重人权的类特性。与其不

---

① 《马克思恩格斯全集》第23卷，199页，北京，人民出版社，1972。
② 同上书，436页。
③ 《马克思恩格斯全集》第46卷（上），197页，北京，人民出版社，1979。
④ 参见《马克思恩格斯全集》第3卷，145页，北京，人民出版社，1960。

同，马克思站在无产阶级的立场上，更关注人权的社会性。在马克思那里，人权的社会性主要包含以下三方面的内容。其一，人权的具体内容由社会关系来规定，不同的社会关系决定着人权的不同内容。如资产阶级的人权观与无产阶级的人权观，在内容上是不同的，前者要求的是资本家的特权，而无产阶级人权观在本质上是消灭私有制的阶级特权。其二，人权具有现实的社会基础和社会根源，它是在社会关系的基础上产生和发展的。其三，人权的实现需要一定的社会条件，是受一定社会条件制约的。在社会还存在着私有制和阶级对立的社会关系的情况下，人权是不可能真正实现的，换言之，只要人所生活于其中的社会还没有从非人的关系中解放出来，就谈不上真正的人权。要真正实现人权，就必须具备实现人权所需要的现实条件，如消灭私有制和阶级剥削，大力发展社会生产力，全面发展人的能力，等等。

既然人权具有社会性，那么，进一步从社会经济利益上分析，就可以看出人权也具有阶级性。在马克思那里，人权的阶级性包含三方面的基本含义。其一，人权反映着一定阶级的利益，它是为不同的阶级服务的。马克思指出，尽管资产阶级将人权冠以"天赋"的字样，标榜人权的超阶级性，但它掩盖不了其阶级实质，即它是为资产阶级利益服务的。资产阶级提出的种种人权要求，统统都是围绕着确保私有财产而旋转的，平等、自由、安全、财产等人权都是如此。其二，不同的阶级对人权的理解是不同的，因为它们都站在自己的立场上，从本阶级的利益出发来理解人权。其三，人权具有不同的阶级基础。在马克思看来，资产阶级人权的阶级基础，是占人口极少数的资产阶级，是剥削者和压迫者的人权，而无产阶级人权的基础，是无产阶级和广大劳动人民群众。马克思指出："如在国家等等中，个人自由只是对那些在统治阶级范围内发展的个人来说是存在的，他们之所以有个人自由，只是因为他们是这一阶级的个人。"①

---

① 《马克思恩格斯选集》第1卷，82页，北京，人民出版社，1972。

基于对人权的社会性和阶级性的认识，马克思对他所面临的资本主义社会人权的实际状况和资产阶级的人权观进行了分析和批判。他指出：至于谈到权利，我们和其他许多人都曾强调指出了共产主义对政治权利、私人权利，以及权利的最一般形式即人权所采取的反对立场。①马克思之所以要分析批判资产阶级的人权观，是与他对资本主义社会人权的实际状况的揭露相联系的。综观马克思的全部著述，他对资本主义人权观的评判是从如下五个基本方面展开的。

　　第一，资产阶级人权观的哲学基础是抽象的人性论和"自然状态观"，但在现实资本主义社会中，人权却是资本主义国家中少数资产阶级的特权，因此，这是用"人权"来掩盖资产阶级的特权，是一种抽象的和不彻底的人权。在马克思看来，资本主义社会为了废除封建等级和封建特权设置的种种障碍，赋予人权以超阶级的外观，但并不能掩盖其阶级特权的实质。因为它所提出的自由、平等、财产、安全等人权的内容，一方面都是同资产阶级的利益联系在一起的，都是资本在经济运行和社会运行中的要求：它不仅是资本的内在属性和要求，而且是资本主义货币运动的要求，还是资本主义商品流通的内在要求。②另一方面，在马克思看来，资产阶级在反对封建斗争中以"全人类的代表"面目出现，它标榜"人权"，把自由、平等说成是人人共有的权利，但在现实资本主义社会中，"人权"实际上只是资产阶级的特权，因为资产阶级把法律上的平等做了不平等的应用，即只应用于在生产资料占有方面享有特权的人们，并没有考虑平等实现的社会经济条件的差别，所以法律上的平等只是在现实中不平等的前提下的一种形式平等。比如，出版自由就仅仅是资产阶级的特权，因为出版需要钱，被剥削阶级则没有钱。资产阶级口头上高喊"自由""平等"，但在行动中却不给劳动人民以"自由"

---

① 参见《马克思恩格斯全集》第 3 卷，213、228 页，北京，人民出版社，1960。
② 参见《马克思恩格斯全集》第 46 卷（上），195—200 页，北京，人民出版社，1979；《马克思恩格斯全集》第 46 卷（下），158、159、477 页，北京，人民出版社，1980；《马克思恩格斯全集》第 23 卷，200—324 页，北京，人民出版社，1972。

"平等"。马克思指出：法国资产阶级在革命风暴一开始，就胆敢再把工人刚刚争得的结社权剥夺掉。它在 1791 年 6 月 14 日颁布法令，宣布工人的一切结社都是对自由和人权宣言的侵犯，要课以 500 利弗尔的罚金并剥夺公民权一年。"这个政治生活的革命实践和它的理论还处于最尖锐的矛盾状态。例如，一方面，安全被宣布为人权，一方面又公开承认破坏通信秘密是理所当然的。一方面'无限制的出版自由'（1793 年宪法第一二二条）作为人权和个人自由的后果而得到保证，一方面出版自由又被完全取缔……换句话说，自由这一人权一旦和政治生活发生冲突，就不再是权利。"①

"宪法的每一节本身都包含有自己的对立面，包含有自己的上院和下院：在一般词句中标榜自由，在附带条件中废除自由。"②

而当资产阶级的统治受到无产阶级革命的威胁时，资产阶级就"把共和国的'自由，平等，博爱'这句格言代以毫不含糊的'步兵，骑兵，炮兵！'"③

第二，资产阶级人权观赋予私人权利以一般的"人权"形式，抹杀人权的社会内容，但在资本主义社会现实中，私人权利却是同公民权相对立的。马克思指出，资本主义社会赋予国家以抽象共同体的形式，但在市民社会中却推行个人主义和利己主义原则。因此，资本主义社会的一个特点，就是市民社会同国家的分离。这种分离使人本身也产生分离，即他的类本质和感性存在的分离：在国家政治生活中，人过着类生活，而在市民社会中，人却过着私人生活。正是由于社会分裂为市民社会和政治国家，由于人的生活的分离，使得资本主义社会中人的权利相应地区分为私人权利和公民权。质言之，资本主义社会的人权是与公民权相对立的私人权利。④ 之所以如此，在马克思看来，是由于资本主义私有

---

① 《马克思恩格斯全集》第 1 卷，440 页，北京，人民出版社，1956。
② 《马克思恩格斯全集》第 8 卷，135 页，北京，人民出版社，1961。
③ 《马克思恩格斯选集》第 1 卷，622 页，北京，人民出版社，1995。
④ 参见《马克思恩格斯全集》第 13 卷，441—443、284、341、428、436—439 页，北京，人民出版社，1962。

制，使人变成了只追求个人利益的存在物，疏远了人自己的类本质，割裂了人与人间本应具有的社会性联系，纵容了市民社会利己主义的权利活动，① 但一些资产阶级思想家却硬要赋予私人权利以人的一般权利的形式，这实际上是为资产阶级和资本主义社会辩护。

　　第三，资产阶级人权观赋予人权以天赋、永恒的性质，但在资本主义现实社会中，人权却是随着资本主义生产方式的产生而产生，并随着资本主义商品经济的发展而发展。马克思以前的一些资产阶级思想家把人权看成是天赋的、人与生俱有的，因而是永恒的。针对这种情况，马克思反驳道："黑格尔曾经说过，'人权'不是天赋的，而是历史地产生的。"②"权利永远不能超出社会的经济结构以及由经济结构所制约的社会的文化发展。"③既然如此，要分析人权问题，就必须从各个时代具体的人及其权利入手，而这具体的人，当然只能是各个时代属于统治地位的人。因为从那个时代的眼光看，只有这种人才具有典型性，才享有那个时代的人的权利和尊严。马克思处于自由资本主义时代，所以他在分析人权时，抓住了"市民阶级"这一人权问题的关键。马克思在对市民社会中的市民阶级的分析中，发现了人权同资本主义生产方式和商品经济的内在联系。他指出，资产阶级的人权观念植根于资本主义的雇佣劳动制、资本增殖过程、交换价值和自由竞争之中，因此，与封建社会的人权相比，它具有资本主义的历史特征：它在形式上是普遍的，但在实际内容中，却只限于少数资产阶级。以上这种批判，实际上表明这样一个事实：在资本主义社会，人权的现实形式和观念形式是有根本区别的。马克思这样说道，资本主义国家标榜人权，确实有"构成共同体、人民的普遍事务"的一面，但却是"不受市民社会……影响而独立存在于观念中的东西"④。而且，以普遍人权面目出现的公民权只是人权的形式，

---

① 参见《马克思恩格斯全集》第 23 卷，810 页，北京，人民出版社，1972。
② 《马克思恩格斯全集》第 2 卷，146 页，北京，人民出版社，1957。
③ 《马克思恩格斯选集》第 3 卷，12 页，北京，人民出版社，1972。
④ 《马克思恩格斯全集》第 1 卷，442 页，北京，人民出版社，1956。

而不是现实的普遍，因为公民即政治人，只是抽象的法人。

第四，资产阶级人权观多注重谈论人权的一般内容规定和形式，忽视对人权实现的社会物质生活条件的分析，但在资本主义现实社会中，人权每真正实现一步，都必须借助于一定的社会物质条件。综观资产阶级人权观的发展史可以看出，资产阶级一些思想家不仅忽视人权实现的社会物质条件，而且对人权的实现问题缺乏社会分析，大多局限于对人权的内容进行规定和分类，如提出人权的内容主要有自由、平等、财产和安全等。① 与其相反，马克思在其著作，尤其在《资本论》中，深刻揭示了这些抽象规定的社会物质根源及人权实现的社会物质条件。

第五，资产阶级人权观为人的自由和平等呐喊，但在现实资本主义社会中，人的自由只是利己主义的个人的偶然自由。马克思指出，在资本主义私有财产条件下，人的活动对个人必然产生异化，而且，人的社会关系、生产条件、产品、他人、国家和集体等都同个人发生了异化关系。在这种条件下，个人自由和平等则是一种偶然的、非真正的自由和平等，更多的是一些利己主义者个人的自由和平等。所以马克思说，资产阶级的人权观为资本主义社会的一切利己主义活动提供了基础。

以上批判表明，马克思总是一方面着眼于对人权的社会性和阶级性分析，另一方面又总是用他所面对的资本主义社会人权的现实批判资产阶级人权观的局限。

3. 人权的发展性和历史性

在人权问题上，马克思还坚持人权的发展性和历史性的统一，认为人权是随着社会发展而发展的，这种发展的结果便使人权具有历史的性质。马克思注重分析人权的发展性和历史性，其意图，一方面在于揭露资本主义人权观的历史进步性和历史局限性，另一方面在于对未来共产主义社会人权的前景予以描述和展望。

资产阶级人权观念对推动资本主义社会的经济发展及人类政治文明

---

① 参见《马克思恩格斯全集》第3卷，54页，北京，人民出版社，1960。

的发展，起过积极作用。但人权观念是历史地形成的资本主义经济关系的产物，因而，它也具有历史局限性。马克思的这一思想，前面已做阐述，这里，我们只着重阐述他的共产主义人权观。

马克思关于未来共产主义社会的人权观，是建立在他对资产阶级人权的科学分析和批判的基础之上的，同时也是他关于社会历史发展规律学说的必然要求。

总的来看，马克思的未来共产主义的人权观，是围绕如下五条基本线索展开的。

第一，无产阶级实现人权的要求，是消灭私有制和阶级剥削，这同时也是实现每个人的权利的前提条件。在马克思看来，只要私有制和阶级剥削还存在，人权的实现就是资产阶级的欺人之谈，因此，无产阶级必须消灭私有制和阶级剥削。① 这正是无产阶级实现人权的本质要求和真实内容。阶级和私有制的消灭，将是每个人获得解放的前提条件，同时也是每个人的人权得以实现的前提条件。

第二，在共产主义社会，人权的主体是每个个人，个人的权利和他人的权利是和谐一致的，因而人在权利追求中的利己主义性质将不复存在。马克思在《资本论》中指出，到共产主义社会，由于消灭了阶级差别和不平等，个人将成为社会的主体，每个人自由而全面的发展将是社会的基本原则，个人发展和他人、社会的发展将取得和谐一致。在这种情况下，每个人对权利的追求并不是矛盾的，而是根本一致的，不是为了追求私利，而是为了实现自己的自由个性，充分发挥自己的能力。

第三，在共产主义社会，人权的基本内容，是全面发展自己的能力和充分实现自己的自由个性，因而，发展权和独立自主权将是人权实现的基本目标。在马克思看来，到共产主义社会，由于消灭了私有制和阶级剥削，生产力极大发展，社会物质财富极大丰富，人

---

① 参见《马克思恩格斯全集》第 1 卷，438—439 页，北京，人民出版社，1956；《马克思恩格斯全集》第 3 卷，268—229 页，北京，人民出版社，1960。

们的觉悟极大提高，所以，财产权、生存权、平等权将基本解决。又由于社会的基本原则是每个人能力和个性的自由而全面的发展，所以，发展权和独立自主权将成为人们权利追求的基本目标。在那时，个人权利真正实现的标志，就是每个人的能力和个性是否能得到自由而全面的发挥。

第四，在共产主义社会，人权得以实现的基本条件和基础，一是生产力的极大发展，二是能力的自由而全面的发展。马克思在《哥达纲领批判》中指出，在共产主义的第一阶段，由于生产力不发达和人的觉悟不高等原因，人的自由和平等的权利并不能真正实现。只有到共产主义的第二阶段，生产力有了极大发展，物质财富有了极大丰富，人的道德觉悟有了极大提高，才会从根本上消除等量劳动交换所构成的形式上权利平等而事实上不平等的局限，才会使人们所取得的任何普遍权利不再成为"资产阶级法权"性质的权利，并最终摆脱一切物质羁绊，获得真正的、全面的自由和平等。① 在《资本论》及前后的经济学手稿中，马克思指出，自由个性的实现，既以发达的社会生产力为基础，又以个人能力的全面发展为基础。② 在他看来，人权中的自由、个性发展原则能否得到实现，主要取决于生产力的极大发展，取决于作为人权主体的人是否具有全面而又充分发展的能力，因为只有人的能力充分发展了，才能驾驭和实现他的权利。这样，马克思实际上是把人的能力发展和生产力发展看作实现人权的两大基础。

第五，在共产主义社会，人权将成为全面发展人的能力和实现自由个性的确证。在马克思看来，在资本主义社会，人权成为维护少数资产阶级利益和私人利己主义活动的手段，但到共产主义社会，人权将从人本身的主体性意义上来理解，即成为实现自由个性和充分发展每个人的能力的确证。

---

① 参见《马克思恩格斯全集》第 19 卷，23 页，北京，人民出版社，1963。

② 参见《马克思恩格斯全集》第 46 卷（下），218—222 页，北京，人民出版社，1980；《马克思恩格斯全集》第 46 卷（上），104 页，北京，人民出版社，1979。

4. 人权是一定意义上人的自由、人的平等、人的尊严、人的价值、人格和人的主体地位的价值确证

马克思一方面从科学方面分析人权问题，揭示人权的社会性、阶级性、发展性和历史性；另一方面更注重从价值观上考察人权的属人性质，指出人权无非是在人的种种关系中确证人的价值、人的尊严和人的主体性。

透过马克思对人权问题的分析可以看出，他是从如下三方面来阐述人权的属人意义和性质的。

第一，虽然在资本主义的人权背后包含着对本阶级利益的追求，但相对于封建社会，它提高了人的地位，并且其中包含的"应当"要求，反映出人的主体性。马克思认为，资本主义人权反映了资产阶级的利益要求。相对于封建社会来说，资本主义商品经济的发展冲破了封建的人身依附关系，使社会成员获得了人身独立和自由，从而实现着商品交换中的"自由"和"平等"。[①] 尽管广大劳动者被迫出卖劳动力和忍受剥削，但他们终究有了人身自由。人权观念的提出，会促使自由、平等的观念深入人心，唤醒人的主体自我意识，也会不断促进"人"的主体地位的提高。不仅如此，人权作为一种观念，其中包含的"应当"要求，也反映了广大人民群众的愿望和要求，激发了人民群众的主体意识和对压迫自身的生活条件的反抗意识。因此，人权问题的提出，很快就被当作一种普遍的观念和意识而为广大人民群众所接受，成为社会主体的一种普遍精神，而这种精神实质上是社会主体在社会中求生存求发展的强烈表现，是追求人的价值实现的表现。

第二，人权观念的属人实质，是力求在人的种种关系中确证人的主体性地位。在现实社会中，人必然同国家、社会、集体、他人发生利益关系和人性关系，为使人在这些关系中免受其害，确保自己的尊严、价值和主体地位，便提出了人权问题。马克思认为，人作为社会的主体，

---

① 参见《马克思恩格斯全集》第 46 卷（上），197 页，北京，人民出版社，1979。

具有自我确证、自我实现的自我意识，而人的自我意识意味着人的活动应是自由自觉的，正是在这种自由自觉的活动中，作为主体的人确证了自己的内在价值。① 这种关于主体自身价值的人类意识的价值确证，便是人权观念。因此，人权是人的价值和人的主体地位的确证。

第三，人权作为一种观念，反映了作为主体的人对自身类本质地位的丧失的一种反思。马克思指出，人类社会进入阶级社会，尤其是进入资本主义商品经济社会以后，人丧失了作为类存在物的那种人类的社会性，成了自私自利、互相对立和彼此敌对的"脱离社会整体的个人的人"②。在这一过程中，作为社会主体的人必然要对这种人性丧失的现实进行反思，反思的成果，便提出人权观念。因此，人权观念不过是人以人的自觉对既往历史和既存现实中"非人性现象"的一种反动，它在本质上是作为主体的人对自身地位和价值的一种反思，其属人实质，是确证人的主体地位、人的价值和人的尊严。历代思想家把自由、平等作为人权的基本内容，就是证明。

(三) 马克思人权理论的逻辑线索、实质和本质特征

马克思的人权理论不是杂乱无章，而是有其内在逻辑联系的，从这一内在的逻辑中，可以揭示出马克思人权理论的实质和本质特征。

1. 马克思人权理论的逻辑线索

这里所谓"逻辑线索"，既是指贯串于马克思人权理论的思想主线；又是指马克思人权各思想观点之间的内在逻辑联系。

一是人的一般的权利、阶级权利和个人权利三者的有机统一。

资产阶级人权观的实质内容，是打着人权的人类性而行使本阶级的特权，即它只强调阶级特权。马克思的人权理论则不同，它首先从历史和逻辑前提出发，关注无产阶级的阶级权利，但它最终不是注重阶级特权和垄断权，而是强调每个个人即全人类个体的平等权利的实现。也就

---

① 参见《马克思恩格斯全集》第 42 卷，95—97 页，北京，人民出版社，1979。
② 《马克思恩格斯全集》第 1 卷，439 页，北京，人民出版社，1956。

是说，马克思并没有把自己的视野仅放在对无产阶级的"阶级权利"的关注上，而且放在对全人类的每个个人人权的关注上。① 这是因为，共产主义社会中的人的状况，是马克思倾其毕生精力所关注的一个问题。他站在科学人道主义的全人类性的高度上，把每个个人自由而全面的发展看作共产主义社会的基本原则，把每个个人看作未来社会的主体和目的。在他看来，只有每个个人的权利得以实现，人的权利才算真正实现，由此出发，他就必然把每个个人权利的实现当作关注的重点。但在马克思看来，每个个人权利的实现是以无产阶级权利的实现为历史前提的，因为只有首先解放无产阶级，然后才能解放全人类（每个个人），而且劳动者的解放包含着全人类的解放，之所以如此，是因为整个的人类奴役制就包含在劳动者同生产的关系中。②

二是对资本主义人权的批判和对未来共产主义人权的建设的统一。

马克思在探索人权问题时，一方面是面对资产阶级所倡导的人权观，另一方面是面对资产阶级人权的现实及资本主义社会中无产者人权的丧失，所以，主张从现实的人出发的马克思，力图从对资产阶级人权的现实的批判中，来揭示未来社会人权的前景，所以，他一方面注重对他所面对的资本主义人权的批判，另一方面注重对共产主义社会人权的建设。马克思的人权思想散见于他各个时期的著作中，但较为集中的论述，是早期的《论犹太人问题》《黑格尔法哲学批判》和后期《资本论》及前后的经济学手稿。如果说在前两本著作中，马克思较注重对资本主义人权及人权观的批判，那么，在后期《资本论》及前后的经济学手稿中，马克思则试图把对资本主义人权的批判和对未来共产主义人权的建设统一起来。我们知道，批判旧世界和建设新世界，是马克思整个思想理论的一条主线，这当然也是他的人权理论的一条主线。

三是对人权的科学分析和价值考察的统一。

马克思对人权问题，既求助于科学分析，又致力于价值考察。对人

① 参见《马克思恩格斯全集》第 16 卷，16 页，北京，人民出版社，1964。
② 参见《马克思恩格斯全集》第 42 卷，101 页，北京，人民出版社，1979。

权问题的科学分析表现在：他总是以科学的态度对待人权问题，注重对人权问题进行客观的社会经济分析和阶级分析，从而提出通过消灭私有制和阶级剥削以实现无产阶级解放，进而实现每个个人的自由权和发展权这一核心思想。这一点，我们可从上面谈到的马克思人权理论的第二个基本内容中看出来。对人权问题的价值考察表现在：他总是以人道主义的态度对待人权问题，注重从人性发展的角度对人权问题进行历史考察，既考察和评判资本主义社会的人权状况，又展望共产主义社会人权的未来前景，并从中来确证人的价值、人的尊严和人的主体地位，从而提出每个人的自由而全面的发展是共产主义社会的基本原则这一核心思想。关于这一点，我们可从上面谈到的马克思人权理论的第三个基本内容中看出来。

四是对人权问题的哲学分析和经济学分析的统一。

马克思对人权的根据和基础比较关注。总的来看，他主要从两方面来分析人权的根据和基础问题：一方面，他在早期著作中着重从哲学的高度来分析，既分析人权的人性根据和人性基础，认为人权是着眼于从人的类特性出发对人的主体地位、人的尊严和人的价值的思考，又从人性发展的高度来分析批判资本主义社会的人权现实，从而揭示人权的产生、发展及其规律；另一方面，在后期，他着重从经济学的角度，对人权进行实证分析，既分析人权的经济根据和经济基础，认为人权的产生、发展和实现都有它的社会经济的根据、基础和条件，又从社会经济发展的角度考察人权的产生、发展和实现的机理，从而揭示人权问题的经济学意义。如果认真研究马克思的人权理论的发展过程便会发现，他早期的著作《论犹太人问题》，较注重对人权问题进行哲学分析，而在《资本论》及前后的经济学手稿中，较注重对人权问题进行经济学分析。

2. 马克思人权理论的实质及本质特征

马克思以前的人权观探讨过"人权的实质"问题。古希腊哲学并不议论人权问题，议论较多的是，什么是正当的或正义的。在中世纪后期，托马斯·阿奎那提出了一个把权利理解为正当要求的明确概念。到 16 世纪，人们却把正当要求和权利做了区分。在 17 世纪，人的权利才被一些资产阶级思想家加以关注，那时，人权在实质上主要被理解为人的自然权利，即天赋人权，这种人权是人天生就具有的、通过法律承认的和应当拥有的权利。如格劳秀斯，就把权利看作一个人通过法律承认正当地拥有某些东西或正当地做某些事情的资格。[①] 18 世纪法国的《人权宣言》和美国《独立宣言》所讲的人权，主要就是以 17 世纪思想家的人权观为基础的。总的来看，17—18 世纪的人权概念大致有如下三个基本含义：一是正当的，二是应当拥有或做的，三是资格。其实质就是：人通过法律承认和保障实现其正当利益和活动的资格。

17—19 世纪中的一些理性主义哲学家，如斯宾诺莎、康德和黑格尔等，根据"自由意志"来界说权利。斯宾诺莎认为，权利是一种免受干扰的条件。康德说，权利就是"意志的自由行使"且不妨碍他人的自由。黑格尔指出，权利的基础是精神，它的确定的地位和出发点是意志，意志是自由的，所以自由既是权利的实质又是权利的目标，而权利体系则是已成现实的自由王国。[②] 这里，人权实质上被看作人免受干扰而自由行使其意志的前提条件。

19 世纪末，德国法哲学家耶林提示人们注意权利背后的利益，明确认为，权利实质上是受法律保护的一种利益。

资产阶级人权观，就其实质来讲，是打着天赋人权的旗号，行使资产者的自由意志，维护其利益及人应当拥有的尊严。

马克思力图克服资产阶级人权观从人的类本性上说明人权并忽视人权的社会性的缺陷，着重从人的社会性方面分析人权。通过马克思对人权问题的全部论述，可以揭示其人权理论的实质。这就是：主张消灭私有制和阶级剥削，使每个人的人权得以实现，以确证人的主体

---

① 参见［荷］格劳秀斯：《战争与和平法》，见［美］莫里斯编：《伟大的法哲学家》，86 页，费城，宾夕法尼亚大学出版社，1959。

② 同上书，306 页。

地位、人的价值和人的尊严；人权是一种通过调整人同他人、集体和社会的利益关系以维护其自身正当利益免受侵害的一种特殊设定；人权是人自由行使其正当要求的一种资格。前两方面，是从人和社会、人和他人的关系方面来说的，而后一方面，则着眼于人得以做人的资格。资产阶级人权观往往忽视人权实质的前两方面的内容，注重后一方面的内容。

与马克思所面对的资产阶级人权观不同，马克思的人权观也具有自己的本质特征。

第一，现实性。资产阶级人权观只谈论人类一般的天赋权利和个人权利，不谈不同社会群体中不同人（尤其是无产阶级）所具有的不同人权及这些权利的社会历史内容，抹杀人权的阶级性。文艺复兴时期及17—18世纪的资产阶级政治思想家，大都主张所有人具有同样的天赋权利，美国的《独立宣言》和法国的《人权宣言》亦是如此。资产阶级思想家大都没有把人权放到具体的社会关系中来分析，而是用抽象的天赋人权、一般人权和自我人权来取代人权的社会性和阶级性，马克思曾经同这些轻视社会关系和阶级差别而谈论一般人的一般人权的思想做斗争，注重考察人权的社会性和阶级性。他指出，资产阶级所谈的人权（如私有财产、平等和安全等），是不受社会关系规定的人权。[①]

第二，真实性。资产阶级所倡导的人权，形式上是全人类的，但内容实质却是资产阶级的特权。近代资产阶级思想家在谈论人权时，所指的"人"，不是别的，主要是作为孤立的、追求私人利益的资产阶级的成员。法国资产阶级1793年的宪法第22条规定："财产权是每个公民任意使用和处理自己的财产、自己的收入即自己的劳动和经营的果实的权利。"这里字面上说的是"每个公民"，实质上指的是少数资产阶级，因为在资本主义私有制社会，无产者根本没有"任意使用和处理"自己财产的权利，他们根本不掌握生产资料和生活资料，没有自己的私有财产，没

① 参见《马克思恩格斯全集》第 1 卷，438—439 页，北京，人民出版社，1956。

有条件来实现法律所规定的权利，而且自己的劳动果实除维持起码的生理需要外，都被剥削者霸占了，资产阶级掌握着生产资料和财产的所有权，因而只有他们才能有任意使用和处理"自己"的财产的权利，即特权。马克思指出，"私有财产这项人权就是任意地、和别人无关的、不受社会束缚地使用和处理自己财产的权利，这项权利就是自私自利的权利……可见，任何一种所谓人权都没有超出利己主义的人"①，即资产者。这里，资产阶级人权观是用它所实际倡导的资产阶级特权，取代了他口头字面上所谈论的每个人所应享有的一般权利，取代了人们在类的一般权利上的平等权。与其不同，马克思的人权观力图通过消灭私有制和阶级剥削的革命实际行动，来实现每个个人的人权，即全人类的人权，因而它是一种真实的人权观。

第三，科学性。资产阶级思想家只着眼于人权的人类（人本）学基础，忽视了人权的社会物质基础。资产阶级思想家在谈到人权的基础或根据时，主要抓住如下几点：一是人的类本性或类特性，二是人的天然需要，三是个人独特的自我性。17—18 世纪及当代的大多数思想家在谈论人权的基础时，其思想实质完全可用美国芝加哥大学教授阿德勒的下述两段话来表达。阿德勒指出，人权是"以天生（自然）的形式出现的……我们认为，一事物对人而言之所以是实在的善事物，是因为它满足人固有的需要。这种理解提供了我们正在寻找的权利基础"②，又指出，"如同对于自由，我们有一种天生自然的权利一样，对于这些平等，我们也可以正确地断言，这种权利的最终基础在于人类的本性"③。实际上，人权不仅具有天赋的一面，有其人类学基础，而且更本质的是还有其社会历史的一面，有其深刻的社会物质基础。马克思指出：人是什么样的，是与他们的物质生活条件一致的，社会生产力、资金和交往形

---

① 《马克思恩格斯全集》第 1 卷，438—439 页，北京，人民出版社，1956。
② ［美］摩狄曼·J. 阿德勒：《六大观念——真、善、美、自由、平等、正义》，155 页，北京，团结出版社，1989。
③ 同上书，170 页。

式是人的现实基础。① 这些思想，实质上就包含着强调人权的社会历史性及人权的社会物质基础的思想：人权是什么样的，是与他们的社会物质条件一致的。

第四，实践性。资产阶级思想家多谈论人权的一般内容规定和形式，忽视人权实现的社会物质生活条件。综观资产阶级人权观的发展史可以看出，它们不仅忽视人权实现的社会物质条件，而且对人权实现的主体条件即人的能力的全面发展也有所忽视，甚至对人权的实现问题有所逃避，大都局限于对人权概念进行规定和分类。与其相反，马克思在其著作中，尤其是在《资本论》中，反对对自由、平等及其他人权做抽象的规定，力求揭示这些抽象规定的社会物质根源及人权实现的社会物质条件。他指出，只要生产资料的私有制和阶级继续存在，资本主义社会制度和资产阶级民主中的人权就只是一种形式，因此，要真正谈论人权，首先必须实现人权，要真正实现人权，就必须以革命行动消灭私有制和阶级，发展和占有社会生产力，否则，人权就只是一种空洞的漂亮话。

第五，具体性和客观性。资产阶级思想家用人权评判封建神学、封建制度和资本主义社会现象，忽视对人权做客观和现实的科学分析。17—18 世纪的资产阶级人道主义思想家，都用天赋的、一般的人权来批判封建制度和神学，现代资产阶级人本主义多用个人自我的天赋权利来斥责当今资本主义社会的非人性现象。然而，一方面，他们所讲的人权不是现实社会中具体人的具体权利，而是抽象的、天赋的一般人权或个人自我人权；另一方面，他们不去分析现实中人权的社会历史条件，这样，他们只能主观而不能客观地对待社会现实和现实社会中的人权状况。马克思反对这种做法，主张充分客观分析人权的社会性和历史性，因而具有客观现实性。

第六，全面性。资产阶级人权观只注重本阶级的人权，注重人的政

_____

① 参见《马克思恩格斯全集》第 3 卷，40—45 页，北京，人民出版社，1960。

治权利和自由权，不大讲其他主权国家的人的权利。马克思则注重人的一般权利、阶级权利和个人权利的统一，注重人的生存权、发展权和自由权的统一，注重权利和义务的统一，因而是一种全面的人权观。马克思最关心工人阶级的疾苦，把工人的生存权作为重要问题来对待。不仅如此，在他看来，人的生存问题解决以后，还要解决其发展和自由问题，这是共产主义社会最为关心的。关于权利和义务的统一，马克思在起草《国际工人协会临时章程》时指出："没有无义务的权利，也没有无权利的义务。"①这就是说，权利和义务是一致的。具体来说，这种统一表现在以下三个基本方面：首先，义务是实现权利的基础，权利是履行义务的前提，没有义务的"人权"只能是特权，而没有人权的义务只能是奴役，只有权利和义务的统一才是真正的人权。其次，对他人、国家和社会尽"义务"，是人权本身的内在要求。马克思指出："一个人有责任不仅为自己本人，而且为每一个履行自己义务的人要求人权和公民权。"②最后，权利和义务同样具有平等性。马克思指出："工人阶级的解放斗争不是要争取阶级特权和垄断权，而是要争取平等的权利和义务，并消灭任何阶级统治。"③这里，人权中的平等不仅是权利的平等，而且是义务的平等，它强调人们不仅应该具有平等的权利，而且应该尽平等的义务。

三　人的异化劳动和人的解放

在马克思看来，人的个性应该得到充分发挥，人的权利在社会中应该加以实现。但是，人是处在一定社会关系中的，他在实际上是什么样的，是受社会关系的状况（性质和水平）制约的，因而应该去分析人在现

---

①　《马克思恩格斯全集》第 16 卷，16 页，北京，人民出版社，1964。

②　同上。

③　《马克思恩格斯选集》第 2 卷，136 页，北京，人民出版社，1972。

实社会中的实际状况。对这一问题的分析，马克思从两方面入手：一方面，他诉诸科学分析，从客观实证的角度分析人的实际存在状况；另一方面，他又求助于价值评价，即对现实社会中人的实际存在状况做出价值评判。这方面的理论成果，就是他关于人的异化劳动和人的解放的学说。

马克思的人的异化劳动和人的解放的学说具有丰富的内容。这里，我们只着重分析、阐述人们在研究马克思这一学说过程中所提出和争论的几个根本问题。

在关于马克思的人的异化劳动理论的研究过程中，以下六个问题成为人们争论的焦点。人的异化劳动理论的性质怎样？如何理解人的异化劳动的四种形式之间的联系？人的异化劳动的根源究竟是什么？人的异化劳动在社会和人的发展过程中具有什么作用？人的异化劳动与人的解放、人道主义有什么关系？人的异化劳动理论在马克思思想形成和发展过程中具有何种地位和作用？

（一）人的异化劳动理论的性质

在这一问题上，有人认为人的异化劳动理论基本上是费尔巴哈式的，即具有人本主义或伦理人本学的性质。有人认为，异化劳动理论不是人本主义的，而具有经济学的性质，但没有达到唯物史观。还有其他很多说法，归根结底都可以大致归结为以上两种。前一种观点只看到异化劳动理论中的价值伦理因素或人本主义的性质，后一种观点则只注意其中的社会历史因素或经济学的性质。实际上，马克思的人的异化劳动理论在性质上，是着眼于人本学的价值伦理因素和经济学的统一。

首先，在异化劳动概念的形成上，体现着二者的统一。马克思的异化劳动概念，是在批判国民经济学和黑格尔的辩证法，以及扬弃费尔巴哈人本主义的基础上提出的。国民经济学只关心劳动的某种经济意义，而不考虑劳动的属人性质。黑格尔注意到了劳动的属人意义，但他的"劳动"却是精神劳动。费尔巴哈把人提高到首位，但他的"人"却缺乏现实的经济基础，也没有考虑到劳动的属人性质。马克思正是在对他们批判继承的基础上，形成了自己的异化劳动概念。他的异化劳动概念表述和分析了一个基本的"经济事实"①，描述了资本主义的生产活动及其过程，因而具有社会历史的因素或经济学的性质。同时他的异化劳动概念还着眼于把人摆在首位，把现实中的异化劳动放在对人的关系或意义上来考察，因而还具有伦理价值因素或人本主义性质。

其次，在异化劳动的规定上，体现着二者的统一。异化劳动有四个规定：人的产品异化、生产活动异化、人的类本质异化和人从人那里异化。这四种规定都具有人本学的伦理价值因素和经济学因素。产品异化说明的是对财富、商品和资本的分配、占有，及其与工人的贫穷的关系，是"物的世界的增值同人的世界的贬值"的正比关系。② 生产活动的异化包含着雇佣劳动及其对工人的剥削关系和异己关系。"人同他的类本质相异化这一命题，说的是一个人同他人相异化，以及他们中的每个人都同人的本质相异化"。人同人的本质相异化是通过人同他人相异化来表现和实现的，③ 而人同他人相异化包含着资本家和工人之间的剥削关系或阶级对立关系，这种关系使工人把自己的类本质当作维持自己肉体生存的手段。

再次，在马克思赋予异化劳动概念的职能上，体现着二者的统一这里所说的"异化劳动"，实际上指的是人的异化劳动或人的异化。在《1844 年经济学哲学手稿》中，马克思一方面把异化劳动概念作为一种手段，来谴责和评判资本主义经济过程和经济关系的后果对人的奴役性质，为工人阶级的解放作道德价值上的论证；另一方面又试图把异化劳动概念作为一种认识或方法论工具，来分析和说明资本主义社会的"经济事实"和经济关系，说明政治经济学的一切范畴，说明劳动、资本和

---

① 参见《马克思恩格斯全集》第 42 卷，90—91、98 页，北京，人民出版社，1979。

② 同上。

③ 同上。

土地三者的分离。①

　　最后，在异化劳动理论所使用的概念方面，也体现着二者的统一。异化劳动理论主要使用了如下概念，生产、私有财产、劳动、资本、分工、交换、占有和工资等。在马克思那里，这些概念既具有经济学的含义，也具有人性伦理因素，因为他试图从这些概念中揭示出它对人的意义。

　　虽然异化劳动理论在性质上具有上述双重性，但就其着眼点、归宿和思维模式来说，却是人本主义的。这种人本主义虽受费尔巴哈影响，但无论就其思想深度还是广度，都超出了费尔巴哈。这表现在以下三个方面。首先，人的本质论。在《1844 年经济学哲学手稿》中，马克思从主客体统一的观点出发，通过人的本质对象化来考察人的本质，指出自由自觉的劳动和真正的社会联系是人的本质，然后又以这一理想本质为尺度来说明和衡量现实世界，这既与单纯从主体出发去说明客观世界的唯心主义方法有区别，也与费尔巴哈把人的本质归结为自然本质，归结为理性、意志和心的人本主义有区别。其次，异化劳动论。马克思从自由自觉的活动出发来看现实存在，认为现实存在中的劳动是异化劳动，而后者又是其他异化形式的原因，是私有制的根源——这里的"私有制"即资本主义私有制。这与费尔巴哈的人的本质异化论是不同的。最后，人的劳动本质复归论。马克思指出，共产主义是完成了的人本主义（或人道主义），是人性的复归，这种复归是人的自我异化的积极扬弃，因而也是通过人并且为了人而对人的本质的真正占有，因而它是向合乎人的本性的人的自身的复归，这种复归是彻底的、自觉的保存以往发展的全部丰富成果的，这种自我异化的扬弃包括两个方面：一是扬弃观念生活的异化，二是扬弃人的现实生活的异化，要做到这两点，只有借助人的实践和"经历一个极其艰难而漫长的过程"②。这里，马克思是运用"实践""人的自我创造"和"过程"等概念来说明人的劳动本质复归，来论证无

---

① 参见《马克思恩格斯全集》第 42 卷，90、120—121 页，北京，人民出版社，1979。
② 同上书，140 页。

产阶级的解放，因而具有现实的、辩证的和进步的成分。显然，这种人的本质复归既与传统的人道主义不同，又与费尔巴哈的人本主义不同。

马克思的异化劳动理论之所以具有如上两种性质，是与下述因素分不开的：其一，他力图克服前人将这两种性质割裂的倾向；其二，他主张实现哲学人本主义和政治经济学的结合，异化劳动理论正是这种结合的初步尝试。

(二)人的异化劳动四种形式之间的内在联系

这主要有两个问题：一是哪种异化劳动形式是异化劳动理论的核心；二是从人的产品异化到人同他人异化的进程是一种什么关系。有的人认为，人的类本质的异化是核心，从人的产品异化到人同他人异化实际上是对异化劳动根源的认识的深化过程。有人则指出，生产活动的异化才是核心，从人的产品异化到人同他人的异化是从现象到本质、从结果求原因的过程。我认为，马克思的异化劳动形式的理论的核心是人与他人的异化，马克思关于从人的产品的异化到人与他人的异化的叙述进程，实际上是从劳动和资本的关系中揭示出工人和资本家的关系的进程，是从劳动与物的关系中揭示出劳动与人的关系的进程，是经济学和人本主义哲学结合的过程。

如前所述，异化劳动的四个规定或形式是，产品的异化、生产活动的异化、人的类本质的异化、人与他人的异化。从《1844 年经济学哲学手稿》中的异化劳动理论的内容来看，马克思的基本思路是：从对"人的产品异化"这一异化现象的分析出发，由浅入深，由表及里，最后揭示出异化现象的核心或本质——人与他人的异化。在《1844 年经济学哲学手稿》中，马克思把自己的彻底的人本主义哲学和政治经济学的任务规定为：说明和分析私有财产这一现象事实，并提供一把理解劳动和资本分离的根源的钥匙，弄清物的世界的增值和人的世界的贬值之间的关系。①

---

① 参见《马克思恩格斯全集》第 42 卷，140、89—90、98 页，北京，人民出版社，1979。

根据马克思的论述，私有财产的事实即他听说的"当前的经济事实"，亦即市民社会中的产品异化，或者劳动与资本的分离。

因此，要说明私有财产这一现象事实，说明劳动与资本的分离，首先要从说明产品的异化入手。马克思是用生产活动的异化来说明产品的异化这一现象的。在马克思看来，生产活动的异化是产品的异化的原因或根据，是比产品异化更根本、更深刻的东西，而生产劳动的异化实际上是人在生产劳动中的异化，因而，生产劳动异化理论作为一种人本主义理论，当然就是人的本质即人的类本质的异化。但马克思在《1844年经济学哲学手稿》中，实质上是用异化劳动理论来说明剥削，而异化劳动理论中的人与他人的异化又与剥削直接相关，所以，从实质上讲，人与他人的异化才是异化劳动理论的核心，即异化劳动四种形式的本质和核心，人的类本质的异化和生产劳动的异化不是异化劳动理论的核心，它们只是马克思从产品的异化这一异化现象中揭示出人与他人的异化这一异化本质的手段。

下面，我们再来分析一下马克思关于从产品异化到人与他人异化的叙述进程。这一进程不是马克思随意安排的，而是有一个逻辑发展的进程。首先，这是一个从劳动和资本的分离关系中揭示出资本家和工人的异己关系的进程。产品异化即资本的统治，① 它是由劳动异化造成的，这是劳动和资本的关系。在马克思看来，产品异化表现着生产劳动的异化，生产劳动异化表现着人的本质异化，而后者又表现着人与他人的异化。换言之，劳动和资本的分离关系，表现着人与他人的异己关系即资本家和工人的异己关系。在这里，工人是劳动的承担者，而资本家则是人格化了的资本。其次，这是一个从劳动与物的关系中，揭示出劳动与人的关系的进程。产品的异化即物的异化，它是由生产劳动的异化造成的，这里体现着劳动与物的关系。但是，在马克思那里，生产劳动又是人的本质，劳动的异化又必然引起人的本质异化或人与人的异化，这是

---

① 参见《马克思恩格斯全集》第42卷，89—90、98、91页，北京，人民出版社，1979。

劳动与人的关系。这里，马克思以劳动既是物的创造者又是人的本质这一观点为中介，从物的关系中揭示出了人与人的关系。最后，这是经济学和哲学人本主义结合的过程。这表现在生产活动异化既具有经济学的意义又具有人本主义的意义，由于产品异化（经济学上的私有财产的事实）通过生产活动异化这一中介而同人的异化（其中具有人本主义的意义）结合起来，所以它也就体现着经济学通过生产劳动而同哲学人本主义的结合过程。

探讨马克思的异化劳动的四种形式间的联系，可以从一个侧面透视他当时的思想重心及思路。从上述观点来看，他当时的思想重心是，试图给经济学提供一个人本主义的哲学基础，试图把经济学的研究与无产阶级的解放理论论证联结起来；他当时的思路是，从劳动与资本的对立中揭示出工人与资本家的阶级对立，从异化劳动出发来论证私有财产的灭亡，来说明经济学和哲学人本主义的结合这里的"哲学人本主义"，即指早期马克思的哲学人本主义。

（三）人的异化劳动的根源

关于异化劳动的根源究竟是什么？在此问题上可以说众说纷纭。有人认为它植根于人的本性所固有的永恒的属性。有人指出它是人在心理上精神上失去平衡的错乱或失常，是人发生了自我同一性的分裂所造成的自我危机。有人说分工是异化劳动的根源。有人强调私有制才是异化劳动的原因。有人认为异化是技术发展的结果。有人说只要存在着交换，那就必定有异化劳动。有人认为商品性社会结构是异化劳动的根源。有人指出马克思的异化劳动植根于人的存在和人的本质的分离。有人提出"主客体相互影响"论，认为马克思是从社会的主体和客体的相互联系、渗透和影响中研究异化劳动的原因，因为马克思指出，人的本质特征是创造，人创造了社会也创造了自己，这两种创造活动的发展失去协调、尖锐对立、相互否定，既造成了社会异化，同时也造成了人自己的异化。还有人认为，在马克思那里，异化是一种普遍的"综合病症"，这种综合病症是各种客观条件与心理状态的总和。

之所以出现上述种种观点，除了人们的立场不同外，还因为人们考察问题的参照系、角度和方法论不同。因此，要弄清异化劳动的根源，首先必须抓住方法论问题。在我看来，这个方法论原则应是：首先必须弄清马克思关于异化劳动的本质特征，然后找出造成这一特征的根源。

　　异化劳动的特征在于它是客体对主体的一种异己关系。这主要可以从马克思所指出的异化劳动的四种形式中看出来。产品异化表明的是：劳动者所生产的劳动产品作为一种异己的存在物，作为不依赖于劳动者的力量，同劳动者相对立。生产活动的异化表现在：劳动对工人来说是外在的、不属于他的东西。人的类本质异化表现为：人的类本质变成人的异己的本质，变成维持他的个人生存的手段。人从他人那里异化表现为：他人与自己相对立。① 这里，原来是属于主体的东西（产品、劳动、类本质等）现在却作为异己的客体对主体发生异己关系。从这个意义上说，上述关于异化劳动植根于人的存在和人的本质的分离的观点，关于"主客体相互影响"论，关于"综合病症"说等，所谈的都是异化劳动的某种特征，而不是它的根源。

　　在马克思看来，只有那种造成客体对主体的异己关系的因素，才是异化劳动的根源。这种因素是主体的某种活动和活动借以实现的客观社会形式。主体或主体的某种活动是这种"异己关系"的建立者和推动者，在主体活动之外，并不存在什么先定的抽象的关系。人正是通过自己的某种活动才使自己处于这种关系之中。② 而主体的某种活动借以实现的社会形式，则是这一关系的维持者和固定者。

　　在马克思看来，主体的活动原初是统一的。但是，社会生产力要获得发展，人的能力、性格和爱好要得到合理的运用，就必须实行分工，③ 即使原初的统一活动分别由不同的人来承担。当分工发展到物质活动和精神活动的分工时，就产生了活动和享受、生产和消费、生产者

---

① 参见《马克思恩格斯全集》第 42 卷，92 页，北京，人民出版社，1979。
② 参见《马克思恩格斯全集》第 19 卷，405 页，北京，人民出版社，1963。
③ 参见《马克思恩格斯全集》第 3 卷，317 页，北京，人民出版社，1960。

和生产资料分别由不同的人来承担的现实可能性，这就包含着产生异化劳动的可能性。① 但这只是一种可能性。

分工出现以后，它就"慢慢地侵入了这种生产过程，它破坏生产和占有的共同性，它使个人占有成为占优势的规则，从而产生了个人之间的交换"②。这种交换使生产者不再直接消费自己的产品，而是通过交换把自己的产品转让出去，从而失去对自己产品的支配权。当分工推动生产力发展时，出现了剩余产品，而后者则为一部分在社会分工中占有重要地位、拥有最高权力的人所占有，这就导致了产品的不平等分配，即一部分人占有剩余产品而不劳动，而另一部分人从事劳动则不占有剩余产品。在这种情况下，就产生了私有制。私有制的产生使分工固定下来，这样就产生如下后果。首先，劳动和享受、生产和消费、生产和生产资料分别由不同的人来承担这种情况成了现实；其次，资本与劳动者或生产资料与生产者产生了独立；最后，由于以上两种情况，使得劳动者在劳动中不是为自己而劳动，而是为别人劳动，他在其中感到不属于自己，而属于别人。因为他为了维持自己的肉体生存，就必须去从事劳动或工作，这在以上出现的那种分离和独立的情况下，其结果必然使劳动者不得不做劳动或工作的奴隶，做生产或生活资料的奴隶。③ 换言之，劳动者不得不受劳动支配，受生产资料或生活资料支配，受自己的劳动产品支配，受他人支配，这就是异化劳动和异化。

分析一下异化劳动的前三种形式，就可以看出它们都与私有制有关。劳动者的产品之所以反过来奴役劳动者本身，并不是因为产品本身有什么神秘的力量，而是因为产品归他人所有，人在生产劳动中之所以感到是异己的，是因为生产资料和劳动者相分离，并被控制在他人之下，而人的类本质之所以与人本身相异化，则是因为人从产品和生产劳动中异化出去，而这之所以可能，则是因为生产资料和生活资料归他人

---

① 参见《马克思恩格斯选集》第 1 卷，127 页，北京，人民出版社，1995。
② 《马克思恩格斯选集》第 4 卷，175 页，北京，人民出版社，1995。
③ 参见《马克思恩格斯全集》第 42 卷，149、89—101 页，北京，人民出版社，1979。

占有。正像马克思所说的,"如果劳动产品不属于工人,并作为一种异己的力量同工人相对立,那么,这只能是由于产品属于工人之外的另一个人"。"如果人把自身的活动看作一种不自由的活动,那么,他是把这种活动看作替他人服务的、受他人支配的、处于他人的强迫和压制之下的活动。"①

综上所述,分工是私有制、异化劳动产生的前提条件,而私有制(包含分工制度)才是异化劳动产生的直接原因或根源。没有私有制,分工不能产生异化劳动,而没有分工,私有制也不能产生异化劳动。这里,分工和私有制既是人为了实现其生命而出现的("人的生命为了本身的实现曾经需要私有财产"和分工),② 同时也是社会发展所必需,因此,异化劳动的产生既有人类学的根据,又有社会学的根据,既与人的生命实现有关,又与特定的社会制度有关。

有人反对我们的观点,说在《1844年经济学哲学手稿》中,马克思只把异化劳动看作分工和私有制的原因,还有人说,马克思关于异化劳动的根源只与社会制度有关,而与人的发展的本质无关。我认为这两种看法是片面的。

《1844年经济学哲学手稿》在概念、判断、论证等方面有不明确、不严谨之处,结果造成了在异化根源问题上的一些争论。但只要弄清马克思关于异化劳动根源的思想的发展过程,其思想倾向还是较为明显的。在《1844年经济学哲学手稿》"异化劳动"一节中,马克思探讨的是资本主义前提下的异化劳动和私有制、分工的关系。③ 他指出:"与其说私有财产表现为外化劳动的根据和原因,还不如说它是外化劳动的结果……后来,这种关系就变成相互作用的关系。"④我认为这段话的意思是说:在资本主义社会起初,异化劳动是私有财产的直接原因,而当资本主义

---

① 参见《马克思恩格斯全集》第42卷,99页,北京,人民出版社,1979。
② 同上书,148页。
③ 同上书,89—101页。
④ 同上书,100页。

发展到最高阶段，这种关系就变成相互作用的关系。这里，说异化劳动是私有财产的原因，是从逻辑上讲的因果关系，而不是时间上的因果关系。因为从逻辑上讲，异化劳动表现为能动的活动，而私有财产则表现为活动的产物。从时间上讲，二者是在"共时关系"中被规定的：异化劳动产生私有财产，同时私有财产使劳动得以外化，使外化劳动得以表现和实现。离开这种关系，二者都是无法说明的。不同的是，这种"共时关系"在资本主义社会起初没有像在其最高级阶段那样充分暴露出来。

那么，原始形态的异化劳动和私有财产究竟是如何产生的呢？马克思在"异化劳动"一节的末尾，曾提出试图到人类发展的本质中寻找根据。他说："人怎么使他的劳动外化、异化？这种异化又怎么以人类发展的本质为根据？"[①]显然，这里马克思暂时还没有提出从社会发展的本质中寻找异化劳动的根据问题。在马克思看来，从人类发展的本质中去寻找异化劳动的根据，就是要到人的劳动发展的本质中寻找。因为"当人们谈到劳动时，则认为是直接谈到人本身"。在《1844 年经济学哲学手稿》的末尾，马克思已初步觉察到劳动的社会基本表现形式——分工对异化劳动的意义。他指出："考察分工和交换是很有意思的，因为分工和交换是人的活动和本质力量——作为类的活动和本质力量——的明显外化的表现。"[②]这里，已初步显示出马克思试图从对分工的考察中来揭示原始形态的异化劳动的根源的倾向。所以在《1844 年经济学哲学手稿》末尾，他列出要考察分工的几个要素，其中有一个要素就是："分工使个人活动贫乏和退化。"[③]这一任务是在《德意志意识形态》中实现的。在这部著作中，马克思通过对分工的考察，弄清了分工、私有制和原始形态的异化劳动三者之间的联系。关于分工和私有制的关系，马克思把后者看作前者的结果，同时又制约前者。[④] 关于分工、私有制和异化劳

---

① 《马克思恩格斯全集》第 42 卷，102 页，北京，人民出版社，1979。
② 同上书，148 页。
③ 同上书，149 页。
④ 参见《马克思恩格斯选集》第 1 卷，68 页，北京，人民出版社，1995。

动的关系，马克思是在把分工和私有制看作"同义语"的前提下来谈论的（所谓同义语，是说谈论分工离不开私有制，而谈论私有制也离不开分工）。① 他指出，分工越发达，积累越增加，这种分裂（劳动和资本的分裂——笔者注）也就越激烈。劳动本身（异化劳动——笔者注）只能在这种分裂的前提下存在。② 又指出：他们自身的生活力量何以变成统治他们的力量？如果用一句话回答，那就是：（由于）其发展程度依赖于当时达到的生产力的发展（水平）的分工。这里，马克思是用分工（人类发展本质的基本表现形式）与私有制（活动借以实现的社会形式或社会因素）的"合力"来说明异化劳动产生的根源的。

从马克思关于异化劳动根源的观点出发来看本部分开头所列出的某些观点，可以说它们都具有片面性。这不仅因为有的没有抓住问题的本质，还因为有的将分工和私有制割裂开来。例如，异化是技术发展的结果，异化劳动是交换的产物，异化劳动是商品性社会结构的结果，这三种观点就没有抓住马克思关于异化劳动根源问题的本质。技术发展本身并不能产生异化，它之所以在一定条件下奴役人，是由于运用技术的方式——私有制关系。交换的前提是分工，即分工比交换更根本，谈论分工就包含着谈论交换。商品性社会结构是以分工和交换为基础的。又例如，异化劳动是分工的产物，异化劳动是私有制的结果。这两种观点割裂了在异化劳动根源问题上的分工和私有制的真实关系。

(四)人的异化劳动对人类社会和个人发展的作用

在私有制条件下，人的异化劳动对人类社会和个人的发展是起积极作用还是消极作用？有人在理解马克思对这一问题的论述时认为，人的异化劳动只具有消极作用。有人认为它既有消极作用又有积极作用（但对这双重作用的具体内容没有说明）。我们认为，前一种看法是错误的，后一种观点有其合理性。马克思在这一问题上的基本思想是：在私有制

---

① 参见《马克思恩格斯选集》第 1 卷，127 页，北京，人民出版社，1995。
② 同上。

条件下，人的异化劳动对整个人类的发展的作用基本上是积极的，但对个人发展的作用则是消极的，在私有制条件下，人的异化劳动使整个人类的发展以牺牲个人全面发展为代价，这是一种历史的必然。

在马克思那里，"人"这一概念既可指作为人类的人，又可指作为个人的人。对这种区分，人们是不大注意的。

在马克思看来，异化的根源是分工，异化对人类社会和个人发展的作用，最明显地表现在分工对二者的作用上。因此，这里着重考察马克思关于私有制条件下的分工对人类社会和个人发展的作用。

在马克思看来，私有制条件下的分工使个人全面发展受到压抑，但它换来整个人类的发展。在资本主义社会，资本主义生产的高度社会化必然带来社会分工的广泛发展。但是，资本主义社会的分工，特别是工场手工业分工，具有不可自由选择的固定性和强制性，它使工人被强迫在特定的活动范围之内，不能超出这个范围，这就必然带来工人的片面或畸形发展，使许多个人屈从于某种单一的生产工具。工人终身只同一种生产工具打交道，他们不能了解生产过程的全部工序，从而只在本工序内得到畸形发展。资产阶级经济学家勒蒙特就看到了这种情形。他说："我们十分惊异，在古代，一个人既是杰出的哲学家，同时又是杰出的诗人、演说家、历史学家、牧师、执政者和军事家。这样多方面的活动使我们吃惊。现在每一个人都在为自己筑起一道藩篱，把自己束缚在里面……这样一来，人是缩小了。"[①]但是，分工不仅具有不可自由选择的固定性和强制性，而且具有形成种属或整合的功能。许多单个劳动力的社会结合可以形成一种巨大的集体力或整体的功能。这种集体结合的劳动力，同单个劳动者的力量的机械总和有着本质的差别，它是属于类的种属能力或整体力的发展，它能摆脱个体的局限，扩大活动范围，缩短劳动时间，形成单个人不可能发挥出来的巨大力量。在分工中，单个劳动之间的社会结合由劳动本身的内在性质所决定。劳动的片面化使

---

① 《马克思恩格斯选集》第1卷，169页，北京，人民出版社，1995。

其必须互相依赖、互相补充，从而使个体只有作为类的结合的一个器官，才能实际发挥作用。由于分工具有"整合"功能，所以它可以使每个人的片面发展"整合"为一种整体力量，这就必将带来整个人类的发展。由此可见，分工的不可自由选择的固定性和强制性必将牺牲个人的全面发展，而分工所形成的种属能力或整体力，又必将促进整个人类的发展。马克思指出：分工曾是以往历史发展的动力之一。① 分工对人的发展有双重作用，而这双重作用植根于分工本身的双重性，即不可自由选择的固定性、强制性和形成种属能力或整体力的"整合"能力。

社会主义和共产主义消灭了私有制，从而也消灭了旧式分工的不可自由选择的固定性和强制性，这就为人的全面发展提供了可能。质言之，由于消灭了旧式分工的不可自由选择的固定性、强制性，最终会克服人类的发展和个人发展的对抗，而同每个人的发展相一致。马克思指出，"'人'类的才能的这种发展，虽然在开始时要靠牺牲多数的个人，甚至靠牺牲整个阶级，但最终会克服这种对抗，而同每个人的发展相一致"。这种带规律的现象说明，"在人类，也象在动植物界一样，种族的利益总是要靠牺牲个体的利益来为自己开辟道路的"②。

(五)人的异化劳动、人的解放与人道主义的关系

我们已经说过，人道主义的思维模式是：理想的人性——人性的异化——人性的复归。其中"人性的复归"包含着"人的解放"的含义。显然，人的异化和人的解放是人道主义思维模式中的两个有内在联系的因素。

实际上，人的异化和人的解放同人道主义不可分割，它们是人道主义的理论基础。历史上的人道主义几乎都用异化和人的解放理论来论证人道主义历史观。历史上的人道主义者对人性的具体内容看法各异，但他们都有一个共同的逻辑：人性本来是完美的，后来异化了，人性丧失

---

① 参见《马克思恩格斯全集》第 3 卷，37—40 页，北京，人民出版社，1960。
② 《马克思恩格斯全集》第 26 卷（Ⅱ），124—125 页，北京，人民出版社，1973。

了，所以人性要获得解放和恢复。如果不拘泥于术语，仅考虑其思想实质，可以说，历史上的人道主义都是按照这种逻辑来议论的。马克思的异化理论亦是如此。

在马克思那里，人的异化劳动和人的解放问题是同人道主义相联系的，人的异化劳动是对理想人性的否定，人的解放和人道主义是对人性的肯定，二者具有内在必然的联系。

马克思之所以提出人的异化劳动理论，是由于在他心目中，有一个理想的人性存在，这就是人的自由自觉的活动，后来在一定的社会历史条件下，这种人性丧失了，异化了，而共产主义是人性的解放和复归。这里，人的理想人性与现实人性的对立，是马克思的人的异化劳动理论的实质。

马克思对人的解放的论述，主要是针对人的异化劳动提出的，因此，马克思起初也用理想人性（类本质）和现实人性（个人的感性存在）来说明人的解放。"人的解放"是马克思十分注重的一个概念。马克思最早明确使用"人的解放"的概念，是在《德法年鉴》上的两篇文章中。当时由于马克思深受费尔巴哈人本主义的影响，试图运用类本质和个体的感性存在的分离来分析问题，其中包括分析他当时所处的资本主义社会中最迫切的问题——人的异化和人的解放。他指出，当时资本主义社会存在的一个最基本的现象或事实是，在资本主义私有财产统治下，人过着天国和尘世的双重生活。前一种是政治共同体中的生活，在这一领域，人作为公民，过着符合自己"类本质"的天国生活，后一种是市民社会中的生活，在市民社会中，人作为私人和利己主义者，过着不符合他的"类本质"的尘世生活。因此，个人在市民社会这一尘世生活中，是异化了的感性存在，原来属于人的世界、人的关系和人的本质现在都离开个人而存在。基于这种认识和理解，马克思提出了人的解放的任务，并对人的解放做了理论上的阐述。他说：只有当现实的个人同时也是抽象的公民，并且作为个人，在自己的经验生活、自己的个人劳动、自己的个人关系中间，成为类存在物的时候，只有当人认识到自己的"原有力量"并把这种力量组织成为社会力量因而不再把社会力量当作政治力量跟自己分开的时候，只有到了那个时候，人类解放才能完成。又说："任何一种解放都是把人的世界和人的关系还给人自己。"①可见，只有当人的"类本质"或"类特征"和社会关系在现实的个人那里得到充分发展和实现时，只有当人的"类的力量"不是当作与现实的个人相分离的力量，而是成为现实的个人所能驾驭的社会力量时，人类的解放才能完成。

在《1844 年经济学哲学手稿》中，马克思从现实的人的生产劳动出发说明人的解放，认为人的解放主要是劳动者的解放，而劳动者的解放实质上是劳动者从奴役性的生产劳动中获得解放。尽管如此，这里所谈的劳动者的解放，仍然是基于他对异化劳动的思考。

到《德意志意识形态》，马克思则从人的生产的社会物质条件出发说明人的解放，认为人的解放是人从社会物质生活条件中获得解放。他指出："只有在现实的世界中并使用现实的手段才能实现真正的解放……'解放'是一种历史活动，而不是思想活动，'解放'是由历史的关系，是由工业状况、商业状况、农业状况，交往关系的状况促成的。"这段话的中文版未在正式出版物上发表。这里，马克思实质上谈的是人从被奴役的社会物质生活条件中获得解放，其中包含着人道主义精神。

由上所述可以看出，无论是从理想人性出发说明人的解放，还是从人的现实生产劳动和社会物质生活条件出发说明人的解放，都包含着人道主义的精神。

（六）异化劳动理论在马克思思想形成和发展中的作用和地位

这个问题一直是国内外学术界争论的焦点。一派学者认为，异化劳动是成熟的、科学的马克思主义理论，它在马克思主义形成中起了关键作用，是全部马克思主义的基础和核心，并贯穿于马克思思想的始终；晚年马克思并没有抛弃异化思想，而是不断发展、丰富和深化这种思想。另一派学者认为，异化劳动理论基本上是费尔巴哈式的，是不成熟

---

① 《马克思恩格斯全集》第 1 卷，443 页，北京，人民出版社，1956。

的，它以理想为出发点，以高度完善化了的人为原型，带有伦理和空想色彩，因而注定不能发展为一种科学的历史观；唯物史观创立之后，剩余价值、商品拜物教、生产力、生产关系、阶级斗争等一系列崭新的概念，已经担负起异化劳动概念的职能，这样，异化劳动思想及其人本主义就被成熟的马克思所抛弃，因此，不能把马克思后期已经否定了的异化劳动理论当作科学的理论。

有学者认为，马克思的异化劳动理论是马克思主义形成过程中的产物，是马克思从费尔巴哈的唯物主义向马克思主义过渡的中间环节，因而不可避免地带有二重性：它既蕴含着导致唯物史观的新的思想因素，又带有明显的人本主义痕迹，它既对马克思主义的形成起过重大作用，同时在成熟的马克思主义产生之后又逐渐失去其基础和出发点的意义，马克思逐渐抛弃其中的费尔巴哈人本主义的旧术语、旧形式和旧观点，但异化劳动理论所具有的某些职能还为晚年的马克思所保留。晚年马克思为了指出资本主义雇佣劳动的这种非人化的影响，仍然使用异化概念。

之所以出现上述分歧，关键在于人们没有弄清异化劳动理论在《手稿》中的性质。如前所述，《手稿》中的异化劳动理论在性质上是着眼于价值伦理因素的人本主义和经济学的统一。其中的经济因素使马克思有可能从中揭示出唯物史观的某些思想或观点，因而不能完全将异化劳动理论归结为人本主义或费尔巴哈式的人本主义，其中的人本主义因素或性质，使马克思有可能站在人本主义或人道主义的立场上，来评判和说明资本主义经济关系和经济过程及社会历史，因而也不能将它归结为科学理论。

这里关键涉及对异化劳动理论的人本主义因素或性质的理解和评价问题。对异化劳动理论中的人本主义因素，褒之者，将其称作马克思主义的精华、本质和核心，贬之者，则将其看作费尔巴哈人本主义的残迹，是不成熟的标志，因而应该抛弃。可以说，人们对人本主义的理解和评价，至今还没有做到公正过。我认为，人本主义并不纯粹或完全是错误的，因而不能完全将之抛弃；它是人类文化的一大遗产，它在一定意义上揭示了人的本质的不可缺少的一个方面——人类学方面，因而具有存在的合理性和必要性。这是因为：第一，人本主义揭示了人类历史存在的第一个前提——有生命的个体存在。它确定了这一前提所表达的具体事实是，这些个人的肉体组织，以及受肉体组织制约的他们与自然界的关系。马克思通过对此加以批判继承，将其作为历史唯物主义的前提。① 第二，人本主义从某些方面揭示了人的类本质，揭示出了人的概念的某些规定。比如，费尔巴哈从人本主义出发，揭示出了人的类本质即内在规定性的某些方面：自然本质、人的需要、知识、情感和意志等。这些规定主要是从人本学方面加以揭示的，而从人的外在社会关系总和出发不能做到这一点，因为从此出发，就是把人看作现实中的人，是被社会关系制约的客体，这样，它揭示的只是人的现实社会的本质，而不是人的类本质或内在本质。对人的类本质或内在本质的揭示，其参照系是人和动物、人和神的区别，其着眼点是人本身即人之为人的内在规定性，这只有站在人本主义的立场上才能做到。至于对人的内在本质的规定是否正确，则是另外一个问题。马克思的异化劳动理论把人的类特征规定为自由自觉的活动，就是从自己的人本主义观点出发来说明的。在后期，马克思仍同意从人本主义的角度来考察人。② 这里包含着对费尔巴哈关于人是感性存在的观点的批判改造。第三，人本主义以人为本，着眼于客体对主体的服从、社会对人的服从的人的价值伦理观，因而它是人道主义的人类学基础。当然，对人本主义理解不同，对人道主义的观点也就不同。费尔巴哈的人道主义以人的自然本质和感性本质为基础，因而他的人道主义只在人类学范围内有用，一旦走入社会历史领域就显得苍白无力。马克思的人道主义不但有其人类学基础（即人是追求自由自觉活动的存在物），而且有其现实的社会基础（即人是社会关系的总和），这就使他的人道主义成为现实的、具体的人道主义。第四，

---

① 参见《马克思恩格斯选集》第 1 卷，66—68 页，北京，人民出版社，1995。
② 参见《马克思恩格斯全集》第 23 卷，699 页，北京，人民出版社，1972。

人本主义在一定意义上能为一种理论提供价值目标。任何一种正确理论都是服务于人、造福于人，即以人为最高目标。人本主义把人作为一种价值对象来考察，着眼于人的未来前景和主观理想，因而它可以在某些方面或某种程度上为一种理论提供价值目标，至于这种目标是否正确，则是另外一个问题，至于如何实现，则是一个科学问题。费尔巴哈的人本主义目标是为了人，但在如何实现这一问题上求助于爱的说教，这是不对的。马克思主义理论也有一种人道主义的价值目标——全人类解放，但与费尔巴哈不同，它实现其目标的手段是科学的。第五，人本主义的职能是价值评判。对任何事物都有一个价值评判问题，这一价值评判的出发点是以人为本，因为人本主义要从人出发衡量一切事物（这只是问题的一面，因为历史唯物主义还主张从社会关系出发看待一切，但这只是问题的另一面，二者参照系不同）。第六，人本主义抽象掉人与人之间的现实或社会差别，在人人平等的意义上倡导对人的价值的尊重。尽管这是在抽象的意义上谈论的，但对批判、超越非人性的现实社会，对维护人的尊严，还是具有感召价值的。

但是，人本主义只具有价值评判职能，不具有科学认识或科学分析职能，即它不能用来揭示社会的本质和规律。"职能错用"或"领域错用"必然暴露人本主义的局限。另外，人本主义必须和历史主义结合起来，否则它就会导致历史唯心主义。费尔巴哈的人本主义局限不在于他主张人本主义，而在于他对人的研究不能从人类学上升到社会学的高度，即不能把人还原到社会历史中去加以探讨，还在于他用人本主义来说明社会历史。马克思异化劳动理论中的人本主义与费尔巴哈的人本主义相比，如前所述，超过了费尔巴哈，具有现实的、辩证的和进步的成分，但也有类似费尔巴哈人本主义的局限，即他在一定程度上用异化劳动的理论来说明资本主义的经济关系、经济过程和社会历史，把其中的人本主义职能绝对化了，领域错用了，超出了它的"势力范围"。这种局限妨碍了马克思对社会历史的科学分析，因而也妨碍了历史唯物主义理论的形成和发展。

异化劳动理论是马克思在《1844年经济学哲学手稿》中首次系统提出的。《1844年经济学哲学手稿》的书名是"经济—哲学",这显然是用哲学方法来揭露资本主义的经济关系和经济过程。《1844年经济学哲学手稿》用几页来阐述"异化劳动"。马克思总结了前几部分有关经济学章节中的论点,指出:"国民经济学从私有财产的事实出发。它没有给我们说明这个事实。"①随后,马克思就着手运用异化理论这一哲学方法来分析说明经济"事实"和工人的状况,来说明政治学的一切范畴。这样做显然是要提供一把钥匙,使人们从哲学上去认识资本主义经济关系,赋予异化理论以一种方法论的职能。马克思之所以赋予异化理论以一种哲学上的认识职能和方法论职能,还是因为他在1844年初发表的《〈黑格尔法哲学批判〉导言》中,热烈地称颂了哲学与无产阶级相结合的效用、利害关系及其不可避免性。他认为这种结合是"人类解放"的"头脑"和"心脏"的结合。由于"异化"概念在德国哲学界极为风行,所以把工人说成是遭受大量异化之苦,可以帮助工人去认识自己的苦难,此外,德国人有一种特殊的哲学癖好,习惯把"异化"作为方法来说明问题。

我们只有弄清马克思异化理论的性质和特点,才能知道它是否能担当起马克思所赋予它的认识职能和方法论职能。从《1844年经济学哲学手稿》来看,异化理论具有如下性质和特点。第一,异化理论是人以有一种理想的本质为出发点或基础,它认为现实是人的本质异化,而要复归人的本质,就必须扬弃异化。因此,它的逻辑或思维模式是人的理想本质—异化—人的本质复归。在一定意义上,这是对黑格尔否定之否定抽象公式的套用和费尔巴哈人本主义内容的翻版,这种异化论把问题简单化、抽象化了,妨碍了马克思对资本主义的经济关系和经济过程的分析。第二,马克思的异化理论深受费尔巴哈的人本主义影响,人道主义在其中占主导倾向。他的异化理论主要是评价资本主义对抗性经济关系和经济过程的后果对人奴役的一种特殊方法,因此它所起的主要是道义

---

① 《马克思恩格斯选集》第1卷,39页,北京,人民出版社,1995。

上的批判作用，而不是对资本主义对抗性经济关系和经济过程进行科学分析说明的作用。第三，在《1844年经济学哲学手稿》中，异化概念是和许多性质不同的事物联系在一起的，它有时是指一种心理感受，有时是指一种客观事实，有时是指事物的状况，有时是指事物的过程。这种概念的宽泛性和不精确性，使马克思在一定意义上无法深入去理解和分析他的理论课题。

由于异化理论具有如上的性质和特点，这就使它无法担当起马克思试图指定给它的那种方法论职能。这就为马克思放弃异化理论提供了可能。

下述情况将使这种可能成为现实。第一，在《1844年经济学哲学手稿》中，马克思第一次明确地使哲学同现实社会的经济过程和经济关系发生接触。在马克思看来，现实社会首先指的是"市民社会"，而"市民社会"的一个最明显的事实就是工人及其产品的异化。马克思发现：人的异化或市民社会的秘密不存在于某种抽象的哲学中。因为哲学无法解决异化究竟是如何发生的，为什么工人没有财产等问题，而对这些问题的解剖（或对市民社会的解剖）是一个经济学问题，必须使用经济学的方法。在这里，马克思已初步看到在说明和分析现实社会时，经济学比哲学具有优越性。在马克思看来，经济学是哲学的实践方面，因为经济学能揭露异化和私有财产的秘密，同时在经济学的范畴中能发现异化的具体表现。第二，异化理论的哲学话语是专为德国哲学家设计的，但马克思后来在与有限的新黑格尔主义听众的论辩之中，感到厌倦了，他也最终发现一些哲学家及其信仰者对于与无产阶级结成联盟的号召反应不力。于是他毅然改辙，更加直接和专门地应用经济学的方法，以最简明通俗的语言著书立论，以唤起大众的注意。

异化劳动理论的合理性和局限性的矛盾必然使自身发生变化，这种变化必然使马克思重建异化理论，这种重建在马克思思想发展进程中表现为以下五个方面。一是放弃了他原来赋予异化劳动理论的认识职能或方法论职能，进一步开拓对异化理论中的经济因素和社会历史因素的批判性分析，发现了分工、生产力、生产关系、生产方式、阶级、剥削、经济基础、商品拜物教、剩余价值等一系列科学范畴，从而创立了唯物史观和剩余价值学说，承担了异化劳动理论原来所不能胜任的职能。二是将异化劳动概念的职能局限于对资本主义的剥削和压迫等非人性的关系和现象作道德评价，同时将其确定为价值概念，以作为自己人道主义的一个重要内容。在成年马克思那里，异化不是一个科学概念，而是一个价值概念。这一点被一些同志所忽视。这一方面在马克思的一些著作中可以看出来。在《德意志意识形态》中，马克思不再用人的本质异化来说明社会历史。① 但由此不能得出结论说，他已放弃异化概念的评判职能。后来马克思仍使用这一概念，以便概括资本主义雇佣劳动对工人主观上和客观上的消极影响。这一点在《雇佣劳动与资本》（在那里有些段落使人直接想起《1844 年经济学哲学手稿》中的分析）中，在《政治经济学批判大纲》中，最全面的是在《资本论》中，表现得非常清楚。在《资本论》中，马克思特别使用异化概念来描述由于直接生产者同其生产活动的条件相分离，而产生的资本主义生产过程对工人的可以感觉和体验到的非人化影响。这些方面用剥削或自发性这样的概念是无法加以说明的。但异化概念不能代替对资本主义经济关系和经济过程的科学分析。三是异化的规定或内容的改变。在成年马克思那里，人与他人的异化被对阶级关系的分析所取代，并且将阶级关系的分析建立在对分工和私有制的分析的基础之上，人的类本质异化不再被谈论了，产品异化中的经济因素已发展成为对资本和剩余价值的分析，其价值伦理因素包含在商品拜物教理论中，生产活动异化中的经济因素已发展为雇佣劳动理论，其中的价值理论因素与生产劳动的条件的异化联系起来，并着重谈论商品拜物教和生产劳动的条件的异化。四是对异化根源论述的侧重点由《德意志意识形态》中的分工转移到私有制上。五是异化概念被置于科学基础之上。

---

① 参见《马克思恩格斯选集》第 1 卷，130 页，北京，人民出版社，1995。

从上面的简要分析可以看出，异化劳动理论在马克思思想发展中的地位发生了本质变化：它失去了原来作为认识或方法论的职能，而只保留其价值评判的职能。由此可以说，那种把异化劳动理论看作贯穿马克思思想发展的核心的观点，那种认为马克思晚期放弃异化概念的观点，那种全盘否定异化劳动理论中的人本主义的观点，都是片面的。

四　人的自由

人的自由既与人的异化存在、人的解放有关，它表现为人从某种束缚中解放出来从而获取某种自由，又与人的发展有关，它表现为人自由地发挥自己的个性，还与人的权利有关，它表现为自由是人的一种权利。因此，在阐述马克思关于人的个性、人的权利、人的异化和人的解放的理论之后，有必要进一步论述马克思关于人的自由的学说。

"人的自由"既是马克思整个人学理论的落脚点和归宿，也是马克思研究人的问题的实质所在。所以，他对人的自由问题十分关注，且在各时期的著述中，对此都做了详尽论述。

（一）人的自由的基础

这实际上是关于人追求自由的内在根据问题。

马克思以前的一些思想家多从人性出发考察人的自由，常把自由看作神秘无根的东西。马克思在批判继承前人思想的同时，把人的自由奠定在坚实的基础上，使自由成为可以科学把握的东西。

在马克思那里，他主要从两方面说明人的自由得以确立的基础。一是从人的类本质着眼，说明人的自由的人类学基础。在这方面，马克思是从人和动物的根本区别入手。以前的思想家把人的思想、精神、理性和自然性等，看作人和动物得以区别的人的本质。马克思则另辟蹊径，从人的生产劳动领域寻找人的本质，认为人和动物得以区别的最根本的东西，是人的生产劳动的性质，这就是人的生产劳动的自由自觉性。质言之，马克思把自由自觉的生产劳动看作人区别于动物的本质。这样，马克思就把人的自由奠定在人的生产劳动这一基础之上。由于人的生产劳动是在人与动物相区别的意义上谈论的，所以，人的自由的这一基础，可称为人类学基础。二是从社会经济关系着眼，说明人的自由的经济学基础。在这方面，马克思是从人和人的经济关系入手的。以前的思想家多考察人的自由的人性基础，看不到社会经济关系这一基础，从而把人的自由变成神秘莫测的东西。马克思认为，人的生产劳动都是在一定的社会关系中进行的，社会关系对人的生产劳动有一定的制约作用，因而，对人的自由的考察，还应从人的生产劳动领域转移到人的社会关系领域。在马克思看来，人的最基本的社会关系是社会经济关系，而最基本的社会经济关系，是人和人之间在经济上的交换关系，所以，马克思又从交换关系着眼考察人的自由的经济学基础，认为，自由实质上不过是商品交换之内容的一种神圣化了的投射映象。他指出：自由不仅在以交换价值为基础的交换中受到尊重，而且交换价值的交换是一切自由……的生产的、现实的基础。① 其原因在于以下几点。第一，在商品生产中，生产者依"本身的精神和天然的特性"来生产，这种通过交换又"采取一种社会特性的形态"，从而使"个性"既"是人类整个发展中的一环，同时又使个人能够以自己的特殊活动为媒介而享受一般的生产，参与全面的社会享受，——从简单流通的观点出发而得出的这种看法，是对个人自由的肯定"②。这里，马克思使人的自由获得了经济学的解释。第二，个人及其需求的这种自然差别，是他们作为交换者而实行社会组合的动因，他们起初在交换行为中作为这样的人相对立：互相承认对方是所有者，是把自己的意志渗透到自己的商品中去的人，并且只是按照他们共同的意志，就是说，实质上是以契约为媒介，通过互相转让而互相占有，这里边已有人的法律因素及其中包含的自由因素。第三，在商品交换中，"任何一方都不使用暴力"，这是"自愿的交易"，也是个人的

---

① 参见《马克思恩格斯全集》第 46 卷(下)，477 页，北京，人民出版社，1980。
② 《马克思恩格斯全集》第 46 卷(下)，472 页，北京，人民出版社，1980。

完全自由的一种表征。① 在上述分析中，人的自由成了人类超越具体的社会制度而通过商品交换求生存求享受求发展的客观趋势。这里，马克思把人类有史以来追求的自由置于经济关系的基础之上，因而在自由观上走向了科学。

(二)人的自由的一般含义

马克思前后的思想家对人的自由做了许多论述。这些论述可以归结为如下几类：一类是从个人存在的非理性主观意志出发，认为个性自由就是非理性的绝对意志(尼采、叔本华)，是对存在的超越和选择的自由(萨特)；一类从人的主观理性出发，指出自由是超感觉的理性活动(康德，费希特，谢林)；一类从人类本性及其必然要求出发，认为自由是按人所固有的本性行动(斯宾诺莎)；一类着眼于自由的客观方面，认为人的自由就在于服从那决定一切命运的力量(西欧早期哲学家)，就在于对必然性的认识和改造(马克思主义的一些解释家和宣传家)；一类基于主观理念，主张自由既是人的理性本性，又是认识了的必然性(黑格尔)；此外，还有一类认为，个人自由既是个人的一种权利，又是个人认识和改造外部必然性的能力，是权利和能力的统一。

从上面看，前两类主要从人类之本性的主观方面(理性和非理性)说明自由，第四类主要从人的客观方面解释自由，第五类主要从客观的统一理解人的自由，第三类着重从人的类本性的必然性出发推出人的自由，而最后一类侧重于从类本性及其实现出发来谈论人的自由。

以上种种观点都具有不同程度上的合理性和片面性。要对人的自由有一个全面合理的理解，关键在于有一个科学的方法论，或有一个正确考察问题的角度，这就是如何理解"人"和"自由"两个概念。

"人"，在马克思那里，作为一个完整结构有如下三个因素：一是人的类特性或类本性；二是人作为特定社会成员所具有的社会特性；三是人的个性(这里主要指作为主体性的个性)。马克思由此出发来理解"自

---

① 参见《马克思恩格斯全集》第 46 卷(下)，473 页，北京，人民出版社，1980。

由"，认为：首先，它是人的类本性，即它是人的一种权利和追求，它说明"人在本性上应是自由的，应追求自由"；其次，它是人支配外部必然性的能力，它回答的是"从……中获得自由"，这是自由的客观方面；最后，它是人支配自身并使外部必然性来为自己服务的能力，它回答"自由地做……"的问题，这是自由的主观或主体方面。它包含两个层次：支配自身；实现自己的目的或使外部必然性来为自己的目的服务。自由是以上三方面的有机统一，离开哪一方面理解人的自由都是片面的。从此出发，可以看出前面列举的那些观点，有的只注意第一方面，有的只注重第二方面，有的只关注第三方面。实际上，只有将这三方面统一起来，才能完整地理解人的自由。

下面，我们分别对这三方面的一般含义加以分析。

第一，自由是人的一种权利和追求。

我们不能无视人也是动物且具有种种本能欲望这一事实，即人的本性中具有动物本能的一面。这种动物本能一面使人具有许多弱点，但其最根本的弱点就是不自由性：一方面，人类学和生物学证明，人的本能与动物相差甚远，其适应自然的能力已退化到最低限度，人天生存在着的这种本能缺陷是人生命成长的不利因素，它使人比起世界上适应自然的其他生物更难以生存；另一方面，人若要靠本能生活，会产生人与人之间的抗争，会导致生命和自然的破坏。由于以上两方面的原因，决定人靠本能活动是不能自由地生活在自然中的，且最终将失去自由，弗洛姆和格伦曾证明了这一点。[①] 然而，人由于在劳动基础上所形成的理性，能意识到自身生存和本能的局限性及不自由性。这种意识促使他去发挥自己的能动创造性，以克服自身本能的局限或弱点，去追求和建立一个属于自己的"自由"世界，并期望在这个世界独立自主地生存。显然，这种自由是人作为类的一种内在本性，是理性赋予人的一种权利，这种本性或权利按其必然性来说，要求人们去追求和实现。这种自由具

---

① 参见欧阳光伟：《现代哲学人类学》，122—129 页，沈阳，辽宁人民出版社，1986；[美]马斯洛等：《人的潜能和价值》，103—104 页，北京，华夏出版社，1987。

有重大意义。正如圣埃克苏佩所说的："如果我在沙漠上解放一个人，而那个人却无所追求，他的自由又有什么价值呢？自由只能对有追求的某个人存在，在沙漠上解放一个人，就是要唤起他的欲望，指给他通往井泉的道路。只有这对他的行动才有意义。"①

马克思在其早期著作中，强调自由是人的一种本性。他强调这一点，其意图就是要唤醒劳动人民的自由意识和追求。他指出，劳动人民作为人，与其他人一样，应具有追求和实现自由的天赋权利，人民不要放弃这种权利。马克思于 1843 年致卢格的信中写道：还必须唤醒这些人(无产阶级——笔者注)的自尊心即对自由的追求。这种心理已经和希腊人一同离开了世界，而在基督教的统治下消失在天国的绝境之中。但是，只有这种心理才能使社会重新成为一个人们为了达到崇高目的而团结在一起的同盟。人们往往忽视自由含义中的上述意义，对马克思早期著作的自由观不加分析地给予否定，这是不对的。在现实中也有这种情况：你赋予他一种自由权利，他却没有这种意识，或者他的自由权利被剥夺后也不去争取，这种人怎么能去追求和实现自由呢？但须注意的是，这种意义上的自由只是抽象的、形式的，缺乏具体的能力或如何实现自由这一内容，因为没有行使这种权利的能力，同样是不自由的。

第二，自由是支配外部客体的必然性的能力。

在马克思看来，人不仅是类存在物，具有追求和实现自由的权利，而且更重要的是社会存在物，他追求和实现自由的本性在社会中是受限制的。追求自由和限制自由的矛盾的解决，不是逃避社会，而是从社会中获得途径，这就必须具有支配社会必然性的能力。要获得这种能力，一是认识社会的必然性和规律及其表现，并使自己的活动与其相符合；二是要占有和掌握社会文化经验，形成自己的能力；三是要占有和掌握社会关系，使人从社会关系中解放出来，做社会关系的主人。

马克思认为，人从社会关系的束缚中解放出来，做社会关系的主

① 参见［苏联］伊·谢·科恩：《自我论——个人与个人自我意识》，193 页，北京，生活·读书·新知三联书店，1986。

人，这种意义上的自由，在不同的社会关系条件下具有不同的表现形式。在封建的社会关系下，人们的自由表现为从奴隶制的社会关系的束缚中解放出来，这比奴隶社会的自由前进了一步。随着时代的改变，封建的社会关系变得过时了，又变成束缚人的自由的东西，因此，人们争取自由就表现为从封建的社会关系束缚下解放出来，其结果是人们获得了一定的相对自由，这就是资本主义社会的自由。社会的发展，又使资本主义的社会关系限制了人们的自由。共产主义社会的自由表现为从资本主义的社会关系下解放出来。自由在同一社会关系条件下其表现形式也不一样。比如在资本主义社会关系中，资产阶级和无产阶级的自由虽都表现为从封建关系中解放出来，表现为从"人的自我异化"中解放出来，[1] 所不同的是：资产阶级在这种关系中，在这种自我异化的旧式分工中，他们感到自己是满足的和稳固的，而无产阶级则感到自己是被毁灭的，并在其中看到自己的无力和非人性的生存现实。因此，在这种关系中，资产阶级争取自由解放多是保守的，而无产阶级则是主动的、积极的，它要主动地、积极地去消灭资本主义私有制，从社会关系中解放出来，做社会关系的主人，即掌握和支配自己的生产资料和生活资料。[2]

第三，自由是人支配自身并使外部必然性为人服务的能力。

在马克思那里，这种自由包含两方面的基本内容：一是人支配和表现自己的能力，二是人实现自己的目的或使客体必然性来为自己的目的服务的能力。

长期以来，在马克思主义哲学文献中，自由问题主要是从一般的社会历史方面来分析的，而没有注重意义上的自由。实际上，正是这种自由，才是人的自由的真正实质和本质。

在马克思看来，人在一定的外部现实中感觉到是受限制和受束缚的，他的自由本性，使他产生一种摆脱这种限制和束缚而实现其自由意

---

[1] 参见马克思、恩格斯：《神圣家族》，44 页，北京，人民出版社，1982。

[2] 同上。

志的追求，而这种追求，促使他去认识外部客体的必然性，形成自己的目的。然后改造客体，支配客体，并使客体为自己的目的服务。在这一过程中，客体被改造了，人的目的和意图实现了，个性得到发挥了。人的自由正是在改造客体、实现其目的和表现其个性的过程中，得到实现的。由下面的论述可以看出，马克思对这种自由十分重视，并做了精辟的分析和论述。其中最有代表性的思想是："不仅我靠什么生活属于自由，而且我如何生活也属于自由，我不仅实现自由，而且我自由地做。""人不是由于有逃避某种事物的消极力量，而是由于有表现本身的真正个性的积极力量才得到自由。"①"我靠什么而生活"是自由的客观方面，即人靠认识和掌握外部世界而生活，它强调"从……中而自由"，"我如何生活"是自由的主观方面，即我应积极地发挥自己的自由个性而生活，而不是逃避消极力量而生活。"我实现自由"亦即自由的客观方面，因为实现自由必然把人们的眼光引向实现自由的客观条件上，而"我自由做"亦即自由的主观方面，它是说我自由地按照自己的意愿，去实现我的目的、意图，自由地去行事并自由地发挥自己的个性，我能自己支配自己。当然，马克思在个性自由问题上也是有局限的，他对个人主体内部自由的内在机制没有做详细系统的研究和发挥，而这一点正好为存在主义以某种形式补充了。

以上三种自由的含义，包含着价值因素和科学因素。第一、第三种含义以人自身为中心、为目的，指出个人应该自由地按照自己的意志去行动，这是价值因素，第二种含义以服从外部必然性为中心和目的，个人需要按照规律行动，这是科学因素。这两方面不可分割，体现出自由观上的价值因素和科学因素的统一。

马克思在其著述中，还考察了自由的种种形态。其中主要有：消极自由与积极自由，作为活动的自由与作为精神的自由，作为历史过程的自由与作为历史产物的自由，作为前提的自由与作为结果的自由，具体

---

① 《马克思恩格斯全集》第 2 卷，167 页，北京，人民出版社，1957。

自由与抽象自由，等等。① 但无论怎样，从中都可概括出自由的一般
含义。

（三）人的自由与人的本质的关系及其意义

马克思为什么十分注重人的自由问题呢？而且为什么还从人的本质
的高度来理解人的自由呢？在对马克思的自由观进行考察时，应该提出
这两个必须回答的问题。

马克思把自由自觉的生产劳动看作人的本质，其意义，除了包含着
对他以前思想家的批判继承外，更重要的是看到了自由对人尤其是个人
来说的根本意义。总的来讲，马克思从如下几方面论述了自由对人的
意义。

第一，自由的实现就是人的本质的实现，而自由的丧失就是人的本
质的异化。从马克思的著述中可以看出，自由自觉的生产劳动是人的一
般本质，而这一本质在社会历史发展过程中有一个实现过程，这一过程
既是人的本质的实现过程，同时又是人的自由的实现过程。在一定历史
条件下，人会失去自由，这意味着人的本质的异化。异化劳动就是如
此。异化劳动既表明人的本质异化，同时也表明人在劳动中失去了
自由。

第二，强调自由的实现，目的在于使人成为真正的人，即成为使社
会历史发展的要求和人性发展的要求达到一致的人。在社会历史发展过
程中，社会历史发展的内在必然要求和人性的内在要求，总有存在不一
致的时候，这时，人很难真正实现自己，因为人并不能按照自己的内在
本性和社会历史的内在本性生活，他处在矛盾之中。只有当他能按照自
己的本性生活，而这种本性又是与社会历史发展的内在本性相一致时，
他才能获得真正的自由，从而才能过着真正人的生活。因此，人的自由
实质上就是以上两种内在要求的和谐一致。

---

① 参见《马克思恩格斯全集》第 46 卷（下），112 页，北京，人民出版社，1980；《马
克思恩格斯全集》第 46 卷（上），110、197 页，北京，人民出版社，1979。

第三，自由的实现就是人的独创个性的充分发挥，是人的价值的真正实现，因而是人的自我完善和自我实现。自由，虽然与人类、阶级群体有关，但更主要的是与个人及其个性有关。马克思以自由劳动为例，论述了自由对人、个人及其个性具有如下肯定意义：a. 个人在其自由劳动中物化了他的个性，因此他既在活动时表现了他的内在本质力量和生命，又在产品中直观自己的创造本质而感到幸福；b. 自由劳动表现、实现和确证了个人的自我价值和社会价值；c. 自由劳动增进了人与人之间的联合，使人认识到了人与人之间的平等、爱和互相依存关系，且表现、实现和确证了个人的类本质；d. 自由劳动使个人直接证实和实现了他的社会本质，即他是与别人发生社会关系的；e. 自由表明人能按照自己的意图来表现、完善和实现自己，而这正是每个人所真正向往的。①

第四，自由是人的最高追求，因而是人道主义关心的核心问题。人有三大基本追求：肉体生存，能力发展，个性自由。对肉体生存的追求是低层次的，动物也有这种追求。对能力发展的追求高于对生存的追求，因为它不仅仅考虑人的肉体生存和肉体需要，而且考虑人的更高级的需要——动物所没有的需要。人对能力发展追求的最高目标和成果，就是自由个性的实现。正因为如此，各种人道主义都把自由看作核心原则，马克思的人道主义也不例外。他指出，自由个性是人类社会发展和人本身发展所达到的最高成果。② 既然如此，在分析人道主义时，就应该首先去分析它对自由的看法。

第五，对自由的关切，也表现出马克思对人的社会物质生活条件的关切。在马克思那里，自由首先是"从××中获取自由"。自由是针对人受某种条件束缚而言的，因此，要谈论人的自由，就必须注重对制约人的自由的社会物质生活条件的分析。实际上，马克思越注重人的自由，

---

① 参见《马克思恩格斯全集》第 46 卷（下），110—115 页，北京，人民出版社，1980；《马克思恩格斯全集》第 42 卷，37 页，北京，人民出版社，1979。

② 参见《马克思恩格斯全集》第 23 卷，462 页，北京，人民出版社，1972。

就越注重对人的社会物质生活条件的分析。因为在他看来，人的自由是什么样的，是与他的社会生活条件相一致的。他说："为了真正的自由它除了要求唯心的'意志'外，还要求完全能感触得到的物质的条件。"①

马克思关于人的本体论、关于人的社会观、关于人的历史观、关于人的价值观这四个基本方面，是既有内在联系又有区别的。在关于人的本体论方面，马克思独特的历史贡献，是把人的现实本质理解为一切社会关系的总和。这种理解，促使马克思去研究人的社会性、个人和社会的关系等问题，对这些问题研究的成果，构成马克思关于人的社会观。在关于人的社会观方面，马克思提出的一个深刻认识是，要具体深入理解人的社会性及个人和社会的关系，就必须了解人的历史发展。这种认识，促使马克思去具体研究人的历史发展问题，这方面的成果，便是马克思关于人的历史观。在马克思看来，历史本质上是个人本质力量的发展史，其最终目标，是实现个人的自由而全面的发展。所以，在对人的历史发展进行考察的同时，马克思进一步从逻辑上考察了关于人的价值观方面的问题。这四个方面，在马克思的人学理论中，具有不同的地位和作用：关于人的本体论，是马克思人学理论的前提和基础，旨在为理解人的问题提供方法论前提；关于人的社会观，是马克思人学理论的特殊本质内容，属科学考察方面，反映着马克思人学理论在对社会理解方面的本质特征，旨在寻找人的存在和发展的制约和决定因素；关于人的历史观，也是马克思人学理论的特殊本质内容，是其科学考察方面，反映着马克思人学理论在对历史考察方面的本质特征，旨在具体深入考察人的历史发展，把握人的发展的未来趋势，寻找人的发展的方式和规律；关于人的价值观，是马克思人学理论的落脚点，属价值考察方面，体现着马克思人学的人道主义取向，旨在明确社会和人的发展的目标、意义。

_____

① 《马克思恩格斯全集》第 2 卷，121 页，北京，人民出版社，1957。

第八章 马克思人学的历史命运

任何一种学说都要经受实践和历史的检验，经受各种各样的挑战，从而会有不同的历史命运。不过，有的学说在以后发展过程中受到忽视，有的却经久不衰，永久显示其强大的生命力，而有的学说则成为后人关注、争论、解释和修正的焦点。那么，马克思人学的历史命运究竟如何呢？实际上，对于纯粹从书斋里形成的学说，大多后人不大关心其命运如何，然而，对于反映时代精神、关系人类命运的马克思的人学理论，人们则始终关心其历史命运。因此，要深入理解马克思人学对当代社会的历史影响及其历史地位，不能不对它的历史命运做一番考察。

一 马克思人学理论在马克思主义传播和发展过程中的"不在场"

这指的是在马克思以后的马克思主义的发展过程中，第二国际一些理论家、苏联"正统"马克思主义者和我国一些学者，在解释、宣传马克思主义时，把马克思的人学理论给忽视和歪曲了。

在第二国际时期，作为马克思、恩格斯的学生和战友的一些理论家，所面临的主要任务之一，是结合工人运动和革命政治活动，解释、宣传和普及马克思主义。但由于如下一些主要原因，他们在解释、宣传和普及马克思主义时，却把马克思的人学理论给忽视了以下几点。第一，马克思、恩格斯后期侧重于研究社会历史问题和经济问题，注重对经济和社会的实证性研究。这给人们造成一种假象，似乎马克思和恩格斯创立的学说，就是具有实证性质的社会历史学说和经济学说，而不是关于人的学说。这里，如果不去全面系统考察马克思和恩格斯所创立的学说，而把马克思、恩格斯晚年的思想加以绝对化，就必然会把马克思和恩格斯的学说曲解为"社会决定论"或"经济决定论"。第二，当时欧洲各国的经济、政治形势发生了巨大变化，资本主义进入了相对稳定时期，并对工人采取了一系列调整和收买政策，致使工人阶级队伍发生两大变化：一是工人生活水平相对提高，过着相对稳定的生活；二是工人阶级在议会中占据重要地位，并取得了显著成就。由于这些情况，使得处于合法地位的党，越来越适应议会的政治斗争方式，并出现了工人贵族和工会官僚。这些变化，不仅促使人们认真思考资本主义的命运和无产阶级政治斗争的策略这两个在当时来说的迫切问题，而且涉及对马克思主义的一系列重大理论问题的理解。这样，第二国际的一些理论家，就必然把自己的精力放在对马克思社会历史发展规律、革命形式、阶级关系、国家权力等学说的思考上，而对马克思关于人的学说则置于脑后。第三，是主观上的原因。即在 19 世纪 90 年代初，一些资产阶级教授及追随他们的"青年派"把马克思的唯物史观庸俗化，认为唯物史观就是经济决定论。由于第二国际中的许多社会民主党的领导人在理论上不够成熟，甚至连倍倍尔、拉法格和梅林等人，都对唯物史观的全面丰富的内容理解得不够深入，不能够真正理解马克思的历史辩证法，所以，就出现了忽视马克思关于人的学说的倾向，认为唯物史观否认对人的研究。在第二国际一些理论家那里，我们见到的多是关于社会发展规律和经济决定论这些主题，而价值方面的主题，则从他们的理论中消失了。

考茨基是第二国际最著名的理论家，他在某种程度上体现了德国社会民主党和第二国际在理论上的盛衰及本质特征。因为他是整个第二国际公认的理论领袖，他的名字，在一定意义上可以看作第二国际和德国社会民主党的象征，第二国际理论家的理论成就和缺点，都最充分地反映在他身上。他在《唯物史观》这一著作中，指出自己全部理论活动的中心，就是他的社会观(经济决定论和社会历史规律学说)和政治观。梅林也指出，历史唯物主义就是整个马克思的学说，其实质就是把经济结构作为一切社会现象的基础和决定因素。显然，第二国际的一些理论家把马克思学说实证主义化了，即过多注意其中的经济学说、政治学说和社会历史学说，而对马克思关于历史的辩证法及人的学说，则有所忽视。

列宁对马克思的人学未做专门研究，但不能说他不关心人的问题。实际上，人的一般哲学问题并没有在列宁的哲学视野中消失。他指出："唯物主义的社会学者把人与人间一定的社会关系当做自己研究的对象，从而也就是研究真实的个人，因为这些关系是由个人的活动组成的。"[1] 正是从社会关系出发，列宁研究了人的解放、人格、个人利益、人和人的关系等人的问题。[2] 在这一问题上，列宁和马克思在立场、观点和方法上基本是一致的。但在斯大林时期，由于如下原因，出现了忽视马克思人学关于"个人及其主体性"思想的倾向。其一是客观原因。斯大林所面临的主要任务是进行革命斗争，消灭敌对势力。在这种情况下，他必将更多地考虑社会历史发展的规律、阶级斗争规律和革命斗争的方式等问题。其二是主观原因。在斯大林时代，群众运动迅速开展，斗争面迅速扩大。在这种情况下，人们更多地关心斗争的手段，而对斗争的最终目的的个人解放和幸福，暂时难以真正考虑，或者易于把当时同群众运动的实际需要没有直接联系的人的问题，放在次要地位。其三是斯大林时期盛行的教条主义和个人迷信，阻碍了人们对马克思学说的全面理

---

① 《列宁全集》第 1 卷，384 页，北京，人民出版社，1955。
② 参见《列宁全集》第 4 卷，572、12—13、176 页，北京，人民出版社，1958；《列宁全集》第 33 卷，50—51 页，北京，人民出版社，1959。

解。需注意的是，人有三种基本存在形态：人作为人类；人作为群体；人作为个人。我们说斯大林忽视马克思人学中的"个人及其主体性"思想，指的正是"个人"。所有这一切，便导致了如下局面：马克思的人学理论未引起人们高度的关注和专门深入的研究，马克思人学中关于个人的主体性、人的个性和人的自我意识等内容，被置于次要地位。

十月革命一声炮响，给中国送来了马克思主义。但由于受苏联意识形态及对马克思学说做出片面理解的影响，由于当时中国革命斗争的需要，所以，送来的"马克思主义"，主要是一种关于社会历史发展一般规律的唯物史观，是阶级斗争、国家革命和无产阶级专政的科学社会主义，而马克思关于人的学说，尤其关于个人的理论，被拒之门外。在中国革命斗争和社会主义建设中，我们曾一度认为，马克思主义只是研究社会历史发展一般规律的学说，而阶级斗争、国家革命和无产阶级专政是这一学说的根本内容，认为人不是马克思主义研究的对象，而是资产阶级的专利，因此，在我们的意识形态和理论研究中，曾一度轻视或排斥对人和人道主义问题的研究，更谈不上去考虑马克思学说中是否存在关于人的专门而系统的理论。正是在这种背景下，我们的传统马克思主义教科书是不大讲个人、人的主体性、人的个性和人的价值等问题的，我们在挖掘、整理和研究马克思的著述时，忽略了马克思的人学理论。质言之，对马克思人学理论的研究，在我国几乎还是一片空白，马克思人学理论在马克思主义传播和发展过程中处于"不在场"状态。

二 马克思人学理论在当代西方的"出场"背景与方式

从20世纪30年代以来，西方一些学者一反第二国际和正统马克思主义者对马克思主义的解释，把马克思主义解释成人道主义。由此，马克思的人学理论便开始引起人们强烈的关注，马克思人学理论也开始出场了。

(一)马克思人学理论"出场"的背景

1. 社会历史原因

几乎没有一个著名的资产阶级学者和哲学家否定现代资本主义社会中人的异化日趋严重这一事实。对这一事实,德国存在主义哲学家雅斯贝尔斯做了精辟的描述。

他在探讨"今天的人处于什么样的实际条件之下?"这一问题时指出,当今技术时代的一个基本特征是,人不得不永远重复同一种劳动,这同一种劳动的重复进行以致达到这样的境地,人成了机器的一个功能,可以像机器零件一样任意配换,这个时代特征已经扩展到人类每一种活动里去。今天的人已经丧失了自己,被异化了。今天的人还是一种政治机器的牺牲品,在这种政治机器里,好像只是一些无情的官僚主义的公务人员在例行公事,人的生存、工作和生活方式,仿佛都处于不可预料的外来势力的支配之下,甚至一切人都将在这样的政治机器之下被碾得粉碎,而这种被碾碎的威胁,没有办法可以逃脱。质言之,人被异化了。①

实际上,现代资本主义的危机状态,它的全部矛盾的极度尖锐化,不能不表现在人的个性的社会存在和内心精神世界方面,从而产生深刻而全面的人的异化。现代资产阶级一些思想家,企图以特有的方式来反映资本主义世界中人的这种异化状况,因此,几乎所有资产阶级学说都在研究人的问题。正像苏联哲学家鲍·季·格里戈里扬所指出的:"主观主义的人的学说在现代资产阶级哲学中居于优势,这是人的异化情况造成的。这种异化在现代资本主义世界中具有普遍性,表现于人的存在的一切领域。主观主义哲学从现代资本主义社会中人的异化的存在事实出发,自称要制订人的积极而自由创造的原则……因此,他们认为'哲学的任务……是揭示和规定人创建世界的主观形式和准则……哲学应该

---

① 参见[德]卡尔·雅斯贝尔斯:《现时代的人》,1—17、36—41、43—89 页,北京,社会科学文献出版社,1992。

注意的……是一切客观性的基原的所谓纯主观领域'。"①

既然对人的异化问题的关注促使他们集中精力去研究人的问题，那么，当他们发现马克思著述中有对资本主义中的人的异化及人的问题的论述时，就必然会对马克思的人学理论予以强烈关注。

2. 时代原因

马克思主义问世以来，一直对世界各国产生深刻的影响。一些西方学者认为，马克思主义是"我们时代的不可超越的哲学"，是"20 世纪所有社会思想的助产婆"，"没有马克思及其对世界的影响"，就不会有东西方的自我意识。

但另一方面，自 19 世纪中叶以来，西方资本主义社会发生了时代性的变化。这主要表现在如下几点。

第一，科学技术无限制的发展，给人们的生活和心理带来许多负面后果：环境污染，生态失去平衡，人口爆炸，资源贫乏和枯竭，发展科技无计划，战争和核威胁，根深蒂固而又被人忽视的社会邪恶，生活质量下降，等等。

第二，资本主义世界发生了触动社会各领域的周期性经济大危机。

第三，俄国十月革命取得了成功，然而 20 世纪 20 年代欧洲发生的轰轰烈烈的工人运动都相继失败并陷入低潮。第一次世界大战导致了无产阶级革命的浪潮。1917 年，在沙皇统治的俄国爆发了十月革命。在以列宁为首的布尔什维克党的领导下，俄国首先取得了无产阶级革命的胜利，建立了苏维埃政权。在十月革命影响下，欧洲其他国家（德国、芬兰、匈牙利、保加利亚和波兰等）也相继爆发了无产阶级革命，形成了欧洲革命的高潮。但是，中、西欧国家的无产阶级革命相继遭到失败。到了 1924 年，欧洲革命高潮结束，西欧的革命从此走入低潮，西方资本主义国家开始进入相对稳定时期。

---

① ［苏联］鲍·季·格里戈里扬：《关于人的本质的哲学》，103—104 页，北京，生活·读书·新知三联书店，1984。

第四，苏联"斯大林主义"的出现和社会主义国家出现了曲折。

第五，反殖民主义运动的兴起和西方霸主地位出现了动摇。

第六，当代西方资本主义社会的经济结构、阶级关系和意识形态出现了新变化：国家垄断资本主义发展起来，国家所有制成分增大，并加强了对整个经济生活和科学研究的干预；第三产业迅猛发展；雇佣劳动者队伍迅速扩大，其内部结构也出现了明显变化，如从事第三产业的人数迅速增加，从事脑力劳动者大大增多，并在生产中发挥重要作用，传统的工人阶级人数在减少，蓝领工人白领化、知识化；传统的小资产阶级人数大大减少；调整了劳资关系，缓和了社会与阶级的矛盾，等等。

这些时代性的变化，向人们提出了以下一些值得探讨的问题：为什么马克思所预言的西方社会主义革命始终没有发生？为什么20世纪20年代轰轰烈烈的欧洲工人运动走向失败？苏联十月革命建立的是真正的社会主义吗？有没有适合西欧发达国家争取人类解放的革命战略？法西斯主义兴起的社会心理根源是什么？如何揭示当代资本主义社会异化的根源？如何看待当代资本主义的危机？如何重新认识当代资本主义社会的阶级结构和阶级意识，以及国家和国家的权力问题？这一系列问题向传统的马克思主义提出了新的挑战，从而促使一些思想家去关注和研究马克思主义的创始人——马克思的理论及其实质。由于受当代资产阶级哲学人本主义思潮的影响，他们一方面运用人本主义学说来分析当时所面临的问题，另一方面又试图从马克思的人学理论中寻找使资本主义制度摆脱困境的启示，同时，还试图根据所面临的新问题及资产阶级的观点，去"解释""补充"和"发展"马克思的人学理论，实现马克思主义的"现代化"，重建适合当代资本主义的"新马克思主义"。质言之，他们试图在马克思关于人的学说上大做文章。

3. 意识形态原因

20世纪20年代欧洲工人革命运动失败后，许多西方思想家去探讨革命失败的原因。卢卡奇、科尔施和葛兰西等，通过对20世纪20年代欧洲工人运动的理论和实践的分析，指出，欧洲各国工人运动失败的原因，主要在于心理、理论上准备不足，"阶级意识"不成熟，而造成"阶级意识"不成熟和理论上、心理上准备不足的直接原因，就是马克思主义在第二国际理论家那里被庸俗化和实证化了。在他们那里，马克思主义又被曲解成为一种机械的经济决定论、消极无为的反映论和抹杀人的主体性的规律科学，而且对文化意识形态和人的心理结构分析不够，放弃了革命成功的基本前提。他们把革命的成败完全归于经济条件，似乎只要坐等经济条件成熟，革命的胜利就会自然到来。这种理论把革命看成是自然发生的社会进化，把马克思主义变成像自然科学那样的实证主义的"纯科学"，只见物不见人，只讲客观规律不讲人的因素，只讲科学性不讲阶级性，只讲经济不讲哲学和辩证法，因而完全歪曲了马克思的本来思想。他们甚至指责这种"科学主义"的错误是由恩格斯一手造成的，以此把马克思和恩格斯的思想对立起来。于是，他们一方面试图把唤醒和恢复人的主体能动性作为摆脱现代文明"困境"的唯一途径，另一方面，试图重建不同于第二国际的"正统马克思主义"的马克思主义，即主要阐述据说是马克思原有的以人为主体、以研究主体和客体相互关系为唯一对象的历史辩证法。这样，他们就从哲学上向第二国际的马克思主义提出了挑战，提出了弄清马克思人学思想，并以此驳斥第二国际理论家对马克思歪曲的任务。正如朗兹胡特所说的："马克思精神世界的全部丰富内容，被迄今为止的马克思思想的阐述者缩小到何等狭小的范围，被'唯物主义地'弄得多么贫乏"[①]，因此，恢复马克思主义的人道主义的全部丰富内容已成了当务之急。

西方一些思想家还批判了苏联教条主义式的马克思主义。他们指出，苏联的马克思主义强调机械决定论，忽视马克思辩证唯物主义的人的基础，并且在进一步发展中把马克思主义僵化或教条化了，成了一种辩护体系，成了一种为政党做注解的附庸，这样，丰富的马克思主义被简单化了。不仅如此，苏联的马克思主义还割裂理论和实践的统一：一

---

① 复旦大学哲学系现代西方哲学研究室编译：《西方学者论〈一八四四年经济学—哲学手稿〉》，4 页，上海，复旦大学出版社，1983。

方面，实践变成了一种无原则的经验主义；另一方面，理论则变成了一种绝对和僵硬的知识。许多苏联马克思主义者违反经验，不顾所有使他们感到麻烦的细节，且粗暴地把条件简单化，尤其是在研究事实以前就把事实概念化了。这样就把那些本是对经验开放着的马克思主义观点完全封闭起来，以为撇开了事件的细节，在事件之中重新发现原有的思想，就是分析了事件，其最后结果，便是马克思主义与历史的发展不再步调一致了。他们还批判道，马克思主义在苏联不再是表述真理的学说，不再是关心人的学说，而是成了人人必须接受的教条主义信条。

萨特、弗洛姆和马尔库塞等人对苏联式的马克思主义做了批判。尤其是马尔库塞，他从批评苏联的现存制度开始，对苏联的马克思主义进行了系统的批评。

他从对革命、革命主体及党的作用的讨论中引出官僚主义和官僚阶层的论题，从对官僚主义的批判走向对意识形态的批判，最后对苏联马克思主义做出系统的分析。

西方一些思想家批判苏联的马克思主义，其意图之一，在于重建马克思主义的连续性，恢复马克思的人道主义。

4. 政治文化原因

苏共"二十大"对斯大林"教条主义"和个人迷信的批判，不仅在政治领域，而且在意识形态(思想和理论)领域，都具有深远的影响，尤其是对西方共产主义知识分子和一些进步思想家，更具有解放思想的作用。在斯大林"教条主义"影响下，他们在理论和思想上难于真正发表其独立见解。对斯大林"教条主义"的批判使他们解放了思想。这种"解放"产生了一种具有深远影响的意识形态反应，即人们重新发现和敢于揭示"属人的人""人性""异化""人性复归""自由""人道主义"等陈旧的哲学论题，试图建立以人为基础的"新马克思主义"。

1932年，《1844年经济学哲学手稿》公开发表后，一些西方学者以为在《1844年经济学哲学手稿》中找到了他们所需要的理论根据。他们宣称，从《1844年经济学哲学手稿》中发现了"真正的马克思"，即人道主义的马克思。因此，在西方世界就出现了解释《1844 年经济学哲学手稿》，进而解释马克思的人学思想及整个马克思主义，并将马克思主义人道主义化的思潮。这一时期，他们还把对《1844 年经济学哲学手稿》的解释同对斯大林主义的批判、对现代资本主义社会中人的异化的研究、对资产阶级学说的研究结合起来，由此进一步强化了把马克思主义人道主义化的倾向。显然，马克思的人学理论开始出场了，并成了当代许多西方学者关注的中心。

（二）西方学者对马克思人学理论的不同态度

马克思人学理论在当代西方的"出场"及其命运，主要是通过当代西方学者，尤其是西方马克思主义者对它的不同解释、发展、补充和修正表现出来的。20 世纪 30 年代以后，解释、发展和补充马克思的人学理论及马克思主义，一直是当代西方学者尤其是西方马克思主义者理论活动的一个主题和基本特征。

1."解释"马克思的人学理论

从各自学派的理论出发解释马克思的人学思想，是当代西方学者对待马克思人学理论的一个基本特征。在当代西方，存在着形形色色的哲学流派，相应地也存在着各种各样对马克思人学理论的解释。归纳起来，主要有以下几种解释。

对马克思人学作新黑格尔主义解释。卢卡奇、科尔施、葛兰西、布洛赫和迈耶尔等人，属于这种解释的主要代表。这种解释的方式是，力图通过揭示马克思人学的黑格尔来源，来解释马克思的人学。他们认为马克思的人学不仅从形式而且从内容上，都继承了黑格尔的传统，它不是批判费尔巴哈用生物学观点看待人的思想，而是批判费尔巴哈把人看作自然的一部分的唯物主义立场，所以，马克思通过批判费尔巴哈，又回到了黑格尔哲学的基地上。他们指出，马克思人学中的"异化概念"，就"直接地是从黑格尔那儿来的"，黑格尔的"自我意识的异化"学说、辩证法的批判的革命的本质（或否定性的辩证法）和人的自我创造是一个过程的思想，构成了马克思人学的基础和精髓。他们对马克思人学的这种解释，旨在强调辩证法的否定性、批判性和革命性，恢复革命辩证法的决定作用，在于从人的主体能动性方面找到西欧革命发展的道路，在于运用黑格尔的哲学来重新阐释、补充和建构马克思的人学。卢卡奇在《历史与阶级意识》中，对马克思人学的解释是，"在哲学上马克思并没有背离黑格尔，而只是把他的思想引到一种实践的、革命的方面"。科尔施和葛兰西对马克思人学解释的要义是：马克思力图变思辨人学为行动人学，变理性原则为革命原则，这是马克思对黑格尔哲学的继承和发展。科尔施和葛兰西认为，只有人的精神主体才能成为独立存在的中心。布洛赫对马克思人学的解释是：相信人的理性力量和使人及其世界人化的理想，是马克思从黑格尔那里继承下来的宝贵遗产。以上这些解释的共同倾向在于以下几点。一是出于寻找西欧革命发展道路或战略的需要，以及反对第二国际理论家的"正统马克思主义"和苏联教条主义的马克思主义的需要。一些西方马克思主义者认为，第二国际的"正统马克思主义"者和苏联教条主义的马克思主义者片面夸大经济力量的决定作用，忽视人的主体能动性，把马克思的学说解释成为经济决定论。这既违背了马克思的原有思想，又对西欧革命产生消极影响。因此，必须把探讨西欧革命失败的原因和发展道路，与批判第二国际的"正统马克思主义"和苏联的马克思主义，以及与解释马克思的人学结合起来。就此而论，这种解释不无道理。二是通过强调马克思的人学理论源于黑格尔的主观辩证法，来注重人的主体性及其人的解放的思想。这种倾向，并不完全符合马克思人学理论的形成和发展过程。三是在性质上把马克思的人学解释成人道主义，认为马克思人学的中心范畴是异化，他全部的人学理论，是用异化和人性复归解释资本主义和共产主义。自 20 世纪 30 年代以来，马克思早期著作中关于人性、人的异化和人的解放的全部哲学论点，成了他们解释马克思人学理论的根据。这些早期著作，开始是一点点地，以后是大规模地被用来对马克思的人学理论做一种新的人道主义解释。这种以把马克思人学人道主义化为标志的"早期著作热"，被美国实用主义哲学家胡克称为"马克思的第二次降世"。四是认为"人本身"是历史辩证法的客观基础。据此，他们拒绝唯物主义决定论，把人提到历史主体的地位。

对马克思人学作存在主义解释。萨特、列斐伏尔和蒂尔，是用存在主义解释马克思人学的主要代表。他们把马克思说成是"同克尔凯郭尔一样的存在主义的先驱者"（蒂尔），认为马克思的人学同存在主义一样，把个人的存在作为一切存在的出发点，"把人的事实构成哲学的直接主题"。他们用存在主义解释《1844年经济学哲学手稿》中的人的概念和异化概念，说马克思把一切社会矛盾归结为"人的本质与人的存在之间的矛盾"，而把异化的根源追溯为"人的存在所固有的矛盾"。这种解释之共同倾向，旨在突出人对虚无的否定和对自己有意义的本质的肯定，强调人的存在取决于人自己的决定，也旨在反对马克思人学中的经济决定论。这对我们有一定启示，但也这种解释，也具有一定的片面性。

对马克思人学作弗洛伊德主义解释。法兰克福学派代表人物马尔库塞、弗洛姆等，主要用新弗洛伊德主义来解释马克思的人学理论，把弗洛伊德的心理分析理论同马克思的人学理论糅合在一起。他们把马克思人学中所阐述的异化这种现象，解释为弗洛伊德曾经论述过的"心理病态"，认为异化是人对世界的"消极被动的体验"（弗洛姆）；他们以《1844年经济学哲学手稿》中的"一切属人的感觉的特性的彻底解放"这句话为依据，认为，论述人的感觉、本能的解放是《1844年经济学哲学手稿》的人学理论的"中心主题"，而马克思像弗洛伊德一样，把"人的本能的解放"作为"整个世界获得解放的起点"（马尔库塞）；他们用弗洛伊德的性欲理论解释马克思的"劳动解放论"，认为马克思正确地把劳动作为人的本质，把人的解放归结为劳动的解放，但隐藏在劳动背后支配人的劳动的，是其深层的人的本性，而这正是弗洛伊德所说的人的追求快乐的欲望，即真正构成人的本质的心理力量——性欲力，所以，劳动的解放实际上是性欲的解放；他们还用弗洛伊德的病态说和健康说解释马克思的异化论和人的全面发展学说。这些解释，实际上是把马克思人学解释成一种性欲心理学。当然，弗洛姆还对马克思的人学做了人道主义解释，认为马克思人学所关心的主题是使人摆脱经济决定论的枷锁，克服异化，从而使人作为个人得到解放，以成为具有人性的人。①

新实用主义者胡克对马克思人学进行解释。诸如在意识形态与科学、价值论与认识论、人与世界的对立统一中，胡克站在人本主义一边，强调前者轻视后者。从这一立场出发，他在专门解释马克思基本理论《对卡尔·马克思的理解》一书中，强调马克思人学的出发点，是"人的需要、进化和活动"②。也正是从这一立场出发，他强调马克思人学理论的阶级性、革命性和战斗性，否认其科学性。他针对第二国际理论家把马克思人学曲解成消极被动的经济决定论的倾向，强调无产阶级革命意识的能动作用，并试图把这种能动作用贯穿马克思人学的各个方面。但在强调人的能动作用的时候，又使他所理解的马克思人学偏离了唯物主义，转到了资产阶级实用主义、唯心主义方面去了。

对马克思人学作结构主义解释。这主要指法国的阿尔都塞。他认为，马克思人学实质上是一种意识形态，是意识形态（价值）意义上的人道主义，而不是一种理论认识。这种解释的基本要点是马克思反对把人道主义说成为理论，但又承认它具有意识形态的实际职能，援引马克思的话来复辟人道主义的理论的任何企图，在理论上都是徒劳的；马克思虽然否认自己的人道主义是理论，但他并未取消人道主义的历史存在；在马克思那里，人的范畴不起理论作用，马克思反对费尔巴哈的理论人道主义，在人学思想史上实现了变革，在从理论上分析说明和解释社会历史时，马克思力图避免从人的本质及人的主体出发，质言之，马克思反对从人道主义出发，他正是在与理论人道主义决裂的情况下，从一定的社会经济时期出发，才创立历史唯物主义的，从《资本论》可看到这一决裂的结果。马克思认为，决定社会形态的因素归根结底，不是抽象的人的本质或人性，甚至也不是具体的人，而是与经济基础合成一个整体

---

① 参见复旦大学哲学系现代西方哲学教研室编译：《西方学者论〈一八四四年经济学—哲学手稿〉》，22—29 页，上海，复旦大学出版社，1983。
② ［美］悉尼·胡克：《对卡尔·马克思的理解》，重庆，重庆出版社，1989。

的生产关系,但在评价一个社会的非人性状况时,作为意识形态的人道主义,却有其存在的价值。阿尔都塞对马克思人学的这些解释是独特的:他把马克思人学的人道主义,在性质、功能和适用范围上加以划分。这对我们理解马克思的人学理论很有启发。一些同志对阿尔都塞的这种解释不加理解,独断地认为阿尔都塞是反对马克思人学中的人道主义,这是片面的。

2."发展"马克思的人学理论

当代西方马克思主义之所以要"发展"马克思的人学理论,是认为它存在着一定的局限。生活在当代西方资本主义社会中的一些思想家,面对资本主义社会的发展变化,指出,马克思主义及马克思的人学是 19世纪时代精神的产物,它不能完全用来分析和回答 20 世纪资本主义社会提出的新问题,不完全适用于当代发达的资本主义社会,因而它的一些理论已经过时了。不仅如此,马克思的人学在它进一步发展过程中,一些原有的精华思想被遗弃了,并出现了停滞,即"人"和"个人"等在一些正统马克思主义者那里不见了。阿尔都塞指出:像马克思这些"过去在未知领域里的先辈,不管他们的才能如何,毕竟是人。他们从事探索和发现,也会犹豫不决,也会犯错误,需要不断改正,也会遇到任何研究工作方面碰到的差错。因此,毫不奇怪的是,他们的著作带有他们那个时代的印迹,包含着困难、矛盾和空白"①。这样,马克思的人学理论就需要加以丰富和发展。

当代西方马克思主义者"发展"马克思人学的方式,是试图重建马克思主义人学,以回答现实提出的问题。他们认为,人的异化、20 世纪20 年代西欧革命失败的原因、法西斯主义的兴起及其危害、科学技术给人带来的负面作用、人的文化价值观念的危机等,都是现实提出的问题,需要从理论上做出回答,而他们又感到马克思的人学理论不能完全回答这些问题。受生命哲学、新黑格尔主义、西方文化危机思潮、弗洛

---

① 参见[法]阿尔都塞:《马克思主义的危机》,载《今日马克思主义》(英国),1978年 7 月号。

伊德主义和存在主义的影响，西方马克思主义者把人的主体性或"自我意识"的能动性作为解决问题的唯一答案。他们大多痛恨资本主义制度所产生的非人性的丑恶现象，渴望异化境况的终结和人性的复归，也都立足于人性自身和人的主观意识来评判现在和设想未来。他们倾全力于人的主观结构、心理倾向和大众文化的批判，把意识的改变视为革命成功的根本保障。在他们看来，尽管马克思早年也注重人的主观结构——物化思想、商品拜物教和意识的反作用，也强调人是自己历史的创造者，但由于受制于当时所处的历史文化背景和历史条件，他对文化意识形态和人的心理结构的分析并不多，估计也不足。第二国际的一些理论家从机械决定论出发，对马克思的思想做经济决定论的实证主义解释，抹杀了人的主体性，放弃了革命成功的前提条件。于是，西方马克思主义者提出重建马克思主义文化哲学的历史任务，以此来发展马克思的人学理论。具体来说，他们在本质上试图建立一种以人为主体、以研究主客体相互作用为唯一对象、以人的自我意识为基础的"主观辩证法"或"人学辩证法"，来克服马克思人学理论的局限，并以此为指导来构想人类解放的蓝图。可以说，自20世纪20年代以来，西方马克思主义者始终致力于"人学辩证法"的建构，致力于人的主体性和人的解放之间的关系的探讨，以求发展马克思关于人的学说，为西方发达工业社会中的解放斗争提供合适的战略。卢卡奇、科尔施和葛兰西试图以"总体性理论""否定辩证法"来发展马克思的人学，赖希试图以"性格结构分析学"来发展马克思人学，弗洛姆企图以"精神分析学"来发展马克思人学，列斐伏尔力图以"日常生活批判理论"来发展马克思人学，马尔库塞则试图以"大众文化批判理论"来发展马克思人学。

不可否认，他们当中有的人确实欲求发展马克思主义及马克思的人学，并且提出不少合理的见解，但也确有人（如意大利的科莱蒂）则是在更深层的意义上，以"发展"为名来取代马克思主义。

3."补充"马克思的人学理论

一些西方马克思主义者试图制造"两个马克思"的神话。他们指出，青年马克思在当时条件下注重人本身的意义和人在社会中的地位，注重人的主体性和个人的现实存在，但对人的心理结构、本能欲望和文化意识形态注意不够。后期，由于受制于当时社会历史条件和思想认识，使得马克思注重对人的社会历史做客观解释，而对人和社会历史的主观（主体）方面缺乏分析。并且在以后的发展过程中，马克思主义进一步被庸俗化和实证化，人、人的个性、人的本质、人的异化、人性复归和人的主体性等问题，在一些正统马克思主义者那里不见了。相反，对这相对问题的研究，倒成了资产阶级思想家的专利，被一些唯心主义流派（如存在主义）所利用，并且在主观和客观上，被他们用来攻击马克思主义。许多现代西方资产阶级思想家对人的本能欲望、心理结构、文化意识形态、个人、个性和人的主体性等，都做了细致的研究。这些研究，一定程度上反映了资本主义的时代精神，回答了人们所关心的一些问题。一些西方马克思主义者认为，现代资产阶级人学有其可取之处，它的理论是对当代资本主义社会现实的反映，它提出了马克思人学理论中正好缺乏的思想和理念，但也存在一些片面性，而马克思的人学也有其可取之处。因此，这二者是可以互补的，有必要将二者结合起来，用现代西方资产阶级的一些理论来补充马克思主义及马克思的人学，以便实现马克思主义及马克思人学的"现代化"。

这种结合和补充主要表现在以下几个方面。

第一，用存在主义来结合、补充马克思的人学，即把存在主义关于个人存在、主观自我意识的否定性和主客体相互作用的辩证法，补充到马克思的人学理论中。在存在主义者（如萨特）看来，马克思的人学是一种从人的活动结果角度去理解人类历史的客观方面的方法，而存在主义则是一种在马克思所提供的总框架内理解主观的个人的生活经验的方法；马克思人学主张从社会角度考察人，而存在主义则从个人存在角度看待人；马克思把人吞没在观念里，而存在主义则在凡是人所在的地方寻找人；马克思在其"通过部分而研究全体"的探索中，失去对人个性、人的经验和人的意义的把握，而存在主义则力图把握这些东西。正因为如此，对马克思人学的补充是十分必要的。

第二，用弗洛伊德主义来结合、补充马克思的人学，即把弗洛伊德主义关于人的本能欲望、心理结构、性格倾向和精神分析的学说，补充到马克思的人学理论中，以探索"心理革命"和"社会革命"的关系。面对法西斯主义的兽行和发达工业社会中人性的极度压抑，面对资产阶级的民主危机及国家垄断资本主义的膨胀，一些西方马克思主义者指出，只有把弗洛伊德的本能心理学和马克思关于人的社会性的学说结合起来，才有可能建立起来关于人及其解放的学说，这是解决人与文明社会之间的冲突的唯一途径。在结合这两种理论的尝试中，赖希、弗洛姆及法兰克福学派所坚持的立场是：借用马克思的异化概念去解释弗洛伊德的性压抑学说，使之革命化和社会化；借用弗洛伊德的性压抑学说去解释马克思的异化概念，使之生物学化和"完善化"。在他们看来，弗洛伊德的精神分析学可以揭示人的社会活动中的意识力量，以及社会对个人的左右和观念在心理中的形成，但它的不足，在于过分强调人的本能的决定作用，忽视人的社会生活条件的影响。马克思的人学注重人的社会物质生活对其活动、本能和心理的影响，但有两个缺陷：一是不能说明人的社会物质生活条件对人的意识影响的中介和途径，二是未对人的意识怎样反作用于各种社会经济过程做出论证。因此，他们得出结论：弗洛伊德主义所不足的，正是马克思人学所着重加以阐述的，而马克思人学所忽略的，正是弗洛伊德主义所充分阐述的，因而二者是可以通过互补而达到互相完善的，也可以用弗洛伊德主义来结合、补充马克思的人学理论。①

第三，用黑格尔主义来结合、补充马克思的人学，即把黑格尔主义关于以人为主体、以自我意识的否定性为基础的主观辩证法，补充到马克思的人学理论中。

此外，还有列斐伏尔用"日常生活批判理论"来补充马克思的人学，有霍克海默和马尔库塞用"社会批判理论"来补充马克思的人学，等等。

---

① 参见欧阳谦：《人的主体性和人的解放》，93—94 页，济南，山东文艺出版社，1986。

这些补充，虽然有助于人们重新认识马克思的人学，但是在一定意义上，也存在着某种抛弃马克思人学的前提，歪曲和修正马克思人学的倾向。

4. 当代思想斗争的一个前沿阵地

马克思人学与当代西方的思想斗争，有息息相通的联系，它是当代西方思想理论界争论的焦点之一。只有深入了解马克思的人学，才能洞察各种社会思潮的来龙去脉及其思想走向。

马克思的人学在当代西方遇到了挑战，这些挑战表明当代西方学者对它的强烈关注，表明马克思人学在当代西方有着重要的影响，表明马克思人学在当代西方社会并没有完全过时。质言之，马克思的人学具有这样的历史命运，即人们越是对它进行解释、补充和发展，就越是证明它的影响和存在的价值。

人的问题，是当代西方理论界关注的一个前沿问题。由于当代西方学者出于研究现实问题的需要，而对马克思的人学予以强烈关注，所以，也可以说，马克思的人学是当代西方理论界关注的另一个前沿问题。

虽然当代西方学者对马克思人学的态度、倾向和研究目的有所不同，但也存在一些共同点，即认为马克思的人学需要随着时代发展而发展。具体来说，马克思人学在其进一步发展的过程中，它原有的那些潜在思想需要充分发挥，一些空白问题需要加以研究，暴露出来的局限需要克服，只有这样，它才能进一步显示其强大的生命力。就此而言，他们的努力是有意义的。但是，无可否认，在上述某种"解释""发展"和"补充"马克思人学思想的努力中，一定意义上确实存在着一种取代马克思人学思想的前提、基础和实质，而代之以另一种人学的倾向。

三　马克思人学理论的中国化

所谓"马克思人学的中国化"，有三层含义：站在当今中国社会主义现代化建设的时代高度，面对当前中国现实，挖掘、继承和发展马克思的人学理论；揭示马克思人学的基本思想在中国的当代意义，保持马克思人学理论在当代中国的生命力；科学评价当代西方学者对待马克思人学理论的态度，分析和回答他们提出的问题，使马克思人学理论在中国发扬光大。中国学者要把马克思人学理论同当代中国特色社会主义实践结合起来，致力于研究当代中国问题，为建立中国特色的马克思主义人学而努力。因此，马克思人学思想的中国化，实际上包括三个层次的内容：马克思人学理论在当代中国现代化进程中的继承和发展，正确对待马克思的人学理论；在马克思人学理论中国化过程中，正确对待西方学者对马克思人学的态度；在马克思人学理论中国化过程中，学者自己正确对待自己的理论努力。

（一）正确看待马克思人学在当代中国的发展

在"文化大革命"前，由于受苏联的影响，马克思的人学理论在我国并没有引起重视。改革开放以后，西方学者对马克思人学理论的重视，对我国学术界产生一定影响。还有最大的影响，是在 1980 年年初掀起了关于人性、异化和人道主义等问题的全国性大讨论。在研究中，涉及中国学者对待马克思人学理论的态度这一重要问题。有些学者认为，不应过于注重马克思人学理论的独立性，因为这一思想已包含在他的唯物史观之中。受这种看法影响，直到 1989 年以前，学术界并没有对马克思的人学理论予以足够的重视和研究，甚至一些人对马克思人学理论的认识仍然比较混乱。随着社会主义市场经济体制建设的发展，马克思的人学理论越来越引起人们的重视。因而，在这一问题上，我们应持正确的态度：为保持马克思人学理论在当代中国的生命力并发挥其重要作用，就必须一方面把马克思的人学理论同当代中国的实践相结合，使它面向中国现实，在中国现实的实践过程中继承、丰富和发展马克思的人学理论；另一方面把马克思的人学理论同当今中国的时代精神相结合，使其反映时代精神，在对中国时代精神的把握中，丰富和发展马克思的人学理论。要做到这两点，我认为，必须展开三方面的工作。一是根据马克思人学的精神实质，结合当今中国实际，研究人的问题，尤其是研究马克思当年所没有遇到而在今天提出的人的问题，以填补马克思人学理论的空白，从而丰富马克思的人学理论。这方面的工作具有填补空白的性质，也具有开拓性。二是对马克思提出而未得到充分说明和论述的人学理论，根据当今中国实践需要，做进一步说明和发挥，对当今中国的实践发挥理论引领作用，从而发展马克思的人学理论。比如，关于个人能力充分发挥是最大的劳动生产力和社会生产力的思想。在马克思那里，这一思想是在《1857—1858 年经济学手稿》中提出的，但未得到充分说明和论证。然而，这一思想对我国当代社会主义现代化建设，具有重要的启示意义。我国社会主义现代化建设的首要任务是发展社会生产力，为此就必须特别注重发展社会生产力的方式和途径问题。马克思把个人能力的充分发挥作为发展社会生产力的有效途径和方式，对我国具有十分重要的借鉴意义和战略意义。对此，我们必须加以说明和发挥。这叫作把马克思人学思想中对当今中国现代化有借鉴意义的潜在思想充分发挥出来。三是对马克思提出并做了充分阐述的、而在今天看来有一定历史局限、时代局限和地域局限的人学思想，根据当今时代的要求，重新加以解释，并加以补充和发展，克服其局限。比如，马克思对人的自由而全面发展问题做了阐述。但由于受当时条件的限制，他对人的社会特性及能力方面的发展论述，显得较为充分，而对人的个性（心理、本能、情感、性格、意志、思维方式、观念、人格等）方面的发展，谈论较少，分析不够。但在今天看来，我国社会主义市场经济体制建设对人的个性发展提出了较高要求。这就要求我们必须根据现实的需要，注重研究人的个性发展问题，以发展马克思的人学思想，克服马克思人学思想的某种局限。

从当今社会实践出发，填补马克思人学思想的空白，发挥马克思人学思想中的潜在思想，克服马克思人学思想的局限，从而丰富和发展马克思的人学理论，保持马克思人学思想在当今中国发展过程中的生命力，是马克思人学思想中国化的首要和基本的要求。

（二）正确看待西方学者对马克思人学理论的态度

马克思人学理论中国化的一个障碍，就是不能正确分析和回答当代西方学者在研究马克思人学理论过程中提出的问题，不能正确评价当代西方学者对待马克思人学的态度，要么完全否定它，要么盲目肯定它，这对我们继承和发展马克思的人学理论，是极为不利的。我们所持的态度是：正确分析和评价当代西方学者对马克思人学理论的态度；正确对待当代西方学者在研究马克思人学理论过程中提出的问题。

如前所述，当代西方学者对待马克思的人学理论有三种基本态度：在新的条件下发现马克思著述中潜在的东西，"重新解释"马克思的人学思想；根据时代精神和现实问题"发展"马克思的人学思想；用现代资产阶级的理论"补充"马克思的人学思想。从这些态度表现出来的倾向看，其积极方面在于，他们提出了许多引人深思的问题与观点，促使人们重新认识和理解马克思的人学，认识到挖掘、整理、研究及发展马克思人学思想的迫切重要性；其消极方面在于，他们有的人试图取消马克思人学思想的前提和基础，否定或曲解马克思的人学思想。如弗洛姆用"心理分析"来解释马克思的异化理论等。在马克思那里，异化劳动的实质，指的是劳动过程中社会关系所造成的异化，因而，马克思是用"社会分析"来阐述他的异化劳动理论的，而不像弗洛姆所说的那样，是用"心理分析"来阐述的。有些学者还试图取消马克思人学思想的革命实践的实质，企图以"心理革命"取而代之。因此，我们要正确分析当代西方学者对马克思人学思想的态度，并区别对待，而不能对此"不屑一顾"。

当代西方学者在研究马克思人学理论的过程中，也提出许多值得我们深思的问题。例如，发展和代价的关系，人的主体性与人的解放关系，人的革命与社会发展的关系，人的实践活动的价值准则，人本身的结构及发展规律，马克思主义、历史唯物主义的重建，马克思主义和人道主义的关系，青年马克思和成年马克思的关系，马克思思想的实质，在马克思以后的马克思主义的发展过程中的"人学空场"，重新认识和理解马克思，对人的科学理解和价值理解，文明和文化的矛盾，现代人的存在状态及其意义，科学技术发展、经济社会发展与个人本身发展的关系，发展、文化、价值、人四者之间的关系，人的塑造和发展，人的精神世界，等等。这些问题，都需要我们加以分析和回答。其中，发展和代价的关系，人的主体性（人的革命）和人的解放、社会发展的关系，人的实践活动的价值准则，人本身的结构及发展规律，个人在社会中的地位和作用，对人的科学理解和价值理解，文化和文明的矛盾，科学技术、社会和人的关系，人的塑造和建设，人的精神世界等问题，对当今我国社会实践的发展，都具有迫切的重要性，因而需要结合当今我国实践和马克思人学思想给予分析和回答。比如，人的实践活动的价值准则和人的建设问题，社会发展的基础问题等，是马克思人学思想所关注的问题，是当代西方学者所提出的问题，也是当代我国社会主义市场经济体制和现代化建设中遇到的重要问题。对这些问题的分析和回答，无论是对马克思人学理论的中国化，还是对我国社会主义建设，都具有重要的意义。在本书最后一章，我们将努力做这方面的工作。

(三)正确对待马克思人学的中国化向学者提出的要求

"马克思人学理论的中国化"，向当代中国学者提出许多要求。其中主要有：澄清人学研究中的模糊认识和糊涂观念，解疑释惑；认真总结人学研究的经验教训；正确理解和把握马克思的人学理论；努力分析和回答社会主义现代化建设中提出的人的问题，揭示马克思人学理论在中国的当代意义；建构中国特色的马克思主义人学。可以说，能否满足这些要求，直接制约着马克思人学的中国化进程。

在我国人学研究过程中，有些人对"人学"研究存有疑虑和模糊认识。较有代表性的看法主要有：认为把人本身作为人学研究对象，容易把研究陷入抽象；研究人容易影响党的路线、方针、政策的贯彻和执行；人学是西方资产阶级的专利，中国马克思主义者不能建立什么人学；研究人，容易鼓励个人主义、利己主义；苏联社会主义之所以出现曲折，在理论基础上，就是过于强调人；马克思在确立唯物史观之后，抛弃了对人的议论，而注重研究社会关系。这些认识和观念，严重妨碍着我国的人学研究，妨碍着马克思人学思想在我国的继承和发展。问题的关键不在于是否应该研究人，人的问题在我国社会主义现代化建设过程中，是必须加以研究的，社会主义建设的实践呼唤人学。问题的关键在于如何研究人，以什么样的立场、观点和方法研究人，如何摆正人在社会生活中的位置，发挥人的作用。实际上，人的问题已成为当今时代提出的一个前沿问题，在这方面，我们的研究已经落后了，现在必须迎头赶上，必须澄清人学研究中的模糊认识。

要使马克思的人学理论在我国得到继承和发展，就必须认真总结我国在人的问题研究方面的经验教训。在人的问题研究中，一些学者往往以政治和意识形态否定和代替学术研究，以个人感情左右学术研究，忽视学术研究自身的规律和要求；有的学者对人缺乏全面而正确的理解，不能正确看待人的问题中的价值观方面与科学观方面的关系；有的人喜欢无意义的争论，缺乏针对性。学术研究的实践证明：什么时候有一个宽松的学术环境，什么时候有一种科学的研究方法，什么时候能遵守学术规范来讨论问题，什么时候才会有学术的繁荣和认识的进步。为此，要推进马克思人学理论的中国化进程，就必须汲取以上一些经验教训，科学地对待马克思的人学。

要使马克思的人学理论在我国得以继承和发展，还必须深入挖掘和系统研究马克思的人学理论，研究我国社会主义现代化建设中提出的人的问题，研究马克思人学理论在中国的当代意义。这是一项十分艰苦而又细致的工作。目前最主要的，是抓住一些值得深入研究的重大问题进行攻关。这主要有：马克思人学理论的核心、实质及其在中国的当代意义；社会主义现代化建设与人的塑造的关系；经济社会发展和人的发展的关系；人的实践活动的价值、准则等。目前学术研究的思路，应以"问题"研究为重心，以"文本"研究为依据，以对人的现实问题的研究带动和促进人的基础理论研究，促进马克思人学的研究。只有这样，才有可能使马克思人学理论在当代中国显示其强大的生命力。建立中国特色的马克思主义人学，是马克思人学理论中国化过程中的一项十分艰巨而又具有重要意义的工作，需要另做专门系统的研究。本书的任务不在于此。对这一问题，我已在其他论著中做过专门论述，对此可参见拙作《马克思主义人学思想发微》。我认为，"中国特色的马克思主义人学"，应从以下几方面展开研究。

导论：建立中国特色马克思主义人学的意义。其中包括：马克思人学理论的中国化，人学争论，中国实践呼唤人学等。

第一章：人学的性质、研究对象、方法和内容结构。主要内容有：人学史；各门学科关于人的知识的综合；人学和人的科学的差别；人学和人的哲学的区别，人学的性质，人学的对象，人学的研究方法，人学的内容结构等。

第二章：马克思主义人学的主题、中心线索和本质特征。

第三章：人的完整本质。主要内容有：人的需要，人的实践劳动，人的社会关系，人的个性，人性、人的本性、人的本质和人的属性等。

第四章：人的普遍存在。其中包括：个人、群体、人类，人的诸种存在等。

第五章：人的历史发展。主要内容有：人的历史发展的形式、内容、规律、过程、基础、条件，以及人在社会历史发展中的地位等。

第六章：人的意义。主要内容有：人的权利，人的异化和人的解放，人的自由，人的主体，人的价值，人生价值等。

第七章：马克思主义人学与当代中国。参见拙作《个人问题与哲学》，载《求索》1988年第6期；《关于建构人学的几点设想》，载《社会科学战线》1989年第3期（与黄枬森教授合写）。主要分析社会主义市场经济体制建设与人的关系。

第九章　马克思开辟的人学
道路与当代中国人学思潮

马克思的人学思想对我国社会主义建设，具有重要的现实指导意义。

理论研究应面向现实。建设社会主义市场经济体制，是中国当代最大的现实。运用马克思的人学理论来研究这一现实，首要应抓住"社会主义市场经济与人的发展"这一问题。

社会主义市场经济体制建设是当今我国伟大的社会实践，人是这一实践的承担者和实现者。这一基本事实表明：人的素质如何，直接影响社会主义市场经济体制建设的状况；同时，社会主义市场经济体制建设必然对人产生重要影响。从当前我国现实来看，正是在这两方面存在着严重问题：国民素质不高影响着社会主义市场经济体制建设的顺利进行，不够健全的市场经济体制给人的发展带来一定消极影响，阻碍人的全面发展。在这种情况下，如何在社会主义市场经济体制建设过程中加强人的塑造，就成为当今我国社会主义市场经济体制建设中提出的一个重大而迫切的现实问题。这里的"人的塑造"，是人的自我塑造和社会塑造的统一，是人的发展问题中的一个重要内容。

一　人的发展对社会主义市场经济体制建设的意义

社会主义市场经济体制建设能否取得成功，既取决于它是否遵循市场经济的一般规律、基本法则及必要的客观条件，也取决于人的素质状况，尤其取决于从事经济活动的人的素质。比较而言，人的素质是首要的。因为人是社会主义市场经济体制建设的主体，市场经济体制建设是通过人来实现的。罗马俱乐部已故主席 A. 贝切伊在《论人的素质》一书中断言：解决人的问题应该先于科技、经济和社会的变革，在许多情况下，它还是这些变革的前提。这样，人的素质的提高、培养和塑造，对社会主义市场经济体制建设具有重要的意义，它是社会主义市场经济体制建设的基础和前提。

首先，要消除旧经济体制的弊端，必须改造"旧人"，塑造"新人"。

一定意义上，旧体制的弊端与人的价值观念、能力水平、道德品质、精神状态、社会心理和思维方式等方面的缺陷有关，素质的缺陷必然造成体制的缺陷。同时，旧体制的缺陷又往往造成人的素质缺陷。这种相互影响的关系表明：改革旧体制并消除其弊端，是不能靠素质有缺陷的人来完成的，它首先必须依靠人的觉醒、人的塑造和新人的形成。在现实生活中，有些人之所以不积极拥护改革，给改革制造种种障碍，其重要原因之一，就在于他们的思想行为还停留在原来的水平上。于是，往往在社会变革时期，就有人提出人的改造和塑造问题。严复提出，"开民智"是改造"国体"的出发点，是"治本"的工作。鲁迅也认为，有志于改革者，要设法对国民素质进行改进和引导。邓小平同志把"解放思想"放在改革的首位，也意味着他把人的思想观念的变革看作旧体制改革的首要前提。

其次，社会主义市场经济体制建设内在地要求塑造新人，并以此为基础和前提。

市场经济首先是资本主义的发明，并在资本主义社会得以运用和发展。现在我国搞社会主义市场经济，把市场经济从资本主义社会引过来，不仅有一个同社会主义结合的问题，而且有同现实的人相结合的问题，即它内在地包含着一套有关人的设计。为此，就有一个由"计划人"向"市场人"的转变。因为国民素质是不能引进的。这里的"计划人"，是指与传统计划体制要求相适合而具有"计划性"特征的人，而"市场人"则指与社会主义市场经济体制要求相适合而具有"市场性"特征的人。具体说，社会主义市场经济体制建设，内在要求人具有与其相适应的价值观念、能力水平、道德品质、精神面貌、社会心理和思维方式。换言之，社会主义市场经济体制建设要取得成功，关键在于形成这样一种新人——他的价值观念、能力水平、道德人格、精神状态、社会心理和思维方式成为适应和推动中国市场经济发展的文化精神动力。否则，如果人的诸方面还束缚在旧体制中，其思想行为与社会主义市场经济体制建设的要求存在脱序、失衡和矛盾现象，那么，要么会使社会主义市场经济体制建设发生扭曲，要么使体制建设老停留在一个水平上。在中国历史上，无数次农民起义推翻了封建王朝，但再建立起来的仍是封建专制。之所以如此，其中一个重要原因，就在于新王朝重建者的头脑中保留的仍是旧观念。这里，人的发展和塑造程度影响市场经济体制的发育程度。因此，我们必须保持社会主义市场经济体制建设和人的塑造的配套、平衡的进行，不能只注重体制建设而忽视人的塑造和发展。社会主义市场经济建设的一个宏大目标，是实现人的自由而全面的发展，因而注重人的塑造是社会主义市场经济建设的题中应有之义。社会主义市场经济建设是一项塑造整个社会的系统工程，它实际上包括制度建设、体制建设、组织建设和人的建设四个子系统。制度建设涉及产权制度及公有制的结构和实现形式。体制建设涉及转变政府职能、转换企业经营机制和建立激励机制等。组织建设涉及分工协调、管理、组织机构设置、组织目标分解、人员配置、激励方式、领导方式和权力运作方式。人的建设涉及价值观念的确立、道德品质的培养、能力水平的提高、主体精神的发挥、社会心理的完善和思维方式的变革等。这四方面的关系是：一定的制度决定一定的体制，它通过体制来表现和实现，体制是否完善，对制度有一定影响；体制通过组织机构表现出来，组织机构是体制形之于外的具体表现和实现形式，是体制的功能执行机构，组织机构是否有效率，一定意义上取决于体制并影响体制；组织机构是由具体个人构成的，是通过个人来表现和实现的，组织是否有效，取决于组织中每个人是否能充分发挥其聪明才智。正是制度、体制、组织机构和人，构成一种社会运作系统。只有保持这四方面建设的平衡、和谐一致，社会才能稳定运作和发展。由此，社会主义市场经济体制建设，意味着人的建设要随之同时进行，有新体制，同时必须有"新人"。只有加强人的建设，制度建设、体制建设和组织建设才能运作起来并发挥作用，舍此，后三种建设将会流于形式。

现实人的素质与社会主义市场经济内在本质要求还存在一定"距离差"，所以，加强人的塑造势在必行。首先是新经济体制建设先行与人的思想观念变革滞后的矛盾。社会主义市场经济体制是在人们的思想观念还未实现根本变革的情况下首先开始推行的，这明显表现出人的思想观念与社会主义市场经济本质要求的不适应性。社会主义市场经济要求重视个人的能力本位观念、开拓创新观念、自主观念、进取观念、竞争观念、平等观念、革新观念、法制观念、民主观念和责任观念等，但在现实生活中，权威观念、权位观念、特权观念、等级观念、依附观念、保守观念、平均观念、守旧观念和平庸观念等，在一些人头脑中不同程度地存在着。其次是新体制在客观上赋予某些人以一定的独立自主权与他们能力有限而难以行使其权力的矛盾。最后是新体制赋予从事经济活动的人在经济运营中以主体地位与他们的主体素养相对不高之间的矛盾。这些由社会现实呈现出来的矛盾告诫我们：必须加强人的塑造，力求使人的塑造和社会主义市场经济建设同步发展，否则，这些矛盾就会变成社会主义市场经济体制建设的障碍。

建立现代企业制度是建设社会主义市场经济体制的首要内容，而现代企业制度的建立要求人的发展做基础。建立现代企业制度必将使企业面临一系列前所未有的新课题。对这些新课题（如实行自主经营、自负盈亏等），仅仅通过经济手段未必能完全解决，还必须通过人的努力。离开人的发展来谈论现代企业制度创新，必将使其抽象化、理想化。建立现代企业制度旨在搞活企业经济，这不仅要求企业寻求自身发展的内在动力，从而要求企业对内具有自主经营、自负盈亏、自我发展的能力，而且要求企业对外具有适应市场变化的应变能力和竞争能力。而这些取决于发掘企业人的创造潜力及能力，提高人的精神状态，质言之，取决于企业人的塑造和发展。

社会主义市场经济体制建设中的任何一项政策、方案、措施的落实和实现都取决于人的素质。素质高的人，政策、方案、措施有漏洞会主动去补救，素质低的人，政策、方案、措施再完善也会想办法去钻空子。有法不依，有章不循，有令不行，固然有许多原因，但主要在于一些人的素质差。如转变政府职能之所以遇到一些困难，既与某些政府官员不愿放弃既得利益和陈旧思想观念有关，也与经营管理者素质差而无法行使下放的自主权（职能）有关。因此，要保障体制建设中一些政策、方案和措施的顺利落实和实现，必须加强人的塑造。

再次，在新旧体制转型期，人的转型尤为突出。

转型期，人的主观因素在人的实践活动中的作用日益突出。改革及市场经济体制的建立，必然引起社会状况的巨大变化，并对人的心理产生冲击，使人的心理发生动荡。人的心理变化往往滞后于社会变化，人们对这种变化感到不适应，因而对许多事情看不惯，以致产生浮躁、焦虑和抵触情绪，这便使主观因素的作用突出出来。人的主观因素既有积极作用又有消极作用，而发挥积极作用克服消极作用的有效办法，是注意正确选择人的实践活动的价值准则并以此为导向，矫正人的消极行为。可以说，每到社会历史转折关头，重估一切价值，选择和重建新的价值体系，并以此为导向加强人的塑造，总是必然地被提出来。

在社会转型期，社会历史的任务非常艰巨。社会历史任务越艰巨，千百万人积极参与这一任务的实现就越重要、越迫切。如果找不到发挥人民群众积极参与这一任务实现的有效途径，社会历史任务是难以顺利完成的。这就要求必须通过加强人的塑造，促使人们自觉主动地理解、参与和支持改革及市场经济体制建设，并在其中发挥创造作用。不仅如此，体制转型还要求现实人的生活方式和人格等在新体制建设中不断得到改造和转变，当人没有发生转变时，新体制是难以真正建立起来的。这里，体制转型的关键在于人的转型。然而，人的改造和转变在我国较为艰难，因为我国人口多，且大部分在农村，农民的小农意识和封建思想根深蒂固，文化素质相对较低。这正是向新体制过渡的障碍。为此，在新旧体制转型期，必须注重人的发展和塑造。

最后，近现代西方历史证明，商品经济发展要求以人的发展作为基础。

为了给新兴的资本主义商品经济发展提供新的文化价值基础，并反映其内在本质要求，文艺复兴时期的一些人文主义者在对自然界的关注中发现了"人"：他们以思想独立和精神自由的名义反对教会独断；以多才多艺、学识渊博和具有冒险精神的人，反对封建中世纪知识贫乏和循规蹈矩的人；以个人利益和人性的名义反对封建奴役和人性压抑；以人的自然性和人要成为"自然界的主人"的名义反对超自然势力；以人的理性名义反对盲目信仰。所有这些，其实质是人的主体精神和人的文化的复兴，是人的文化价值观的革命，是人的塑造，其目的在于为资本主义商品经济的建立提供人的基础。自文艺复兴以后，人的发展一直是西方思想文化发展的一个主题。培根的"知识就是力量"，启蒙时期的"自由、平等、博爱"，黑格尔的"人的自我创造"，马克思的"全面发展的人"，葛兰西的"人的塑造"，现代西方人本主义的"人的革命"和"新人的形成"等，一定意义上都是力图说明人的发展对资本主义商品经济发展的重要性。既然如此，在建设社会主义市场经济体制的同时加强人的塑造，亦是非常必要的。

二　社会主义市场经济体制建设对人的发展的影响

在分析人的发展对社会主义市场经济体制建设的重要意义之后，有必要再从另一个方面来分析社会主义市场经济体制建设对人的发展的影响。

这里，首先涉及一个前提问题，即市场经济的一般本质是什么。有人从经济学角度认为市场经济是资源配置的一种方式；有人从法学角度认为市场经济是法制经济；有人从社会学角度指出市场经济是生产的社会化。这些有代表性的看法在其特定意义上都有合理性。关键是要从哲学历史唯物主义高度来揭示市场经济的本质。从这一高度看，市场经济本质上是人的关系通过物的关系表现和实现，是通过物和物的关系来表现（实现）人和人的关系，它揭示的是人和物的关系。因为市场经济以追求经济效益和个人利益最大化为基本原则。在其中，市场经济机制及市场交换造成了人对物的社会关系的全面依赖，它使个人需要、个人能力、个人关系必须通过劳动产品的交换——表现在交换价值上来实现和确证，因而它必然使人的能力和社会关系通过物的能力和社会关系来实现和确证。社会主义市场经济作为一种形式的市场经济，某种意义上也具有这种本质。

从人和物的关系看社会主义市场经济对人的发展的影响，有积极和消极两个基本方面。

（一）社会主义市场经济对人的发展的积极影响

社会主义市场经济对人的发展的首要积极影响，是冲破旧体制中的人身依附关系，从经济关系上促进独立个人的形成。这里的"独立个人"，指的是在经济关系上具有独立人格的个人，或是具有独立自主性、自由自觉性、自立性、自律性、不可被取代性和自我意识的个人。这是通过以下几方面表现出来的。

第一，社会主义市场经济为个人主体地位的确立提供了经济形式。

新经济体制的确立，既具有经济学意义，又具有深刻的文化意义。从经济学角度看，它实质上是把企业从对政府的依附关系中解放出来，使企业走向市场，并成为经济运营的独立自主的主体。从文化角度讲，它实质上是把从事经济活动的个人从对指令性计划、行政命令和长官意志的依附关系中解放出来，使其走向市场，并成为经济运营的独立自主的主体。实际上，社会主义市场经济体制之所以在资源配置、提高效率、掌握信息和发挥生产者积极性等方面优于旧体制，从哲学高度看，首先在于主体及其地位不同。在旧体制下，社会经济运行的主体是政府，而不是企业和劳动者个人。与此不同，在市场经济体制下，经济运行的主体不只是政府，还有企业和劳动者个人。主体不同，其社会效果大不相同：前者使企业和劳动者个人处于依附地位，个人缺乏独立自主性，后者使企业和劳动者个人处于主体地位，个人具有一定的独立自主性。市场经济孕育出的独立自主性，有助于社会中独立个人的形成。

第二，社会主义市场经济为实现个人自由、人与人之间的平等提供一定的经济基础。

在旧体制中，由于个人在社会经济运行中不具有独立自主的主体地位，所以，个人自由受到限制，人与人之间存在着等级特权的不平等关系。在社会主义市场经济体制中，个人自由和人与人之间平等获得了历史性进步。市场经济离不开商品交换。要进行商品交换，两个商品持有者在处理自己商品方面必须有自由，他既有自由把自己的意志对象化到产品中去，又有自由处理自己的产品。要进行交换，交换双方彼此间无论在人格及实现个人劳动方面，还是在交换劳动量及遵循价值规律方面，都应当是平等的。所以马克思指出：自由和平等，既在交换行为中受到尊重，又以交换为现实基础。① 社会主义市场经济还将破除人与人之间的等级特权关系，给每个人提供一个自由和平等竞争的舞台。它使

---

① 参见《马克思恩格斯全集》第 46 卷(上)，197 页，北京，人民出版社，1979。

人在优胜劣汰规则面前一视同仁，因而使人意识到人与人之间具有平等的人格。市场经济孕育出的一定意义上的自由和平等意识升华为观念形态，要求个人树立自由、平等观念。这为独立个人的形成提供了前提。

第三，社会主义市场经济为个人能力发挥提供了舞台。

在旧体制中，由于个人缺乏独立自主的主体地位及一定的自由和平等，所以人的能力得不到充分发挥。社会主义市场经济体制的确立，使劳动者个人成为具有一定独立自主性的主体，这必然促使人凭其能力从事经济活动，参与市场竞争，获得经济选择的自由并发展自己。市场经济体制所给予个人的一定自由和平等，为个人能力的充分发挥提供了前提条件。因为个人只有在具有一定自由和平等的情况下，才能充分发挥其能力。市场经济的优胜劣汰的平等竞争原则，追求利益最大化的效益原则，也促使个人在市场经济中必须充分发挥其能力。市场经济虽有一只看不见的手（价值规律）在支配人们的命运，但人们通过市场经济的培育和锻炼，可以提高从这种支配中摆脱出来进而掌握自己命运的能力，以使人逐渐走向自立，而只有当人能自立的时候，才能成为独立的个人。马克思指出："任何一个存在物只有当它用自己的双脚站立的时候，才认为自己是独立的。"①

第四，社会主义市场经济有助于在个人身上实现自主选择和承担责任的统一。

在旧体制中，由于个人没有独立自主的主体地位，缺乏一定的自由、平等及选择经济活动的能力，所以，他不能独立自主地进行选择，也缺乏责任意识。在社会主义市场经济中，从事经济活动的个人具有一定的独立自主的主体地位及经济自由，并且也比较注重其能力的提高，所以，他使人不仅有自主选择的权利和能力，而且要求选择者对其行为后果负责，即使人的活动达到一定的自律性或自觉性。一定的自律性或自觉性，是形成独立个人的条件。因为自律或自觉意味着个人自觉支配

---

① 《马克思恩格斯全集》第 42 卷，129 页，北京，人民出版社，1979。

和约束其活动，而只有当个人自觉支配和约束其活动时，他才是独立的。

第五，社会主义市场经济改变着适应于旧体制的旧观念，唤醒个人主体自我意识。

社会主义市场经济使个人由依附走向独立，使人们对待外部世界及人自己的态度发生了根本变化。与此相应，也必然使原来适应于旧体制的旧观念发生变化。其中主要有：权位观念向能力观念转变；个人依附观念向个人独立自主观念转变；自给自足观念向开拓创新观念转变；等级特权观念向平等民主观念转变；守旧保守观念向革新进取观念转变；平均观念向竞争观念转变；一元观念向多维观念转变；小农观念向交往观念转变，如此等等。这些转变意味着个人主体自我意识的觉醒，而这种觉醒有助于独立个人的形成。

市场经济领域孕育出的独立自主、自由、平等、能力、选择与责任的统一和主体自我意识，升华为哲学观念，将会对整个社会中独立个人的形成有重要影响。独立个人的真正形成，将使个人的发展方式发生历史性变化，它使个人在冲破"人身依附"，实现其主体地位、自主、自由、平等、能力发挥、选择、创造、目的和价值等方面迈出关键的一步，而这对我国市场经济体制建设、文化建设及社会发展，具有重大的作用。

(二)社会主义市场经济对人的发展的消极影响

在社会生产力落后的我国，社会经济发展首要解决的问题，就是创造人的社会物质生活条件和社会物质财富，为社会主义建设提供强大的物质基础。这一任务目前是通过建立社会主义市场经济体制逐步实现的。市场经济离不开商品生产和商品交换。在其中，每个人的生产依赖于其他一切人的生产，依赖于生产者相互间的社会关系，个人的活动及产品只有先通过交换转换为交换价值的形式，转化为货币，才能通过这种物的方式取得和实现自己的社会权利。因为只有在交换价值和货币上，在社会关系上，每个人的活动及产品的价值才能得到表现、实现和确证。这种人的生产活动及产品的社会性表明：首先，个人只能在社会关系中进行生产；其次，他们的私人生产只有通过交换价值和货币被社会所接受，才能转化为社会生产的一部分，才能实现自身，所以，个人从属于存在于他们之外的社会生产；再次，活动及物质产品的普遍交换，已成为劳动者个人的生存和发展的方式、条件；最后，无论是人的活动及其产品，还是交换价值及货币，抑或是生产者相互间形成的社会关系，都表现为物的东西，表现为物的社会性离开人而独立，表现为人从属于不以个人为转移而独立存在的物化的社会关系，质言之，表现为人对物的依赖。正如马克思所说的，劳动及产品只要通过交换表现为商品，就必然带有物化的性质，进而必然产生人对物的依赖关系。① 社会主义市场经济概莫能外，只是程度和表现方式及性质不同而已。物的依赖的出现，虽然对打破旧体制中的人身依附关系及建立个人能力、个人关系的普遍性有积极作用，但它在一定意义上又意味着人受物的支配，意味着物对个人发展来说是一种异己的东西，意味着个人的存在和发展要通过物的存在和发展来表现、实现和确证，从而意味着人的某种个性被否定。这正是市场经济对个人发展所产生的最大消极影响。正是这种最大消极影响又诱发出在商品经济社会里都存在的其他一些消极影响。

首先是拜金主义。在市场经济体制建设中，货币（金钱）作为固定充当一般等价物的商品，直接体现为物化的社会劳动，是价值及交换价值的一般代表。由此它可以购买任何其他商品，可以无差别地同一切活动、产品和关系相交换。于是，谁拥有它，就等于拥有一种社会权力，就可以凭这种权力占有他所需要的东西。货币的作用还表现在商品交换和商品流通中，具有价值尺度、流通手段、支付手段和世界货币几种职能。这就决定它在市场经济中的作用（魔力）越来越大，同时也会使具有金钱欲的人把货币的力量看得如此神秘，以至于产生货币拜物教或拜金主义。这里，拜金主义的实质在于，在商品世界里，由于人与人的关系

---

① 参见《马克思恩格斯全集》第 23 卷，89 页，北京，人民出版社，1979。

转化成物与物的关系，从而使货币这种"物"获得了一种支配人的神秘性质。

其次是个人利己主义。社会主义市场经济也注重利益驱动。追求交换价值中的利益最大化，是生产者进行生产的基本动机。这种追求表现在交换领域，必然使交换双方追求互利，即对方所能给我带来的利益（对我的有用性），至于对方作为"人"的其他方面并不予以重视。同时，交换双方的利益是独立和分离的，双方为追求更高的交换价值，便展开竞争。这种情况往往由于人对物的依赖而使人与人之间漠不关心，他们所关心的只是自己的利益，个人利己主义便由此萌生。如果交换行为失去规范，利己主义就有可能泛滥。

再次是个人片面发展。社会主义市场经济建设的目标之一，是追求经济效率。在追求效率过程中，在一定历史时期，由于人的存在和发展对物的依赖性，也由于在生产中会把每一个生产者放到商品交换结成的整个社会关系中，使他必须在这种关系中活动，受这种关系支配，并把获取社会物质生活条件或物质财富当作目的，所以，在目前人还缺乏驾驭、支配物的能力的情况下，往往使人通过充当获取经济利润的工具来片面发展自己，也往往使人关注对物的需求，而忽视自己本身的能力、个性和创造精神的全面发展。在有些人那里，这种片面发展表现为物欲横流，贪欲膨胀。

最后是由于价值规律和竞争法则的运作，使一些人的发展以牺牲另一些人的发展为代价。

社会主义市场经济对人发展所产生的正负两方面的效应，有内在的关系。这就是：个人的独立以人对物的依赖为代价。因为只有把旧体制中的"人身依附"转变为市场经济体制中对"物的依赖"，才能使个人从"人身依附"的束缚中解放出来，才能使个人获得主体自我意识的觉醒，从而使个人获得人格上的某种独立。这是社会主义市场经济发展过程中的一个带有规律性的现象。

如何看待这种现象呢？从社会主义市场经济的历史发展过程来看，

这是一种历史的必然，而且它对社会经济发展也起着一定推动作用。在旧体制下，物支配人的现象虽不会发生，但个人和社会得以发展的物质基础却难以解决。社会主义市场经济的首要目的，便是解决这一问题。在一定历史时期，在解决"物质基础"这一过程中会出现某种物支配人的现象，使个人发展呈现出两重性（个人获得经济关系上的某种主体地位、自由、平等和自立，因而人格获得了某种确立，同时又必须通过物的社会关系来表现、实现和确证自己，因而在个人的个性上又使个人丧失独立个性），而这双重性本质上根源于市场经济中人和物的关系。但社会主义不同于资本主义的地方，就在于它力图为克服物支配人进而为个人真正成为有独立个性个人创造条件。现在的问题是：究竟如何才能把物支配人及其由此产生的消极影响限制到最低限度？如何使个人在社会主义市场经济体制建设中得到自由而全面的发展？根据人是社会主义市场经济体制建设的主体这一原理，我认为解决这两个问题的一种最有效办法，是针对社会现实生活中存在的问题，全面加强人的塑造。

三　人的塑造的基本目标及方式

（一）人的塑造的基本目标

人的塑造是针对社会主义市场经济对人的发展的正负影响及人的现实存在状况而提出的，因此，总的来讲，人的塑造的一般含义有三个基本方面：一是根据社会主义市场经济的内在本质要求改变旧体制中的人，实现由旧人向新人的转变（简称"改变人"）；二是围绕市场经济在个人发展方面孕育出的积极要求培育人，把这些要求（如独立自主等）升华为人们的普遍意识和观念，实现由现代人对传统人的扬弃（简称"培育人"）；三是针对市场经济对人的发展的消极影响（人对物的依赖）改造人，使人从对物的过分依赖中解放出来，实现由片面（病态）的人向全面（健全）的人转变（简称"改造人"）。

无论是改变人，还是培育人，或是改造人，都涉及人的素质，因而人的塑造也可以具体化为人的整体素质的培育和塑造。社会主义市场经济体制建设最终是为了人，它内在预设了人的发展目标。在旧体制中，人的存在的基本特征，是人身依附，缺乏独创的个性。在当今社会转型期，人也在转型，其基本特征是人格的分离和价值观的困窘，人成为"无所遵循"的人。为此，必须实现人的转型。那么，人如何在塑造中实现转型？应塑造成什么样的人？与社会主义市场经济内在本质要求相适应的人应具备哪些基本素质？这是人的塑造问题上的难点和重点。我以为在方法论上至少要依据以下几个因素：第一，正确反映现代市场经济的内在本质要求及现代品格；第二，必须考虑社会主义的价值观原则；第三，在人的塑造中，既要充分继承与吸纳中国传统文化中的积极因素，又要有效避免西方现代化过程中人的发展所付出的代价（如人的扭曲、人的异化等）；第四，要弄清人有哪些基本素质。要弄清人有哪些基本素质，一个重要方法，是弄清人之为"人"的基本特征。一般来说，对"人"可从四方面加以理解：人的需求及利益，人的实践活动，人的社会关系，人的个性。之所以如此，根据在于马克思所概括的一个根本事实：人首先必须吃喝穿住，即人的需求的满足（需要是人的内在本性），满足人的需求的基本手段是物质生产劳动（生产劳动是人和动物的第一区别），人的生产劳动只能在一定的社会关系中进行（在其现实性上，人的本质是一切社会关系的总和），一定的社会关系形成人的一定个性（正是个性把不同个人区别开来）。与此相关，人的素质大致包含如下几方面的基本内容：反映人的需求及利益的价值观念，与人的生产劳动（实践活动）相关的能力水平，与人和人的社会关系相关的道德品质，与人的个性相关的精神状态、社会心理（性格）和思维方式。这几方面的基本内容构成人的整体素质，这样，人的整体素质的全面培育和塑造，即人的塑造的完整的基本内容或具体目标（把人塑造成什么样的人），具体可从以下六方面入手加以考察。

　　以确立正确的价值观念引导人，是人的塑造的第一个基本内容。价值观念形成的基础是人的需求及利益，其实质是人的需求及利益的内化。价值观念对人的行为具有重要作用：它使人追求一定的价值目标，从而使人的行为具有明确的方向、倾向和重点，使人的生活方式和行为方式具有一定的指向性；它通过价值目标和价值追求（包含对主体利益的追求），激发人的热情和精神，鼓舞和推动着人的行动，因而它是人的行为的巨大动力；它包含的价值标准、价值规范、价值尺度具有权衡利弊得失善恶美丑的作用，由此影响人的态度；它对人自身的观念、行为和社会实践有重要的调节作用；它所包含的价值信念、价值信仰和价值理想，又是人的生活和行为的精神支柱。人们具有不同的价值观念，便会有不同的行为方向、行为倾向、行为态度、行为方式和行为状态，所以，人的价值观念是人的素质的一个根本内容（即观念素质）。目前，在社会主义市场经济体制建设过程中，某些人推崇拜金主义、利己主义和享乐主义价值观念，片面追求物质享受和个人利益，给自己和社会带来许多危害。这样，确立正确的价值观念，应成为人的塑造的核心内容。确立正确的价值观念，在方法论上，是正确对待个人和集体、创造和索取（个人和社会）、人和物三方面的关系（这三方面的关系，是价值取向问题上所面临的最基本、最主要的关系，价值取向问题上的争论，大都是围绕这三个关系展开的），从中确立一种既有利于协调这三方面的关系，又反映社会主义市场经济和现代化发展的内在本质要求，也为大多数人共同接受的核心价值。从哲学高度看，我认为，这种价值观念是以人的能力正确发挥为本位（简称"能力本位"）。第一，以人的能力正确发挥为价值取向，有利于协调个人和集体、创造和索取、人和物三方面的关系。集体的最大功能在于使每个人能力得到正确发挥，集中每个人的力量干一个人无法干的事，而个人对集体的贡献首要依赖于他的能力，所以协调个人和集体的关系首先要正确发挥人的能力。个人对社会的创造首先依靠其能力，而个人从社会中索取的份额，应取决于他的能力及贡献的大小，这里，协调创造和索取的关系，首先在于正确对待和充分发挥人的能力。社会物质财富是人的能力对象化的产物，因而人的能力是最大的、真正的社会物质财富，这里，如何在物质财富背后的深层揭示出人的能力的本质，是正确对待人和物的关系的关键。第二，平等竞争是社会主义市场经济的基本原则，而市场竞争本质上要求充分正确发挥人的能力。第三，把能力本位作为社会主义市场经济条件下人的价值取向，既能弱化市场经济建设过程中出现的钱本位观念及物的依赖现象，同时有助于引导人们克服官僚主义及利己主义、享乐主义，减少负效应，还有益于人们真正尊重知识、尊重人才。第四，马克思及现代西方一些思想家针对资本主义社会人对物的过分崇拜（商品拜物教、货币拜物教、资本拜物教）的消极危害，明确主张把人的创造能力作为人的主导价值取向。在现代发达国家，人的能力全面发展的价值观念正在提高，而对物质方面的兴趣趋于淡薄。这种情形反映了现代文化价值观发展的主要趋势，也说明人的能力价值高于其他价值。对此，我们应加以借鉴。第五，人的能力还是人的生存、人的发展、人的自由、人的主体性、人对社会的创造和贡献、人的价值和人的成功的主要前提和基础，离开人的能力，它们都是无法实现的。第六，把人的能力正确发挥作为人们的价值取向，国民大都可以接受，也是国家和社会力求倡导的。因为人们比较注重其能力的发挥，这种发挥既利于个人，又利于集体、社会和国家的发展。以"能力本位"为取向的价值观念，指的是与社会主义市场经济内在本质要求相适合的人的现代价值观，应建立在注重人的能力全面而充分正确发挥这一基础之上，人的一切活动、一切关系和一切追求都要围绕如何正确发挥人的能力服务。这里的"能力"，主要包括人的创造能力、专业技术能力、合理交往能力、实践操作能力和相互合作能力等。能力本位，不是片面推崇个人自我而忽视德行，而是要求人应充分正确发挥其创造能力，应注重挖掘其潜力，提高和合理使用其能力，避免人才浪费，为社会多做贡献，因而它在本质上与集体主义是一致的。以往，我们的旧体制对人的能力是不够重视的，现在搞市场经济，应把这一问题突出出来。为此，我们应把人塑造成以"能力本位"为价值取向的人。

以全面提高和充分正确发挥人的能力水平发展人，是人的塑造的第二个基本内容。上一内容着眼于对人的活动（行为）方向和目标的引导、激励、权衡和调节，它强调"应该"以人的能力正确发挥为价值取向。这一内容则着眼于人从事驾驭和掌握实践活动的本领，它强调"如何现实地"提高和发挥人的能力。"人的能力水平"表明人能否有效顺利地完成某一项实践活动，换言之，一定实践活动中的个人能力反映和体现着他的素质（能力素质）。我们平时评价某人素质高低，其中之一指的是他的能力水平的高低。从当前看，提高和充分正确发挥人的能力水平，使人成为能力全面发展的人，是人的塑造的一个不可忽视的重要内容。社会主义市场经济体制和现代化建设对人的能力提出了较高要求。然而在现实生活中，有些人不去自觉主动地提高和充分正确发挥其能力，有些人的能力得不到合理的使用和发挥，有些人只片面地发展其能力。这样，全面提高和充分正确发挥人的能力的任务是非常艰巨的。提高和全面正确发挥人的能力的内在要求是：在战略上，视人的能力充分发挥为最大社会财富和生产力，为个人之最高价值，为社会主义市场经济建设体制的重要内容，因而应努力建立一个使人的能力得到充分发挥的社会环境；实行合理分工、人才合理流动和平等竞争的机制，使人各尽所能，人尽其才、人尽其用；制定政策，有效开发人力资源，变我国的人口负担为人口优势，变人口阻力为人口动力，变人口多为社会宝贵的财富和资源；在一定条件下，要敢于起用能人；全面提高人的科学文化素质，注重由偏才的人向通才的人发展，其目标是把人塑造成为能力充分而全面发展的人。

以培养人的高尚的道德品质完善人，是人的塑造的第三个基本内容。人的道德品质作为人的素质之一（道德素质），是显而易见的，平常我们说到一个人的素质，往往着重指的是道德品质。培养人的高尚的道德品质，在人的塑造中具有重要的地位。从理论上讲，它着眼于人遵循活动准则的倾向和特征，因而有助于人在遵守社会秩序和伦理规范中达到自我完善，以更好地"做人"。从社会主义市场经济体制建设现实来看，道德出现了某种历史进步和历史退步两种现象：从"人身依附"走向个人的某种独立，个人成了道德的一个主体，用历史眼光看个人的这种发展，无疑是一种历史进步；但在走向"独立个人"的历史过程中，会以淳朴的集体主义道德的某种丧失和失落为代价，这种代价一定意义上会给社会带来痛苦和灾难，用静止的眼光看，无疑又是一种历史退步。思考这两种现象的关键，在于是孤立地、片面地、静止地看这种历史退步，还是同"独立个人"的形成联系起来，全面地、历史地看这种退步。如果是前者，就会做出道德滑坡的结论，如果是后者，就会看到任何一种进步都是以某种退步为代价的，因而不必为道德的某种必然失落一味感到痛苦。当然，对某种人为失误而造成的这种失落的扩大化，则是必须加以警惕的。在这里，培养人的高尚的道德品质是非常必要的。具体来说，道德应具有批判功能，它针对市场经济体制建设过程中出现的消极思想和行为，提出一些与此相对立的道德规范来矫正和规范它，如用集体主义、为人民服务的思想及传统美德(仁义礼智信的一般精神实质)来矫正、规范人的利己主义、享乐主义及对社会不负责任的行为等。这里，集体主义道德或传统美德的矫正、规范即批判功能，在市场经济中更为加强了，作用更大了。道德还应具有建设功能，它体现在市场经济对个人发展的内在要求的肯定、尊重、维护、倡导和发展上。比如，市场经济内在要求把独立的个人作为道德主体，要求个人具有自主、自立、自信、自强、自尊、自律的意识和能力，并承担相应的义务和责任，要求尊重个人的正当利益、自由、平等、个性和能力，为此，道德建设要把这些要求作为自己的内容，尤其要把"独立个人"的形成作为自己的基本内容。这里，具有独立的道德人格和承担道德责任是非常重要的。我们现在所缺乏的正是这一点，而西方思想家则非常注重这一点。由此，要培养人的道德品质，就要从道德的批判和建设两方面考虑：既要从克服和超越市场经济对个人发展的消极影响着眼，加强集体主义、为人民服务思想道德及传统美德的教育，使病态人格的人成为健全人格的人；又要从反映和维护市场经济对个人发展的积极要求入手，倡导和弘扬社会主义人道主义，促进独立个人的形成，使个人的依附性向个人的独立性转变。这两方面互相制约，缺一不可（人们往往把道德的批判方面和建设方面对立起来，要么只强调集体主义，要么只注重独立人格，这是不全面的），其实质是把个人塑造成既具有独立人格又坚持集体主义道德和传统美德的人。

以追求具有良好的精神状态激励人，是人的塑造的第四个基本内容。人的良好精神状态，指的是个人具有从事活动的激情、热情、意志及积极进取的主体性精神。这里的"主体性"，指的是人的能动性、自主性、主动性、自觉性和创造性等。马克思指出："激情、热情是人强烈追求自己对象的本质力量。"爱因斯坦强调：对一个人来说，钢铁般的意志比智慧和博学更重要。这表明：人的激情、热情和意志等，对人的活动有强烈影响，并关系到活动的效果，因而它是人的素质中不可忽视的一个内容（精神素质）。实际上，如果一个人具有从事某项工作的观念素质、能力素质和道德素质，但缺乏精神素质（激情、热情、意志、进取精神和积极性），他同样是做不好这项工作的。就当前看，确立个人在市场经济体制中的主体地位，使其具有良好的精神状态，对人的塑造至关重要。时下，之所以出现社会不正之风、行业不正之风、工作不负责任、腐败及企业缺乏活力等消极现象，固然有许多原因，但也与人在活动中缺乏主体积极性有关，与人的消极、惰性的精神状态有关。因此，如果不培养人的良好精神状态，势必影响人和社会的发展，影响市场经济体制建设。具备良好的精神状态，意味着要努力确立劳动者个人在市场经济体制建设中的主体地位，避免把劳动者个人只看作劳动力和生产资源，要重塑民族精神、集体精神、企业精神、职业精神和主人翁精神，把人的内在激情、主体性和积极性充分发挥出来，把人塑造成为有进取精神的人。

以完善人的社会心理（社会性格）健全人，是人的塑造的第五个基本内容。这里的社会心理，指的是同一文化——社会情境中社会绝大多数人所共同具有的心理定式和社会性格，它着眼于人的社会活动的心理倾向和心理特征。人的活动及行为方式受社会心理支配，社会心理状况影响着人的活动的社会效果，并制约着人的发展。所以，社会心理是人的一个重要素质（心理素质）。从人性一般来说，人的社会心理（包括社会性格）有两种基本倾向：独立自主、能动创造与依附、为我占有（弗洛姆通过方方面面的考察研究，认为这两种社会性格具有根本性、一般性）。前者指人与他人、社会、外部世界的关系是一种主动给予关系，个人自我具有独立自主性和自立性，并自觉承担责任；后者指人与他人、社会、外部世界的关系是一种依附、据为己有的关系，在这种关系中，个人自我缺乏独立自主、自立和自觉自律及能动创造性，一味依附别人，缺乏责任感，试图依靠不合理手段把身外的一切对象都变成我的占有物。这两种社会性格或社会心理在我国现实生活中都有表现。确有一些人（尤其是英雄、先进模范人物和积极分子等）为社会创造性地工作，有社会责任感，但也不乏一些人有严重的依附、占有心理。这集中表现在现实生活中，存在如下三种较为普遍的社会心理：利用"人情攻势"向一切领域渗透，以达到不正当的目的；盲目附和别人，缺乏独立的思维、分析和判断意识；缺乏平等竞争、敢为天下先的个性心理，尤其是"人情攻势"更为普遍。由于一些人缺乏独立自主、自立的意识和能力，所以往往事先通过"人情"来拉关系，而且使"人情攻势"渗透到经济、政治及社会生活各领域，利用人情办事。由此便使社会生活中出现许多行贿受贿、走后门、以权谋私和不平等现象。从总结历史经验的角度看，我国社会经济发展缓慢的一个重要原因，在于传统文化抑制人的独创个性，而西方发达国家经济发展的主要原因之一，在于西方文化倡导人的独创个性。因此，我们必须从根本上改变人的不健全的社会心理或社会性格，把改造人的依附（靠人情）、占有的病态性格和塑造人的独立自主、能动创造的健康性格（个性）作为人的塑造的一个基本内容。为此，我们要认识到现阶段人的社会心理或社会性格的缺陷及原因，同时找出克服这种缺陷的办法，把人塑造成具有独立自主和能动创造的社会性格的人。

以改变人的思维方式培养人，是人的塑造的最后一个内容。思维方式主要着眼于人的思维活动的思路。人的思维方式对人的活动有重要影响，思维方式不同，人的行为方式会有所不同，其认识和行为的结果也会有所不同。所以，人的思维方式也是人的一种素质（思维素质），就目前来看，变革人的思维方式，对人的塑造有重要意义。在现实生活中，感性思维方式和教条主义式演绎思维方式支配着许多人的头脑。一些人要么只局限于感性直觉，感官享受、感觉判断，被事物表面现象所迷惑，认识不到事物本质，因而往往跟着感觉走，凭感觉经验办事（小农思维方式便是如此）；要么从既定的前提出发推出事实和结论，从不敢超越这一前提，前提是既定的，结论也是既定的，人们只能在这种既定的模式中思维。这两种思维方式限制和影响人的独立自主性和主动创造个性的充分发挥，久而久之，易使人们走向经验主义和教条主义的主观主义泥坑。社会主义市场经济和现代化建设需要具有理性思维的人。近代西方商品经济发展的历史证明，搞商品经济的人，必须具有理性，由此理性成了近代西方文化的一个主题。因此，在人的塑造中，应注重对人的思维方式的改造，既要树立健康的、完善的理性思维方式（对事物进行批判的理性思考、理性分析和理性判断，透过表面现象和感觉经验认识事物的本质，以为人的存在和发展服务），克服感情用事、主观臆断和盲目信仰，又要坚持归纳思维和演绎思维的统一，把人塑造成具有健康理性思维的人。

（二）人的塑造的方式

人的塑造是一项复杂而艰巨的系统工程，需要国家、各社会组织和每个人的共同努力。尤其是各社会组织，要力图为人的塑造提供合理的机制和措施。社会组织可采取以下必要的市场机制及有效措施对人进行塑造。一是建立压力机制，使人必须注重自身的塑造，以压力的方式鞭策人。人是有一定惰性的，因而需要施加一定的强制力量推动其前进。其主要办法有：实行平等竞争（通过平等竞争，可以在相当广阔的范围内培养人的进取精神、独创性格和独立思维，可以促进人们提高能力水平和道德觉悟）；使人必须承担一定的社会责任，实行目标化管理；给人施加重担等，使人感到不注重自身塑造不行。二是建立动力机制，使人愿意自觉或积极地加强自身塑造，以动力的方式鼓励人。其主要措施有：使人对其活动享有必要的独立自主权；真正贯彻“各尽所能、按劳分配”的原则；尊重人、关心人，充分发挥人的个性、能力和创造性；实现其价值；实行民主管理，真正尊重人的主人翁地位，使人感到注重自身塑造的意义。三是建立助力机制，使人能顺利有效地进行自身塑造，以助力的方式促动人。主要办法有：使人“有用武之地，无后顾之忧”，既为发挥人的聪明才智提供舞台和场所，又要解决人们的生活福利，减轻人们的生活负担，坚持社会公正原则，重视解决分配领域中存在的不公正问题；坚决惩治腐败，反对官僚主义。四是建立约束力机制，使人应该加强自身塑造，以约束的方式引导人。其主要措施有：制定硬性规章制度，采取硬性措施，使人必须执行，对不执行者实行硬性教育。当然，这里给出的只是一些具有普遍性的一般方法，具体情况还要具体分析。另外，每个人尤其是商人、企业人等经济人，应根据社会主义市场经济和现代化建设的本质要求，自觉主动地进行自我塑造，以适应社会的需要。

四 把尊重人和关心人的原则贯彻到市场经济体制建设的基本环节之中

人的塑造的迫切重要性，要求我们克服市场经济体制建设中只见纲领、方案、计划、措施不见人，以及只见物不见人的倾向，把“人的原则”具体贯彻到社会主义市场经济建设的基本环节中去，处理好社会主义经济体制建设和人的塑造的关系。所谓“人的原则”，指的是把人看作一切活动、一切关系的主体、基础、前提、动力和目的的基本思想，它内在地要求尊重人、关心人。

首先，在搞活经济时注重活跃"人"。

经济建设是全党工作的中心，其首要任务是搞活经济。在一定意义上可以说，经济活力来自人的活力。因此，在搞活经济时必须注重活跃人。

在创造社会财富过程中要注重"人的财富"。财富有两种基本存在形态：物质财富和人的财富。后者主要指人的创造天赋、能力和精神等。就二者关系而言，物质财富是人创造的，因而人的财富更根本。马克思指出："我们的能力是我们唯一的原始财富"①；"真正的财富就是所有个人的发达的生产力"②。这样，我们就必须透过财富的"物的"形态的外观，看到财富的"人的"形态和人的本源（本质），把人本身看作最大财富，必须注重本身的财富，注重研究如何丰富人的财富。然而在现实生活中，人们往往注重物质财富而忽视人本身的财富。

在注重生产的效率化的同时注重生产的"人道化"。人是生产的主体，使生产人道化，有利于调动人的生产积极性，从而有助于提高生产效率。生产的人道化集中表现在原则上重视和满足人们的非经济需要：改善劳动环境和条件，解决人们的劳动福利和后顾之忧；职工个人的主人翁地位和作用得到尊重；实行民主管理，解决生产领域中的不公平；尊重个人的目标和价值，充分发挥和合理使用每个人的能力，等等。其实质，是不能把人仅仅当作获取利润的工具，而应把生产当作直接满足人的非经济需要和个人自我实现的手段。实际上，重视这些需要，并在制度、体制和组织上为满足这些需要提供条件，是经济发展的重要前提。为此，我们必须努力做到：决策过程民主化；生产经营管理中以人为中心，实行能力主义管理。"能力主义管理"，指的是把充分发挥每个人的能力作为经营管理的中心和宗旨。

在开发资源时注重开发"人力资源"。有效开发、配置和利用人力资源（体力、智力、知识、技能、精神及潜能），对国民经济发展具有十分

---

① 《马克思恩格斯全集》第 49 卷，120 页，北京，人民出版社，1982。
② 《马克思恩格斯全集》第 46 卷（下），222 页，北京，人民出版社，1980。

重要的作用：首先，人力资源是自然资源得以开发、利用和发挥作用的根本条件；其次，国民经济增长和发展的主要潜力在于人力资源方面，因为不仅增加高质量的人力投入比增加物力投入取得的收益更大，而且知识的进展、技能的提高是经济增长的主要因素。世界上有些地区虽然自然资源较为丰富，但由于忽视人力资源的有效开发，因此便成为不发达地区。相反，有些国家自然资源贫乏，但却注重人力资源的开发，因而经济获得长足的进步(如日本)；再次，有效开发人力资源有利于在经济竞争中取胜；最后，开发人力资源是我国一项带有根本性的战略任务。我国是世界上人口大国，人力资源开发得如何，直接制约着经济发展。世界银行在对中国进行全面考察之后指出：在今后几十年内保持快速增长，对中国来说将是一项艰巨复杂的任务，中国的经济前景将取决于成功地调动和有效地使用一切资源，特别是人力资源，否则，众多的人口将成为一种沉重包袱。既然如此，我们在开发资源时，要注重有效开发和使用人力资源。

其次，在建立现代企业制度的同时注重塑造"现代企业人"。

在组织的经营管理中要注重"以人为中心的管理"。现代企业组织管理，正经历一个从过去着重行政控制和物质刺激的"刚性"管理，转向现代着重行为控制和能力激励的"人的"管理的发展过程，这种转变旨在克服旧的管理方式的"见物不见人"的缺陷，把人看作企业的主体和灵魂。在建立科学的组织管理制度过程中，借鉴发达国家成功的管理经验，根据我国国情，形成我国以人为中心的现代企业管理方式，势在必行。实行"人的管理"，就对我们提出了以下要求。第一，把"人的塑造"作为企业思想政治工作和经济工作的结合点。建立现代企业制度，使企业的思想政治工作面临着如何同经济建设结合这一新课题。解决这一课题的关键，在于把思想政治工作的重心放在"人的塑造"上，以人为尺度和中心，理解人、尊重人、关心人，充分提高和发挥每个人的能力和个性，全面提高和培养人的整体素质。这样必会激发职工的潜能、能力和积极性，为经济建设提供人的基础，从而促进企业经济发展。这样的话，就会出现企业各部门对人的建设齐抓共管的新局面，从而克服过去企业思想政治工作和经济工作"两张皮"的现象。实际上，在企业思想政治工作中注重人的塑造，就是要从人的价值观念、能力水平、道德品质、精神状态、社会心理和思维方式中，寻找企业发展的动力源和启动器。第二，在对职工个人的理解上，不能仅把职工看作被动的劳动者（"经济人"），还要看作"人"（"价值人"），看作一切活动（包括自我活动）的主体（"能动人"），充分发挥企业职工的主人翁精神。第三，注重培养和正确使用人才。第四，尊重、关心和平等对待每一个企业职工，创造一种使职工感到温暖和谐、能力得到充分发挥的企业环境。

在理顺产权关系时注重协调"国家、经营者和职工个人关系"，以有利于人的能力的充分发挥。产权关系是所有制的实现形式。在马克思看来，所有制可从其主体本质和客体本质两方面考察。所有制的客体本质，指的是人对客观存在物主要是生产资料的占有（所有）方式；所有制的主体本质，是指劳动及劳动者与生产资料的结合方式。这二者的合理关系应是：生产资料所有制形式应利于劳动者和生产资料的直接结合，从而适合和促进劳动者能力的充分发挥。因此，这二者的关系体现着所有制形式对人的能力发展的关系。[①] 根据这一思想，我们在进行产权关系改革时，必须把建立一种既保证劳动者的主体地位，又促进劳动者能力及积极性充分发挥的新型产权关系作为目标，把是否有利于劳动者能力及积极性充分发挥作为衡量产权关系是否合理的尺度。由此，我们必须使产权关系人格化，建立生产资料劳动者所有的合理实现形式，并且处理好产权关系背后的国家、经营者和劳动者的利益关系及其他经济关系。离开人的能力及积极性的充分发挥，离开处理好国家、经营者和劳动者的关系，产权关系的改革是难以成功的。

在赋予企业以独立自主权的同时要注意促使"独立个人"的形成。建立现代企业制度，其经济目标是提高劳动生产率和经济效益，其社会目

[①] 参见《马克思恩格斯全集》第 1 卷，26、73 页，北京，人民出版社，1956；《马克思恩格斯全集》第 46 卷（下），105 页，北京，人民出版社，1980。

标是协调好国家、企业和劳动者个人的关系，其文化价值目标，则是要求并促使独立个人的形成。独立个人的形成对确立企业的独立主体的地位具有重要作用。如果没有劳动者个人在思想和人格上的独立，经营者要在经济运行中行使自主权是比较困难的。经营者个人缺乏独立自主的人格、思想和能力，他就难以真正行使独立自主权，企业也难以真正走向市场。劳动者个人没有独立自主性，企业只不过是一个无人负责的软预算约束的生产组织。因为企业的独立自主性归根结底来自劳动者和经营者个人的独立自主性。目前使企业走向市场的一大障碍，就是劳动者和经营者个人没有真正达到独立自主。因此，我们在建立自主经营、自负盈亏的企业经营机制时，要注重独立人格的培养，促进独立个人的形成。

在转变政府职能和企业经营机制并建立健全宏观调控体系的过程中，注重确立"劳动者个人的主体性"。建立现代企业制度，转变政府职能，转换企业经营机制，健全宏观调控体系，其实质是重塑国家主体性和企业主体性，建立科学的组织管理制度和合理的个人分配制度，实质上是激发劳动者个人的主体性。只有当政府和企业不干涉劳动者个人所应所能从事的活动，承担单个人所不应所不能从事的活动，并为劳动者个人发展提供条件，质言之，只有当国家和企业正确发挥其主体性的时候，劳动者个人的主体性才有可能确立并得以正确发挥。同时，劳动者个人主体性的确立和正确发挥，又是国家和企业的主体得以确立和发挥的前提和基础，因为只有劳动者个人具有独立自主性，国家和企业的主体性才能真正得到落实和实现。如果劳动者个人仍然依附于企业和国家，那么，国家和企业的主体性只能陷于抽象。这里，确立劳动者个人的主体性是非常重要的。

再次，在进行物质利益驱动时注重"人的主体性驱动及健全人格的培养"。

物质利益驱动，是社会主义市场经济的一个基本原则，它主要通过物质利益的刺激来调动个人积极性。在基本观点上，"物质利益驱动"实质上是把人看作被管理和组织的客体，而不是看作主体。把这一观点及原则夸大化、绝对化和唯一化，容易出现两种片面倾向：一是忽视对个人进行主体性激励的重要性，二是刺激人的物欲和贪欲，忽视人的全面发展和整体素质的提高。所以，在对人进行物质利益驱动的同时，既要注意人的整体素质的提高及健全人格的培养，又要注重对人进行"主体性激励"。所谓主体性激励，就是把人看作自己一切活动的独立主体，在一定意义上，就是鼓励人通过自己的主体能动活动，充分发挥其个性、能力和创造性，实现其价值，决定自己的前途和命运，而不是把自己的一切完全交给外在的东西支配。这种激励旨在通过对人的尊重，激发个人把其潜力、能力和独创个性向有利于人和社会的方向发挥，避免把人只看作通过对社会财富的占有来满足其物欲的存在物。

最后，在衡量社会主义市场经济体制建设状况时贯彻"人的尺度"。

对社会主义市场经济体制建设状况应当有一个评价的尺度。这里的尺度基本上有两个：社会生产力发展水平，人本身自由而全面发展状况。前者是一种历史尺度，其职能是从社会历史本身发展的水平进行客观的说明和解释，它着眼于人改造自然和社会的程度；后者是一种价值尺度，其职能是从人的发展角度，对社会主义市场经济体制的完善状况做出价值评判，它着眼的是社会经济发展的属人状况。这两个尺度各有"分工"，因而彼此只能补充而不能替代。我们必须运用这两个尺度来衡量社会主义市场经济体制建设状况，而不能只坚持生产力尺度而忽视人的尺度。因为人既是社会主义市场经济体制建设的主体，又是它的产物，社会主义市场经济体制建设的状况也反映在人本身自由而全面发展的状况上，而且生产力状况本身也有一个对人的发展的价值关系问题，它也要在人的自由而全面发展面前接受评判。现代西方某些思想家已看到生产力对人的异化现象，所以主张不能把生产力发展作为唯一的尺度和奋斗目标，而应把人的自由而全面发展作为衡量社会发展的最高或最终尺度。这种看法虽有偏颇，但就注重人的尺度而言，则具有合理因素。要在社会主义市场经济体制建设中贯彻"人的尺度"，必须做到：把人的自由而全面发展作为社会主义市场经济体制建设的一个基本目标，树立人的权威，尊重人的权利、价值和尊严，把产权制度、经济体制、组织管理、社会政策和方案措施等，都拿到人的自由而全面发展面前接受评判，使社会主义市场经济体制建设有利于人的发展。

把"人的原则"贯彻到社会主义市场经济体制建设的上述基本环节中去，要求我们上升到改革的高度，把"人的原则"再进一步贯彻到改革的思路中去。就当前看，简要说就是，在建立现代企业制度以确立企业在市场经济运行中的主体地位的同时，继续前进一步，围绕国家、企业和劳动者个人的关系，进一步明确确立从事经济活动的个人在市场经济体制运行中的主体地位和基础地位，进一步解决国家、企业对劳动者个人行为激励形式和方式问题，以充分发挥劳动者个人的能力、独创个性和积极性。因此，改革不仅要从体制改革开始，而且要从人的整体素质的全面塑造开始；不仅要建立社会主义市场经济新体制，而且要塑造社会主义现代新人。

参考文献

[1] 邢贲思：《欧洲哲学史上的人道主义》，上海人民出版社 1979 年版。

[2] 北京大学哲学系编：《人道主义和异化问题研究》，北京大学出版社 1985 年版。

[3] 中国人民大学编：《马克思恩格斯论人性、人道主义和异化》，人民出版社 1984 年版。

[4] 北京大学哲学系外国哲学史教研室编译：《十八世纪法国哲学》，商务印书馆 1963 年版。

[5] 王若水：《为人道主义辩护》，生活·读书·新知三联书店 1986 年版。

[6] [法]加罗蒂：《马克思主义的人道主义》，生活·读书·新知三联书店 1963 年版。

[7] [美]C. 拉蒙特：《作为哲学的人道主义》，商务印书馆 1963 年版。

[8] 中共中央党校科研办公室编：《人·人性·人道主义·异化》（上、下册），1987 年版。

[9] 沈恒炎、燕宏远主编：《国外学者论人和人道主义》（第一、二、三辑），社会科学文献出版社 1991 年版。

[10]《关于人道主义和异化问题论文集》，人民出版社 1984 年版。

[11] [苏联]B. B. 索柯洛夫：《文艺复兴时期哲学概论》，北京大学出版社 1983 年版。

[12] [美]埃里希·弗洛姆：《人的呼唤——弗洛姆人道主义文集》，上海三联书店 1991 年版。

[13] [法]让-保罗·萨特：《存在主义是一种人道主义》，上海译文出版

社 1988 年版。

[14] [日]城塚登:《青年马克思的思想——社会主义思想的创立》,求实出版社 1988 年版。

[15] 沈真编:《马克思恩格斯早期哲学思想研究》,中国社会科学出版社 1982 年版。

[16] 中国社科院哲学研究所马克思主义哲学史研究室、《哲学译丛》编辑部编译:《马克思哲学思想研究译文集》,人民出版社 1983 年版。

[17] 熊子云、张向东译:《马克思早期思想研究译文集》,重庆出版社 1983 年版。

[18] 《〈1844 年经济学哲学手稿〉研究》,湖南人民出版社 1983 年版。

[19] 复旦大学哲学系现代西方哲学研究室编译:《西方学者论〈一八四四年经济学—哲学手稿〉》,复旦大学出版社 1983 年版。

[20] 孙承叔、王东:《对〈资本论〉历史观的沉思》,学林出版社 1988 年版。

[21] [德]弗洛姆:《马克思论人》,陕西人民出版社 1991 年版。

[22] [美]悉尼·胡克:《对卡尔·马克思的理解》,重庆出版社 1989 年版。

[23] [英]G. A. 柯亨:《卡尔·马克思的历史理论——一个辩护》,重庆出版社 1989 年版。

[24] [捷]金德里希·泽勒尼:《马克思的逻辑》,中共中央党校科研办公室 1986 年版。

[25] 王锐生、景天魁:《论马克思关于人的学说》,辽宁人民出版社 1984 年版。

[26] 刘全复、何祚榕:《马克思主义与人学三题》,陕西科学技术出版社 1988 年版。

[27] [波兰]T. M. 亚罗舍夫斯基:《马克思主义人论》,辽宁教育出版社 1988 年版。

[28] [苏联]鲍·季·格里戈里扬:《关于人的本质的哲学》,生活·读

书・新知三联书店 1984 年版。

[29] [波兰]沙夫：《人的哲学》，生活・读书・新知三联出版社 1963 年版。

[30] 袁贵仁主编：《人的哲学》，工人出版社 1988 年版。

[31] 周义澄：《自然理论与现时代——对马克思哲学的一个新思考》，上海人民出版社 1988 年版。

[32] 陈桂生：《人的全面发展理论与现时代》，上海教育出版社 1988 年版。

[33] 许崇正：《人的全面发展与社会经济——伦理经济学引论》，安徽教育出版社 1990 年版。

[34] 陈先达等：《被肢解的马克思》，上海人民出版社 1990 年版。

[35] 徐崇温：《用马克思主义评析西方思潮》，重庆出版社 1990 年版。

[36] 李青宜：《"西方马克思主义"的当代资本主义理论》，重庆出版社 1990 年版。

[37] 黄颂杰、吴晓明等：《萨特其人及其"人学"》，复旦大学出版社 1986 年版。

[38] 张一兵：《西方人学第五代》，学林出版社 1991 年版。

[39] 李忠尚：《"新马克思主义"析要》，中国人民大学出版社 1987 年版。

[40] 孙伯鍨、曹幼华等：《西方"马克思学"》，江苏人民出版社 1992 年版。

[41] [美]埃里希・弗罗姆：《自为的人——伦理学的心理学探究》，国际文化出版公司 1988 年版。

[42] [美]埃里希・弗罗姆：《占有还是生存——一个新社会的精神基础》，生活・读书・新知三联书店 1988 年版。

[43] [德]恩斯特・卡西尔：《人论》，上海译文出版社 1985 年版。

[44] 欧阳谦：《人的主体性和人的解放——西方马克思主义的文化哲学初探》，山东文艺出版社 1986 年版。

[45] [加拿大]本・阿格尔：《西方马克思主义概论》，中国人民大学出

版社 1991 年版。

[46] [法]加罗蒂：《人的远景》，生活·读书·新知三联书店 1965 年版。

[47] [苏联]伊万·季莫费耶维奇·弗罗洛夫：《人的前景》，中国社会科学出版社 2018 年版。

[48] [美]保罗·蒂利希：《文化神学》，工人出版社 1988 年版。

[49] [美]摩狄曼·J. 阿德勒：《六大观念——真、善、美、自由、平等、正义》，团结出版社 1989 年版。

[50] 孙万鹏：《改革学》，山东人民出版社 1992 年版。

[51] [英]安德鲁·韦伯斯特：《发展社会学》，华夏出版社 1987 年版。

[52] [苏联]B. 奇希克瓦泽等：《社会主义人权概念》，社会科学文献出版社 1991 年版。

[53] 厉以宁：《体制·目标·人——经济学面临的挑战》，黑龙江人民出版社 1986 年版。

[54] 张博树：《经济行为与人——经济改革的哲学思考》，贵州人民出版社 1988 年版。

[55] 覃火杨：《海外人士谈中国社会主义》，北京大学出版社 1990 年版。

[56] [英]奥兹本：《弗洛伊德和马克思》，生活·读书·新知三联书店 1986 年版。

[57] [美]埃里希·弗洛姆：《在幻想锁链的彼岸——我所理解的马克思和弗洛伊德》，湖南人民出版社 1986 年版。

[58] [墨]阿道夫·桑切斯·巴斯克斯：《实践的哲学》，黑龙江人民出版社 1987 年版。

[59] 北京大学哲学系编：《马克思主义与人》，北京大学出版社 1983 年版。

[60] 远志明、薛德震：《社会与人》，山西人民出版社 1985 年版。

后 记

《马克思的人学理论》，系国家社会科学基金项目的最终研究成果。

人学，在我国是一个有待进一步开拓研究且需要加强理论建设的学术领域。近年来，一些学者致力于这一学术领域的开创性探索。我于1983年开始研究人学。1986年在北京大学攻读博士学位期间，尊师黄楠森教授鼓励我把人学作为研究或主攻方向，从此，我便真正开始了人学领域研究的长途跋涉，以求专门而系统地研究人学问题。同行专家在人学研究方面做出了重要的学术贡献。与同行专家有所不同，我的人学研究力求自成一体，以从哲学上构建自己的人学观念。多年来，我致力于四方面的探索：一是在人学理论建设方面做基础准备工作，探索人学基础理论和人学方法论，其成果为《马克思主义人学思想发微》和《人学：人的问题的当代阐释》（第一作者）两部学术著作及一系列学术论文；二是在个人理论方面做填补空白的工作，即专门而系统地研究个人问题的基础理论，出版了专著《马克思主义个人观引论》（第一作者）；三是追踪前沿问题和当代中国现实问题，做开拓性研究，研究"社会主义市场经济与人", 使人学研究以哲学的方式面向现实问题, 以对人的问题的现实研究带动和促进对人的基础理论研究, 代表作是《社会主义市场经济与人》和《计划人与市场人》(第一作者)两部学术著作, 此外还有一些学术论文; 四是系统整理和挖掘人学思想遗产和资源, 清理与总结人学思想史, 尤其是马克思主义人学思想史, 注重人学思想的文本解读, 澄清人学研究中的一些模糊认识, 并与西方人学研究展开对话。这主要集中在对西方人道主义和马克思人学思想的挖掘、整理和分析上。摆在读者面前的这本著作, 便是这方面的研究成果。现在我的学术研究重点已转向"社会层级结构与人"。这些研究, 都坚持以马克思主义为指导。

在一定意义上说, 我国人学研究为中国共产党人提出以人为本的科学发展观提供了学术背景和理论资源, 为以人民为中心的发展思想提供了理论资源。在当代社会, 人学越来越成为一种具有生命力和发展前途的学术研究。人学, 始终是西方思想文化的一个主题。第18、第19届世界哲学大会的主题之一, 是关于人的问题; 第20届世界哲学大会的主题, 是人的教育; 当代西方学者对我国意识形态进行的批评、指责及渗透, 其主要内容之一, 是"人"的问题; 当代我国哲学研究的一个主题, 也是人的问题; 当前我国的经济建设、政治建设、文化建设、社会建设和生态文明建设, 必然会使人的问题再次突出。因此, 人学探究任重道远, 意义深长, 它需要中国学者的献身精神与执着追求, 也需要专家学者协作研究。为此, 组织人学理论研究队伍, 成立人学研究机构, 开展学术交流, 集中研究我国改革开放和现代化建设中与人相关的重大理论和现实问题, 将成为今后我国人学研究的目标。

这部著作曾以《马克思人学思想研究》为名, 于1996年由河南人民出版社出版, 出版后在我国学术界产生了较好影响。根据读者的要求,也随着我的认识和理解的不断深化，我对这部著作的研究成果做了一定的修改、补充和完善，后来以《马克思的人学理论》为名，再由河南人民出版社出版。北京师范大学出版社希望把本书纳入《韩庆祥作品系列》丛书，并对本书的出版给予积极支持和大力帮助，对此，我表示衷心的感谢！

韩庆祥

2023 年 6 月 16 日

图书在版编目（CIP）数据

马克思的人学理论 / 韩庆祥著. —北京：北京师范大学
出版社，2024.8. —（韩庆祥作品系列）.
　　ISBN 978-7-303-29523-4

　　Ⅰ.①马… Ⅱ.①韩… Ⅲ.①马克思主义－人学－理论
研究　Ⅳ.①C912.1

中国国家版本馆 CIP 数据核字（2023）第 212738 号

营　销　中　心　电　话　010-58805385
北 京 师 范 大 学 出 版 社
主题出版与重大项目策划部

MAKESI DE RENXUE LILUN
出版发行：北京师范大学出版社　www.bnupg.com
　　　　　北京市西城区新街口外大街 12-3 号
　　　　　邮政编码：100088
印　　刷：北京盛通印刷股份有限公司
经　　销：全国新华书店
开　　本：730 mm×980 mm　1/16
印　　张：25.5
字　　数：384 千字
版　　次：2024 年 8 月第 1 版
印　　次：2024 年 8 月第 1 次印刷
定　　价：109.00 元

策划编辑：郭　珍　　　　　责任编辑：陈佳宵
美术编辑：王齐云　　　　　装帧设计：王齐云
责任校对：陈　民　　　　　责任印制：马　洁　赵　龙